성공 기업인의 길

문 길 모 지음

북갤러리

성공기업인의 길

내 앞에 여러 갈래의 길이 뻗어 있다.
좁은 길과 넓은 길, 곧은 길과 굽은 길,
조용한 길과 떠들썩한 길, 소박한 길과 화려한 길….

나는 지금 어느 길을 가려고 하는가?
내가 가려고 하는 이 길은 과연 내가 '가야 할 길'인가?

'가야 할 길'이 '가고 싶은 길'이 되고,
'가고 싶은 길'이 '가고 있는 길'이 되며,
'가고 있는 길' 따라 예쁜 꽃 심고 가꾸면,
그 길은 '아름다운 길', '향기로운 길'이 된다.

그 길을 가며
세상이 나에게 준 것보다
세상을 향해 더 많이 베풀어
나와 가족 그리고 이웃에 '즐거운 길'이 되고,
그들로부터 사랑과 존경을 받으면,
그 길은 '성공인의 길'이 된다.

'성공인의 길'을
기업과 함께, 기업 안에서, 기업을 통하여 가면,
그 길이 바로 '성공기업인의 길'이다.

그 길 따라
성공기업인의 '생각'과 '말', 그리고 '행위'가
해와 달과 별이 되어 빛나고 있네.

한 톨의 밀알을 심는 농부의 마음입니다

어젯밤 내내 나뭇가지 사이를 세차게 가르는 비바람소리가 풍경소리를 타고 들려왔습니다. 걱정스런 마음으로 새벽에 정원에 나가보니 다행이도 능소화와 소나무가 간밤의 난리를 잘 견디고, 평온한 자태로 반갑게 나를 맞아줍니다. 가지마다 함초롬히 영롱한 빗방울을 보듬고 있는 이들의 모습에서 봄을 기다리며 조용히 새 생명을 준비하고 있는 따스함을 느낍니다.

"부드러운 것이 강한 것을 이긴다. 그리고 따뜻한 곳에 생명이 움튼다."

이는 내가 자연 속에서 얻은 지혜입니다, 우리의 삶을 '부드럽게' 그리고 '따뜻하게' 가꾸어 보는 것이 어떨까요?

나는 올해로 35년째 공인회계사의 길을 걸어오고 있습니다. 그동안 수많은 기업인들을 만나고 그들의 삶을 지켜보면서 때로는 감탄하고, 때로는 마음 아파하며 지내오고 있습니다. 다양한 업종에서 크고 작은 기업을 이끌어가고 있는 여러 기업인들을 만나며, 전문가로서 그들에게 나의 조그만 지식과 경험을 전달하여 그들의 짐을 다소라도 덜어주고자 최선의 노력을 경주해 왔습니다. 글로, 말로 그리고 때로는 몸으로….

몇 달 전 내가 개국 초기부터 고문을 맡고 있는 평화방송으로부터 직원 워크숍의 강의를 요청 받았습니다. 방송국에서는 내가 지금까지 연구해왔던 회계나 세법분야가 아닌 일반적인 내용으로 직원들의 정신 자세에 도움이 될 수 있는 강의를 주문하였습니다. 어떠한 내용으로 하지? 대부분 젊은이들이니까 그들이 앞으로의 삶을 살아가는 데 귀감이 될 수 있는 성공인들의 생각과 말과 발자취를 내용으로 해보면 어떨까? 이러한 생각 하에 내가 그간 살아오면서 만난 수많은 성공인들과 나눈 대화와 성공인의 삶을 그린 글들을 통해 직·간접으로 느끼며 감동을 받은 점들을 직원들에게 전하고자 노력하였습니다.

그 이후 강남상공회의 CEO과정에서 '성공기업인의 길'이란 제목으로 강의를 하였는데, 수강생들로부터 많은 감사와 격려를 받았습니다. 또한 강의를 준비하면서 또 강의를 하면서 성공기업인들의 말과 발자취를 통하여 나 스스로도 많은 것을 새로 배우고 감탄하였습니다.

이러한 수강생들로부터의 좋은 반응과 강의 준비과정에서 느낀 감동은 나에게 짧은 강의로는 채워줄 수 없는 그 '무엇'을 글로 써야 하지 않을까 하는 사명감과 의욕을 불러 일으켰습니다.

이와 같은 사명감으로 '성공기업인의 길'이란 이름아래 이 책을 쓰게 되었습니다.

기업인은 이 사회의 중요하고 소중한 리더입니다. '성공기업인'은 더욱 소중한 보석같은 리더입니다. 그들이 있어 이 사회는 발전하고 삶의 질이 향상되어 왔다고 생각하고 항상 감사하고 있습니다.

성공기업인의 생각과 말 그리고 행위는 이 사회에 크나큰 영향을 미칩니다. 따라서 기업인으로 하여금 이 사회에 바람직한 '성공기업인'의 길을 갈 수 있도록 전문가 입장에서 가이드 하는 일 또한 꼭 필요하고 소중한 일이라고 생각합니다.

이러한 나의 생각을 실천하고자 나는 그동안 기업 현장을 다니며 만난 기업인들로부터 성공 포인트를 발견하려고 노력하였습니다. 또한 동서양 고금古今을 통한 위대한 성공인들의 '지혜'와 더불어 그들이 살아온 '발자취'를 꾸준히 정리, 해석하여 왔습니다. 이 책에는 이러한 성공기업인들이 지닌 뛰어난 통찰력과 지혜, 그리고 훌륭한 덕목德目을 탐구하기 위한 나의 노력이 결집되어 있습니다.

따라서 나는 이 책이 기업인으로서 통찰력과 지혜를 얻고자 하는 모든 기업인들에게 좋은 친구가 되기를 희망합니다. 특히 기업 경영에 힘들고 지친 분들은 이 책에 담겨있는 선각자들의 말과 발자취를 통하여 어느 순간 번갯불처럼 번쩍 눈을 뜨게 하는 지혜를 발견하고, 용기를 내시길 기원합니다. 그리고 기업을 시작하려고 하는 젊은이들에게 이 책을 꼭 한 번, 아니 최소한 두세 번 이상 정독하기를 권합니다. 그러면 그들의 눈빛은 꿈으로 빛나고 말과 행위도 기업인의 길을 가기 위한 열정으로 뜨거워질 것이라 믿습니다.

나는 이 책의 원고를 쓰면서 "나의 젊은 시절에 이러한 책을 만나거나 내가 좀 더 일찍 이 책을 썼더라면 좋았을걸…."하고 안타까운 생각이 들었습니다. 왜냐하면 앞서 간 성공인들의 주옥같은 말과 발자취를 더듬으며 그들이 내뿜는 삶의 향기와 반짝이는 지혜를 발견하고, 이들이 나에게 주는 기쁨이 너무 컸기 때문입니다. 좀 더 일찍 그 분들의 향기를 맡고, 소중한 발자국을 발견하였더라면 아마 나의 삶도 보다 더 향기로운 길을 가지 않았을까 하는 생각에 아쉬운 마음이 많이 듭니다.

어떻게 보면 이 책을 쓰는 것은 나로서는 새로운 도전입니다. 내가 한 평생 익숙하게 연구해 온 회계나 세무와 같은 전문지식에 대한 분야는 잠시 내려놓고, 전혀 다른 새로운 분야, 그러나 내가 좋아하는 분야에 대한 연구를 지금부터 본격적으로 시작하려고 하는 것이기 때문입니다.

나는 성공학을 전문적으로 연구한 학자가 아닙니다. 따라서 이 책은 성공에 관한 이론서가 아니며, 기존 성공학자들의 견해와 다른 내용도 있을 수 있습니다.

이 책은 다음과 같이 크게 4장CHAPTER으로 구성되어 있습니다.

제1장은 삶에 대한 이해와 성공에 대한 개념을 정립하는 '성공을 위한 준비'를 다루고 있습니다.

제2장은 성공인은 무엇이고 성공인이 되기 위해서는 어떻게 자기관리를 하여야 할 것인가를 알아보고 있습니다. 그리고 성공기업인이 되기 위한 요건과 성공기업은 무엇인가를 살펴보고 있습니다.

제3장은 성공기업인이 가져야 할 생각과 실천방안, 그리고 성공기업인으로 진행하는 프로세스를 제시하고 있습니다.

　마지막으로 **제4장**은 나눔과 기여를 통한 성공의 완성문제, 성공기업인의 끊임없는 자기개발을 위한 과제를 살펴보는 내용을 담고 있습니다.

　그리고 이 책의 주제와 관련하여 필자가 겪어온 삶의 편린片鱗들이 "나의 길"이라는 제목으로 생각나는 대로 전개되어 있습니다. 비록 위대한 삶이나 성공한 삶의 모습은 아닐지라도 내 나름대로 주어진 환경에서 성공을 향하여 애썼던 젊은 날의 기억들을 모아 보았습니다.

　시대는 지금도 쉼 없이 흐르고 있습니다. 시대의 흐름에 따라 기업도 기업인도 또한 '성공기업인'의 모습도 변할 것입니다. 앞으로 나는 이러한 변화에 맞추어 이 책의 내용을 계속 수정, 보완하려고 합니다.

　특히 앞으로 국·내외 성공기업인들의 다양한 성공사례를 입수하여 '성공기업인의 길 — 사례 편'을 추가로 발간하려고 합니다. 또한 독자 여러분들이 각자의 삶 현장에서 체험한 성공 사례들을 많은 사람들이 공유할 수 있도록 널리 소개하고자 합니다.

　"한 시간이 주어지면 책을 읽고 한 달이 주어지면 친구를 사귀어라."라는 말이 있습니다.

　그러나 나는 감히 이 책을 통하여 여러분의 한 달 친구가 아닌 일생을 통하여 교감할 수 있는 귀한 친구가 되고 싶습니다.

　잠시 바쁜 일정을 벗어두고 고요한 마음으로 여러분의 과거를 되돌아보고 현재를 성찰하고 소중한 미래를 생각하며 이 책을 읽기를 간곡히 부탁드립니다.

　이 책에서 무엇을 발견하고 느끼는가 하는 것은 여러분 각자의 몫입니다. 어떤 분은 아름다운 꽃을 발견하고 향기로운 내음에 젖어볼 수도 있고, 어떤 분은 떨어진 꽃잎을 바라보고 아쉬워하는 마음이 들 수도 있습니다. 또 어떤 경우에는 이 책이 만든 창문을 통해 지저분한 진흙탕 물을 볼 수도 있고, 또 다른 분은 밤하늘에 영롱히 빛나는 별빛에 취해 볼 수도 있을 것입니다. 이 모두 전적으로 여러분의 선택에 달려 있습니다.

나는 한 톨의 밀알을 심는 농부의 마음으로 이 책을 세상에 내어 놓고자 합니다. 이 책 속에 알알이 박혀 있는 성공인들의 밀알이 썩어 모두 각각의 아름다운 새로운 생명으로 태어날 수 있기를 희망합니다. 나아가 풍성한 열매를 맺어 미래를 준비하는 젊은이들과 치열한 무한경쟁에서 생존하고 승리하고자 하는 기업경영인들에게 꼭 필요한 양식으로 사랑받기를 희망합니다.

그리고 또한 나는 한 알의 겨자씨를 심는 마음으로 이 책을 세상에 내어 놓고자 합니다. 한 알의 작은 겨자씨가 싹이 트고 자라서 많은 새들이 깃드는 큰 나무가 되듯이, 이 책 안에 숨어 있는 성공기업인들의 지혜와 통찰력이 기업인들에게 심어져 싹이 트고 잘 자라서 그들이 모두 이 사회에 크게 기여하는 우람한 기업들을 일구는 성공기업인이 될 수 있기를 기원합니다.

이 책을 집필하는 내내 나에게 영감靈感을 준 모든 분들에게 이 글을 통해 진심으로 감사한 마음을 표합니다. 또한 이 책을 선택해 준 독자 여러분께 감사드립니다. 아울러 이 책이 앞으로 더욱 빛나는 보석이 될 수 있도록 독자 제현의 아낌없는 사랑과 귀한 고견을 기대합니다.

또한 이 책이 발간되기까지 교정을 위해 애써주신 회계법인 원의 이윤국 회계사, 조주영 회계사, 서준호 씨를 비롯한 직원 여러분과 아들 병찬이와 병석이 그리고 독자의 입장에 서서 깊은 관심과 성원을 보내준 나의 아내에게 감사를 드립니다.

2015년 을미년 새봄을 기다리며 아침서재에서

부남夫南 문 길 모

| CONTENTS |

인격을 나타내는 '말' ㅣ '말' 관리의 중요성 ㅣ 말을 하기보다는 듣기
를 잘하자 ㅣ 하루를 시작하는 말 ㅣ 말에는 에너지가 있다 ㅣ 부정적인
말은 부정적인 상황을 끌어당긴다 ㅣ 칭찬을 아끼지 말자 ㅣ

성공인의 시간 관리

시간은 생명이다 ㅣ 공짜로 주어지는 시간, 잘 쓰면 보약이나 잘못 쓰면
독약! ㅣ 우리는 시간을 어떤 마음으로 대하고 있는가? ㅣ 시간을 어떻게
활용하는가? ㅣ 크로노스의 시간, 카이로스의 시간 및 플레루의 시간 ㅣ
아침시간을 잘 활용한다 ㅣ Dictate Time ㅣ Unstructured Time ㅣ

성공기업에 대한 이해 - 기업이란?

기업을 올바로 이해하자

기업의 생生과 멸滅 ㅣ 기업을 어떻게 볼 것인가? ㅣ 기업은 소중한 생
명체이다 ㅣ 기업은 무엇으로 살아가는가? ㅣ 기업은 사회에 대한 공
헌덩어리이다 ㅣ 기업의 궁극적 목표는? ㅣ

성공하는 기업, 망하는 기업

기업의 건강은 경영자원의 원활한 흐름을 통해 이루어진다 ㅣ 건강
기업과 성장기업 ㅣ 기업이 망하는 이유 ㅣ

CHAPTER 3 성공기업인의 길

성공프로세스의 디자인 - 세상을 보게 해주는 창문

구체적으로 세워야 한다 | 뚜렷한 목표 없이 확실한 성공은 없다 | 목표 없는 사람은 목표를 가진 사람들을 위해 일한다 | 목표는 달성 시한을 정해놓고 구체적으로 세워야 한다 |

믿음과 염원 / 274

믿는 만큼 된다 | 신념은 인생을 바꾼다 | 간절한 생각이 성공을 만든다 - Have a dream! | 사업은 사업자의 머리만큼 된다 | 자신을 믿고, 직원들로부터 신뢰를 받는다 | 성공한 것처럼 행동하면 성공을 가져온다 |

선택과 집중 / 285

사랑하는 일을 찾는다. 아니면 현재의 일을 사랑하도록 하라 | 하는 일에 집중한다 | 육성할 사업에 집중한다 | 미래시대에 맞는 업종을 선택한다 |

결단과 도전 / 295

오는 기회는 잡고, 없는 기회는 만든다 | 타이밍을 잘 맞추어 결단한다 | 결단을 행동으로 옮긴다 | 지금 당장 시작한다 | 역경지수가 높은 사람이 성공한다 | 도전, 또 도전한다 |

열정과 '잘'정신 / 308

열정은 승리로 가기 위한 에너지이다 | 목표가 이루어질 때까지 열정을 지속한다 | 나는 우주에서 가장 강력한 자석이다 | 지금 이 순간 최선을 다한다 - '잘'과 '열심히' | 지금 하는 일에 정성을 다한다 | 100 - 1 = 0 | 마지막 순간까지 최선을 다 한다 | 자신의 욕망과 싸워 이기는 것이 성공의 비결이다 |

CHAPTER 4 성공기업인의 완성

회계부서 업무에 대한 이해와 존중 | 내부 통제제도의 확립 | 투명한
회계 관리 | 자금 관리는 기업의 피를 관리하는 것과 같다 |

세무 관리 / 453

증빙은 곧 세금 | 증빙 관리의 유의점 | 회계는 절세의 첫걸음 | 사장
개인의 세무 관리 부주의는 기업세무조사로 이어진다 | 절세의 매
출효과에 대한 이해를 하자 | 세금고지서는 반드시 검토해보자 |

재고 관리 / 465

재고자산은 현금보다 더 중요하다 | 부실한 구매정책은 원가 상승
의 주범이다 | 재고자산 관리는 절세節稅의 핵심이다 |

인사 · 노무관리 / 473

인사는 만사다 | 인재가 기업을 살린다 | 조직의 핵심은 '+시너지'
이다 |

기업 경영관리상 기타 유의하여야 할 점 / 480

기업과 기업주는 별개이다 | 주식은 기업의 소유권이며 경영권이다 |
생산과 판매는 기업을 이끌고 가는 두 바퀴이다 | 고객은 항상 옳다 |

CHAPTER 1
성공을 위한 준비

'성공기업인'으로의 여행을 어떻게 준비할 것인가?
여행이 잘 이루어지기 위하여 정리하여야 할 기본 개념과 마음가짐,
그리고 삶의 자세 등을 알아본다. 또한 긴 여행을 안전하게 그리고
당초 꿈꾸었던대로 잘 이루기 위해 준비하여야 할 것들을 알아본다.

삶에 대한 이해

성공의 계정과 실패의 계정

우리 삶에는 두 가지 계정이 존재한다.

하나는 「성공의 계정」이고, 다른 하나는 「실패의 계정」이다.

시도했다가 이루어낸 것은 당연히 성공의 계정으로 카운트 해야 한다.

하지만, 시도했다가 이루지 못한 것.

과연 그것을 「실패의 계정」으로 카운트 하는 것이 옳은 걸까?

시도했다가 이루지 못한 것은 실패의 계정이 아니라

「도전의 계정」으로 카운트 해야 한다.

실패의 계정에는 해볼만 했던 것인데 아예 시도조차 하지 않았던

'가능성의 잔해들'로 이미 가득 차 있기 때문이다.

리더는 끊임없이 시도하고 도전한다.

그럼으로써 「도전의 계정」을 「성공의 계정」으로 탈바꿈시켜 간다.

좌절을 딛고 일어선 테니스 여제, 나브라틸로바는

"시도되지 않은 것까지 포함해서 실패다" 라고 말했다.

- 정진홍 중앙일보 논설위원 -

'삶'에 대한 생각 정리

바람직한 삶

　오래전 대학교 2학년 때의 일이다.

　어느날 종로에서 봉천동으로 가는 버스를 타고 있었다. 어느 할아버지 한 분이 차에 오르더니 내 옆에 앉았다. 그 분의 모습은 머리부터 발까지 모두 흰색 일변도—邊倒 이었다. 그의 머리와 입고 있는 두루마기 옷, 버선과 신발 모두 하얀색이었다.

　그는 나에게 "학생 맞지? 어디까지 가는가?"하고 물었다. "예 봉천동까지입니다."라고 대답하니 "반갑네. 같은 동네에 사는군. 가면서 이야기나 나눌까?" 하고 말을 하기 시작하였다. "내가 한 가지 물어봄세. 학생은 공부는 잘 하는가?"로 시작하여 영어는? 독일어는? 수학은 어떤가하고 계속 나에게 질문을 하였다. 나는 처음에는 귀찮기도 하고 자꾸 이상한 질문을 해서 성격이 괴팍한 분이 아닌가? 하고 생각했다. 그러나 점점 이야기를 하면서 나는 그의 말에 귀 기울이게 되었고, 그가 소위 '도인道人'임을 알고 존경하는 마음으로 바뀌었다.

　그는 나에게 살아가는 문제에 대하여 여러 가지 좋은 이야기를 했다. 특히 다음과 같은 말은 지금까지 나의 마음속에 지워지지 않고 선명하게 각인刻印되어 나의 삶에 많은 영향을 끼치고 있다.

　"영어고 수학이고 모두 따지고 보면 학문의 근본은 하나인데 각각 각자의 방향으로 뻗어 나온 가지에 불과하지. 모든 학문의 원류原流는 한 곳이란 말일세. 뻗어 나온 가지에만 매달리면 뿌리를 보지 못하게 되고, 그렇게 되면 근본적인 이해가 힘들어 공부가 제대로 되지 않아. 모든 학문과 일을 할 때에는 근본과 기본을 알아야 해. 학문과 학문 사이에는 서로 연결되어 상통相通하는 흐름이 있다네. 이러한 근본적인 흐름을 이해하면 학문하기가 훨씬 쉽고 재미있지."하고 말하였다. 그리고 "우리의 삶도 마찬가질세. 가지에 매달려 문제를 해결하려고 하지 말고 근본에 충실하려고 노력하게나." 그는 차에서 내리며 "나는 바둑기사인 조남철(한성기원 설립자이며 한국 바둑의 개척자임, 조카 조치훈에게 바둑을 가르침)이라는 사람의 장인일세. 내 사위도 내가 바둑을 가르쳤지. 시간 나면 한번 봉천동으로 놀러 오게나."하고 말하며 찾아오는 길까지 자세히 이야기하였다.

당시에는 도대체 무슨 뚱딴지같은 말을 하는가 하고 생각했지만 지금 생각하면 '그와 좀 더 사귀고 이야기 하였더라면 좋았을 걸'하고 아쉬운 마음이 든다. 세월이 흐르면서 그가 내게 전해주고자 한 말의 의미를 더 잘 이해해 가고 있으며 나의 일상생활에 그가 준 깨달음을 반영하고자 노력하고 있다.

예를 들면 나는 회계와 세법에 관한 책을 쓸 때마다 항상 그가 이야기한 말을 생각하고, '근본 흐름'과 '기본 개념'에 초점을 맞추어 글을 쓰고자 노력한다. 이러한 습관은 회계법인 직원들을 채용할 때도 "회계는 무엇이라고 생각하는가?"를 질문하는 것부터 시작한다. 왜냐하면 일생동안 회계사를 하려고 하는 사람들 중 '회계'를 머릿속으로는 아는 것 같지만 의외로 회계에 대한 개념이 정립되어 있지 않는 경우가 많다. 그러다 보니 회계사임에도 불구하고 '회계'에 대한 본질을 이해하고 설명하는 경우를 보기가 어렵다. 회계를 생업生業으로 삼고자 하는 사람이 회계에 대한 근본 개념을 몰라서야 말이 되는가? 참으로 아쉬운 일이 아닐 수 없다.

또한 오래전 우리나라 초일류기업이라고 자타가 인정하는 S 그룹의 관리본부장에 대한 교육을 하러 갔을 때도 나는 그들에게 "기업은 무엇인가?"에 대하여 물은 적이 있다. 각종 첨단 관리기법에 능통한 그들에게 이러한 근본적이고 원초적인 질문을 던진 이유는 그들이 과연 관리의 대상인 '기업'이라는 본질적인 개념을 얼마나 이해하고 있는가 궁금하였기 때문이다. 놀랍게도 관리부분의 최고 책임자인 그들 중에서 아무도 나의 질문에 대하여 자발적으로 답변하는 사람이 없었다. 하는 수 없이 내가 한 사람을 지목하자 그는 답변하기 시작하였고, 이 주제로 한 시간 내내 흥미로운 토론이 이루어졌던 기억이 있다.

우리의 삶은 무엇인가?

우리는 지금 어떤 삶을 살고 있는가? 왜 사는가? 그리고 어떠한 삶을 살고 싶은가?

많은 사람들이 이러한 삶의 본질에 대한 의문을 품고 답을 구하려고 노력하지 않거나 심지어는 생각조차 하지 않은 채 그날그날을 살아가고 있다. 특히 미래를 책임질 젊은이들에게서 이러한 모습을 보는 것은 참으로 안타까운 일이 아닐 수 없다.

기업을 만들거나 기업에 다니며 삶을 영위하고자 하는 사람들에게도 마찬가지이다.

내가 만들고 가꾸려는 기업은 무엇인가?, 나는 기업에서 어떤 역할을 할 것인가? 등등 어떤 일을 시작하기 전에 그 일이 요구하는 근본적인 목적과 그 일을 하여야하는 당위성當爲性을 생각해보고 시작하는 것은 매우 중요하다고 본다.

그렇다면 우리가 살아야 할 바람직한 삶은 어떠한 삶인가?

나는 우리가 살아야 할 '바람직한 삶'으로 '잘 사는 삶', '행복한 삶', '향기로운 삶', '건강한 삶' 그리고 이 책의 주제인 '성공하는 삶'을 들고 싶다.

이 책의 제목인 『성공기업인의 길』도 따지고 보면 성공기업인들이 살아간 '삶'의 궤적軌跡을 쫓아가보는 것이라고 할 수 있다. 이런 의미에서 성공기업인의 길을 알아보기 전에 보다 본질적인 문제인 '삶'에 대하여 먼저 생각해보기로 한다.

삶은 무엇인가? – 호흡과 선택의 연속

일반적으로 시간은 년, 월, 일, 시, 분, 초 단위로 나누어진다.

그러나 우리 일생의 '삶'은 이를 계속 나누다보면 마지막에는 결국 숨을 내쉬는 '호呼'와 숨을 들이마시는 '흡吸' 즉 '호흡'의 연속으로 구성됨을 알 수 있다. 이를 '순식간瞬息間'이라고도 하는데 이러한 순식간이 모이고 모여 우리의 삶이 이뤄지게 된다. 따라서 우리의 삶은 호흡의 시작으로 출발하며, 호흡의 정지로 마감한다고 말할 수 있다.

이와 같이 '호흡'은 육체적인 삶의 본질적인 실체이다.

그러나 우리는 육체적으로 살고 있다고 해서 완전한 삶을 살고 있다고 이야기할 수 없다. 우리는 육체와 더불어 영혼을 가지고 있는 영적 존재이다. 따라서 영혼의 삶도 중요하다. 영적인 삶을 잘 살기 위해서는 역시 영적인 호흡을 잘하여야 한다. 이는 우리를 이 세상에 나오게 한 원인原因이며 우리에서 살아가도록 에너지를 공급하는 우주 저편에 있는 절대자 또는 하느님이는 종교와 믿음에 따라 각각 달리 부를 수 있음과의 교류를 말하며 이러한 교류는 흔히 '영혼의 호흡'이라고 일컫는 '기도'를 통해 이뤄진다고 이야기 한다.

따라서 우리는 기도하는 삶을 살 필요가 있다.

또한 '호흡'만으로 우리의 '삶'을 영위할 수는 없다. 우리는 호흡을 통해 생명을 지속하지만 한편으론 매일 순간순간마다 생각과 말, 그리고 행위를 선택하여 '삶'이라는 작품을 만들어 가고 있다. 따라서 온전한 의미의 '삶'은 호흡으로 이어지는 생명의 흐름위에 끊임없는 선택이 가미加味되어 비로소 그 모습을 드러낸다.

예를 들어보자.

나는 오늘 아침에 몇 시에 일어났는가?

5시 아니면 6시?

아침에 일어난 시간은 곧 내가 오늘을 시작하는 출발시점을 선택한 시간이다.

아침에 일어난 후 나는 어떻게 아침시간을 보냈는가?

신문을 읽는가? 아니면 아침 운동을 나가는가?

신문을 읽었다고 하자.

신문을 읽더라도 어떤 신문을 읽었는가? 조선일보 아니면 한계례신문?

또 신문을 읽음에 있어 정치면부터 읽었는가 아니면 사회면부터 읽었는가?

먼저 정치면을 읽었다고 치자. 그러면 어떤 제목의 내용을 자세히 읽었는가? 그다음은?

조깅을 하는가? 조깅하면 어느 코스에 시간은 어느 정도? 아니면 스트레칭을 하는가?

아침은 밥을 먹었는가 아니면 빵을 먹었는가? 차는 커피를 아니면 녹차를? 회사에 올 때 버스를 이용했는가 아니면 지하철을 이용했는가? 등등….

이러한 모든 행위들이 바로 '선택'의 결과이다.

우리가 알던 모르던 우리가 원하던 원하지 않던 우리는 끊임없이 선택을 하거나 때로는 선택을 강요당하고 있다.

이러한 매 순간의 선택은 우리가 삶을 지속하는 한 자의自意 든 타의他意 든 계속 이루어질 수밖에 없다. 만약에 이러한 선택이 싫거나 또는 중지되기를 원한다면 그 즉시 우리는 이 세상을 하직하여야만 하는 그야말로 가장 어려운 선택을 마지막으로 하여야만 한다.

우리는 지금 이 순간도 여러 종류와 형태의 선택을 하고 있다. 이러한 선택의 연속이 쌓여 우리의 삶을 이루어가고 있다.

처음 이 세상에 나올 때와 이 세상을 떠나갈 때를 제외하고는 우리는 스스로 선택을 하면서 우리의 고유한 삶을 영위해간다.

이러한 이유로 프랑스 작가 장폴 사르트르Jean Paul Sartre도 "삶이란 B와 D 사이에 그어진 선線상의 C"라고 이야기 했는가 보다. 여기에서 B는 '탄생'을 의미하는 'Birth'의 약어를, D란 '죽음'을 의미하는 'Death'를, C는 '선택'을 의미하는 'Choice'를 의미한다. B와 D 사이에 그어진 선이란 우리가 이 세상을 살아가는 '시간의 선'이라고 보여진다.

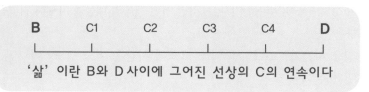

'삶' 이란 B와 D 사이에 그어진 선상의 C의 연속이다

나는 'C' 즉, '선택'의 연속이 우리의 삶이지만 삶의 선상에서 순간순간 무엇을 선택할 것인가(목표의 설정)와 선택한 목표를 어떻게 이룰 것인가(목표에 대한 집중의 정도와 목표로 나아가는 추진력의 강도) 또한 중요한 이슈라고 생각한다. 여기에서 목표를 선택하게 하는 것은 '꿈'이며, 이러한 '꿈'을 향한 집중의 정도와 추진력의 강도強度와 속도를 결정하는 것은 '열정'이다.

꿈을 꾸는 방향에 따라 우리의 삶도 달라진다. 위로 향하는 꿈을 꾸는 사람(A)은 위로, 아래로 향하는 꿈을 꾸는 사람(C)은 아래로, 왼쪽방향으로 꿈을 꾸는 사람은 왼쪽으로, 오른쪽 방향으로 꿈을 꾸는 사람은 오른쪽으로 삶의 길이 정해지며 그 길 위에서 일어나는 수많은 크고 작은 선택을 하며 삶을 영위하게 된다.

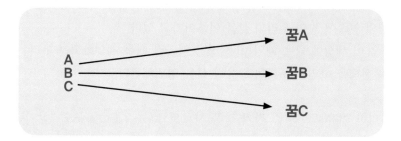

오늘 이 순간 우리의 선택이 우리 삶의 방향과 모양, 향기와 빛깔 그리고 형태와 질을 좌우한다. 하루하루의 삶을 어떻게 선택 하느냐에 따라 조용한 삶을 살거나 또는 활동적인 삶을 산다. 그리고 이기적인 삶 또는 이타적인 삶을 살게 된다. 어떤 사람은 그의 일거수일투족－擧手－投足마다 주위의 많은 사람들을 도와주는 향기로운 삶을 사는 반면, 어떤 사람은 해만 끼치는 악취를 풍기는 삶을 산다.

지금 이 순간 우리가 하는 선택이 얼마나 중요한가 새삼 느끼지 않을 수 없다.

잘 사는 삶 🚤

어떤 삶을 살아야 잘 사는 것이라고 이야기 할 수 있을까?

앞서 '삶'은 호흡과 선택의 연속이라고 말하였다.

이런 관점에서 보면 잘 사는 삶은 호흡과 선택을 잘하는 삶이라고 정의할 수 있다.

먼저 호흡을 잘 하는 삶에 대하여 이야기 해보자.

호흡은 생명의 시작이자 살아가고 있음을 표현하는 것이므로 이러한 호흡을 잘 하면 일단 삶을 잘 살기 위한 제1요건이 충족된 것이라고 말할 수 있다.

그러면 '호흡을 잘한다'는 말은 무엇일까? 이는 호흡을 순조롭게 부드럽게 그리고 고요하게 잘 하는 것을 뜻한다. 만약 순간적으로 흥분이나 미운 감정 등으로 호흡이 거칠어지는 경우에도 이를 곧바로 고요하게 가라앉힐 수 있는 것을 가리킨다.

호흡을 잘하는 비결은 마음에 달려있다고 본다.

마음이 고요하면 호흡도 고요하게, 마음이 거칠면 호흡도 이에 따라 거칠게 이뤄진다.

호흡에 마음을 몰입하는 경우 우리의 마음과 몸은 하나로 조화를 이루는 경지, 즉 '심신일여心身一如'의 경지가 된다. 이러한 경지가 깊어지면 부지불식不知不息간에 몸도 마음도 잊은 채 호흡을 의식하지 않는 단계, 즉 '깨달음'의 단계로 들어가게 된다. 이러한 단계에 접어들었을 때 비로소 호흡을 최고로 잘하는 경지에 이른 것으로 이야기 한다. 사람이 깨달음을 얻는 것은 마치 '물에 달이 비춰진 것'과 같다고 한다. 이 때 달은 젖지 않으며 물 또한 흔들리지 않는다.

인간은 욕망과 관능官能이라는 집에 살면서 온갖 사물에 대해 탐내고 집착하는 삶을 살게 된다. 이로 인하여 필연적으로 일어나는 고통과 고뇌는 호흡을 방해하고 이는 정신적 육체적 부조화를 일으킨다. 그러나 호흡을 잘 함으로서 이러한 고통과 부조화를 해소시켜 삶의 질을 향상시킬 수도 있게 된다.

다음 '선택을 잘하는 삶'은 무엇인지에 대하여 알아보기로 한다.

우리는 앞에서 알아본 바와 같이 살아가는 동안 끊임없이 수많은 선택을 하며 삶을 영위한다. 이러한 선택을 잘하면 결국 삶도 잘사는 것이 되지 않을까?

여기에서 "잘"이라는 표현은 '좋게', '훌륭하게', '알맞게', '능숙하게' 등으로 해석된다. 나는 '잘 산다'에서 '잘'이란 의미를 '삶의 목표에 맞게'로 해석하고자 한다. 따라서 선택을 잘하는 삶은 '사람마다 가고자 하는 삶의 목표에 잘 맞추어 삶의 방향과 방식을 선택하는 것'이라고 말할 수 있다. 나아가 이러한 각자가 추구하고자 하는 삶의 목표가 그가 살아가는 사회에서도 '잘 선택한 것'으로 받아들여져야 완전한 의미에서의 '선택을 잘한 삶'이 될 것이다.

이상에서 설명한 '잘 사는 삶'에 대하여는 이 책 전반에 걸쳐 좀 더 구체적으로 설명하고자 한다.

행복한 삶

'행복幸福'이란 무엇인가?

사전에서는 '행복'을 "마음에 차지 않거나 모자라는 것이 없어 기쁘고 넉넉하고 푸근함"으로 정의하고 있다.(출처:동아 새국어사전) 영어에서 행복을 뜻하는 'Happy'는 고대 스칸디나비아 말인 'Happ'에서 유래했다고 한다. 원래 이 단어의 뜻은 행운이라고 한다. 중국에서 행복幸福의 행幸 자 또한 행운의 의미가 있다. 이런 점에서 보면 동서양 모두 운이 좋게 어떤 상황이나 생활이 자신의 의도대로 되는 것을 행복의 개념으로 사용한 것으로 보인다.

대부분의 사람들은 '행복한 삶'을 살기를 원한다.

어떤 사람은 행복하기 위해서는 건강하여야 한다고 생각하고 건강 검진을 받거나 건강에 좋다는 보약을 먹거나 여러 가지 운동을 한다.

어떤 사람은 행복은 마음에서 오는 것이라고 믿고 종교 활동에 심취하거나 참선이나 명상활동을 한다. 또는 진정한 행복은 이기적인 사랑이 아니라 이타적인 사랑이라고 믿고 평생 남을 위하여 봉사하는 활동을 한다.

어떤 사람은 부자가 되어 마음껏 돈을 쓰는 것이 행복이라고 생각하고 돈을 벌기 위해 열심히 일에 매달린다. 때로는 이러한 욕심이 지나쳐 투기행위와 같은 불법적인 행위에 휘말려 행복은 커녕 정신적 육체적 고통에 시달리기도 한다.

또 어떤 사람은 높은 고관이 되어 권력을 마음껏 휘두르는 것이 행복한 삶이라고 생각한다. 이를 위해 갖은 수단을 사용하여 높은 지위에 올라가기 위해 애쓴다.

이러한 모든 행위는 그 길을 가고자 하는 사람들이 하여야 하는 '선택'의 문제이다.

우리가 원하는 행복한 삶을 살기 위해서는 행복해질 수 있는 삶의 방향과 방법을 선택 하여야 한다.

그렇다면 모든 사람이 갈구하고 있는 행복한 삶의 진정한 모습은 무엇일까?

앞에서 알아본 '행복'의 정의에서도 알아본 것처럼 행복은 '마음'의 문제이다. 즉 '마음에 차지 않거나 모자람 없이'라는 표현에서 볼 수 있듯이 각자가 가지고 있는 마음이 차면, 그래서 기쁜 마음이 들면 그 삶은 행복한 삶이라 이야기 할 수 있는 것이다.

그릇에 물을 가득 채우려면 채우는 물의 양보다 그릇의 크기가 작거나 반대로 그릇의 크기보다 물의 양이 많으면 그 그릇은 가득 채워질 것이다. 그리고 물이 채워지는 속도보다 그릇이 커지는 속도가 빠르면 그 그릇은 영원히 차지 않고 빈 공간이 늘어날 것이다.

이와 같은 원리가 마음과 행복의 경우에도 마찬가지로 적용된다고 본다.

벤자민 프랭클린Benjamin Franklin은 다음과 같이 행복해지는 비결로 두 가지 길을 제시하고 있다.

"행복하자면 두 가지 길이 있다. 욕망을 줄이거나, 소유물을 늘리거나 하면 된다. 어느 쪽이라도 된다."

폰트넬르가 말했다. "행복해지는데 가장 큰 장애물은 너무 큰 행복을 기대하는 마음이다." 행복을 채우기 위한 마음의 그릇을 키우면 키울수록 행복은 항상 부족하고 갈증을 느끼게 된다. 이에 관해 앤드류카네기는 "행복의 비결은 포기해야 할 것을 포기하는 것이다."라고 욕심을 버릴 것을 권고하고 있다.

또한 하워드 가드너 하버드대 교수는 "행복한 사람은 가지고 있는 것을 사랑하고, 불행한 사람은 가지고 있지 않은 것을 사랑하는 사람이다."라고 말한다.

이탈리아 영화배우 안나 마니냐가 늙어서 사진을 찍을 때의 이야기이다.

사진을 찍기 전에 그녀는 사진사에게 부탁했다. "사진사 양반, 절대 내 주름살을 수정하지 마세요." 사진사가 그 이유를 묻자 안나 마니냐가 대답했다. "그걸 얻는데 평생이 걸렸거든요. 그건 나의 역사요, 보물이랍니다."

안나 마니냐 역시 하워드 가드너 교수의 말처럼 비록 주름살일망정 자기가 가지고 있는 것을 사랑하는 사람이라고 생각된다. 이러한 사고방식을 소유한 그녀 역시 행복한 삶을 사는 사람이 아닐까?

따라서 행복한 삶을 살기 위해서는 무엇보다도 '마음관리'가 중요함을 알 수 있다. 마음 관리의 중요성과 관리방법에 대하여는 본서에서 앞으로 좀 더 자세히 다루어볼 예정이다.

행복의 의미가 무엇인지에 대해 시사示唆 하는 이야기가 있어 이를 소개한다.

세계적인 잡지 '내셔널 지오그래픽'이 문명을 접해보지 않는 남태평양 섬나라 원주민 5명을 초대해서 다음과 같이 문명사회인 영국생활을 체험하는 실험을 시도했다고 한다. 그들 다섯 남자는 난생처음 맥주를 마시고 나이트클럽에도 가보고, 호화로운 도시생활을 경험했다. 하지만 그들은 즐거움을 느끼기는 커녕 날이 갈수록 영국인의 생활에 대해 의문이 들기 시작했다. 문명의 나라 영국인들이 고기를 얻기 위해서 동물들을 인공적으로 교미시키고 있는 모습을 보고, 농장 주인에게 물었다. "그렇게 하면 돼지들은 어디서 즐거움을 얻나요?" "우리는 그런 거 모릅니다." 동물 농장 주인은 소와 돼지의 수를 늘리는 데만 관심 있었다. 이번에는 접시를 닦느라 분주한 부인에게 물었다. "왜 그렇게 오래 접시를 닦나요?" "고급 접시이기 때문이에요." 그들은 다시 질문했다. "접시를 닦느라 시간을 많이 보내면 언제 가족들과 대화를 나누죠?"

원주민들은 나뭇잎에 음식을 담아 먹고, 그 잎을 닦을 필요 없이 휙 던져 버린다. 그리고 그늘로 가서 가족, 이웃과 이야기를 나누는 시간을 가진다. 무엇이 더 중요한가? 어느 삶이 더 행복한가?

섬으로 돌아가는 날 원주민들이 영국인들에게 마지막 인사를 했다. "돼지를 어떻게 키우든지, 접시가 많든지 적든지, 당신들이 행복했으면 좋겠습니다. 우리처럼…."

행복은 절대가치絶對價値이지 상대가치相對價値가 아니다.

우리가 행복을 느끼지 못하는 것은 주로 내 안에서 찾는 절대가치로서의 행복이 아닌, 내 행복의 크기와 양을 남과 비교하는 상대가치에서 찾고 있기 때문이라고 생각한다. 자기 나름대로의 고유한 행복한 삶의 길을 찾고, 그 길을 가기 위한 삶의 방향과 방식을 선택하고자 노력하는 것이 보다 지혜로운 자세가 아닐까 생각한다.

'행복한 삶'이란 '삶의 길을 걸어가면서 각자의 입장에 따라 알맞은 길을 스스로의 의지에 의해 선택하고, 그 길을 걸어가는 과정에서 기쁨을 느끼는 삶'이라고 생각한다.

그리고 행복한 삶은 표준적인 하나의 모습으로 나타나지 않는다. 사람과 때時 그리고 각자의 삶의 방향과 과정에 따라 각각 천차만별千差萬別의 모습으로 나타날 것이다. 그러므로 나의 삶에서 고유한 행복을 찾고자 하는 경우 나의 삶과 남의 삶을 비교하여 행복을 논論할 필요가 없다고 본다.

향기로운 삶

어느 해 크리스마스 이브에 일어난 일이다.

시내 중심가는 많은 사람들로 붐비고 있었다. 그 시간 한 젊은 여인이 모금통을 들고 어느 맥주가게에 들어갔다. 그 여인은 테이블을 돌며 맥주를 마시는 사람들에게 고아들을 도와줄 수 있도록 모금을 요청하였다. 그런데 어떤 술 취한 사람이 갑자기 그 여인의 얼굴에 맥주를 끼얹어 버렸다. 가게 안에 있던 다른 사람들은 깜짝 놀라 그 광경을 쳐다보았다. 그러나 그 여인은 조금도 당황하지 않고 말했다. "손님, 저에게는 맥주를 주셨습니다만…, 헐벗고 굶주린 우리 고아들에게는 무엇을 주시겠습니까?" 그 사람은 얼굴이 붉어진 채 모금통에 돈을 넣고는 황급히 돌아갔다. 이 광경을 지켜본 손님들은 그 여인의 침착하며 당당한 태도에 크게 감동하여 모두들 얼마씩 모금통에 돈을 넣었다.

이 젊은 여인이 바로 인도에 처음으로 고아원을 세우고 병자와 약자弱者 그리고 가난한 자들을 위해 평생을 헌신한 마더 데레사 수녀이다. 그녀는 말했다. "가난한 사람이 있는 곳이라면 달에까지라도 찾아갈 것입니다."

향기는 꽃만 풍기는 것이 아니다.

옛 시에 '酒香百里주향백리, 花香千里화향천리. 人香萬里인향만리' 라는 말이 있다. 이는 '잘 익은 술 냄새는 백리를 가고, 향기로운 꽃향기는 천리까지 퍼지고, 훌륭한 사람의 인품은 만리를 간다.' 라는 말이다.

마더 데레사는 가난한 이를 위한 헌신적인 삶을 통해 시공을 초월하여 온 세상을 향해 고귀한 향기를 뿜으며 '인향만리'의 삶을 살았다. 멋지게 보이는 조화造花 보다는 비록 볼품 없고 작더라도 은은한 자기만의 향기를 뿜는 삶이 보다 아름답고 귀한 삶의 모습이 아닐까 생각해본다.

몸과 마음을 다 해 그녀가 보여준 사랑의 삶은 오늘에까지 많은 사람들에게 그윽한 향기를 내뿜고 있다.

건강한 삶 – 원활한 '흐름'과 '리듬'이 있는 삶

우리는 누구나 건강하게 살고싶어 한다.

특히 삶이 얼마 남지않은 병자나 노인은 건강에 대한 염원이 더욱 강한 듯하다. 그러나 이러한 건강은 아프기 전이나 노인이 되기 전 젊은 시절부터 미리미리 관심을 가지고 정성스레 가꾸어야 지킬 수 있다.

'삼위 일체 건강법'으로 유명한 안현필 선생은 그의 저서에서 건강한 삶의 3대 핵심으로 제독制毒, 자연식自然食, 운동運動을 들고 있다. 이는 몸 안에 머물고 있는 각종 독성을 몸 밖으로 배출시키는 '제독'을 하고, 무공해 식품인 '자연식'을 먹고 '운동'을 통하여 몸의 신진대사를 촉진시켜주어야 건강한 삶을 유지할 수 있음을 말한다.

이와 같은 '3위 일체식 건강법'의 핵심을 한마디로 줄여보면 '흐름流'으로 표현할 수 있다고 본다.

나는 건강한 삶의 속성은 '원활한 흐름'이라고 생각한다.

옛말에 "고인 물은 썩는다."라는 말도 있듯이 육체적 뿐만 아니라 정신적으로도 원활한 흐름이 지속되어야 건강하다. 위에 열거한 제독이나 자연식 그리고 운동 모두 우리 몸의 원활한 흐름을 촉진하는 방법들이다. 이는 주로 육체적인 흐름 즉 신진대사를 촉진시키는 방법이라고 보지만 육체적인 면 이외에도 정신적인 면, 예를 들어 '스트레스의 흐름'이나 '기氣의 흐름' 등도 원활해야 건강한 삶을 살 수 있는 것이다.

스트레스가 몸에 미치는 나쁜 영향을 파악하기 위해 쥐를 이용한 실험을 한 결과 스트레스는 곧 발암률을 대폭 높이는 역할을 함을 발견했다. 또 스트레스는 노르아드레날인을 분비하여 혈관을 수축시켜 혈액의 흐름을 방해함으로써 신진대사 장애障碍를 일으킨다. 신진대사의 장애는 모든 성인병의 원인이므로 스트레스를 받지 않는 것이 건강에 제일 바람직하다. 만약 어쩔 수 없이 스트레스를 받았을 경우에는 이를 빨리 외부로 흘려보내 해소하도록 노력하는 것이 바람직할 것이다.

따라서 어떤 사람이 운동을 열심히 하여 겉으로 볼 때는 몸 상태가 건강해 보인다 해도 여러 가지 사유로 말미암아 스트레스를 받고 이를 해소하지 못해 계속 속을 썩고 있다면, 그 사람은 진정한 의미에서 건강한 삶을 살고 있다고 말할 수 없다.

다음 '기氣의 흐름'도 전술한 스트레스의 흐름 못지않게 중요하다. '기'는 "만물 또는 우주를 구성하는 기본 요소로 물질의 근원 및 본질"로 이해된다. 사람도 따지고 보면 우주를 구성하고 있는 하나의 구성 요소이다. 따라서 우주에 가득히 충만된 신선하고 좋은 '기'를 우리 몸 안에 받아들이고, 대신 몸 안에 축적된 나쁘고 탁한 기를 밖으로 내보내는 것은 건강에 큰 도움이 된다고 한다.

내 몸 안 '기의 흐름'이 활발해지도록 단전호흡이나 '기' 운동 등을 꾸준히 하는 것도 좋을 것이다. 또한 전문가의 도움 없이도 평소에 쉽게 할 수 있는 스트레칭이나 명상, 복식호흡, 좌선 또는 기도활동을 통하여 마음을 고요히 가지도록 노력하는 경우에도 어느 정도 기의 흐름을 원활히 할 수 있다고 본다.

또한 이러한 흐름이 원활하려면 우주 에너지 전달 원리라고 말할 수 있는 '리듬'과 '파동'이 있어야 한다. 우리가 살아 있으려면 규칙적으로 리듬있게 호흡을 하여야 하고, 심장이 원활히 뛰어 피를 온 몸에 잘 보내려면 리듬있게 박동을 하여야 하듯이 살아 움직이는 모든 것은 그 나름대로의 생명의 리듬과 파동이 있다고 본다. 따라서 이러한 리듬과 파동이 있는 삶을 사는 것이 건강한 삶의 요체要諦라고 말할 수 있다.

이러한 '흐름과 리듬 및 파동의 원리'는 인간관계에도 적용될 수 있다.

어떤 사람이 직장의 부하나 친구 또는 집안 식구들에게 일방적으로 자기 말만 하고 상대방의 말을 청취하지 않으려고 한다면 이는 대화의 흐름이 원활하지 않은 것을 의미한다.

이런 경우 그는 과연 건강한 인간관계를 유지할 수 있을까?

나의 길, 나의 선택

'어떤 삶을 어떻게 살 것인가?'

이는 어렸을 적부터 지금까지 일생동안 내가 삶을 살아오면서 내내 가지고 있는 화두話頭이다.

중학교 시절에는 윌리엄 클라크William Smith Clark가 말한 "Boys, Be Ambitious 소년들이여, 야망을 가져라"라는 말을 누가 한 지도 모르며 읊조리고 다녔다. 고등학교에 들어와서는 다음과 같은 '남이 南怡' 장군의 시 '북정가 北征歌'를 외우고 "나도 미래에 큰 사람이 되리라"하고 꿈을 꾸었다.

> 白頭山石磨刀盡 백두산석 마도진 : 백두산의 돌은 칼을 갈아 다 닳고
> 頭滿江水飮馬無 두만강수 음마무 : 두만강의 물은 말을 먹여 다 마르리
> 男兒二十未平國 남아이십 미평국 : 남아 이십에 나라를 평정하지 못한다면
> 後世誰稱大丈夫 후세수칭 대장부 : 후세에 누가 대장부라 칭하랴.

"호연지기 浩然之氣를 가슴에 품고, 사나이 대장부로 세상에 큰 이름을 날리리라"하고 나 나름대로 꿈을 키웠다. 이러한 나의 꿈과 야망은 어릴 적부터 어려운 나의 환경이 나를 압박할수록 더욱 강하게 내 마음 깊이 뿌리를 내렸다.

나는 가난한 농부의 8남매 중 넷째 아들로 태어났다. 그러다보니 부모님께서 나의 대학교 학비를 지원해줄 수 있는 형편이 되지 못하였다. 이런 집안 사정을 일찍부터 잘 알고 있던 나는 스스로 벌어서 공부하고자 결심하였다. 그래서 상업고등학교에 진학하여 졸업 후 직장에 다니며 대학교 야간과정에 다니고자 마음먹었다. 이를 위해 상업고등학교가 있는 대전으로 올라왔는데 처음으로 대도시에 나온 나는 모든 것이 어리둥절했던 기억이 난다.

대전상업고등학교에 장학생으로 입학한 후 대전에 있는 형님 댁에 기숙을 하기로 하였다. 부모님 형편을 고려하여 하숙비는 쌀로 대신 냈고, 학비는 면제를 받았으므로 부담이 없었다. 내가 쓸 용돈으로는 책과 학용품을 사는 정도의 최소한의 생

활비로 국한하였다. 그러다보니 20리가 넘는 학교는 걸어서 다니기로 결심하였다.

먼 거리를 통학하다 보니 시간이 많이 부족하였다. 그래서 나는 공부할 시간을 만들고자 항상 노심초사하지 않을 수 없었다. (참고 : 나의 길 – 시간 만들기 전투)

나는 과외는 생각도 못했기 때문에 이를 악물고 학교 공부에 매진하였다. 그러나 영양관리를 제대로 하지 못한 상태로 부족한 시간과 싸우며 무리하게 공부한 때문인지 나는 3학년에 들어와 건강이 점점 나빠졌고 몸은 많이 말라갔다. 어느 날 내 건강이 많이 나빠지고 있음을 느끼고 문득 나는 내가 폐결핵에 걸린 것이 아닌가 하는 걱정이 들었다. 병원에 갈 형편이 안 되었던 나는 걱정하는 마음만 날이 갈수록 점점 심해져 노이로제 증상까지 나타났다. 결국은 견디다 못해 가까스로 돈을 마련하여 엑스레이 사진을 찍고 이상이 없다는 의사의 판정을 듣고서야 해소되었다. 시험에 최대로 집중하여야 할 시간을 건강 걱정으로 약 3개월 동안이나 불안한 마음으로 보내게 되어 공부에 많은 지장을 준 것이었다.

게다가 설상가상으로 나는 곧이어 편도선이 많이 부어 음식을 잘 넘기지 못하고 게다가 축농증으로 머리가 아파 공부를 제대로 할 수 없게 되었다. 병원비를 댈 여유가 없어 또 참는 데까지 참다 보니 병은 더욱 깊어졌다. 나는 견디다 못해 하는 수 없이 가까스로 수술비를 마련하여 대전 도립병원에 혼자 가서 편도선 수술을 했다. 시골에 계신 부모님께 알리면 걱정하실까봐 부모님과 상의도 없이 단독으로 결행하고 입원비를 절약하고자 당일 바로 퇴원하였다. 지금 생각하면 18세의 어린 나이에 보호자 없이 혼자 가서 수술을 했던 당시 나의 딱했던 처지에 스스로에 대해 안쓰러운 마음마저 든다.

이러한 역경을 겪은 후 한국전력과 한국은행 시험에 동시 응시하여 두 곳 모두 합격하였다. 상고 졸업생들이 선망하는 최고의 직장이었던 두 곳에 우리 학교에서는 나 혼자만 합격하여 기쁘기도 하였지만 한편 취업을 하지 못한 친구들에게는 미안하기도 하였다. 두 곳을 동시에 갈 수는 없었기 때문에 나는 부득이 둘 중 하나를 선택하지 않으면 안 되었다. 나는 생각해보았다. '나는 곧 취업해서 직장인이 될 것이다. 그러나 나는 취업 하기에는 아직 어린 나이이다. 따라서 직장을 다니더라도 나는 학생의 길도 같이 가야겠다. 공부할 수 있을 때 공부하자.' 라고 생각한 후 한국은행을 선택하였다. 왜냐하면 전국에 사업소가 많은 한국전력보다는 전국 5대도시에만 지점이 있는 한국은행으로 가는 것이 비록 지방으로 발령 나더라도 대학교 공부를 계속할 수 있었기 때문이었다.

상업고등학교 졸업생으로서는 취업하기가 가장 어려운 한국은행 시험에 합격한 나에게 가족들과 선생님을 비롯하여 친구들이 모두 축하해주었다. 하지만 나는 기쁘면서도 한편으론 씁쓸한 생각이 듦은 어쩔 수 없었다. 왜냐하면 아직 공부하여야 할 어린 나이에 취직할 수밖에 없는 나 자신의 신세에 대하여 처량한 생각이 들었기 때문이었다.

한국은행 본점에 있는 연수원으로 교육받기 위해 나는 대전 발 서울행 완행열차를 탔다. 내 앞자리에는 내 또래의 학생들이 타고 있었는데 대학교 시험에 합격하여 서울로 올라가는 아이들이었다. 서울까지 가는 4시간 동안 내내 그들은 학교이야기와 장래 대학 생활 계획을 이야기 하며 발랄하게 웃고 이야기하였다. 나는 그들의 모습을 보며 부러운 마음을 금할 수 없었다.

연수 첫날, 나는 오리엔테이션을 담당하고 있는 인사부 대리에게 질문하였다. "저는 고등학교 졸업자로 이 은행에 들어왔습니다. 제가 신명身命을 다 바쳐 최선을 다 해 근무할 경우 제가 올라갈 수 있는 직책이 어디까지 인가요?" 하고 약간 당돌한 질문을 하였다. 대리는 나의 질문에 당혹스러워 하더니 "글쎄요. 여러분 선배들을 볼 때 대체로 열심히 하면 차장 정도까지는 올라갈 겁니다." 나는 순간 눈앞에 나의 미래가 그려지는 것을 보았다. 평소 위인전을 읽으며 큰 꿈을 꾸어왔는데 내 인생의 최종목표가 한국은행 차장이라니… 잠시 실망스런 마음에 허탈한 생각이 들었다. 나로서 이러한 작은 목표는 결코 받아들일 수 없었다. 그래서 연수 첫날 나는 한국은행을 그만두기로 결심하였다. 다만 공부를 계속하여야 하므로 퇴직 시기를 대학교 졸업 이후로 미루기로 했다.

이러한 나의 결심은 나로 하여금 더욱 향학열에 불타는 마음을 가지게 하는 계기가 되었다.

나는 야간 대학교로는 최고의 대학으로 인정받던 성균관대학교로 진학하고 싶었다. 그래서 학교를 다닐 수 있도록 서울 본점으로 발령받기를 원했다. 그러나 고교 졸업자는 모두 지점으로 발령하는 것이 방침이었다. 어쩔 수 없이 나는 대전지점으로 발령받았다. 은행에 다니며 대전에 유일하게 개설된 2년제 야간 초급대학을 졸업하였다. 졸업 후 나는 다시 곧바로 서울에 있는 성균관대학교 편입학시험에 응시하여 합격한 후 경영학과 2학년에 편입학하였다.

갖은 우여곡절 끝에 서울 조사부로 전근을 온 나는 낮에는 직장생활에, 밤에는 학교생활에 여념이 없었다. 친구들은 술에, 테니스에, 마작에 빠져 즐겁게 놀았지만, 나는 그런 쪽에 시선을 돌릴 여유가 없었다. 나도 자꾸만 내 마음이 약해지려는 때가 종종 있었다. 나는 이러한 내 마음을 다스리고자 결심하였다. 그래서 "나는 아직 공부하는 학생이다."라는 마음을 항상 스스로 각인刻印시키기 위해 성균관대학교 배지를 가슴에 달고 다녔다. 대학교 배지를 한국은행 배지 밑부분에 달았다. 좀 이상한 짓이지만 이는 나의 정체성을 스스로 다짐하고, 잊지 않으려는 나 나름대로의 눈물겨운 노력의 일환이었다. 남들이 보던 말던 나는 신경 쓰지 않았다. 당시 성균관대학교 졸업자는 조사부에는 거의 없었고, 대부분 서울대 상대 또는 법대 출신들만 근무하고 있었는데 지금 생각하면 그들이 당시 나의 모습을 보고 어떻게 생각하였을지 궁금하며 한편으로는 웃음도 나온다.

나는 근무하면서 대학교 졸업자들에게 절대로 기죽지 않으려고 애썼다. 최선을 다해 열심히 일하고, 한편으로는 가용한 시간을 모두 아껴서 있는 힘을 다 해 공부에 매진하였다.

나는 비록 어려운 환경에서 열심히 일도 하고 공부도 했지만, 때론 어린 마음에 이렇게 밖에 할 수 없는 나의 딱한 처지에 대하여 비애감悲哀感이 들기도 하였다. 그러나 나는 고생하시는 부모님을 항상 생각하고 마음을 추스르고자 노력했다. 그리고 항상 감사하는 마음으로 나의 성공목표를 '부모님을 잘 모시는 것'으로 정하고 이를 위해 노력하였다.

여하튼 나는 나로 하여금 공부를 할 수 있도록 허용해준 한국은행에 감사한다.

또한 나에게 잠시도 흐트러진 자세를 가지지 못하도록 나에게 경쟁의식을 심어준 한국은행의 선배들과 친구들에게도 감사한다.

대학교 3학년 때 공인회계사 시험을 준비하였다. 주경야독으로 할 수 밖에 없는 시험공부에 많은 난관이 있었지만 굳은 의지와 인내로 이를 극복하고, 졸업하던 해 2차 시험에 합격하였다.

군에 입대할 시기가 다가오자 지인의 소개를 받은 어떤 군 입대관련 브로커가 나에게 접근하였다. 그는 50만 원만 주면 군 복무를 면제해주겠다는 제의를 하였다. 그당시 한국은행의 행원 월급이 약 5~6만 원이었으므로 군을 면제 받을 경우 군 복무기간인 3년 동안 은행으로부터 받을 수 있는 급여를 생각하면 아주 작은 돈이었다. 대가족을 부양하고 있던 나에겐 어쩌면 달콤한 유혹이었다. 그러나 나는 생각했다. "앞으로 부끄러움 없는 삶을 살기로 마음을 먹고 있는데 이런 불법적인 길을 선택해서야 되는가?" 하고 스스로 자문한 후 나는 "차라리 국가를 위해 확실하게 군 복무를 하자! 이왕이면 장교로 입대하자!" 하고 결심하였다.

대학교를 졸업한 다음 해에 공인회계사 장교로 군에 입대하였다. 나는 소위로 임관하여 부산에 있는 군수사령부 예하부대인 수송사령부에 통합회계장교로 부임하였다. 시험의 압박으로부터 해방된 나는 비로소 자유로운 나만의 생활을 시작한 꿈같은 군 시절이었다. 그러나 너무 많은 시간과 자유로운 생활에 자칫 나 자신의 기본자세가 흐트러질것 같은 염려가 들어 평소 내가 가장 하고 싶었던 취미생활인 '서예書藝'를 배워보기로 하였다. 아무도 모르는 객지라 상의할 데도 없어서 부산에 내려간 첫날 무조건 서예학원에 들어갔다. 새로 온 학생인 줄 알고 반기는 서예 선생한테 "미안하지만 부산에서 제일 유명한 서예선생님을 소개해주면 감사하겠습니다." 하고 간청하니, 어이없어 하면서도 당시 우리나라 10대 명필 중의 한 명으로 손꼽히는 "청남靑南, 오제봉"선생님을 소개해주었다. 그 분으로부터 성남으로 전근 오기까지 약 1년간 서예를 배우고 떠나는 날 내 호號로 '부남夫南'을 지어주시며 "풍운風雲이 신래新來하니 운기雲氣 등천騰天이라"하고 호에 대한 해석을 해주시고는 비로소 나를 제자 명부에 올리셨다.

성남에 있는 육군종합행정학교에서 교관으로 장교들을 교육하였다. 나는 중위인데 학생들은 대위부터 대령까지 모두 상급자들이었다. 어려웠지만 역시 최선을 다해 강의에 매진하여 '최우수교관상'을 받기도 하였다. 이 경험을 통해 나는 수강생들 입장에서 강사를 평가하는 기준은 말을 잘하는 것도 중요하지만 강사의 열정과 정성이 더 중요한 것임을 알게 되었다.

군 제대 후 나는 휴직하였던 한국은행에 사표를 낸 후 외국회계법인과 멤버관계를 맺은 안권회계법인에 입사하여 회계사 시보 수습을 하고 우여곡절 끝에 3차 시험에 합격하였다.

이러한 과정을 거쳐 오늘에 이르기까지 공인회계사 생활을 해오고 있다.

나는 전문가의 길을 가면서 부끄럽지 않도록 나 나름대로의 자격과 자세를 갖추고자 노력했다. 군 입대 후 지금까지 약 35년 간 800회가 넘는 수많은 강의와 강연을 했다. 그리고 약 30여 권 이상의 책을 저술하고 방송이나 시민봉사활동을 통하여 내가 가지고 있는 전문지식과 경험을 나누고자 노력해오고 있다.

처음에는 전문가의 길로 가고자 출발했지만 세월이 지나면서 거래처가 늘어나서 나는 회계법인을 설립하고 경영자의 역할도 같이하고 있다.

이러한 나의 삶은 끊임없이 창출되는 '하여야 할 일'에 비해 이를 '수행할 시간'이 절대적으로 부족한 상황 속에서 나의 지혜와 노력을 대해 이를 해결해가는 과정으로 점철되어 있다고 말할 수 있겠다. 나에게 닥치는 어려운 환경에 불평할 겨를도 없이 그저 앞만 보고 나 나름대로 후회 없는 최선의 길을 걸어왔다고 생각한다.

삶을 바라보는 마음가짐

동굴의 우상偶像과 진여眞如의 세계

어느 의과대학에서 교수가 학생에게 다음과 같이 질문하였다고 한다.

"여기 한 부부가 있다. 남편은 매독에 걸렸고, 아내는 심한 폐결핵을 앓고 있다. 이 가정에는 아이들이 넷 있는데, 하나는 며칠 전에 병으로 죽었고, 남은 아이들도 결핵으로 누워 살아날것 같지 않다. 그런데 부인은 임신 중이다. 태아를 어떻게 하는 것이 좋을까?"

그러자 한 학생이 대답했다. "낙태수술을 하는 것이 바람직합니다."

그 교수는 말했다. "자네는 방금 베토벤을 죽이자고 하였네."

이는 세기의 작곡가인 베토벤Ludwig Van Beethoven의 이야기이다.

우리는 흔히 자기의 눈으로 보거나 귀로 들은 것이 정확하다는 과신을 하는 경향이 있다. 그러나 우리의 감각으로 판단한 내용이 옳을 수도 있겠지만 또 언제나 옳은 것은 아니다.

우리는 세상을 어떻게 바라볼 것인가?

우리가 바라보는 세상으로 오늘도 우리는 나아간다.

조물주는 우리 인간에게 앞으로 향한 두 개의 눈을 만들어 주었다. 이러한 이유로 우리는 앞을 향해서만 바라볼 수 있다. 따라서 앞을 바라보면서 동시에 옆이나 뒤 그리고 위와 아래를 바라볼 수 없다. 이러한 상황으로 우리는 우리 앞에 전개된 사물이 진실인 것으로 착각하며 세상을 살고 있다. 그러다 보니 내가 지금 바라보고 있는 앞에 있는 세상 말고는 위나 아래, 옆이나 뒤의 세상이 있다는 사실을 잊거나 무시하고 있다.

또한 우리는 눈에 선글라스를 끼고 세상을 보기도 한다. 때로는 파란 색의 선글라스를, 어떤 때는 붉은 색의 선글라스를 끼고 세상을 바라본다. 이는 프란시스 베이컨F. Bacon이 이야기하는 '동굴洞窟의 우상偶像,Idol'과도 같은 의미라고 할 수 있다. 그는 인간은 동굴 안에서 자기 자신의 편견을 가지고 동굴 안에서 밖을 보기 때문에 동굴 밖에 있는 '진여眞如'의 세계 즉, 참된 모습을 제대로 보지 못한다는 것이다. 이는 인간은 태생胎生적으로 자신이 가진 지식이 절대적인 진리인 듯 착각하고 자기만의 편견을 가지고 사물을 보기 때문에 올바로 볼 수 없다는 의미이다.

이러한 여러 가지 이유로 우리는 세상을 '있는 그대로' 전체의 모습을 보지 못한다. 두 사람이 마주 보며 이야기 하는 경우 양자가 보는 방향은 서로 반대의 방향을 본다. 나도 제대로 볼 수 없을 뿐만 아니라 상대방도 마찬가지이다. 이러한 이유로 양자가 사물을 보고 인식하고 판단한 사항을 말로 상대방에게 전달하기 까지는 무수한 오류의 강江이 존재하며, 이 강을 제대로 건너기가 쉽지 않다. 그러다 보니 나와 너 할것 없이 머릿속에는 온갖 잘못 전달된 정보와 이로 인한 착각으로 가득 채워져 있다.

따라서 이러한 이유로 말미암아 어떤 사람이 본 세상은 그대로 다른 사람에게 전달되지 않는다. 만나서 대화하는 사람과 사람 사이의 거리는 불과 1 미터도 되지 않지만 두 사람의 세상을 보는 인식 차이는 지구를 몇 바퀴 돌아도 이어지지 않을 정도의 괴리乖離가 있을 수 있다.

나는 골프장에서 허리운동도 할 겸 허리를 굽혀 사타구니 사이로 나의 뒤편에 있는 풍경을 바라보는 것을 즐긴다. 새로운 세상이 나타나기 때문이다. 우리가 서서 바라볼 때와 굽혀서 뒤로 바라보는 풍경은 분명 같은 나무이고 잔디인데 무언가 전혀 다른 모습을 내게 보여준다. 나는 이러한 변화를 즐긴다.

세상 이치도 마찬가지 아닐까?
자기의 위치에서 본 세상의 모습이 100% 정확하다고 상대방에게 우기지는 않았는가? 상대방의 의견은 허상虛像이고 자기가 본 세상의 모습만이 실상實像이라고 주장한 적은 없는가?

같은 사람이나 사물 또는 사건이라 하더라도 보는 자세에 따라 각각 달리 보일 수 있을 것이다.

따라서 우리는 우리가 본 것을 너무 맹신하면 안 된다. 상대방이 본 것과 이에 근거한 상대방의 의견도 옳을 수 있다는 것을 인정하여야 한다.

자기의 눈만이 완전하다는 착각과 교만에서 하루빨리 벗어나 상대방의 눈에서 자기가 볼 수 없는 다른 세상의 모습을 겸손한 마음으로 찾아보고자 하는 노력이 아쉽다.

우리는 세상을 어떻게 바라보아야 하는가?

최하위의 신분에서 태어나 최상의 신분까지 올라가 세상을 뒤흔들었던 일본 근대사회의 풍운아인 도요토미 히데요시에 관한 이야기를 해보기로 한다.

'도요토미 히데요시'는 말단 무사의 가난한 집안에서 태어나 '오다 노부나가'라는 장군의 신발을 챙겨주는 시종侍從으로 출발하였다. 어느 추운 겨울날 '도요토미 히데요시'는 문 밖에서 장군을 기다리고 있었다. 다른 시종들은 장군이 나올 때까지는 부엌에서 불을 쬐며 기다렸지만 그는 달랐다. 그는 추위에 떨면서도 장군의 신발을 자기 품 안에 품고 따뜻하게 덮힌 후 장군이 문을 열고 나올 때 재빨리 이를 댓돌위에 얹어 놓았던 것이다. 이를 기특히 여긴 장군은 '도요토미 히데요시'를 점점 중용하게 되었고 이에 힘입어 그는 일본의 최고권력자가 되는 지위까지 오를 수 있었던 것이다. 만약 그가 자기의 몸이 괴롭고 추운 것만을 생각하고 그냥 편히 있었더라면 그의 장래는 어떻게 되었을 것인가?

여기에서 '오다 노부나가' 장군은 도요토미 히데요시에겐 살아나가야 할 세상이다. 그리고 노부나가는 히데요시가 더 큰 세상을 향해 건너가야 하는 강에 드리워진 다리이다. 우리는 이 일화에서 '도요토미 히데요시'의 세상을 바라보는 눈과 이를 알아주는 '오다 노부나가'의 혜안을 발견하게 된다.

눈을 잠시 돌려 우리 나라의 대표적인 기업인 삼성그룹을 창업하여 일군 이병철 회장에 대한 이야기를 해보자.

이병철 회장은 세상을 넓게도 보았지만 세밀하게 보아야 할 부분은 작은 것도 놓치지 않고 보았다고 한다.

이 회장이 모두들 반대하는 반도체 산업에 뛰어들게 된 것은 그가 가지고 있는 세상을 넓게, 그리고 멀리 볼 수 있는 탁월한 안목 때문이라고 말할 수 있다. 그러나 이 회장은 어떤 경우에는 치밀하게 자세히 관찰하고 시험하려고 노력하기도 하였다. 제일모직에서 와이셔츠를 생산하던 때에 이 회장은 전 세계 명품 와이셔츠 150 종을 구입하여 매일 한 가지씩 입어보고 그 중에서 가장 적합한 것을 골라 참고하도록 하였다고 한다. 또한 신라호텔을 지을 때는 우동집 주방장을 자신이 다니던 일본의 단골 우동집에 보내 기술을 배워오게 하였다. 또한 호텔 내 식당에는 노인들이 신발을 신을 때에 몸의 균형을 잡을 수 있도록 벽에 손잡이를 달라고 직접 지시하였다. 그리고 구둣주걱도 지팡이만큼 큰 것을 비치하라고 일렀다는 일화가 있다.

내가 헤쳐 나가야 할 세상은 무엇이며 어디에 있는가?
이를 바라보는 나는 세상을 어떻게 바라보아야 하는가?

생각의 틀을 바꾸면 새로운 세계가 보인다.

사람은 생각하는 동물이다. 우리가 가지는 생각은 시간이 지나면서 어떤 틀, 즉 '생각의 틀'을 만든다. 사람마다 각각 자기 나름대로의 생각의 틀을 가지고 있다.

우리는 자기도 모르는 사이에 우리가 만든 생각의 틀 안에 안주하려고 하는 경향이 있다. 그 틀이 편하고 안전하다고 생각하기 때문이다. 그래서 여간해서는 생각의 틀을 바꾸지 않으려고 한다.

그러나 이러한 생각의 틀을 바꾸면 다른 세상이 보인다. 생각의 틀을 바꾸면 지금까지 괴로웠던 일이 어느날 즐거운 대상으로 변한다.

여기 막걸리 다섯 병을 배낭에 넣어 어떤 사람에게 주기로 하자. 오늘은 등산객들에게 팔 미션을 주고 막걸리를 운반하여 산에 오르게 하고, 내일은 친구들하고 등산한 후 정상에서 마시는 정상주頂上酒로 사용할 목적으로 막걸리를 주어 산에 오르게 하자.

이 경우 전자前者와 후자後者가 메고 가는 짐이 똑같다고 가정할 때 그들이 막걸리에 대하여 가지는 무게의 느낌도 똑 같을까? 아무래도 후자의 경우가 훨씬 그 짐의 무게를 덜 느낄 것이다. 왜 그럴까? 전자의 경우에는 메고 가는 것을 노동으로 여길 것이고, 후자의 경우에는 본인이 선택한 즐거운 취미생활의 일부분으로 인식할 것이기 때문이다.

이와 같이 똑같은 상황에서 마음을 어떻게 먹는가에 따라 삶의 무게가 다르게 느껴진다.

따라서 삶을 살며 힘겨움을 느낄 때는 우리의 생각의 틀을 종전의 방식에서 새로운 방식으로 바꾸어 볼 필요가 있다고 본다. 예를 들어 어떤 사람이 사업에 실패했다고 가정하자. 만약 그 사람이 실패를 실패로만 바라보고 포기하면 그것으로 끝이지만, 실패의 원인을 분석하여 새로운 도전을 한다면 그 순간 그는 성공이라는 꿈을 향해 올라가는 계단을 밟고 있는 것이 된다. 대부분의 성공하는 사람들은 '실패는 만회할 수 있으나 포기는 만회할 수 없다'는 원리를 깨닫고 이를 실천한 사람들이다.

또한 자기가 생각하는 방식대로 상대방이 생각하지 않으면 '수준이 맞지 않아서', '무식해서', '생각이 짧아서' 하고 상대방에서 그 이유를 찾곤 한다. 왜 자기에게 탓을 돌리지 않고 상대방에게 돌리려고 하는 것일까? 이 역시 자신의 생각의 틀이 옳다고 여겨 이를 고수하려고 하는데 그 원인이 있다고 본다.

그러나 이러한 사람 사이에서 발생하는 생각의 차이는 그야말로 옳고 그름의 문제가 아니라 그냥 생각의 차이일 뿐이라고 생각한다. 각자가 살아온 삶의 여정이 다름으로 인하여 필연적으로 생각의 차이가 생겨난 것이지 어느 한편의 잘못으로 인한 것은 아닌 것이다.

내 생각이 소중한 만큼 상대방의 생각도 소중하다. 나의 생각을 한번 바꾸어 보면 어떨까? 그러면 나만 일방적으로 손해를 보는 것일까? 아니다. 분명 예기치 않는 새로운 세계가 열릴 것이다.

과감하게 나의 생각하는 방식을 결정짓는 나의 '생각의 틀'을 깨어보는 것도 인생을 멋지게 사는 좋은 방법이라 여겨진다.

토끼와 거북이의 이솝우화를 생각해보자.

우리는 토끼와 거북이가 달리기 경주를 했는데 토끼가 잠을 자는 사이에 거북이가 부지런히 쉬지 않고 달리는 바람에 토끼가 거북이에게 졌다는 이야기를 잘 알고 있다. 그러나 이는 빠른 토끼가 당연히 거북이를 이길 것이라는 일반적인 생각을 바꾼 것이다. 그래서 재미있고 우리에게 새로운 시사점, 즉 '교만한 자의 빠름'보다는 '겸손한 자의 부지런함'이 이긴다는 점을 일깨워 준다.

이러한 우화를 현대 상황에 맞게 다시 바꾸어보기로 하자. 경주하면 으레 육지에서 하는 경주만을 생각하는 기존 고정관념의 틀을 깨어보면 어떨까? 육지가 아닌 바다에서 경주한다면 어떻게 될까? 재미있는 결과가 나오리라 생각된다. 바다에서 경주하면 당연히 발 빠른 토끼의 존재는 사라지고 대신 느린 거북이가 왕자로 떠오른다.

생각을 바꾸면 한순간 새로운 세상이 열린다.

나를 객관화하라 – '헬리콥터 뷰'의 중요성

박현주 미래에셋 회장은 그의 성공비결을 '미래관점에서 현재를 보는 습관'이라고 말한다. 그리고 "이외에 균형감각, 소수게임(남들과는 다른 관점에서 보기), 즉 원칙을 염두에 두고 밝을 때는 그림자를, 어두울 때는 빛을 볼 수 있는 인식의 전환이 또 다른 성공요인이다."라고 이야기 하고 있다.

나는 이러한 의견에 대하여 나는 '나를 객관화 하라'라고 말하고 싶다. 내가 나의 주관적 입장에서 나를 바라보거나 또는 욕심이나 초조감 등으로 혼란스러운 상황에 있다면 과연 올바른 의사결정이 제대로 이루어질 수 있을까? 헬리콥터에서 지상을 내려보면 모든 사물이 한눈에 잘 보인다. 이를 '헬리콥터 뷰Helicopter View'라고 부르는데, 이처럼 나를 멀리서 바라보거나 또는 제3자가 나를 보듯이 나를 객관화하여 바라볼 때보다 합리적인 관찰이 가능하고, 또한 올바른 의사 결정이 이루어지리라 생각된다.

나는 이와 같은 '나의 객관화客觀化'와 관련하여 나의 젊은 시절 경험을 들려주고 싶다. 나는 지금까지 살아오면서 나의 삶의 방향을 크게 바꿀 수도 있는 몇 번의 주요한 기로를 만났고 그 때마다 고심어린 선택을 하여야 하는 입장에 처하게 되었다.

나는 중요한 선택을 할 때마다 지켜왔던 원칙이 하나 있다.

그것은 전술한 바와 같은 '나를 객관화 하라'는 것이다. 이는 내가 나의 입장에서 몰입하여 의사 결정을 하기보다는 나 스스로 가능한 한 외부의 제3자 입장에 서서 판단, 의사 결정을 하고자 한 것이다. 즉, "너는 문길모의 친구이다. 문길모의 진정한 친구로서 그가 어떤 길을 가는 것이 좋을 것인가를 심사숙고하여 그의 선택을 도와줘라"라고 나 스스로에게 최면을 건다.

뒤돌아보면 이러한 나의 방식이 나의 삶의 기로에서 나로 하여금 올바른 선택을 하는데 많은 도움이 된 것으로 생각된다.

내가 나를 객관화해서 의사 결정을 했던 세 번의 경험을 소개하고자 한다.

첫 번째는 대학교 때 행정고시를 준비하다가 공무원의 길을 포기한 일이다. 나의 입장과 상황 그리고 성품을 고려한 결과 공무원의 의무를 지킬 수 있을지에 대한 자신감이 서질 않았다. 그래서 제3자의 입장에서 나를 객관적으로 보려고 노력한 결과 결국 부정적인 결론이 나오게 되어 나의 뜻을 접은 것이다.(참고 : 나의 길 – '객관화로 접은 공무원으로의 꿈')

두 번째는 내가 회계사생활을 시작한지 3년 만에 그만 두고, 다시 회계사 생활로 돌아오기까지 역시 나의 결심에 나를 객관화하는 과정이 작용하였다.(참고 : 나의 길 – '일을 사랑할 가치를 찾아라')

세 번째는 대학원을 졸업하고 대학교수로서의 길을 갈 기회가 있었는데 역시 아쉽게도 이를 포기하여야만 했던 경우이다. 이 역시 대학교수가 되고 싶었지만 나의 여건이 양심적인 교수로의 길을 가기에 부적합하다고 판단, 나의 꿈을 접었던 것이다.(참고 : '나의 길 – 이 길이 과연 내가 가야 할 길인가?')

이와 같이 어려운 결정을 내려야 할 순간이 온다면 순간의 욕심에 빠져 주관적으로 판단하면 결국 잘못된 의사결정을 하기 쉽다. 따라서 냉철하게 제 3자 입장이 되어 나를 객관화 시킨 후 해답을 찾아보는 것이 지혜로운 의사결정 방법이라고 생각한다.

'객관화'로 접은 공무원으로의 꿈

　나는 앞서 이야기한대로 가정형편이 넉넉지 않아 상고를 졸업하고 한국은행에 취직하였다. 또한 공부하고 싶은 열망에 낮에는 은행에 다니며 밤에는 성균관대 경영학과의 야간 과정을 다녔다. 처음에는 장학금을 받고자 학교 수업에 충실하였으나, 친구들은 행정고시나 사법고시 또는 회계사 시험에 도전하고 있었다. 3학년에 올라 여름 즈음에 내 친한 친구 P 군이 회계사 2차 시험을 수석으로 합격하고 다시 곧바로 행정고시를 준비하고 있는 것을 알게 되었다. 학교 수업에 충실하여 장학금을 받고자 계획했던 나는 그 친구와 같이 고시에 도전해 보고 싶은 마음이 들었다.

　결국 나도 행정고시를 준비하기로 결심하고, 고시준비와 미래의 행정 관료로서의 나의 모습을 상상하며 즐거운 마음으로 공부를 시작하였다. 주경야독晝耕夜讀의 입장 때문에 나는 시간이 항상 부족하였다. 그래서 나는 최대로 시간을 아끼고 자투리 시간을 활용하여 공부에 열중하고자 노력하였다.
　그로부터 약 한달 후 나는 행정법상 '공무원의 5대 의무' 부분을 공부하게 되었다. 당시 내 기억으로는 '청렴결백의 의무', '명령 복종의 의무'와 '품위 유지의 의무' 등이었다고 생각한다. 나는 생각했다. 그리고 자문자답自問自答 해보았다.
　'공무원의 의무'가 중요하기 때문에 행정법에까지 규정되어 있는 것이 아닐까? 따라서 공무원이 되고자 하는 이는 이를 마땅히 숙지하고 준수하여야 할 것이다. 행정고시를 준비하는 나로서는 최소한 장관 정도는 되겠다는 꿈을 가지고 시작하고 있는데, 공무원이 지켜야 할 이러한 기본의무를 나 자신 충실히 지킬 자신이 있는가? 나는 스스로 자문자답한 결과 특히 청렴결백의 의무에 대하여 지킬 자신이 없었다. 그 당시에는 공무원 월급도 적었고 이로 인하여 공무원에 대한 뇌물이 비일비재非一非再한 시절이었다. 게다가 내가 존경하던 선배 중에 그런 분위기에 같이 동화하지 못하고 혼자 청렴을 지키다가 공무원을 그만 둔 경우도 있었다.

　나는 다음과 같이 나를 객관화하는 질문을 스스로에게 하였다.

‘길모’ 너는 가난한 집안의 아들로 태어나 집안 경제를 네가 번 돈으로 책임을 져야 하고 또 네 동생들의 학비도 네가 준비하여야 할 입장이다. 그러나 사무관 월급으로는 이러한 역할을 제대로 할 수 없는 실정이다. 네가 이러한 입장에서 과연 청렴결백의무를 양심껏 지킬 수 있을까? 만약 어떤 사람이 너에게 뇌물을 줄 경우 너는 이를 냉정히 거절할 자신이 있는가? 만약 거절하지 못하고 받게 된다면 너는 어떻게 될까? 아무도 모르게 뇌물을 받아 호의호식하며 공무원 생활을 잘 마친다고 하더라도, 이 세상 끝나고 저 세상에 갈 때 너 스스로 “아! 한 평생 유감없이 잘 살았다”라고 흐뭇하게 생각하며 눈을 편안히 감을 수 있을 것인가? 등등 질문을 계속 하였다.

이러한 나에 대한 질문에 대하여 나는 다시 나에게 “네가 문길모의 친구라고 한다면 길모에게 공무원의 길을 가라고 권하겠는가?”라고 자문해보았다. 답은 명백히 “공무원으로 가는 것을 말려라”라는 것이었다. 그래서 나는 고심 끝에 “공무원은 내가 갈 길이 아니다”라는 결론을 내리게 되었다.

이러한 나를 ‘객관화’하는 절차를 마친 후 나는 푸른 꿈을 품고 공부를 시작한 지 한 달만에 행정고시를 포기하였다. 논문 작성에 자신이 있었던 나는 행정고시 시험이 어렵다든가 혹시 안 될지도 모른다는 부정적이고 불안한 생각은 추호도 하지 않았다. 하지만 공직자의 길이 내가 ‘가야할 길’로 적합하지 않다는 결론이 내려진 이상 나는 더 이상 행정고시에 미련을 갖지 않기로 한 것이다.

지금 생각해보면 어린 나이라 너무 순수하다 못해 고지식한 마음으로 ‘가야할 길’을 고심한 것이 아니었나 하고 웃음도 나오지만, 당시 나는 꽤 심각하였었다. 그러나 뇌물수수 등으로 법의 심판을 받는 고위공직자들의 모습을 볼 때마다 그 당시 나의 생각이 옳았다고 생각한다.

이러한 ‘가야할 길’에 대한 나의 스스로에 대한 자문자답 습관은 그 후에도 중요한 삶의 기로에 설 때마다 매번 의사 결정의 중요한 방법으로 이용하곤 하였다. 지금 되돌아보면 나의 이런 ‘나를 객관화하는 방식’이 삶의 고비마다 나로 하여금 욕심에서 벗어나 옳은 결정을 내리는데 큰 도움을 주었다고 생각한다.

삶을 지혜롭게 살아가는 방법

삶의 비밀 – '끌어당김의 법칙'

　들판을 거닐다보면 이름 모를 수많은 야생화와 잡초들을 만난다. 문득 서서 이들을 관찰해보는 동안 자연의 경이로움을 저절로 느끼곤 한다.
　색깔도 다르고 모양도 제각기 다른 이런 수많은 꽃과 풀들이 어떻게 같은 땅위에 동시에 나타날 수 있을까?
　과학적 시각으로 보면 식물이나 동물들 모두 제각기 다른 유전자를 지니고 있어 그 모습과 내용이 저마다 다르게 태어난다고 이야기 할 수 있을 것이다. 하지만 그럼에도 불구하고 이러한 현상을 보며 나는 알 수 없는 신비감을 느끼곤 한다.

　내가 알 수 없는 그 무엇? 조물주만이 알고 있는 '비밀'이 있지 않을까?

　호주의 작가 '론다 번Rhonda Byme'은 자신이 쓴 'The Secret'에서 우리가 살고 있는 우리의 삶에는 '비밀Secret'의 법칙이 있다고 이야기 하고 있다. 그녀는 우리가 살고 있는 이 우주에는 만고불변萬古不變의 비밀법칙Secret이 있다고 하며 'Secret = Law of Attraction 끌어당김의 법칙'이라고 말하고 있다. 이러한 법칙은 자연의 법칙이며 태초부터 존재했고 언제나 존재했으며 앞으로도 존재할 것이라고 한다.
　그녀는 "당신의 인생에 나타나는 모든 현상은 당신이 끌어당긴 것이다. 지금 당신의 삶은 지난날 당신이 한 생각들이 현실에 반영된 것이다."라고 주장한다. 즉, 오늘 나와 내 주변의 모든 현상은 내가 그동안 끌어당긴 결과라는 것이다. 이러한 끌어당김의 법칙을 양자물리학자들은 '창조의 법칙'이라고 말하며, 전 우주가 '생각'에서 비롯된다고 이야기 한다. 당신의 생각과 이로 인한 끌어당김의 법칙으로 당신의 인생을 만들어 나가는 것이라고 이야기하며, "무엇이든 뿌린대로 거두는 것이다! 생각은 씨앗이고, 수확물은 당신이 어떤 씨앗을 뿌렸는가에 의해 좌우 된다"라고 말한다.

따라서 내가 무언가에 대해 불평하면, 끌어당김의 법칙에 따라 불평할 일이 나에게 더 많이 나타나고, 내가 누군가로부터 불평하는 것을 듣거나 거기에 집중하거나, 또는 그 사람에 동의하면, 그 순간 그 불평하는 상황이 나에게 오도록 끌어당기는 것이라고 한다.

이러한 이야기를 듣다보면 우리의 '생각'이 얼마나 중요하고 무섭기까지 한가? 하는 느낌이 든다.

따라서 우리는 소중한 삶을 살아가면서 가급적 우리가 원하고자 하는 좋은 방향과 좋은 모습만을 깊이 생각하도록 노력하여야 할 것이다.

특히 요즈음 같이 어려운 시기에는 더욱 힘든 현실이나 불확실성한 미래 상황에 대해 불안하거나 두려운 상상이나 생각을 가지기 보다는 보다 밝고 희망찬 미래의 모습을 그려보도록 최선의 노력을 경주하여야 하지 않을까?

여기서 한 가지 주의하여야할 사항은 '끌어당김의 법칙'은 '않아'라든가 '아니'와 같은 부정어를 인식하지 않는다고 한다. 따라서 우리가 부정어를 말할 때 끌어당김의 법칙은 이러한 부정어를 인식하지 않은 채 우리의 뜻과는 달리 인식한다고 한다. 예를 들면 '다투기 싫어'는 '더 다투고 싶어'로, '감기에 걸리지 않았으면 좋겠어'는 '감기뿐 아니라 다른 것도 걸리고 싶어'로 인식한다고 한다. 따라서 이러한 법칙에 걸리지 않으려면 '다투기 싫다'라는 표현보다는 '사이좋게 지내고 싶다'라고 하거나, '감기에 걸리지 않고 싶어'라는 표현 보다는 '건강하게 살고 싶어'라는 방식으로 긍정적인 용어를 사용하라는 것이다.

만약 여러분의 아내가 "당신 나 사랑해?"하고 물으면 어떤 사람은 마음으로는 사랑하면서도 계면쩍은 나머지 "응, 싫지 않아"라고 이야기 하는 경우도 있을 것이다. 이렇게 하면 비밀법칙에 의해 '사랑'이라는 용어 대신 '싫지'라는 용어만 인식하여 정말 싫어지는 상황이 초래될 수 있으므로 과감히 "응, 너무 너무 사랑해"라고 답을 해주면 어떨까?

우리는 지금 어떻게 살아야 하는가?

지금 우리가 생각하고 말하는 것이 미래의 우리 모습을 결정 짓는다.

따라서 성공하는 미래를 원한다면 지금 이 순간의 생각이 미래의 성공을 끌어당길 수 있도록 말을 조심스럽게 선택할 필요가 있다고 하겠다.

그러면 어떻게 하면 미래의 성공을 가져오도록 우리의 생각과 말을 잘 선택하고 사용할 것인가?

현자賢者들은 생각과 마음을 지배하는 한 가지 길은 마음을 고요하게 하는 법을 배우는 것이라고 가르치고 있다. 이를 다른 말로 이야기 하면 '기도'나 '명상'이라고 말할 수 있다.

존 아사라프라는 "사람들의 생각에도 주파수가 있다"고 말한다. 따라서 어떤 사람이 어떤 일이나 사람에 집중하여 깊이 생각하면 할수록 그는 이러한 생각의 주파수의 파장을 우주를 향해 계속 방사放射하는 것이 된다. 그러면 그 방사된 생각은 다시 생각과 비슷한 것들을 데리고 본인에게 반드시 되돌아온다고 한다.

아놀드 토인비는 '대화'라는 책에서 우리가 열심히 기도하면 그 기도는 우주 저편에 있는 절대자에게 전달되며 이는 다시 우리가 염원한 모양을 갖추어 확대되어 우리에게 되돌아온다고 이야기 하고 있다.

이는 마치 동양에서 이야기하는 '천망天網'이나 '인과응보因果應報'의 법칙과도 유사하다.

우리가 지금 하고 있는 생각과 말 그리고 행동은 우리가 모르는 사이에 우주 저편 어느 곳엔가 차곡차곡 저장되고 있을 지도 모른다. 이 세상을 하직하고 언젠가 저 세상으로 떠날 때 이와 같이 우주에 저장된, 우리가 살아오면서 행한 말과 행동 그리고 생각이 한꺼번에 우리 앞에 나타날지도 모를 일이다. 이러한 생각을 하면 오늘 우리의 삶을 어떻게 살아가야 할 것인가를 성찰해보는 마음가짐과 습관이 우리에게 중요한 과제로 다가옴을 절실히 느끼게 된다.

'열심히' 보다는 '잘' 하자

옛말에 '지성至誠이면 감천感天'이란 말이 있다.

자신이 지금 하고 있는 일에 최선을 다하고, 정성을 다한다면 하늘도 감동해 그 뜻이 이루어진다는 말이다. 그러나 아쉽게도 우리가 살고 있는 현실은 그렇지 않다.

흔히들 요즈음을 인스턴트시대라고 한다. 쉽게 생각하고 말하고 그리고 행동한다. 먹는 것도 쉽게 먹기 위해 인스턴트 음식을 즐겨하는 시대다. 우리는 어떤 일을 함에 있어 마음과 뜻을 다하는 소위 '정성精誠'이 부족한 시대에 살고 있다.

당신은 지금 이 순간 무엇을 어떻게 하고 있는가?

세상에 태어나 한번 밖에 살 수 없는 것이 우리들 운명이다. 지금 이 순간 무엇을 할 것인가에 관해 깊이 생각해야 할 점은 우리가 한번 선택한 길은 취소할 수 없으며, 또한 되돌릴 수도 없다는 점이다.

지금 이 순간 무엇을 할 것인가 하는 문제는 오로지 본인 스스로 심사숙고 과정을 거쳐 결정할 '선택의 문제'이다. 이 때 '선택'은 본인의 입장과 소망을 잘 고려하여 올바른 방향과 타깃을 정해야 한다. 우리에게 주어진 시간은 유한有限하다. 따라서 이것 저것 선택하고자 시도하는데 흐르는 시간을 헛되이 보내는 것은 바람직하지 않다고 본다.

예를 들어 우리가 과녁을 고려하지 않고 허공에 수백 발의 화살을 쏘는 것과 한 발의 화살을 쏘아 과녁에 명중시키는 것을 비교하여 보자. 전자前者는 비록 열심히 화살을 쏜 것은 인정될지 모르나 제한된 자원(화살과 시간)을 불필요하게 혼자 낭비하였다는 지탄을 받게 될 것이다. 그러나 후자後者는 이러한 사회적 지탄에서 벗어날 뿐만 아니라 남는 시간과 화살로 다른 새로운 목표를 향해 도전을 하고자 시도할 수 있을 것이다.

따라서 이상의 내용을 고려해 볼 때 "무엇을 어떻게 할 것인가?"에 관한 물음에 대한 답은 다음과 같이 말할 수 있을 것이다.

"열심히 하기보다는 잘 해라."

요즈음 흔히 이야기하는 열심히 하는 'hard work'보다는 일을 목적에 맞게 하는 'smart work'이 더 중요하다는 말과 같은 의미라고 본다. 그러나 일을 잘 할 뿐만 아니라 열심히 할 수 있다면 금상첨화錦上添花이지 않겠는가?

그리고 한번 선택한 이상 망설임 없이 최선을 다하는 것이 무엇보다도 중요하다고 본다. 일단 선택한 길에 만족한 결과가 나왔다면 다행이겠으나 만약 결과가 만족스럽지 않게 나왔다고 해도 이를 후회한다거나 또는 더 나아가 결과에 대해 남에게 그 책임을 돌리는 일은 백해무익百害無益하다고 본다.

비록 결과가 만족하지 않은 인생도 자기의 모습이므로 이를 부끄러워 하기보다는 사랑할 줄 아는 자세가 보다 중요하며 아름답지 않을까 생각해 본다.

내 '강점'은 살리고 '약점'은 보완하여 차별화하자

사람은 누구나 장점長點 또는 강점强點이 있는 반면에 단점短點 또는 약점弱點을 가지고 있다. 이러한 현상은 누구에게나 있기 때문에 장점을 자랑할 필요도, 약점을 부끄러워할 필요도 없다고 본다.

다만, 강점은 더욱 살려 약점을 가리게 하고, 약점은 보완하여 강점을 가리지 않도록 유의할 필요가 있다. 이러한 노력을 계속하면 평균적인 강점과 약점을 가진 사람들에 비해 더욱 큰 강점을 지니고 또한 상대적으로 약점이 적은 사람이 되어 이들과 차별화差別化 된다.

미국의 정치가 벤자민 프랭클린Benjamin Franklin은 말한다.

"인생의 진정한 비극은 우리가 충분한 강점을 갖고 있지 않다는데 있지 않고, 오히려 갖고 있는 강점을 충분히 활용하지 못하는데 있다. The Real Tragedy of Life is Not That Each of Us Doesn't Have Enough Strengths, It's That We Fail to Use the Ones We Have." 또한 원기찬 삼성카드 사장도 학생들을 위한 강연에서 "여러분 스스로 자신의 강점과 약점이 뭔지 잘 파악하세요. 강점을 최대한 활용해 약점이 보이지 않을 정도로 보완한다면 누구나 전문가가 될 수 있습니다."라고 말한다.

치열한 삶의 경쟁에서는 평균적인 장점과 단점을 가진 사람보다는 뛰어난 장점과 강점을 가진 사람이 성공한다. 왜냐하면 경쟁 속에서 승부를 가려야 하는 대부분의 삶의 경우, 약점이 아닌 강점에 의해 승부가 갈리게 되기 때문이다. 따라서 우선 자기가 가지고 있는 강점을 올바로 파악하고, 이를 더욱 강화하는데 모든 에너지의 초점을 맞출 필요가 있다. 다만, 약점을 방치해서 강점을 가릴 만큼 크도록 하면 안 되므로 약점이 강점이 가리지 않을 정도로 관리하거나 보완할 필요는 있겠다.

탁월한 통찰력과 뜨거운 열정이 강점인 반면 체력이 약한 것이 약점인 어떤 사람이 사업을 추진하려 하는 경우를 가정하자.

이러한 경우 그는 사업의 성공을 위해 가지고 있는 모든 시간과 정성 그리고 노력을 강점에 집중하여 사업의 성공을 위해 매진할 것이다. 단, 약한 체력이 더욱 약해져 도중하차 한다면 이는 보다 더 큰 성공의 순간에 이르는 것에 실패할 수 있는 바, 이 점을 유의하여야 한다. 이러한 경우는 약점이 강점을 가리게 되는 상황이므로 약점 보완 즉, 체력 보강을 위해 더욱 노력하여야 할 것이다. 예를 들면, 결정적인 단점이라고 할 수 있는 질병을 관리하지 못해 보다 더 큰 꿈을 펼치지 못하고 도중하차途中下車한 애플사의 스티브잡스의 경우가 대표적인 사례이다.

명작은 그냥 만들어지지 않는다

지금 어느 화가가 그림을 그리고 있다고 가정하자.

그 화가의 마음은 어떠할까?

손이 가는 대로 뜻 가는 대로 무심코 그림을 그리려고 할 것인가? 아니면 이모 저모 살펴보며 일생일대의 명작名作을 그리고자 애쓰려고 할까?

이러한 질문은 화가든 음악가든 의사든 아니면 직장에 월급생활자로 다니든 모두 마찬가지로 적용될 수 있다. 특별한 성품을 지닌 소수의 사람을 제외하고는 대다수의 사람들은 자기 나름대로의 명작을 만들고 싶어 하리라 생각된다. 그러나 명작은 마음만으로는 될 수가 없다. 만약 마음만 먹어도 명작을 만들 수 있다면 이미 그것은 명작이라 불릴 수 없을 것이다.

그러면 명작을 만들려면 어떻게 하여야 할 것인가?

이는 인류가 태초부터 지금까지 알기 위해 열망해 온 가장 어려운 화두話頭라고 말할 수 있다. 또한 이에 대해 정답을 알고 자신있게 이야기 해 줄 수 있는 사람은 아마도 존재하지 않는다는 것이 정직한 대답이라 생각된다.

여기에 어떤 사람이 앞에 펼쳐진 바다를 건너 바다 저편에 있는 목적지에 가려고 한다고 가정해보자. 그가 항해하는데 타고 갈 배는 큰 배일 수도 있고, 아니면 작은 배일 수도 있다. 또는 새로 건조한 배일 수도 있고, 아니면 낡은 배일 수도 있다. 또는 튼튼한 철선일 수도 있고, 아니면 큰 파도에 한번 맞으면 산산이 부서질 작은 목선일 수도 있다.

그리고 그가 가는 바닷길은 평온할 수도 있고, 아니면 큰 파도가 넘실대는 거친 바다일 수도 있다. 여기서 '큰 배 − 새로 건조한 배 − 철선'을 하나의 배('큰 배'로 칭함)로 보고, '작은 배 − 낡은 배 − 목선'을 또 다른 배('작은 배'로 칭함)로 나누어 다음과 같이 항해를 한다고 가정해보자

항해의 경우

1. 큰 배-평온한 바다   3. 작은 배-평온한 바다
2. 큰 배-거친 바다   4. 작은 배-거친 바다

바다를 항해하는 경우에 따라 생각해보면 다음과 같다.

위 경우들 중 '1'의 경우는 일반적으로 많은 사람들이 희망하는 경우에 해당하겠지만 그가 비록 목적지에 무사히 도착했다고 해서 사람들로부터 존경받거나 칭송받지는 못할 것이다. 왜냐하면 누구나 그러한 조건과 상황에서는 목적지에 도착할 수 있다고 생각하기 때문이다.

'2'의 경우는 그가 목적지에 잘 도달 했을 경우 위 '1'의 경우보다는 거친 항해를 잘 견디고 목적지에 도착한 점에 대해 높은 평가를 받으리라 생각된다. 그러나 큰 배로 항해를 하였기 때문에 거친 바다를 정복할 수 있었을 것이라고 생각하고 최고의 평가는 아끼려고 할지 모른다. 다만 그가 가난한 사람이었는데 열심히 노력하여 큰 배를 마련하였다면 항해 과정에 대한 평가가 아닌 사전 준비 과정상의 노력에 대한 평가를 좋게 받을 수는 있을 것이다.

'3'의 경우는 모험심에 대하여 높이 평가하리라 생각된다. 그러나 목적지에 무사히 도착한 것은 그의 노력보다는 평온한 바다였기 때문이라고, 즉 운이 좋아서 그랬다 라고 평가 받기가 쉬울 것이다.

'4'의 경우는 위 '1'에서 '3'까지의 경우보다 모험심과 감투정신이 뛰어난 점을 인정받아 가장 훌륭한 항해였다 라고 평가받을 것이다.

그러면 우리가 오늘도 살아가고 있는 인생을 전술한 항해의 경우에 비

유해 보자.

어떠한 방안의 인생을 사는 것이 좋을까? 어떻게 살아가는 것이 훌륭한 삶과 성공하는 삶을 사는 것일까? 명작을 만드는 삶을 사는 것일까?

나의 입장에서 결론을 내리면 단연코 위 네 가지 방안 중 최고의 명작은 마지막 '4'의 경우라고 말하고 싶다.

사람에 따라서는 그가 처한 타고난 환경 때문에 바다를 큰 배로 항해하고 싶어도 이를 준비할 여유가 없어 작은 배를 선택 할 수밖에 없을 지도 모른다. 또는 그가 비록 큰 배를 살 수 있는 부자이지만 작은 배로 모험하고 싶어 작은 배를 선택할 수도 있다. 그러나 어떠한 경우라도 작고 약한 배를 타고 거친 바다를 용기와 지혜로 극복하여 목적지에 잘 도착하는 삶을 살 경우 이는 '명작'의 삶을 살았다고 평가받을 만하다.

명작은 그냥 만들어지는 것이 아니다.

사전에 충분한 계획과 준비 그리고 명작을 만들기 위한 노력의 과정이 있어야 가능하다. 명작은 그냥 태어나는 것이 아니라 그 명작을 만들기 위한 사람의 탁월한 선택과 이를 행동으로 옮기기 위한 끊임없는 노력과 훈련의 결과이다.

공부 '열심히' 하기와 시험 '잘' 보기

내가 경험한 바에 의하면 공부를 열심히 하는 것과 성적은 별개別個라는 것이다. 두뇌 입장에서 볼 때 공부는 'IN PUT'이고, 시험은 'OUT PUT'이다. 따라서 '많은 공부 = 좋은 성적'일 수도 있지만 항상 이러한 등식이 성립되는 것은 아니다.

나는 전술한 바와 같이 항상 시간이 부족한 생활을 하다 보니 끊임없는 시간과의 싸움 속에서 공부를 해왔다. 그러다 보니 대부분의 경우 공부를 충분히 하지 못한 상태에서 여러 가지 시험에 응시해야만 했다. 그 때마다 나에게 주어진 과제는 "어떻게 하면 주어진 시간에 효율적으로 공부를 할 수 있을 것인가? (IN PUT)"와 "어떻게 하면 시험을 잘 볼 수 있을까? (OUT PUT)"하는 것이었다. 시간이 없어 IN PUT이 적은 상태에서 시험을 치룰 수 밖에 없는 경우에는 OUT PUT이라도 최선을 다해야 하겠다는 마음을 가지고 시험에 임하곤 했다.

이러한 공부와 시험에 관한 나의 경험을 소개하고자 한다.

첫째, 공인회계사 시험이다.

공인회계사 시험은 방대한 시험과목과 이를 공부하기 위해서 많은 시간이 소요되기 때문에 "어떻게 하면 주어진 시간에 효율적으로 공부를 할 수 있을 것인가?"를 연구하였다.

나는 직장생활과 학교생활을 병행하면서 회계사 시험을 준비하느라 충분히 공부할 시간적 여유가 없다보니 시험에 관한 지식을 내 두뇌에 입력IN PUT할 때 무엇을 얼마큼 그리고 어떻게 공부할 것인가부터 생각하였다. 이는 나에게 주어진 제한된 적은 시간에 꼭 필요한 공부만을 하고자 고심한 결과이다. 그래서 시험 준비기간 동안 내가 시험공부에 쓸 수 있는 가용시간可用時間을 파악하고, 이 시간동안할 수 있는 공부의 종류(예: 과목별 수험서적의 선택)와 범위를 정하는 것부터 시작하였다. 그리고 그 큰 계획 하에 구체적으로 작은 계획(예: 일일 계획, 공부의 과목별 시간대 배정과 서브노트의 대상 등)을 세워 공부가 균형적이고 효율적으로 이뤄지도록 애썼다. 예를 들면 상법과 같이 외워야 할 과목은 아침시간을 활용하였고, 부기나 원가계산 같이 이해와 훈련을 요하는 과목은 밤에 공부시간을 배정하였다. 그리고 공부하다가 이해가 잘 안 되는 부분은 끝까지 이를 이해하려고 시간을 소모하기보다는 밑줄을 그어 놓고 그냥 다음으로 넘어간 후 다시 되돌아와 보면 이해가 잘 되었다. 그리고 중요한 내용은 별표와 밑줄 긋기로 표시한 후 이를 서브노트로 정리하여 버스를 타는 시간이나 화장실 가는 시간 등 짜투리 시간을 이용하여 암기하려고 애썼다.

성균관대 주간과정에 다니던 친구 '박'군은 매일 아침 도시락을 세 개씩 지참하고 아침 여섯시에 도서관에 입실하여 밤 12시까지 마치 돌부처처럼 그 자리를 떠나지 않고 열심히 행정고시를 준비 하였다. 그러나 그는 대학교 졸업 후 3년이 되었는데도 여전히 시험에 합격하지 못하고 있었다. 나는 계속되는 그의 실패에 대해 그 원인이 무엇일까 궁금하기도 하고 한편 안타깝기도 해서 하루는 시험을 마친 그에게 물었다. "박 형, 올해 시험은 어땠습니까?" 하고 물으니 그는 "예, 너무 쉽게 나와서 아주 깊은 이론까지 자세히 잘 썼습니다. 아마 채점자도 놀랄 것입니다." 그러나 그는 그 해 시험에도 떨어졌다. 왜 그럴까? 아마도 그는 출제자의 의도와는 상관없이 자기의 입장에서 시험을 보았기 때문에 실패한 것이 아닐까 생각되었다. 출제자는 학문의 이론서처럼 세부적으로 깊게 들어가는 것을 원치 않고 질문의 요지에 맞도록 균형있는 답안을 원했는데 그는 자기 의도대로 특정 사항에 너무 깊게 들어가는 바람에 균형있는 답안이 되기 어려웠을 것이다. 한편 성대 야간과정에 다니던 K 선배는 나처럼 주경야독의 입장에서 3학년 때 공인회계사 시험에 수석으로 합격하고, 대학 졸업하던 해에 사법고시를 차석으로 합격한 후 사법연수원을 수석으로 졸업했다고 한다. 내가 생각하기에 K 선배는 시간의 제약 때문에 시험공부에 필요한 최소한의 공부도 제대로 할 수 없었을 텐데 그 짧은 시간에 놀라운 성과를 이룬 것이다.

이상에서 예를 든 친구 '박'군과 'K'선배의 차이는 무엇일까? 시험을 준비함에 있어 지식습득IN PUT은 친구 '박'군이 훨씬 많았음에도 불구하고 이를 시험지라는 제한된 공간에 표출表出,OUT PUT 시키는 방법과 능력에 있어 'K'선배에 미치지 못한 것으로 생각한다.

나의 경우도 이런 면에 유의를 하여 공인회계사 시험 준비IN PUT 과정부터 시험 당일 시험지에의 답안 작성OUT PUT까지 'K'선배의 지혜를 닮고자 노력하였다.

이러한 결과 부족한 공부임에도 불구하고 우수한 성적으로 시험을 잘 합격할 수 있었다.

둘째, 서울대학교 대학원 입학시험이다.

군 전역을 앞두고 나는 회계사 3차 시험과 대학원 입학시험을 동시에 준비 하였다. 두 가지 시험 모두 쉽지 않은 시험인데 군 복무를 하면서 준비하려니 부담감이 컸다. 그러나 평소 나의 좌우명대로 '진인사대천명盡人事待天命'의 자세로 준비 하였다. 시험 전날 나와 같이 대학원 시험을 같이 준비하던 서울에 있는 한국은행 입행동기 친구 집으로 갔다. 그 친구 부인이 정성껏 해준 밥을 먹고 친구와 같이 잠을 청했으나 그 친구가 코를 크게 고는 바람에 잠을 설쳤다. 공부도 제대로 못했는데 잠까지 설친 나는 시험을 잘 볼 수 있을지 걱정이 앞섰다. 그래서 나는 내가 공부를 제대로 하지 못했으니 표현이라도 잘 해보자 라고 마음을 먹고 학교 시험장에 갔다.

시험지를 받고 문제내용을 검토해보니 큰 문제(50점)가 하나 작은 문제(각 10점)가 다섯 개로 구성되어 있고 큰 문제는 '논論하라' 라는 요구사항이, 작은 문제는 '설명하라' 는 요구사항이 각각 있었다. 그리고 문제 내용에는 간혹 한자가 섞여 있었다. 그래서 나는 시험 보기에 앞서 잠시 시험답안을 출제자의 의도에 맞게 잘 쓰려면 어떻게 하여야 할 것인가를 구상하였다.

우선은 문제에 따른 시험 답안지의 배분이었다. 답안지는 8절지로 10장이 나왔다. 따라서 큰 문제에 5장을 배분하되, 요구사항이 '논 하라'이므로 이 중 서론 부분에 1장, 본론 부분에 3장 그리고 결론 부분에 1장을 배분하였다. 나머지 5장의 시험지는 작은 문제에 각각 1장씩 배분하였다.

다음은 주관식 답안을 채점하는 출제 교수님의 기분에 따라 성적이 좌우 될 수 있다는 판단아래 전체 시험지의 처음과 끝부분은 여백 없이 꽉 채우되 왼쪽 여백과 오른쪽 여백은 약간 띄워 글씨가 일직선으로 쓰여질 수 있도록 접어서 선을 그어 놓았다. 그리고 한자를 가끔씩 섞어 쓰며 교수님이 답안지를 읽는데 있어 피곤하지 않도록 중간 제목을 균형있게 넣은 다음 정자正字로 틀리지 않게 잘 써내려 갔다.

시험을 마치고 친구에게 "시험은 잘 보았니?"하고 물으니 그 친구는 "응, 쉽게 나와서 10장 가지고는 모자라 답안지를 다섯 장 더 달라고 해서 더 쓰고 나왔지." 하고 대답하였다. 나는 그 대답을 듣는 순간 그 친구에 대해 왠지 불안한 생각이 들었다. 출제자의 의도는 10장 안에 답안을 쓰라는 것인데 15장이나 쓴 것이 마음에 걸리는 것이었다.

결과는 나는 합격이었고 그는 합격자 발표 명단에 없었다.

지금 생각하면 150명을 뽑는 시험에 1,000명 이상의 지원자가 몰려온 어려운 시험에 제대로 준비하지도 못한 내가 합격한 이유를 찾는다면 시험지를 채점하는 교수님께 내 답안지가 보다 편하게 잘 전달된 것에 있지 않을까 생각된다. 그러나 한편 나보다 훨씬 많은 공부를 한 다른 학생이 나 대신 시험에 떨어졌을 것에 대하여는 다소 미안한 마음이 들기도 한다.

셋째, 석사학위 취득에 관한 이야기이다.

어렵게 합격한 만큼 나는 주경야독의 힘든 대학원 과정을 최선을 다해 충실하게 다니고자 노력했다. 석사학위 논문 자격고사를 무사히 합격한 후 논문 작성에 들어갔다. 당시 세 분의 교수님이 논문을 심사하였는데 그 중 미국 일리노이대학에서 10여 년 박사학위 과정을 지도하다 한 달 전에 귀국한 K 교수가 학생들에게는 두려움의 대상이었다. 나는 그 분을 극복하는 것이 학위 취득의 관건임을 깨달았다. 그래서 생각했다. 'K 교수님은 한국에 오신지 얼마 되지 않기 때문에 한국의 실정을 잘 모르실 것이다. 따라서 당시 우리나라 기업회계 기준에 갓 도입된 "현금흐름표"에 대하여 한국 내 적용 실태를 연구 조사하는 방향으로 논문을 작성하자' 라고 생각하고 최선을 다 해 준비하였다. 논문 심사가 이루어지는 날에 내가 제일 먼저 불려들어 갔는데 다른 두 분의 교수님은 나의 노력에 칭찬을 하셨고, 내가 제일 걱정한 K 교수님은 질문은 하지 않고 "이것은 논문이라고 하기 보다는 교과서 같구만" 하고 간단한 말만 하시고 5분도 되지 않아 통과 시켜주었다. 나는 나오면서 다음 심사대상자의 논문 위를 보니 K 교수님이 써 놓은 질문 내용이 빨간색으로 한 장 가득히 채워져 있는 것을 보고는 그 친구의 논문은 통과가 어렵겠다는 생각을 가지고 그 방을 나왔다. 나는 그 친구가 걱정되어 밖에서 기다렸다. 약 1 시간이 지난 후에 그 친구는 얼굴이 빨개져서 나왔는데 결론은 "불통과" 였다. 그 친구 이야기를 들어보니 그는 기 발표된 여러 회계논문과 최근에 회계잡지에 발표된 논문의 내용을 참고하여 연구를 많이 하였다고 말했다. 그러나 그 분야의 석학인 K 교수님에게는 그 친구의 노력이 기대 수준에 미치지 못한 것이 아닌가 생각되었다. 그 해 우리 동기들 중 논문을 준비한 20명 중에서 최종 석사학위를 받은 사람은 8명으로 예년에 비해 논문 통과가 무척 어려운 해이었다.

이 또한 논문을 쓸 때도 얼마나 많이 연구하였는가도 중요하지만 논문을 심사하는 교수의 심사기준을 어떻게 잘 통과하는가도 중요하다는 것을 보여주는 좋은 사례가 아닌가 생각한다.

성공에 대한 개념 정립

마음이 아름다우니 세상이 아름다워라

밉게 보면 잡초 아닌 풀이 없고
곱게 보면 꽃 아닌 사람이 없으되
그대를 꽃으로 볼 일이로다

털려고 들면 먼지 없는 이 없고
덮으려고 들면 못 덮을 허물 없으되

누구의 눈에 들기는 힘들어도
그 눈 밖에 나기는 한 순간이더라

귀가 얇은 자는
그 입 또한 가랑잎처럼 가볍고
귀가 두꺼운 자는
그 입 또한 바위처럼 무거운 법

생각이 깊은 자여
그대는 남의 말을 내 말처럼 하리라

겸손은 사람을 머물게 하고
칭찬은 사람을 가깝게 하고
넓음은 사람을 따르게 하고
깊음은 사람을 감동케 하지

마음이 아름다운 자여
그대 그 향기에 세상이 아름다워라

– 이채 시인 –

'성공'이란 무엇인가?

성공의 의미

성공成功!

이 말은 누구나 이루어보고 싶은 가슴 뛰는 단어가 아닐까?

우리는 어릴 적부터 각자의 입장에서 성공한 사람이 되길 꿈꾼다. 어떤 이는 정치가로, 어떤 이는 기업가로, 또 어떤 이는 과학자로 성공하는 미래 자기의 모습을 꿈꾼다.

"우리는 모두 성공成功을 꿈꾸고 있다."

혹자는 이 말에 "아냐, 나는 성공을 꿈꾸고 있지 않아. 나는 그저 떠도는 구름처럼 그냥저냥 되는대로 자유롭게 살다가 갈거야."라고 반론을 제기할 수 있을 것이다.

그러나 그 사람의 '되는 대로 사는 삶'도 어떻게 보면 그 사람의 삶의 목표일 수 있고 이런 의미에서 보면 그도 그 목표를 이루고자 하는 성공을 꿈꾸고 있다고 이야기 할 수 있다.

그렇다면 '성공'은 과연 무엇일까?

사전을 찾아보면 성공의 정의를 "뜻을 이룸", "부富나 사회적 지위를 얻음"으로 정의하고 있다. 성공의 영어 표현인 'Sucess'의 의미를 찾아보아도 "The Gaining of What is Aimed(목표하는 바를 달성함)"로 정의하고 있어 거의 비슷한 개념으로 정의하고 있다.

여기에서 성공을 이루기 위해서는 이루고자 하는 '뜻'이나 '목표'가 있어야 함을 알 수 있다.

즉, 성공 여부의 판단은 목표나 뜻을 달성했느냐 여부로 판단이 되므로 성공을 논하려면 우선 목표나 뜻에 대한 고찰을 하지 않을 수 없다.

성공의 전제가 되는 목표나 뜻은 그 목표나 뜻을 가지고 있는 사람에 따라 천차만별千差萬別일 수밖에 없다.

당신의 목표는 무엇인가?

나의 목표는 무엇일까?

우리 회사 사장의 목표는?

예를 들어보자. 배고픈 거지에게는 그날 한 끼니를 때울 한 조각의 빵이 목표일 수 있으나, 세계 최고의 부자이며 최고의 자선가라고 일컫는 빌게이츠Bill Gates 같은 이에겐 빵이나 돈은 이미 목표의 대상에서 벗어나고 이웃에 대한 사랑이 목표일 수 있다.

따라서 목표는 사람에 따라서 시대에 따라서 각양 각색일 수밖에 없으므로 성공이 목표를 달성하는 것이라고 정의한다면 '성공' 역시 목표와 마찬가지로 사람에 따라서 시대에 따라서 각양 각색各樣各色으로 나타날 수밖에 없다.

이와 같이 각 개인이 달성하는 다양한 모습의 성공은 해당 개인에게는 중요할 수 있겠지만 우리가 알고 싶어 하는 '성공'이라는 개념과는 거리가 멀다.

개인적 성공과 사회적 성공 ⛵

앞에서 '성공'이란 '목표하는 바를 이루는 것'으로 정의하고 있어 성공이 이루어지려면 성공의 전제가 되는 '목표'가 먼저 있어야 됨을 알 수 있다.

나의 삶에 있어 목표는 무엇인가?

우리가 성공하는 삶을 살기 위해서는 반드시 이루어야 할 목표가 있어야 하므로 좋던 싫던 삶의 목표를 정해야 한다.

목표는 사람에 따라서, 또 삶이 이루어지는 시대에 따라서 서로 다르다.

예를 들면 성녀聖女로 추앙받고 있는 마더 데레사Teresa 수녀의 목표와 기업가 빌게이츠, 정치가 나폴레옹, 그리고 음악가 모짜르트의 목표는 각각 서로 현저히 다르다.

또한 나 자신의 경우에도 어제의 내 목표와 오늘의 목표가 다를 수 있으며, 오늘의 목표는 내일이 되면 또 다른 목표로 변경될 수 있다.

그리고 어떤 사람은 초지일관初志一貫 한 가지 목표에 매달리는 반면 어떤 사람은 제 1목표, 제 2목표 등 여러 개의 목표를 가지고 이를 동시에 달성하고자 추진하기도 한다.

여하튼 크든 작든 목표를 이루었을 때 우리는 '성공했다' 라고 말하게 된다.

이러한 말을 들을 때 우리는 가슴 뿌듯하며 기쁨을 느낀다.

그러나 나 자신은 스스로 성공했다 라고 생각하지만 다른 이들도 이러한 나의 생각에 공감을 표시할 지는 의문이다.

우리는 여기에서 편의상 이와 같이 천태만상千態萬象으로 나타나는 각자가 추구하는 목표와 뜻을 이루는 성공의 모습을 '개인적 성공' 또는 '주관적 성공' 이라고 부른다.

다음에는 내가 아닌 다른 사람들이 나를 향해 "저 사람은 성공한 사람이야!"라고 공감하는 성공의 실체를 '사회적 성공' 또는 '객관적 성공' 이라고 부르기도 한다.

이와 같은 개인적 성공과 사회적 성공은 각각 별개로 이야기할 수도 있겠지만 대체로 먼저 개인적 성공을 이룬 후 다음 사회적 성공을 이루어가는 단계를 밟아간다고 이야기 할 수 있다.

그러면 대부분의 사람들은 어떤 경우를 성공한 것으로 생각하고 있을까?

미국의 작가 겸 컨설턴트인 짐 콜린스Jim Collins는 성공을 "날이 갈수록 부인과 가족으로부터 존경을 받는 것"이라고 정의하고 있으며, 일본의 교포사업가인 손정의는 "성공은 많은 사람을 행복하게 하는 곳에 있다"라고 말하고 있다. 그리고 미국의 성공학 권위자인 지그 지글러Zig Zigler는 "비록 100만 달러를 벌었다고 하더라도 돈을 버는 동안 건강을 잃었다면 그는 진정한 성공인이 아니다. 정상에 오르기 위해 노력하면서 자신의 가족을 돌보지 않은 경영자는 성공한 사람이라고 할 수 없다."라고 말한다.

이들의 정의를 기초로 '성공'이란 의미를 정리해보면 "성공이란 작게는 가족을, 크게는 주위에 있는 많은 사람들을 행복하게 해 줌으로써 이들로부터 사랑과 존경을 받는 것"으로 요약해 볼 수 있다. 이는 '객관적 성공'을 의미한다고 말할 수 있겠다.

공자는 대학大學에서 "수신제가修身齊家 치국평천하治國平天下"라고 했다. 이는 유교에서 강조하는 올바른 선비의 길을 말하는 것으로서, "먼저 자기 몸을 바르게 가다듬은 후 가정을 돌보고, 그 후 나라를 다스리며, 그런 다음 천하를 경영해야 한다."라는 의미이다. 또한 선비가 세상에서 해야 할 일의 순서를 알려주는 표현이라고 말할 수 있다. 이 문장과 관련하여 성공을 살펴보면, 먼저 자기 몸을 바르게 가다듬은 후 가정을 돌보는 것을 의미하는 "수신제가"를 개인적 성공 단계로, 다음으로 나라를 다스리며 그 후에 천하를 경영해야 한다는 의미인 '치국평천하'를 사회적 성공 단계로 볼 수 있을 것이다.

한편 미국 백화점 왕으로 알려진 존 워너 메이커John Wanamaker는 "진실을 잃는 순간 그 지위도 지식도 그대 곁을 떠난다. 비록 조그만 일이라 할지라도 온 힘을 다해서 하라. 성공으로 향하는 길은 그대에게 맡겨진 일 속에 있는 것이다. 이 세상에서 가장 행복한 일은 남을 즐겁게 해주는 일이다."라고 말하고 다음과 같은 7가지의 성공비결을 말하고 있다.

1 새벽형 인간이 되라.
2 긍정적인 삶의 태도를 가지라.
3 절약하고 저축하는 습관을 가지라.
4 독서하는 습관을 가지라.

5 기도하는 습관을 가지라.
6 메모하고 정리하는 습관을 가지라.
7 칭찬하고 격려하는 습관을 가지라.

성공 달성의 다섯 가지 법칙

　성공 달성 즉, 꿈과 목표가 이루어지는데 있어 성공학을 연구하는 사람들은 대체로 다음과 같은 다섯 가지 법칙을 들고 있다.

　첫째는 '신념의 법칙'이다. 이는 어떠한 꿈이던 이루어진다는 강한 믿음을 가지고 추진하면 보이지 않는 손에 의하여 그것이 현실로 이루어진다는 것을 말한다. 즉, 신념은 원하는 바를 성취하게 해준다는 법칙이다. 이를 클로드 브리스톨Claude M. Bristol은 '신념의 마력The Magic of Believing'이라고 부른다. 역사적으로 위대한 성공인들은 자신의 성공을 굳게 믿고 큰 꿈을 강하게 꾸었던 사람들이다.

　둘째, '끌어당김의 법칙The Law of Attraction'이다. 이는 오스트레일리아의 작가인 론다 번Rhonda Byrne이 그녀의 저서 『The Secret』에서 사용한 말로서 우리가 하는 모든 생각은 그 생각하는 현상을 끌어당기는 힘이 있다는 것이다. 따라서 오늘 우리의 현재 삶은 과거로부터 현재까지 우리가 끌어당긴 것이며, 우리의 미래 삶도 오늘 우리가 생각하는 것이 끌어온다는 것을 의미한다. 이를 '인력引力의 법칙'이라고도 한다. 이 법칙에 의하면 행복한 생각을 하는 사람은 행복한 삶을 끌어당기고 불행한 생각을 하는 사람은 불행한 삶을 끌어당긴다. 예컨대 부자가 되고 싶은 생각을 하는 사람은 신문을 읽거나 사람을 만나는 것과 같은 일상생활 모든 면에서 돈을 벌 수 있는 방법과 기회를 자기에게 끌어당겨 결국 부자가 된다는 것이다.

　셋째, '상응의 법칙The Law of Correspondence'이다. 이는 내면內面과 외면外面은 상호 영향을 끼친다는 법칙이다. 곧 생각과 표정은 서로 상응相應한다는 것으로 예를 들면 생각이 웃으면 표정도 웃으며 이와 반대로 표정이 웃으면 생각도 웃는다는 것이다. 따라서 성공하는 삶을 살고자 한다면 성공하는 사람의 생각을 하여야 한다. "웃으면 복이 온다." 라든가 "웃을 일이 있어서 웃지만 반대로 웃으면 웃을 일이 생긴다."라는 말이 이에 해당 한다고 하겠다.

넷째, '마음 등가等價의 법칙The Law of Mental Equivalency'이다. 이는 사람이 생각을 지배하지만 반대로 생각이 다시 사람을 지배한다는 것을 의미한다. 따라서 생각을 바꾸면 인생이 바뀐다고 말한다.

다섯째, '기대期待의 법칙The Law of Expectations'이다. 이는 높은 기대는 그렇지 않을 때보다 더 좋은 결과를 가져온다는 것이다. 이는 '피그말리온 효과Pygmalion Effect' 또는 '로젠탈 효과Rosenthal Effect'라고도 불린다. '피그말리온 효과'는 자성적 예언, 자기 충족적 예언이라고도 부르는데, 그리스 신화에 나오는 조각가 피그말리온의 이름에서 유래한 심리학 용어로 타인이 나를 존중하고 나에게 기대하는 것이 있으면 기대에 부응하는 쪽으로 변하려고 노력하여 그렇게 된다는 것을 의미한다. 예를 들면 같은 학생이라도 선생님이 높은 기대를 하는 학생이 그렇지 않은 학생보다 성적이 더 좋게 나타나는 효과를 말한다.

성공의 여덟 가지 원칙

리차드 파크 코독Richard Parkes Cordock은 '밀리언 달러 티켓'에서 "I Believe난 믿는다."란 두 문자를 하나하나 끄집어내어 여덟 가지의 성공 원칙들을 소개하고 있다. 그가 이야기하고 있는 여덟 가지 성공 원칙들을 소개하면 다음과 같다.

첫째, 난 자신을 믿는다 I Believe in Myself - 'I'
이는 자기 자신에 대한 믿음을 가져야 한다는 것을 말한다. 어떤 일을 이루기 위해서는 먼저 자기 자신에 대한 강한 믿음이 필요하다. 백두산에 오르고자 하는 사람이 자신에 대한 믿음이 없을 경우 끝까지 그 산을 오를 수 있을까? 아마도 산을 오르다가 후회하고 급기야는 여러 핑계를 대며 도중에 등산을 포기할 것이다. 왜 자신을 믿는 자신감이 중요할까? 이것은 자신감은 도전을 하도록 이끌며 또한 성공을 가능하게 만들기 때문이다.

둘째, 열정을 가지고 성공을 갈구한다 Be Passionate and Want it - 'B'

이는 성공을 원할 경우 우선 자기 자신에게 그런 성공을 쟁취해 내고자 하는 가슴을 뛰게 하는 뜨거운 열정이 있어야 한다는 것을 말한다. 왜냐하면 열정은 비록 고난과 위기가 와도 이를 잘 극복하도록 돕고, 아울러 불확실성으로 인한 불안감을 떨치고 미래에 대한 낙관을 갖고 앞을 향해 전진하도록 돕는 힘이 있기 때문이다.

셋째. 자신에게 편안하고 익숙한 영역을 확대하라 Extend Your Comfort Zone - 'E'

이는 매일 매일 자신에게 익숙하지 않는 일들에 끊임없이 도전하여 이를 익숙하게 하라는 것이다. 처음에는 익숙하지 않더라도 끊임없이 매일 매일 연습과 노력을 하면 자연스레 모든 것이 익숙해지게 된다는 것이다.

넷째, 거짓말과 운이 성공을 만들어내지 않는다 Lies and Luck Don"t Work - 'L'

이는 거짓말과 운이 때로는 성공에 도움을 줄 지라도 이에 의존하지 말고 정직하게 노력하여야 한다는 것을 말한다. '뿌린대로 거둔다.' 또는 '콩 심은데 콩 나고 팥 심은데 팥 난다.' 라는 자연의 진리를 받아들이고 자기 자신을 속이지 않고 진실되게 노력해야 성공이 찾아온다는 것을 말한다.

다섯째, 목표를 설정하여야 한다 Install Goals - 'I'

이는 성공은 목표를 달성하는 것을 의미하므로 성공의 대상이 되는 목표를 설정할 것을 말한다. 목표는 그 내용이 구체적일수록 그리고 달성시 한을 분명히 정하는 것이 좋다. 또한 목표는 느슨한 것보다는 자신의 힘에 다소 부치더라도 도전할 기분이 날 수 있도록 높게 잡는 게 좋다.

여섯째, 일을 즐겨야 한다 Enjoy Hard Work - 'E'

이는 일을 즐기는 마음으로 하라는 것이다. 만약 일을 마지못해 하게 되면 그 일도 잘 이루어지지 않을 뿐만 아니라 일을 하는 본인도 괴로울 것이다. 따라서 '피할 수 없으면 즐겨라.' 라는 말도 있듯이 이왕 할 거라면 즐겁고 감사한 마음으로 신나게 하라는 것이다.

일곱째, 아주 강한 끈기를 가져야 한다 Very Very Persistent - 'V'

이는 성공을 하기 위해서는 어떠한 어려운 상황이 오더라도 이를 견디며 끈기를 가지고 견디고 이를 극복하라는 것이다. 에베레스트 산과 같은 세계 최고봉의 산을 등정하려고 한다면 정상에 오르는 과정에서 만나는 고통과 포기하고 싶은 나약함을 강한 끈기로 견뎌야 한다. 이는 '머리'의 문제가 아니고 뜨거운 '가슴'의 문제이다.

여덟 번째, 실패를 예상하라 Expect Failure - 'E'

이는 성공의 길을 가다가 만나는 '실패'가 있을 수 있음을 예상하고 이러한 실패가 예상대로 올 때 좌절하지 말고 성공을 위한 불가피한 과정으로 인식하고 감내하라는 것이다. 단, 같은 실수나 실패를 두 번 다시 반복되지 않도록 실패로부터 값진 지혜를 얻어야 할 것이다.

참고자료　　＊ 백만장자들의 10가지 습관 ＊ - 일본 작가, 혼다 켄 -

1. 자신이 좋아하고, 다른 사람을 기쁘게 하는 일을 선택한다.
   돈을 쫓아가지 말고, 돈이 오는 길목에서 기다린다.

2. 성실이 가장 중요하다.
   성실이 없다면, 아이디어나 리더십도 없는 것이다. 이때의 '성실'에는 인생을 진지하게 생각하는 것이 포함되어 있다.

3. 나는 항상 운運이 좋다고 생각하며, 운이란 만들어지는 것이라고 생각한다.
   백만장자들은 '자신은 항상 운이 좋은 사람이다'라고 생각하는데 반하여, 보통 사람들은 '운이 좋으면 좋겠다'고 말한다고 한다. 운이란 운이 좋다고 생각하는 사람들에게 간다. 그래서 언제나 운이 좋은 사람은 항상 운이 좋고, 운이 나쁜 사람은 항상 운이 나쁘다.

4. 자신은 어떤 위기라도 뛰어 넘을 수 있다고 생각한다.
   백만장자 3명 중 1명은 절망을 체험했으며, 백만장자라고 모두 인생의 탄탄대로를 걸어온 사람들은 아니다. 사회적인 성공을 이룬 사람들의 대부분은 정신적인 힘을 강조한다. 그들은 어떤 업무의 스킬이나 특정한 기술로 자신들의 성공을 이야기하지 않는다. 그들이 주로 강조하는 것은 내면의 강한 정신이다.

5. 주위 사람들에게 지지를 받고 있다.
   내가 어떤 의사 결정을 할 때 나의 결정에 지지를 보내줄 사람이 있어야 한다. 합리적인 의사 결정의 밑바탕에는 감정적인 믿음과 신뢰가 더 우선된다. 믿을 수 있는 사람의 결정에는 설령 자신이 이해하지 못하는 것이 있더라도 따를 수가 있다. 논리적인 인과관계 보다 사람들이 더 중요하게 생각하는 것은 믿음과 신뢰이기 때문이다.

6. 멘토라고 부르는 인생의 스승이 있다.
   백만장자들에게는 인생의 스승인 멘토가 있다. 그래서 어떤 중요한 결정을 해야 하거나 힘든 상황에는 그 스승에게 조언을 구한다. 평소 알고 있는 성공한 사람이나 점쟁이도 인생의 스승이 될 수 있다. 물론, 인생 스승의 가르침을 받더라도 모든 일의 최종 결정은 자신이 한다.

7. 배우자가 최대의 지지자다.
   미국 통계를 보면, 백만장자의 92%는 이혼 경험이 없다고 한다.

8. 아이에게는 많은 친구와 다양한 경험이 중요하다고 생각한다.
   백만장자가 아이들에게 가장 중요하게 생각하는 것은 어릴 때부터 다양한 경험을 하면서 자신이 하고 싶은 일을 발견하는 것이라고 한다.

9. 10년 후를 생각하는 장기적인 안목을 갖고 있다.
   부자는 일반인보다 투자의 기간이 길다. 어쩌면 참고 견디기를 잘하는 것일 수도 있고, 한편으로는 더 크고 넓게 바라본다고도 생각할 수 있는 것 같다. 10년 후를 고민하는 사람은 그렇지 않은 사람보다 인생을 더 진지하게 살고 있음에 틀림이 없다.

10. 어떤 일이라도 마지막의 결단은 스스로 한다.
    성공에 있어 내가 결정한다는 것의 의미는 실패했을 때 내가 책임을 지고, 성공했을 때 성공의 대가를 내가 갖겠다는 것을 의미한다. 사람들에게 결단은 매우 어려운 일이다. 사람들이 최종 결정을 못하는 이유는 결과에 대하여 책임을 져야 한다는 부담 때문이다. 하지만, 책임이 없는 사람에게는 성공의 대가도 돌아가지 않는다.

나의 소중한 '삶의 동반자'

이 세상에 태어나 삶을 살아가는 동안 우리는 수많은 '동반자'를 만나 그들과 함께 삶의 여정旅程을 같이 간다. 부모님과 형제자매 또는 자식과 배우자처럼 일생을 같이 가는 동반자도 있지만, 직장에서 만난 동료나 여행길에서 만난 여행 친구처럼 단기간 동안 동반자로 지냈다가 어느 날 사라져가는 동반자들도 있다.

일생을 같이 가는 동반자뿐만 아니라 잠시 만났다 헤어지는 동반자 모두 우리의 삶의 빛깔과 향기를 더 해주는 소중한 동반자라고 생각한다.

나의 경우 이들 동반자중 제 1순위에 있었던 동반자는 나의 부모님이었다. 그 이유는 "효孝는 백행百行의 근본"이라는 말을 알기 이전, 어렸을 때부터 커서 부모님께 효도하는 것을 내 삶의 목표로 삼았기 때문이다.

그러다 보니 나는 자연스레 부모님이 바라시는 대로 소위 '모범생'의 길을 걸어왔다. 살아오면서 많은 고생을 하였지만 부모님을 원망해본 기억은 별로 없다.

이런 까닭으로 나는 결혼 상대자도 부모님을 모시는 것을 전제조건으로 하였다. 그러다 보니 자연 배우자를 선택하는 폭이 좁게 되어 짝을 찾기가 쉽지 않았다. 더구나 나이 29세가 다 되도록 공부에 매달려 있다 보니 제대로 연애 한번 해보지 못하였다.

군 전역을 앞둔 어느 날이었다.

나에게 나의 매제가 "저도 결혼하고 싶은데 형님이 먼저 하셔야 제가 하지요" 하며 친구 여동생을 소개해주겠다고 군내 장교숙소에 머물고 있던 나를 끌어내어 맞선 장소로 데리고 갔다. 상대 여성은 당시 대학교 4학년 23살의 어린 학생으로 29세였던 나보다 여섯 살이나 아래였다.

첫 인상이 마음에 들어 나는 그날로 그 여성과 결혼하기로 마음먹었다. 처음 만나는 날 결혼하자고 바로 말하고 싶었지만 맞선 보는 자리라 차마 말을 하지 못했다. 나는 두 번째 만나는 날 그녀의 손을 꽉 잡고 결혼하고 싶다는 의사표시를 하였다. 그녀는 처음에는 나의 갑작스런 청혼에 몹시 놀라워했다. 그러나 그 후 나의 진정성을 이해한 후에는 나의 뜻을 받아주었다. 이와 같이 첫 번 만나서 결혼할 뜻을 가지고 다음에 만나 결혼하자고 제의한 나의 판단과 행동에 대하여 너무 성급했던 것이 아닌가 하고 이야기하는 사람도 있다. 그러나 그 때나 지금이나 나는 나의 직관直觀을 믿는다. 최소한 일생을 같이 살려는 중요한 사람을 만났을 때 "저 사람이 바로 내가 기다리던 나의 짝이다!"라는 직관이 들지 않는다면 오히려 그것이 더 이상하지 않을까?

나는 청혼하면서 그녀에게 부모님을 모시고 살고 싶다는 뜻을 표명하였고 다행히 그녀는 이러한 나의 뜻을 이해해주었다.

결혼식 일정이 잡히자 나는 나의 결혼 주례를 누구에게 부탁할까 생각했다.

흔히들 국회의원이나 장관 또는 대학 총장과 같은 사회 저명인사에게 주례를 부탁하였지만 나는 생각이 달랐다. 주례는 결혼식을 주관하는 역할 뿐만 아니라 결혼 후에도 자주 만나 뵙고 살아가는 이야기를 나누고 상의하는 '삶의 가이드' 내지는 '인생의 동반자' 역할을 할 수 있는 분이 맡아야 한다고 생각했다.

이러한 역할을 할 분이 누구일까 하고 생각한 나는 내가 한국은행에 다니던 시절 외환관리부장으로 재직하면서 성균관대에서 우리에게 강의를 하였던 '김명호' 부장이 생각났다. 그는 '저런 분이 총재가 되지 않으면 누가 될까?' 하고 생각할 정도로 인품과 실력을 두루 갖춘 사람이었다. 대학 시절 그는 강의가 끝난 후 우리를 본인의 집으로 초대했다. 그의 집은 불광동에 있는 조그만 단독주택이었는데 집 입구에 들어서니 두 남매가 피아노에 앉아 우리를 환영하는 음악을 연주하였다. 화기애애한 집안 분위기 속에서 음악과 와인이 자연스레 어우러진 가운데 우리는 행복하고 기분 좋은 시간을 보냈다. 이런 곳이 바로 진정한 '스위트 홈'이 아닐까 하고 생각하였다.

그의 집을 방문하고 나오면서 '나도 언젠가 사랑과 평화가 가득한 이러한 스위트 홈을 꼭 가꾸어야지' 하고 생각했었다. 어느 분을 주례로 모실까 검토하면서 내가 본받고 싶은 가정을 이끌어가는 그를 모셔야 하겠다는 생각이 들어 김 부장께 부탁을 드렸던 것이다. 그는 내가 이미 한국은행을 나온 후라 직원도 아니고 자기 나이가 당시 42세로 주례를 맡기에는 너무 젊은데 사회 경륜과 덕망이 높은 다른 분에게 부탁하는 것이 좋지 않겠는가 하고 고사했지만 나의 마음을 이해한 후 주례를 맡기로 동의 하였다. (참고 : 김명호 부장은 후에 한국은행 총재가 되었음)

이러한 과정을 거쳐 김 부장의 주례 하에 우리는 결혼하게 되었다.

대학 졸업하고 바로 어린 나이로 나에게 시집 온 아내는 나와의 약속을 잘 지켰다. 아내는 부모님이 돌아가실 때까지 약 13여 년간 한 결같이 부모님을 성심껏 모셨다. 이런 아내의 마음가짐과 노력에 항상 감사한 마음을 가지고 있다.

앞에서 말한 것처럼 부모님이 세상을 뜨실 때까지는 나의 제1 관심의 대상은 부모님이었다. 이런 까닭으로 부모님이 살아계실 때는 자식 된 도리로 부모님 모시는 것을 당연하게 생각하느라 미처 몰랐는데, 요즈음 들어 아내의 입장에 서서 생각해 보니 부모님께 효성을 다 하겠다는 나의 강한 의지로 인하여 그녀로 하여금 한번밖에 없는 아기자기한 신혼 생활을 즐기지 못하게 한 것 같아 아내에게 미안한 마음이 든다.

나는 고생하는 아내에게 어떻게 하면 감사와 위로를 해줄까 고심하였다. 그래서 결혼한 지 5년 되던 해부터 나는 아내와 세계 여행을 다니기로 결심하였다. 세계지도를 놓고 내 나이 60세가 되기 전에 세계를 한번 돌아보겠다는 계획을 세웠다. 이 계획의 일환으로 매년 2~3회씩 세계지도를 보며 아내와 같이 여행을 다니고 있다.

여행을 하면 좋은 점이 많다. 우선 평소에 바쁘다는 핑계로 아내와 가족들과 많은 시간을 갖지 못하다 보니 자연 대화하는 기회도 적었다. 그러나 여행을 하면 여행기간 내내 시간과 장소를 같이 하여야 하므로 자연히 많은 이야기를 나누게 된다. 그러다 보면 서로에게 서운했던 점, 감사했던 점 등을 이야기하게 되어 막혔던 마음의 통로가 열린다. 또한 여행은 낯선 사람, 낯선 장소를 순수한 마음으로 대하며, 많은 것을 느끼고 배우는 기회가 된다. 아내와 동반여행을 다니며 평소에는 잘 느끼지 못했던 아내가 '나의 소중한 인생의 동반자'임을 새삼 더 깊게 인식하게 되었다.

나는 아내를 포함하여 나의 가족 모두가 나의 삶의 동반자라고 생각한다.
진정한 '삶의 동반자'가 되기 위해서는 삶의 긴 여정을 같이 가면서 서로 의지하고 격려하며 동고동락同苦同樂 할 수 있어야 한다. 상대방의 부족한 점을 헐뜯기보다는 내가 이를 보완할 수 있음에 기뻐하고 감사하여야 한다. 나의 경우에는 아주 어려운 결단을 내려야 할 때 아내의 조언을 반드시 구한다. 그 이유는 아내가 나보다 영혼과 마음이 맑아 지혜로운 결정을 더 잘할 수 있다고 믿기 때문이다.
그리고 회사 직원이나 친구들 그리고 업무상 만나는 고객들, 나의 강의를 듣는 분들, 그리고 나의 책을 읽는 독자 여러분들 모두 나의 삶의 소중한 동반자라고 생각한다.

나는 성공한 삶을 살고 싶다. 내가 치열할 정도로 열심히 삶을 산 것은 성공하는 삶을 살고 싶어서이다. 또한 나 혼자가 아닌 나의 동반자들과 같이 성공한 삶을 살고자 원한다. 내가 알고 있는 좁은 의미의 동반자 보다는 내가 모르지만 내가 생각하는 사람들과 같이 성공하는 삶을 살고 싶다.

그러기 위해서는 무엇보다도 나 스스로 나의 마음과 생각 그리고 몸 관리를 잘 하여야 한다고 생각하고, 하루 하루의 자기 관리에 최선을 다해 노력하고 있다.

(참고 : 나의 길 – 나의 자기관리 방법)

나는 지금 나의 소중한 동반자와 더불어 성공한 삶을 살고 있는가?

오늘도 끊임없이 나의 모습을 향해 이 의문을 반추反芻 해본다.

성공을 어떻게 평가할 것인가? - 성공의 판단기준

공헌도

우리는 한 알의 사과를 살 경우에도 그 사과가 맛있어 보여서 아니면 빛깔이 아름다워서… 등등의 나름대로 끌리는 이유가 있어 사과를 집어든다. 이와 같이 여러 사과 중에서 특정한 어떤 사과를 사게 되는 이유는 곧 그 사과가 사고 싶은 가치기준 즉, 판단기준을 충족하기 때문이다.

어떤 사람이 기업을 크게 일구었다고 하자.

우리는 그 사람에 대해 아무런 의심 없이 "아! 그 사람 성공한 사람이야"라고 이야기 할 수 있을까?

여기에서 '크게' 라는 용어를 사용했는데 이는 추상적인 표현이다. 그러므로 좀 더 구체적으로 말한다면 가령 얼마 이상의 매출을 올린 기업을 일구었을 때 성공이라는 말을 적용할 수 있을 것인가?

예를 들어보자.

1,000억 매출? 아니면 최소한 1조 원 이상의 매출을 달성할 정도는 되어야 성공한 기업가라고 이야기해야 되는 것 아닌가? 판단이 잘 서지 않는다.

그리고 여기 매출규모나 사회에 공헌한 정도가 비슷한 두 사람의 기업인이 있다고 가정하자. 이들 중 누가 더 성공한 사람인가를 어떻게 판단할 수 있을까?

예를 들어 삼성그룹의 이건희 회장과 현대그룹의 고 정주영 회장과 비교해볼 때 둘 중 어느 사람이 더 성공한 사람이라고 이야기 할 수 있을까? 두 경영자가 일구어낸 현대와 삼성의 매출규모가 똑 같다고 가정할 경우 어느 사람이 보다 더 성공한 기업인일까? 이 역시 판단하기가 쉽지 않다.

여기에서 나는 성공기업인의 판단기준으로 '사회에 대한 공헌도'를 들고자 한다.

'사회에 대한 공헌도'는 어떤 사람이 '사회로부터 입은 희생'에 비하여 '사회에 대한 공헌'의 정도를 말한다.

'사회로부터 입은 희생'이란 어떤 사람이 태어나서 죽을 때까지 삶을 살아가면서 자기 이외의 다른 사회구성원 또는 시스템으로부터 입은 은덕恩德을 말한다. 즉, 부모님으로부터 입은 은혜, 선생님으로부터 받은 사랑, 기업을 경영하면서 거래처나, 관공서, 종업원 등으로부터 받은 물질적 정신적인 가피加被를 말한다.

'사회에 대한 공헌'이란 그 사람이 태어나서 죽을 때까지 자기 이외의 사람과 사회시스템에 공헌한 정도를 가리킨다. 즉, 부모님 은혜에 대한 보은, 스승님의 사랑에 대한 보답, 기업 경영을 통한 거래처에 대한 이익 제공, 정부에 대한 세금 납부, 종업원에 대한 급여와 직장에서의 만족한 생활 제공 등 사회에 대한 공헌과 베풂의 정도를 말한다.

단순하게 말한다면 '사회로부터 입은 희생'은 사회로부터 받은 'INPUT'으로, '사회에 대한 공헌'은 사회에 대한 'OUTPUT'이라고 표현할 수 있다.

이와 같은 내용을 기초로 어떤 기업인이 성공한 기업인인가를 판단하는 기준을 '공헌도'로 정의하고 이를 공식으로 표시하면 다음과 같다.

> **성공기업인의 판단기준(Ⅰ) : '공헌도'**
>
> $$\cdot\text{공헌도} = \frac{\text{사회에 대한 공헌 OUTPUT}}{\text{사회로부터 입은 희생 INPUT}}$$

이와 같은 기준 하에서 성공기업인을 판단한다면 전술한 정주영 회장과 이건희 회장에 대해서도 누가 보다 더 성공한 기업인인지에 대한 판단을 보다 자연스럽게 내려 볼 수 있지 않을까 생각한다.

장애물의 극복정도 ⛵

미국의 교육자인 부커 T. 워싱턴Booker T. Warhington은 성공의 판단 기준으로 다음과 같이 '장애물의 극복정도'를 들고 있다.

"성공은 그 사람이 현재 오른 위치로 평가하는 것이 아니라 성공을 위해 노력하는 동안 얼마나 많은 장애물Obstacles을 극복Overcome 했는가로 평가된다."

어떻게 생각해보면 삶을 살면서 역경을 겪고 이를 극복해 보지 않은 자는 성공에 대해 말할 자격이 없다고도 이야기 할 수 있다.

귀머거리 및 장님이라는 2중고를 겪으면서도 이를 훌륭히 잘 극복하고, 누구보다도 본인의 삶을 소중히 가꾸어 나간 헬렌켈러Hellen Keller가 있다. 그녀는 다음과 같은 말을 통해 우리에게 성공을 위해서는 역경이나 이로 인한 고통이 얼마나 고마운 존재인지 일깨워주고 있다.

"고통의 뒷맛이 없으면 진정한 쾌락은 거의 없다."

"나는 나의 역경에 대해서 하나님께 감사한다. 왜냐하면 나는 역경 때문에 나 자신, 나의 일, 그리고 나의 하나님을 발견했기 때문이다."

"인간의 성격은 편안한 생활 속에서는 발전할 수 없다. 시련과 고생을 통해서 인간의 정신은 단련되고 또한 어떤 일을 똑똑히 판단할 수 있는 힘이 길러지며 더욱 큰 야망을 품고 그것을 성공시킬 수 있는 것이다."

결론적으로 장애물의 크기가 클수록 그리고 장애물의 종류나 빈도수가 많을수록 이를 잘 극복하는 사람을 우리는 '성공인'이라고 부르는 것이다.

| 나의 길 |

진인사대천명盡人事待天命

앞서 이야기한 바와 같이 상고를 졸업한 나는 한국은행에 입행하여 대전지점에 발령받고, 대전에 있는 초급대학교에 입학하여 2년간 학업을 마치었다.

초급대학 졸업을 앞두고 나를 아껴주시던 교수님은 나에게 고려대학교 편입학 시험을 보라고 권고하셨다. 나는 교수님 말씀을 따라 고대로 지원해볼까도 생각해 보았다. 그러면 은행을 그만 두어야한다. 그러나 순간 내 여동생들이 시골에서 먼 길을 걸어서 학교를 다니는 모습이 눈에 아른거렸다. 그 애들을 대전으로 전학시 키고 학비를 대주려면 나는 직장을 그만 둘 수 없었다. 그래서 나는 고려대 대신 야간과정 중 가장 우수한 학교로 인정받고 있던 성균관대학교 경영학과 2학년 편 입학 시험을 보아 합격하였다.

그러나 개학이 되었지만 서울 본점으로 전근하는 시기가 자꾸 늦어졌다. 그러다 보니 몸은 대전에 있고 학교는 서울에 있는 곤란한 상황이 초래되었다. 매년 초 에 있던 전근시기가 지연되어 어느덧 개학 후 3개월이 지나고 있었다. 서울 본점 으로 전근을 가지 못한 나는 일주일에 세 번 퇴근 후 고속버스를 타고 서울에 있 는 대학교로 통학을 하여야만 했다. 대전에서 그레이하운드 고속버스를 타고 후 암동에 있던 정류장에 내려 다시 택시를 타고 명륜동 성대 캠퍼스까지 갔다. 항상 첫째시간은 놓치고 둘째시간부터 수업을 들어야만 했다. 셋째시간 수업이 끝날 때까지는 저녁 먹을 시간을 찾지 못했다. 공부를 마치고 후암동에 있는 은행 합숙 소에 오면 밤 11시가 훨씬 지난 시각, 직원식당은 문을 닫아서 하는 수 없이 동네 가게에서 빵으로 저녁을 대신하는 생활을 하였다. 다시 새벽에 일어나 고속버스 첫차로 대전에 가면 8시30분, 화장실에서 간단히 세면하고 식당에 가서 소위 '번 갯불에 콩 튀어 먹기식'의 아침식사를 후닥딱 때우고 근무를 시작하였다. 힘들고 고단한 생활의 연속이었다.

이러한 생활을 마치려면 서울 본점으로 올라가야만 하였다. 그러나 인사이동 시 즌이 늦어진데다가 선배들로부터 나는 이번 인사이동 대상자에서 제외되었다는 말을 듣고 낙심 천만落心千萬 하였다.

나는 그 때까지 약 3개월 동안 서울 학교로 등하교 하여야만 했다. 몸도 마음도 지쳐가고 있었다. 그래서 어떻게 하든 서울 본점으로 가고 싶은 마음에 지점장을 면담하고자 2층에 있는 지점장실을 방문하였다. 당시 20살의 어린 아이였던 나로서는 지점 직원 중 거의 막내였다. 지점장을 면담하기 위해 지점장실에 들어갈 때는 마치 사병이 장군을 만나는 기분처럼 긴장되고 어려운 마음이 들었다. 가까스로 용기를 내어 이번 인사이동에 본점으로 보내줄 것을 요청했으나 지점장은 한마디로 납득할 만한 이유도 없이 "안 돼!"이었다. 낙심하여 며칠간을 침울하게 보냈다.

그러나 나는 다시 한번 더 간청을 해보자고 마음을 굳게 먹고 지점장실을 노크, 나의 뜻을 간곡히 말했다. 그러나 그는 "안 돼!, 자네 지난번 분명히 안 된다고 이야기 했는데 왜 사람을 귀찮게 하나?"하고 나에게 역정을 냈다. 나는 또다시 낙심하였고, 이러다가 학업을 포기하여야 하지 않을까 하는 불안감마저 들었다.

그러나 나의 정성이 부족한지 모르니 차라리 퇴근하고 지점장 댁으로 가서 나의 딱한 사정을 다시 한번 자세히 설명해 보자고 결심하고 지점장 댁을 방문했다. 그는 부재중이었다. 나는 가정부에게 나의 신분을 이야기하고 나의 방문사실을 지점장께 전해달라고 부탁하고 돌아올 수밖에 없었다.

그 이튿날 아침, 내가 출근하자 지점장 바로 밑의 차장으로부터 나에게 당장 오라는 호출이 떨어졌다. 나를 보자마자 차장은 "새까만 행원 놈이 감히 겁도 없이 지점장 댁이 어디라고 찾아다니나?"하고 크게 화를 내며 사무실 전체가 울릴 정도로 떠들썩하게 역정을 냈다. 나는 묵묵히 그의 질책을 감내하였다. 이러한 어려운 상황에 나는 다시 큰 실망을 하고 낙담하였다. 나아가 하고 싶은 공부를 할 수 없게 된 나의 딱한 처지에 화도 났지만 한편으론 슬픈 생각마저 들었다.

나의 낙심하는 모습을 보고 평소에 나를 아껴주던 김 대리가 나를 불러 "내가 알기로 지점장은 이미 다른 사람들로부터 청탁을 받고 인사이동 대상자를 당신이 아닌 다른 사람들로 확정했습니다. 그러니 아무리 애를 써도 어려울 것입니다. 내가 하루 연가를 내 줄테니 차라리 서울 본점 인사부로 가서 사정을 상의해 보세요."라고 권했다. 지푸라기라도 잡고 싶은 마음이었던 나는 연가를 받아 서울 인사부를 방문, 나의 힘든 사정을 이야기하고 서울로 전근해줄 것을 요청하였다. 인사부 대리, 과장과 차장을 만나 모두에게 나의 사정과 전근 희망을 이야기했다. 그들로부터 그 해 인사이동에 고려해 보겠다는 긍정적인 이야기를 듣고 안심하였다. 나는 인사부장까지 만나 확실한 약속을 듣고 싶었으나 부재중이라 그냥 대전으로 내려왔다.

나의 이야기를 들은 김 대리는 "인사부장과 지점장은 동격同格입니다. 따라서 인사부장이 약속을 해도 만약 지점장이 당신을 보내지 못하겠다고 이의를 제기하면 당신은 이번 인사이동에서 제외될 수 있습니다. 그런데 차장까지만 만나고 왔으니, 이번에는 아마도 본점으로 전근되기 어려울 것 같네요."라고 걱정하며 나를 위로하였다.

나는 나 나름대로 최선을 다했다고 생각하고 다소 희망을 가지고 있던 차에 김 대리 이야기를 들으니 또다시 걱정과 좌절감을 느끼지 않을 수 없었다.

가정 형편 때문에 직장을 포기할 수 없었던 나는 차라리 학업을 포기하여야 하지 않을까 하고 내 마음을 달래었다. 며칠을 고심하던 나는 학업의 희망을 도저히 포기할 수 없다는 생각을 하였다. 마음을 추스르고 이번 한번만 정말 마지막으로 나의 최선을 다 해보자고 결심하였다.

소위 '돈'도 '백(Back, 후원자)'도 없었던 나는 그저 나의 정성으로 최선을 다해 방법을 찾을 수밖에 없었다. 김 대리의 이야기를 들으니 인사부장의 승인이 있더라도 지점장이 보이콧할 가능성이 있다면 지점장이 거부 못할 사람은 누구일까? 하고 생각한 나는 이번에는 지점장 위에 있는 인사담당이사에게 나의 힘든 상황을 하소연 해보자고 결심하였다.

여러 가지 궁리 끝에 나는 문구점에 가서 옛날 임금님께 상소上訴를 올릴 때 썼던 두루마리 용지를 한 통 샀다. 두루마리 용지를 펼치고 먹을 갈아 붓으로 나의 사정을 밤새 정성껏 썼다. 나는 생각했다. 편지를 어디로 보낼까? 본점으로? 아니야 말단 행원이 하늘같은 이사에게 편지를 보내면 있는 그대로 받아들이기가 쉽지 않을 것 아닌가? 차라리 나와 같은 또래의 아이들이 살고 있는 집으로 보내자. 그러면 좀 더 진지하게 생각해 주시겠지. 그래서 나는 편지를 인사담당이사 집으로 보냈다.

편지를 보낸 지 며칠 후 은행 내부 우편으로 겉봉에 '친전親傳'이라는 빨간색 메모가 있는 이사 편지를 받았다. 편지를 읽어보니 나의 사정을 충분히 이해한다. 이번 인사이동에 반영해줄 테니 걱정하지 말라는 내용이었다. 순간 나는 "나의 공부하고 싶은 간절한 염원이 이루어졌다"라는 생각에 감사한 마음이 들며 눈물이 핑 돌았다.

인사이동 일자가 가까워올수록 은행 동료들은 내가 본점으로 전근가지 못할 것으로 단정하고, 어렵게 합격한 성균관대의 학업을 포기할 수밖에 없는 나의 딱한 입장에 위로를 하였다. 그러나 인사이동 결과가 발표되어 내가 이동 대상에 포함된 것을 안 동료들은 의외의 결과에 놀라고 나를 진심으로 축하해 주었다.

이러한 우여곡절 끝에 나는 '학업 포기'의 막다른 순간까지 갔다가 다시 학업을 계속할 수 있었다.

 나는 "먼저 지혜로운 선택을 한 후 이의 달성을 위해 최선을 다 한다면 반드시 이루어질 것이다."라고 믿고 있다. 또한 나는 "사람으로서 할 수 있는 최선을 다한 후에는 오직 하늘의 뜻을 기다린다."는 뜻을 지닌 '진인사대천명 盡人事待天命'의 진리를 믿는다.
 이 말은 오늘도 나에게 삶을 살아가는 큰 힘이 되고 있다.

CHAPTER 2
성공인과 성공기업인

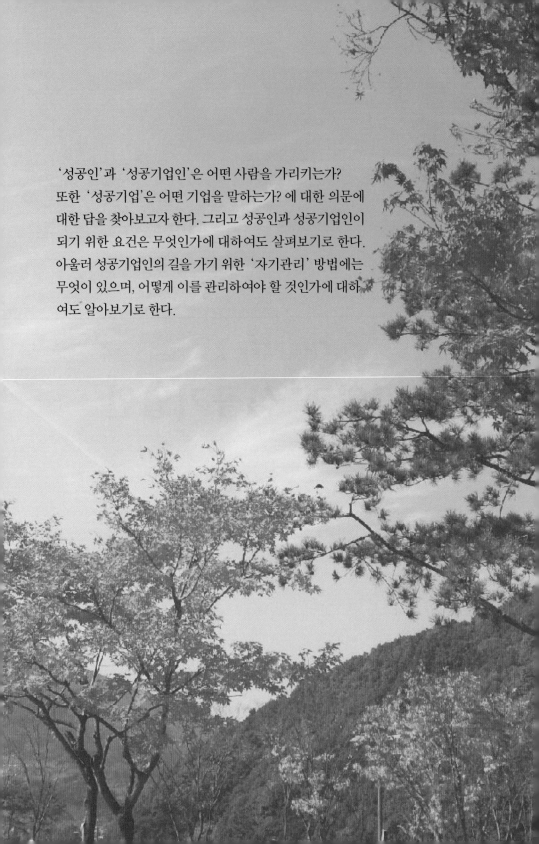

'성공인'과 '성공기업인'은 어떤 사람을 가리키는가?
또한 '성공기업'은 어떤 기업을 말하는가? 에 대한 의문에
대한 답을 찾아보고자 한다. 그리고 성공인과 성공기업인이
되기 위한 요건은 무엇인가에 대하여도 살펴보기로 한다.
아울러 성공기업인의 길을 가기 위한 '자기관리' 방법에는
무엇이 있으며, 어떻게 이를 관리하여야 할 것인가에 대하
여도 알아보기로 한다.

성공인과 성공기업인의 의의

골프선수 '그레그노먼'의 경영성공원칙 7가지

1. 직관을 믿으라.
   그러나 해야 할 일은 다 해야 한다.

2. '경쟁자'를 알고 그를 능가하도록 노력하라.
   그들이 하루 8시간 일하면 10시간 일하고,
   그들이 볼을 300야드 날리면, 305야드 날리기 위해 노력한다.

3. 번 돈은 다시 회사로 들어가서 커 가도록 하라.

4. 브랜드 마케팅 방법을 알고 브랜드를 대표하는 적절한 인재를
   확보한다.

5. 비즈니스 세계에서도 3퍼트가 있는데 순순히 받아들이되
   계속 전진하라.

6. 모든 비즈니스를 장기적인 계획 아래 설정하라.

7. 비전을 가지라.
   미래에 대한 비전 없이 프로젝트를 추진하면 실패할 수밖에 없다.

'성공인' 이란?

공헌도가 큰 사람

앞에서 '성공'은 "목표하는 바를 이루는 것"으로 정의를 내린 바 있다. 따라서 '성공인'이란 '목표를 이룬 사람'이라고 말 할 수 있다.

그렇다면 목표를 이룬 사람을 모두 '성공인'이라고 불러도 될까?

또한 A와 B란 사람이 모두 같은 목표, 예를 들어 매출 1조 원의 기업을 만드는 목표를 똑같이 달성했다고 가정할 때 이들 두 사람을 모두 똑같이 '성공인'이라고 부를 수 있을까?

이러한 의문을 해결하기 위하여 전술한 '성공의 판단기준'이 제시되었으므로 이러한 성공의 판단기준을 적용하여 성공인 여부를 판단하는 것에 대하여 이야기 해보기로 한다.

우선 "그 사람 성공 했어"라고 인정받은 'A'라는 한 사람의 경우를 보기로 하자.

그 사람의 성공 과정은 어느 한순간 이루어진 것이 아니다. '성공인'이라는 평가를 받기까지는 그 사람이 살아오는 동안 끊임없이 노력한 성공의 작은 조각들이 모여 이루어진 것을 알 수 있다.

한편 A가 일생동안 이룬 성공을 작은 기간, 예를 들면 1년이라는 단위별로 분석 비교하여 평가해 볼 수 있다. 이런 관점에서 이야기 해보면 "A는 전년도에 비해 올해 큰 성공을 거두었어"라고 기간별로 비교하여 말하거나, "그 사람은 점점 더 성공하고 있어"라고 추세적인 평가를 해볼 수 있을 것이다.

다만, 여기에서도 전술한 성공의 판단기준으로 제시된 '공헌도'의 개념을 도입하여 성공여부를 판단해 볼 수 있다. 'A'가 성공인으로 인정받기 위해서는 'A'가 이룬 목표를 통한 사회에 대한 '공헌'의 정도와 그 공헌을 하기 위해 사회로부터 입은 '희생'과 비교하여 공헌이 희생보다 최소한 더 커야 될 것이다.

다음에는 'A'라는 사람에 대해 그와 비교할 만한 공통의 속성, 예를 들면 '기업가'라는 같은 길을 가는 다른 사람들과 비교 평가하여 A가 '성공인'인지 여부를 말할 수 있다. 앞서 예를 든 현대그룹을 창업한 정주영 회장과 삼성그룹을 창업한 이병철 회장 모두 개별적으로 볼 때는 똑같이 '성공인'의 반열에 들겠지만 "이들 두 사람 중 누가 더 성공한 사람인가?"라는 질문을 할 경우가 이에 해당한다.

여기에도 전술한 '공헌도'를 대입하여 판단해 본다면 자연스레 결론이 도출될 수 있다고 본다. 즉 두 사람 중 그들이 살아오면서 사회에 공헌한 정도OUT PUT와 동 공헌을 위해 사회로부터 입은 희생IN PUT으로 계산한 '공헌도'가 상대적으로 큰 사람이 보다 성공한 사람으로 평가받을 수 있을 것이다.

'연꽃'과 '진주'를 닮은 사람

진정으로 성공한 사람은 누구인가?

나는 '연꽃'과 '진주'를 닮은 사람이라고 말하고 싶다.

나는 전주에 갈 때마다 빠지지 않고 꼭 들르는 곳이 있다. 진동공원이다. 그 곳에서 자라고 꽃을 피우는 연꽃을 보러간다. 연꽃은 대체로 지저분한 진흙탕 물에 뿌리를 내리고 있지만 그 꽃은 그 어떤 꽃보다 청초하고 아름답다.

성공할 수 있는 여건에서 성공한 경우에 우리는 그를 '성공인'이라 부르지 않는다. 예를 들어 좋은 집안에서 좋은 교육을 받고 부모로부터 많은 재산을 물려받은 사람이 어떤 기업을 크게 일구었다고 할 때 그를 '성공인'으로 보고 본 받아야할 대상으로 삼을 수 있을까?

진정한 성공인은 일반사람들로서는 감당하기 힘든 역경을 딛고 일어서서 어느 분야든 일가—家를 이룬 사람을 가리킨다고 본다. 그들에겐 그들에게 다가온 역경이 오히려 성공을 향한 좋은 에너지로 작용했음에 틀림없다. 이러한 사례는 본서의 구석구석에서 찾아볼 수 있다.

온갖 고난을 극복하고 대 몽골제국을 건설하여 동서양에 걸친 세계 정복을 이룬 징기스칸이 말한 다음과 같은 명언을 통해 징기스칸 역시 연꽃을 닮은 인물임을 알 수 있다.

> "집안이 나쁘다고 탓하지 말라.
> 나는 아홉 살 때 아버지를 잃고 마을에서 쫓겨났다.
> 가난하다고 말하지 말라.
> 나는 들쥐를 잡아먹으며 연명했고,
> 목숨을 건 전쟁이 내 직업이고 내 일이었다.
> 작은 나라에서 태어났다고 말하지 말라.
> 그림자 말고는 친구도 없고 병사로만 10만,
> 백성은 어린애, 노인까지 합쳐 2백 만도 되지 않았다.
> 배운 게 없다고 힘이 없다고 탓하지 말라.
> 나는 내 이름도 쓸 줄 몰랐으나 남의 말에 귀 기울이면서
> 현명해지는 법을 배웠다.
> 너무 막막하다고, 그래서 포기해야겠다고 말하지 말라.
> 나는 목에 칼을 쓰고도 탈출했고,
> 뺨에 화살을 맞고 죽었다 살아나기도 했다.
> 적敵은 밖에 있는 것이 아니라 내 안에 있었다.
> 나는 내게 거추장스러운 것은 깡그리 쓸어버렸다.
> 나를 극복하는 순간 나는 징기스칸이 되었다."

이러한 의미에서 나는 '성공인'을 좋지 않은 생육환경을 딛고 청초한 꽃을 피우는 '연꽃'을 닮은 사람으로 비유하고 싶다.

또한 성공인은 '진주眞珠'를 닮은 사람이라고도 말할 수 있다.

진주는 외부로부터 모래 같은 이물질이 몸 안에 들어올 때 이를 외부로 배출하지 아니하고 이물질이 주는 아픔과 불편함을 참고, 자기의 물질로 이를 감싸고 또 감싸 안아 아름다운 보석을 만들어낸다. 또한 진주는 진흙 속에 있어도 그 자체는 변하지 않고 오염되지 않으며 아름다운 빛을 발한다.

성공인은 진주와 같이 외부의 다른 사람으로부터 자기와는 전혀 다른 의견, 심지어는 적대적 공격을 받아도 이를 내부로 승화시켜 오해를 이해로, 미움을 사랑으로, 더러움을 깨끗함으로, 추악함을 아름다움으로 바꾸어 세상을 위해 기여하는 삶을 산다.

'불꽃'과 '햇빛'을 닮은 사람 ⛵

나는 '성공인'을 '불꽃'을 닮은 사람으로 부르고 싶다.
'불꽃'은 자기를 태워 남을 위해 비추고 불꽃을 다 태운 다음에는 아무런 대가도 요구하지 않고 자취도 없이 사라진다.

자기 희생을 통해 이웃이나 나라를 위해 옳고 유익한 일을 하며 삶을 살았던 사람으로 '목민심서牧民心書'의 저자인 다산茶山 정약용을 들 수 있다.
다산은 18년 동안의 오랜 유배생활을 하였다. 보통 사람 같았으면 비탄에 잠겨 삶의 의욕을 잃고 허송세월 하며 시간을 헛되이 보냈겠지만 그는 오히려 유배기간동안 학문 연구에 매진하며 정치 · 경제 · 지리 · 역사 · 문학 등에 관한 책을 500여 권이나 써서 후세 사람들에게 큰 공헌을 한 삶을 살았다. 그는 유배지에서 온갖 고통을 겪고 있으면서도 이를 원망하지 않고 고향에 두고 온 두 아들에게 다음과 같은 편지를 보냈다. 그는 이 편지에서 아들에게 남을 도와주는 일에 온갖 정성을 바쳐야 하지만, 남을 도와주고 도와주었다는 말을 입 밖에 내거나 생색을 내지 말라고 신신 당부하고 있다.
"여러 날 밥을 끓이지 못하는 집이 있을 텐데, 너희는 쌀되라도 퍼다가 굶주림을 면하게 해주고 있는지 모르겠구나. 눈이 쌓여 추위에 떨고 있는 집에는 장작개비라도 나누어주어 따뜻하게 해주고, 병들어 약을 먹어야 할 집에는 한 푼의 돈이라도 쪼개어 약을 지어주어 일어나도록 도와주고, 가난하고 외로운 노인이 있는 집에는 때때로 찾아가 무릎 꿇고 모시어 따뜻하고 공손한 마음으로 공경해드리고, 근심 걱정에 쌓여있는 집에 가서는 얼굴빛을 달리하고 깜짝 놀란 눈빛으로 그 고통을 함께 나누고 잘 처리할 방법을 함께 의논해야 하는 것인데… 잘들 하고 있는지 궁금하구나.

이처럼 남을 도와주는 일에 소홀함이 없어야 하지만, '나는 저번에 이리저리 해주었는데 저들은 그렇지 않구나!' 라는 소리를 입 밖에 내뱉지 말아야 된다. 만약 이러한 말이 한번이라도 입 밖에 나오면 지난날 쌓아놓은 공과 덕이 하루아침에 재가 바람에 날아가듯 사라져버리고 말 것이다."

이 글에서 우리는 정약용의 자기 관리에 철저한 선비정신을 발견한다. 그리고 나아가 겸손한 마음으로 진실되게 어려운 이웃을 돕고자 하는 마치 성자聖者 같은 불꽃을 닮은 그의 마음을 느낄 수 있다.

또한 성공인은 햇빛 같은 사람이다. 햇빛은 온 세상을 차별 없이 두루두루 비추이며 세상의 어둠을 밝힌다. 어둡고 지저분한 하수구까지 고루어루만지며 비추면서도 햇빛 자신은 더러워지지 않는다. 날이 저물어 어두워지면 온 세상을 밝게 비추던 햇빛의 큰 존재가 생각나듯이 성공인이 떠나고 나면 그의 위대함 역시 두루두루 사람들의 가슴속에 오래도록 남아있다.

'물'을 닮은 사람

물은 항상 위에서 낮은 곳을 향해 흐른다. 그리고 세상의 온갖 지저분한 것들을 깨끗이 씻어 내린다.

노자는 도덕경道德經에서 '상선약수上善若水'를 말하고 있다. 이는 "지극히 착한 것은 마치 물과 같다"는 뜻으로, 물은 만물을 이롭게 하면서도 다투지 아니하는 이 세상에서 으뜸가는 선善의 표본으로 여기고 있다. 노자는 도덕경에서 마음을 쓸 때는 물처럼 그윽하게 하고, 사람을 사귈 때는 물처럼 어질게 하고, 말할 때는 물처럼 믿음이 가게 하고, 일할 때는 물처럼 능숙하게 하라고 가르치고 있다. 물은 세상에서 가장 부드럽고 약하지만 굳세고 강한 것을 공략하는 데는 물보다 더 나은 것이 없다. 이는 '부드러움'이 '굳셈'을 이기고, '약함'이 '강함'을 이긴다는 것을 의미한다.

성공인의 삶을 살기 위해 우리도 '물'이 지니고 있는 덕목德目을 배울 필요가 있다. 물이 가지고 있는 덕목을 알아보기로 하자

첫째, '겸손'이다. 앞에서 이야기 한 것처럼 물은 항상 낮은 곳을 향하여 흐른다.

둘째, '베풂'이다. 물은 만물을 길러주고 키워주지만 이를 자랑하지 아니한다.

셋째, '수분지족守分知足'과 '융통성'이다. 물은 어느 그릇에 담겨도 욕심을 부리지 않고 그 그릇에 자기를 맞춘다. 불만을 가지고 튀어 오르지 않는다.

넷째, '포용심包容心'과 희생이다. 높고 낮음, 넓고 좁음, 깨끗하고 더러움을 가리지 않고 그 어느 곳에서나 그곳의 모든 것을 포용하고 받아들인다. 그리고 같이 화합한다. 또한 자기를 바쳐 상대방의 더러움을 씻어준다.

다섯째, '지혜'와 '유연함'이다. 물은 가다가 막히면 새로운 길을 찾아 돌아간다. 앞에 바위가 나타나면 유연하게 돌아가며 다투지 않는다.

여섯째, '인내'와 '끈기'다. 물은 쉼 없이 흐르고 흘러 대해大海에 이른다. 그리고 한 방울씩 끊임없이 떨어져 바위에 구멍을 뚫는다.

일곱째, '평정平正'이다. 물은 잔이 기울어도 항상 수평水平을 이룬다.

여덟째, '지조志操'다. 물은 액체에서 기체로 다시 얼음으로 형태는 바뀌어도 그 근본은 항상 'H_2O'로 변함이 없다.

아홉째, '용기'이다. 물은 온몸을 던져 강렬한 불을 잠재우며, 또한 큰 폭포를 이뤄 천 길 만 길 아래로 돌진한다.

열째, '순리順理'다. 앞 물은 뒷물이 다가오면 말없이 앞으로 나가 자기 자리를 양보한다. 돌아서서 따지거나 싸우지 않는다.

그리스 철학자 탈레스Thales는 '만물의 근원을 물'이라고 하며, 만물이

- 도널드 트럼트, 부동산 재벌 : 트럼프는 두 번의 이혼을 거쳐 24살 연하의 슬로베니아 출신 모델과 세 번째 결혼을 한 만큼 화려한 생활을 즐길 것으로 상상되지만 그의 미덕은 무엇보다 열심히 일한다는 것이다. 그는 열심히 일해서 보답을 받으면 사람들은 운이 좋았을 뿐이라고 말한다.
- 리카싱, 홍콩 재벌 : 리카싱은 전세계 52개국에서 27만 명을 고용하고 있는 세계적인 갑부다. 그는 이처럼 큰 성공을 거둔 이유를 겸손하고 단순한 삶을 살았기 때문이라고 설명한다. 사회생활을 시작할 때 덜 쓰면서 사는 삶을 배우고 화려한 생활이 아니라 분수에 맞는 적절한 생활에 적응해야 한다는 게 그의 신념이다.
- 하워드 슐츠, 스타벅스 창업자 : 슐츠는 22억 달러의 자산을 가진 부자지만 돈이 전부가 아니라고 생각한다. 그는 "나는 부자 리스트에 오르고 싶다고 생각한 적이 한 번도 없으며 나 자신을 내가 가진 순자산으로 평가하지도 않는다. 나는 언제나 내가 가진 가치로 나를 정의하려 노력한다"고 말했다.

해달라는 주문을 현대건설에 하였다. 그러나 천지가 꽝꽝 얼어붙은 엄동설한에 어디서 잔디를 구할 것인가? 정주영 회장은 "머리는 쓰라고 있는 것이다. 내 머리는 생각하는 머리이다."라는 평소의 신념으로 궁리한 끝에 미군 측에 "풀만 파랗게 나 있으면 되는 거냐?"라고 물은 즉 미군 측은 "그렇다."라는 대답을 하였다. 그는 잔디 대신 낙동강 연안 모래벌판에서 자라는 보리포기들을 떠다 옮겨 심어 이 문제를 해결하였다. 이를 본 미군 반응은 "원더풀, 원더풀, 굿 아이디어!"였다. 말의 자구에 연연하지 않고 거두절미한 상태에서 문제의 핵심인 '푸른 묘지'를 간파한 정주영 회장의 통찰력이 발휘된 좋은 사례이다.

한편 통찰력이 부족하여 사업에 실패한 사례를 소개하고자 한다.

부동산 개발 붐이 한창일 때 나는 골프장과 콘도사업을 사업목적으로 하는 M 리조트회사의 회계 고문을 2년간 맡아 그 회사를 설립해주고 회계시스템을 입안하는 역할을 하였다. M 회사의 최대주주 겸 대표는 당시 대표적인 우량한 회사로 손꼽히던 섬유업을 하는 S 기업 회장의 아들이었다.

S 기업을 창업한 회장은 기업을 보수적으로 안전하게 운영하고 건실하게 키웠다. 그러나 M 기업의 대표를 맡은 아들은 외국에서 공부하고 갓 돌아온 젊은이로 그는 대규모의 리조트 사업을 벌려 M 기업을 빠른 시간 안에 대기업으로 성장시키고자 하는 야망이 있었다.

이러한 까닭으로 그는 모 기업인 S 기업을 착실하게 경영해 온 아버지와는 달리 많은 투자금이 들어가는 부동산 개발을 대대적으로 벌리고자 하였다.

나는 그 회사의 회계 및 세무사항을 검토하던 중 대규모 개발에 따르는 세무상 위험, 예를 들면 당시 세무상으로 큰 이슈로 대두되었던 '비사업용 토지'에 대한 세무 검토조차 이뤄지지 않은 채 건설을 곧바로 진행하고 있는 문제점을 발견하였다. 즉시 경영진에게 부동산 개발에 따르는 세무 검토를 하고 검토결과 만약 문제가 발생되면 마스터플랜까지도 수정을 하도록 건의하였다. 부동산 개발에 따르는 관련 세법은 부동산의 취득◑개발◑운용◑분양, 처분 단계별로 약 30여 가지에 이르는 세법과 각종 부담금이 적용되므로, 이에 따른 절세방안의 연구가 무엇보다도 중요하다고 판단했기 때문이다.

그러나 나의 이 제안은 경영진에 의하여 받아들여지지 않았다. 그 이유는 지금 한창 땅을 파고 건설이 진행되는 마당에 세무 검토를 해서 건설 프로젝트에 영향을 주는 것은 곤란하다는 의견이었기 때문이다.

이러한 최고경영진의 관리능력 부족과 사업방향에 대한 최고경영자의 판단 오류 및 자금 조달능력을 고려하지 않은 채 대규모 사업을 무리하게 추진함으로써 막대한 소요자금을 감당하지 못한 M 기업은 재정적 곤란을 겪게 되었고, 결국 부실기업이 되었다. 안타까운 것은 M 기업의 몰락으로 인하여 우량기업이었던 모 기업인 S 기업도 부도가 발생한 것이다.

최고경영자의 통찰력 부재不在는 그 기업으로 하여금 부실화의 길로 떨어뜨리는 주된 요인이라고 생각한다.

그러면 기업의 운명을 좌우하는 이러한 '통찰력'은 어떻게 생기는가?

물결이 잔잔한 호수에는 달이 아주 선명하게 그 모습을 드러낸다. 그러나 물결이 일면 영상은 사라지거나 찌그러져 보여 본 모습이 사라진다. 사람의 두뇌를 호수라고 가정한다면 뇌파가 잔잔할 때 어떤 사물의 모습이 있는 그대로 비추인다. 하지만, 흥분하거나 불안하여 뇌파의 파동이 심하게 일어나면 생각이 뒤죽박죽되어 사물을 올바로 관찰할 수 없게 될 것이다.

이러한 점을 고려할 때 마음가짐을 고요히 맑게 가지는 것이 통찰력이 생기는 핵심 요건임을 알 수 있다. 선천적으로 맑은 심성心性이나 굳센 의지를 가지고 태어나 마음가짐을 고요히 유지하는 사람도 있겠지만, 그렇지 않은 사람은 후천적으로 기도나 참선, 단전호흡과 마인드컨트롤 등으로 마음 상태를 고요히 맑게 가지도록 노력함으로써 통찰력을 기를 수도 있을 것이다.

성공기업인이 되고자 한다면 사업아이템의 발견, 투자시점, 유능한 인재의 발굴과 채용, 사업파트너의 선택 등 경영관련 수많은 의사결정 과정에서 탁월한 통찰력을 발휘할 수 있어야 할 것이다.

결단력 ⟡

흔히 머리가 너무 좋은 사람은 사업을 하기 힘들다고 이야기한다.

왜 그럴까?

머리가 너무 좋은 사람은 사업의 전개과정에서 일어날 수 있는 각종 위험요소를 잘 발견하고 이에 대한 두려운 생각이 앞서 선뜻 사업의 길로 들어서질 못하기 때문이다. 그러나 어떤 사람은 가는 길에 위험이 있더라도 과감히 이를 감수하고 도전한다.

이와 같이 사업에 따르는 위험을 감수하고 판단과 결정을 내리는 능력을 '결단력決斷力'이라고 칭하는데 이는 리스크를 감수하는 용기가 없으면 불가능하다.

기업을 설립하고 운영하는 과정에서 수많은 의사결정의 순간이 온다. 그때마다 여러 가지 위험이 따르게 된다. 따라서 최고 의사결정권자의 판단과 결단이 가져오는 위험은 그 기업의 생존과 발전에 매우 큰 영향을 미치므로 아주 중요하다.

그러면 결단을 함에 있어 어떤 점에 특히 유의하여야 할까?

첫째, 결단의 시점이 시의적절時宜適切하여야 한다. 즉, 타이밍Timing이 맞아야 한다. 이는 마치 대장간의 불로 칼을 벼리는 대장장이가 쇠가 불에 달구어졌을 때 타이밍을 잘 맞춰 망치질을 하여야 칼이 잘 벼리어지는 것과 마찬가지이다.

예를 들면 어떤 사업가는 획기적으로 좋은 아이템을 발견하여 사업을 시작했지만 너무 빨리 시작하는 바람에 시장市場이 이를 수용하기까지의 시간을 기다리지 못해 실패하고, 그 다음에 시작한 사업가가 부드럽게 시장에 진입하여 성공하는 경우가 있다.

사업 성공에 있어 결단의 타이밍이 무엇보다 중요하다는 것을 알 수 있다.

둘째, 결단으로 인한 장래의 효익이 위험보다 클지 여부를 잘 판단한 후 이루어져야 한다. 만약 어떤 사업을 벌려나가기로 결단을 내리고 시작하였는데 막상 시작하고 나니 당초 생각한 것보다는 투자금이 너무 많이 든다거나 개발 시기가 길어진다고 한다면 그 사업은 문을 닫을 지도 모르는 위험한 상황이 초래될 것이다. 따라서 결단에 앞서 올바른 판단이 전제가 되어야 한다.

뛰어난 결단으로 삼성그룹을 일구어낸 이병철 삼성그룹 창업자는 반도체사업의 시작에 관한 그의 결단이유를 다음과 같이 이야기 하고 있다.

"삼성이 반도체에 대규모 투자를 한 것도 충분한 투자 여력이 있어서만은 아니다. 오로지 반도체 산업을 성공시켜야만 한국의 첨단산업을 꽃 피울 수 있다고 확신했기 때문에 삼성의 모든 가용자원을 총동원하여 이 사업의 추진을 결심했던 것이다."

이러한 결단에는 용기가 필요하다.
신학자 파울 틸리히Paul Tillich는 용기에 대하여 다음과 같이 설명한다.
"용기란 무엇인가? What is Courage?
가장 중요한 것을 위하여 두 번째, 세 번째 중요한 것을 버릴 수 있는 것이 용기이다."

지혜

'지혜智慧/知慧'는 이치를 빨리 깨우치고 사물을 정확하게 처리하는 정신적 능력을 말한다.

흔히 '지식知識'과 '지혜'를 혼동하는 경우가 있는데 '지식'은 우리가 살아가면서 경험을 통해 우리의 두뇌 속에 축적한 정보의 집합체라고 한다면 '지혜'는 이렇게 축적한 정보를 조합하고 운용하여 상황에 따라 슬기롭게 대처하는 능력을 말한다.

지혜는 깊은 사고思考와 통찰 및 경험을 통한 깨달음을 의미하며, 지식과 경험을 엮어 문제를 해결하고 성공의 길로 가는 능력을 말한다.

현대그룹의 창업주인 정주영 회장의 지혜를 나타내주는 재미있는 일화가 있어 다시 소개하면 다음과 같다.

정 회장이 젊은 시절 가출하여 부두노동자로 생활할 때의 이야기이다. 노동자 합숙소에서 잠을 자고 있는데 빈대가 극성맞게 물어 밥상 위에 잠을 청했으나 빈대는 밥상다리로 기어올라 정 회장을 물어뜯는 게 아닌가? 정

회장은 다시 빈대가 밥상다리를 타고 오르지 못하게 하려고 밥상다리 네 개를 물 담은 양재기 넷에 담가놓고 잠을 잤으나 빈대는 다시 벽을 타고 올라가 천정에서 정 회장을 목표로 낙하하여 목적 달성을 하는 것이었다. 그 후 정 회장은 이런 빈대의 처절한 노력을 상기하며 어려운 일에 부딪쳐 도중에 포기하는 사람을 보면 '빈대만도 못한 사람'이라고 생각했다고 한다. 또한 그는 빈대의 끈질긴 노력을 보고 다음과 같은 삶의 지혜를 터득하였다.

"장애란 뛰어 넘으라고 있는 것이지 걸려 엎어지라고 있는 것이 아니다"

영국의 저술가인 새뮤얼 스마일스Samuel Smiles도 그의 저서 『인격론』에서 "불행하지 않는 것이 불행이다. 그리고 고통을 모르는 것이 고통이다. 사리분별에 있어 최선의 길은 역경을 경험하는 것이다."라고 말함으로써 '역경逆境'은 지혜를 얻기 위해 마땅히 통과하여야 할 통과의례通過儀禮로 주장하고 있다.

한편 똑같은 사물을 보더라도 지혜 있는 자는 그렇지 않은 자가 볼 수 없는 것을 본다.

크리스토퍼 콜럼버스Christopher Columbus는 신대륙을 발견하려고 선원들과 더불어 기나긴 항해를 했지만 당초 계획했던 대로 신대륙은 쉽게 발견되지 않았다. 조바심과 불안감에 휩싸인 선원들은 불만을 가지게 되었고 급기야는 폭동이 발생할 것 같은 위험한 상황까지 가게 되었다. 바로 그때 콜럼버스는 바다 위에 떠 있는 해초더미를 발견하게 되었고 이를 근거로 육지가 가까이 있음을 선원들에게 설명하여 폭동분위기를 무마시켰다고 한다. 그리고 그는 마침내 신대륙을 발견하였다.

여기 경영자의 지혜로운 대처로 직원도 살리고 기업도 보호한 재미있는 이야기를 소개한다.

어느 보석공장에서 도난사고가 자주 일어났다. 그 회사 사장은 면밀히 조사한 후 범인이 공장에서 일하는 청년이라는 것을 발견하였다. 사장이 그 청년에게 말했다. "자네는 여기서 몇 년째 일을 하고 있지?" 그 청년은 대답하였다. "3년입니다." 그러자 사장은 "자네 손을 내게 보여 주겠나?"하고 말하고는 그 청년의 손을 잡고 이렇게 말했다. "자네가 처음

이곳에 왔을 때 유난히 고왔던 자네의 손이 기억난다네. 그런데 지금 보니 자네 손이 몰라보게 거칠어지고 굳은살도 박혀 있군 그래. 그러니 이 뜨거운 보석을 그냥 집어도 아프지 않지."

사장의 말에 청년은 자신의 범행이 들통 난 것을 눈치 채고 두려워 떨었다. 그러나 사장은 조용한 목소리로 말했다. "자네가 보석을 훔쳤다고 나무랄 생각은 없네. 그러나 손뿐 아니라 양심에도 굳은살이 박인다는 것을 알려주고 싶네. '하나쯤 가져가면 어때? 아무도 모를거야.' 하는 마음이 들 때마다 자네의 양심에도 굳은살이 박인다네. 나는 자네를 믿고 싶네." 그 말을 들은 청년은 잘못을 뉘우치고 이튿날 훔친 보석을 제자리에 가져다 두었다. 그날 이후로는 더 이상 도난이 발생하지 않았다고 한다.

이와 같이 어떤 상황이나 사건에 임하여 이를 지혜롭게 대처하는 사람은 성공의 길을 가지 않을 수 없다고 생각한다. 기업을 경영하다보면 수많은 장애를 만나게 되는데 이러한 장애를 슬기롭게 극복하는 지혜를 터득한 자만이 성공기업인이 될 수 있는 것이다.

"달걀을 모로 세울 수 있는 사람이 있는가?"에 대한 답으로 달걀 한쪽 부위를 깨뜨려 탁자 위에 세운 '콜럼버스'나 사과가 떨어지는 모습을 보고 만유인력의 법칙을 발견한 '뉴톤', 그리고 여자 친구의 주름치마를 보고 코카콜라의 병을 창안하여 600만 달러의 상금을 탄 '번 루트'와 도축장에서의 도축고기 운반용 콘베이어 벨트를 보고 자동차 대량 생산방식을 창안한 '헨리포드' 및 실리콘밸리를 방문하면서 IT 산업의 중요성을 깨달은 알리바바 닷컴의 마윈 회장 등은 우리가 대수롭지 않게 보고 있는 주변의 흔한 일상 환경으로부터 위대한 삶의 지혜를 발견하고 터득한 사람들이다.

이와 같은 '지혜'는 성공인의 길을 가기 위해서는 반드시 갖추어야 할 가장 중요한 덕목德目중의 하나이다.

그렇다면 이와 같이 소중한 지혜를 어떻게 얻고 기를 수 있을까?
어떤 사람들은 태어날 때부터 특별한 지혜를 갖추고 태어난 경우도 있지만, 성공한 대다수의 사람들은 공통적으로 지혜를 얻고 갈고 닦기 위해 끊임없이 뼈를 깎는 노력을 경주했다.

지혜는 앞서 '새뮤얼 스마일스'가 얘기한 것처럼 '역경'을 극복하는 과정에서 우리에게 다가온다. 또한 지혜는 모르는 것을 "나는 모른다."고 말하고, 틀렸을 때 "내가 틀렸어"라고 말하는 데서 출발한다. 로드아일랜드 디자인 스쿨RISD의 존 마에다John Maeda 총장은 다음과 같이 말한다.

"나는 인생에 수많은 멘토Mentor가 있었다. 그 중에 내가 가장 좋아하고 영감을 받은 멘토들은 '그건 내가 잘 모르겠는데, 너는 아니?'라고 내게 되묻는 현인賢人들이었다. 모르는 것을 모른다고 말할 줄 아는 데에서 진정한 지혜와 독창성이 시작된다."

또한 욕심의 파도를 잠재우고, 마음을 고요히 하는 기도와 명상을 통해 사물의 원리를 자연스레 깨닫게 되는데 이 역시 전술한 통찰력과 더불어 지혜를 얻고 연마하는데 큰 도움이 되리라 생각한다.

필자의 경우도 매일 일어나자마자 기도로 하루를 시작하는데 기도를 할 때마다 나의 마음이 명경지수처럼 고요하게 맑아지고 마치 마음의 세수를 한 것처럼 깨끗해짐을 느끼고 있다.

풍랑이 치는 바다에는 모든 사물이 그 본래의 모습을 잃고 일그러져 보이지만, 고요한 호수 면에는 달도 구름도 그 아름다운 모습을 있는 그대로 비추인다. 또한 호수의 물이 차가워져 얼게 되면 흐려져 호수 속의 사물이 전혀 보이지 않지만 얼음이 녹으면 다시 맑은 물이 되어 호수의 바닥에 노니는 물고기도 잘 보이게 된다. 사람의 마음도 마찬가지 아닐까? 따뜻하고 겸손한 마음이 되면 마음 바닥에 있는 진리가 보이지만, 차가운 교만으로 얼게 되면 그 순간 마음의 창문은 탁해져 진리의 모습이 보이지 않게 된다.

인도 대통령이며 철학자인 사르베팔리 라다크리슈난Sarvepalli Radhakrishnan 은 "조금 알면 오만해진다. 조금 더 알면 질문하게 된다. 거기서 조금 더 알게 되면 기도하게 된다."라고 기도의 중요함을 이야기 하고 있다. 또한 에이브라함 링컨 미국 대통령도 국정을 이끌어가면서 어려움이 있을 때마다 집무실에 기도실을 만들어 놓고 하나님께 지혜를 구했다고 전해진다.

어머니의 기도

 나는 앞에서 통찰력과 지혜를 구하는 방법으로 '기도'를 제시하였다.
 나의 '기도'와 관련하여 나의 어머니를 떼어놓고 이야기 할 수 없다. 따라서 나의 어머니께서 하신 기도 생활을 중심으로 기도 이야기를 하고자 한다.

 다른 모든 어머니들께서도 다들 자식에 대해 사랑과 정성을 베푸시겠지만 나의 어머니는 자식들 그러나 그 중에서도 특히 나에 대한 사랑과 정성이 매우 지극하셨던 것 같다.
 내 어릴적 추억을 되돌아보면 거의 모든 장면에 어머니의 영상이 겹쳐진다. 어릴적 우리 집은 가난하였다. 농사지을 땅은 논 10 마지기에 불과하였고, 밭도 500여 평 밖에 되지 않았다. 어려운 가정형편을 잘 알고 있던 터라 나는 대학에 가는 것을 애초부터 기대할 수 없었다. 그 당시 우리 동네에는 초등학교를 졸업하고 중학교를 진학하지 못하는 아이들도 많이 있었기 때문에 중학교에 보내주는 것만도 감사한 마음이 들었다. 아버지의 경우 농사일이 없을 때는 시골 시장으로 쌀장사를 하시러 다니셨는데 벌이가 시원찮으셨다. 그런 까닭에 나는 항상 학교에 납부하여야 할 공납금이나 용돈을 아버지로부터 제 때에 타기가 무척 힘들었다.
 이런 상황에서 아들의 학비를 제대로 마련하지 못해 애태우는 모습을 보시는 어머니의 고충은 얼마나 크셨을까 충분히 짐작이 간다. 그래서 밤이나 낮이나 누나와 같이 모시길쌈을 하셔서 나의 학비와 공납금을 마련하시고자 노심초사勞心焦思하시었다.

 중학교에 입학한 후 14살 어린나이에 30리길(왕복 24㎞)을 걸어서 학교를 통학하였다. 가끔씩은 아버지가 시장에 가시는 길에 자전거로 태워주시기도 했지만, 대체로 무거운 책가방을 들고 눈이 오나 비가 오나 걸어서 통학을 하였다. 입학 첫날은 도시락을 싸가지고 가지 않아 학교에서 집에 오는 도중 산길을 오르다가 배고파서 기진맥진하여 쓰러졌던 기억도 있다. 그리고 고등학교 때는 20리길을 역시 걸어서 통학을 하였다. 이 모두 교통비라도 아껴 부모님을 도와주고자 한 내 나름대로의 노력이었다. 나는 비용을 절약하고자 운동화를 사서 신는 대신 중고 군화를 사서 수선하여 신고 학교까지의 먼 거리를 통학하였다. 군화 하나로 밑창만 갈아 신으며 3년을 버틴 것으로 기억된다. 뜨거운 여름에도 군화를 신고 다니던 나의 모습이 특이했던지 지금도 내 친구들은 군화를 신고 다니던 당시의 내 모습이 생각난다고 말을 하곤 한다.

통학할 때 제일 고통스러웠던 기억은 대전에서 맛이 좋기로 유명했던 '인동 꿀빵' 집 앞을 지나는 것이었다. 한참 먹어야 할 때라 그랬는지 그 집 앞을 지날 때마다 꿀빵 냄새가 나를 자극하여 배고팠던 나를 괴롭히곤 하였다. 그래서 어느 때는 그 빵집을 피해 멀리 돌아갔던 기억도 있다. 이렇게 이를 악물고 용돈을 절약해 방학 때 집에 내려갈 때마다 고생하시는 어머니를 도와드리고자 소소한 생활용품(예 : 전기곤로 등)을 사다 드리곤 하였다. 내가 사다드린 용품을 보시고 기뻐하시는 어머니 모습을 보면 내가 용돈을 모으기까지의 모든 고생이 다 날아가는 듯 나도 마음이 즐거웠던 기억이 난다.

어머니는 본인은 잘 입지도 잡수시지 못하여도 몸이 허약했던 어린 나에게는 항상 잘 먹이고 입히려고 애쓰셨다. 그 당시 쌀이 넉넉지 못해 밥을 지을 때면 솥 가운데에 약간의 쌀을 넣고 나머지는 모두 보리를 넣어 밥을 짓곤 하였다. 아버지와 나에게만 쌀밥을 퍼서 주시고는 나머지 식구는 모두 꽁보리밥을 먹었던 기억이 난다. 옷을 살 돈이 없었기 때문에 천을 구해 손수 옷을 만들어서 내게 입혀 주셨고, 이웃 마을에서 어머니 잡수시라고 감이나 대추를 주시면 이를 아꼈다가 나에게 먹이려고 가져오셨다.

어린 시절 나는 어머니가 이웃 마을에 마실 갔다가 뒷짐 지고 오실 때면 항상 어머니에게 "엄니, 손 펴봐"하고 어머니 손을 검사하곤 하였다. 어머니의 손을 열어 한두 개의 과일이나 떡 등을 발견하고 얼마나 기뻐했는지 모른다. 물론 어머니께서 나를 주시려고 가져오신 것이지만 나는 당연히 내가 먹어야 하는 것으로 알고 있었으니⋯ 참으로 철이 없었던 시절의 추억이다. 그리고 어쩌다 고기를 장만하면 식구들은 먹지 못하고 장조림 했다가 내 도시락 반찬으로 해주셨다. 또한 나는 부모님으로부터 단 한번도 맞아본 기억이 없다. 오로지 나는 사랑과 아낌만을 받은 기억만 있다.

지금 생각해보면 물질적으로는 여유가 없었지만 순수한 자연환경 속에서 사랑을 듬뿍 받으며 행복하게 지낸 어린 시절이었다고 생각한다.

이렇게 가난한 살림살이 속에서 최선을 다해 나를 아껴주셨던 어머니는 나를 위해 기도생활을 일상화 하셨다.

어머니는 정안수를 집 뒤 장독대에 떠 놓으시고 매일 목욕재계하신 후 늦은 밤까지 기도를 정성껏 드리셨다. 이러한 기도생활은 내가 대학교를 졸업하고 군에 가 있을 때까지도 사시四時사철 계속되었다. 방학이 되어 시골집에 가면 동네 어른들이 "길모야, 네 엄니 정성이 지극해 너는 틀림없이 잘 될거다. 엄동설한 추운 겨울밤에도 네 엄니는 찬물로 목욕재계하고 매일같이 정안수를 떠놓고 정성 드리는 것을 너는 알고 있냐?"하고 말씀하시며 어머니의 은혜를 잊으면 안 된다고 신신 당부하시곤 하셨다.

이러한 동네 어른들의 당부 말씀도 있으셨지만, 어머니의 지극하신 사랑과 기대를 잘 알고 있는 나는 이에 실망 시켜드리지 않으려고 최선을 다해 열심히 공부하고자 노력하였다. 이런 까닭으로 나는 늘 좋은 성적으로 학교를 다녔다. 어머니는 내가 방학이 되어 집에 가서 성적표를 보여드리면 너울너울 춤을 추시고 환하게 웃으시며 "우리 애기 애썼다." 하시며 나를 칭찬하시곤 하셨다. 집에 오시는 동네 분들에게 내가 이 세상에서 제일 잘 나고 똑똑한 아들인 것처럼 자랑하시던 모습이 지금도 눈에 훤히 떠오른다. 어머니의 그런 모습을 보면 나도 기분이 참 좋았다. 그래서 기뻐하시는 어머니의 모습이 보고싶어 계속 열심히 공부하고자 노력하였다.

언젠가 어머니께서는 지난날을 회고하시며 나에게 말씀하셨다. "추운 겨울에 기도를 할 때면 정안수가 꽁꽁 얼어 거꾸로 고드름이 맺혔단다. 그런데 이상하게도 그 고드름 끝은 항상 산신각 방향으로 기울어져 있었지." 이 말을 들은 나는 "엄니, 아마 엄니가 잘못 보셨겠지요. 만유인력법칙이란 게 있어서 고드름은 아래로 만들어지지 거꾸로 위로 만들어지지는 않아요." 하고 말씀드렸다. 그러나 그 후 언젠가 책을 보다가 "정성이 지극하면 염력念力으로 고드름이 거꾸로 위로 올라갈 수도 있다."라는 이야기를 읽어 본 적이 있다. 이는 과학적으로 맞는 이야기는 아닐지 몰라도 나는 지금도 어머니의 지극한 정성이 그런 현상을 일으켰다고 믿고 있다.

공인회계사 장교로 군 입대를 한 후 육군종합행정학교에 교관으로 근무할 때이다.
나는 농사 지으시느라 고생하시는 부모님을 편히 모셔야겠다는 생각을 하고 성남 남한산성 밑에 있는 단독주택으로 부모님을 모셨다. 그때까지도 어머니의 기도생활은 계속되었는데 어머니는 매일 남한산성 계곡에 가서서 골짜기를 흐르는 맑은 물을 떠다가 사발에 정안수를 담아 역시 장독대 위에 놓고 기도와 정성을 계속 드리는 생활을 하셨다. 어느 추운 겨울날 어머니 비녀가 휘어있는 것을 발견하고 어머님께 그 이유를 물어보니 어머님은 "아 물이 얼어서 비녀로 얼음을 깨뜨리려다 휘게 되었다."라고 말씀하시었다.

내가 제대 후에 우리 가족은 서울로 이사 오게 되었다. 어머니는 텔레비전 뉴스에서 서울 물이 깨끗하지 못하다는 말을 들으시고는 "물이 깨끗하지 못해서 정성을 드릴 수 없다."라고 말씀하셨다. 그 이후로는 정안수를 떠놓고 하는 기도는 그만 두시고 천주교에 나가셨다.

우리 민속신앙으로 내려온 정성과 기도를 우상숭배나 샤머니즘으로 비판하는 사람도 있겠지만, 나는 어머니가 기도할 때 만큼은 정말 순수한 신앙심으로 정성껏 하시지 않았나 생각하고 항상 어머니께 감사한 마음이 든다.

천주교에 다니신 후에도 어머니의 기도는 천주교가 정한 방법에 따라 정성을 다해 계속하셨다. 성당에 나가 매일미사를 드리셨고, 항상 어머니 손에는 묵주가 떠나질 않았다. 어머니의 정성과 기도 덕분으로 우리 집은 모두 천주교 신자가 되었고, 불교를 믿고 있던 처가 식구들도 모두 천주교 신자가 되었다.

속담에 "지성至誠이면 감천感天"이라는 말이 있다. 즉 정성이 지극하면 하늘을 감동시킨다는 말이다. 이 속담은 바로 어머니에게 해당되는 말이라고 생각한다. 어머니의 지극한 정성과 기도는 내가 큰 교통사고를 당했을 때 나의 생명을 건져주었을 뿐만 아니라, 객지에서 사회생활을 하는 가운데 여러 가지 위험과 유혹으로부터 나를 보호해주었고, 내가 잘못된 길을 가지 않도록 이끌었다고 나는 느끼며 믿고 있다.

이러한 어머니의 자식에 대한 지극한 정성과 기도는 이제 나에게로 계승되어 나의 기도생활로 이어지고 있다. 어머니의 정성이 나로 하여금 기도 생활을 하도록 이끄신 것 같다.

어머니가 돌아가신 이후로 나는 돌아가신 부모님과 처가 부모님을 생각하며 그분들을 위해 매일 기도를 해오고 있다. 아내와 나는 특별한 사유가 없는 한 매일 묵주기도를 바치고 있다. 이 모두 어머니가 나에게 베푸신 정성과 사랑을 잊지 못하고 제대로 잘 해드리지 못한 죄송한 마음을 기도로 대신하는 것이라고 말할 수 있다.

기도는 '영혼의 호흡'이라고 한다.

우리가 단 한순간이라도 호흡 없이는 우리의 육체적인 생명을 지속할 수 없듯이 기도는 우리 영혼이 살아가고 또 성장함에 필수적인 요소라고 말 할 수 있다.

나는 그동안의 기도생활을 통해 기도는 나의 영혼을 맑게 하여 통찰력을 가지게 함은 물론 미혹迷惑에 빠지지 않도록 하고, 올바른 생각을 하게 함으로써 정도正道의 길을 가도록 인도하고 있다고 믿고 있다.

성공기업인의 자격과 자세

자격

　변호사나 회계사, 의사와 같은 전문 직업인의 길을 가고자 하는 자는 국가에서 시행하는 자격사 시험을 치러 합격하여야 한다. 왜냐하면 그들이 제공하는 전문서비스가 국민에 미치는 영향이 크기 때문이다.

　이와 같이 어떤 사람이 일을 하기 전에 그 사람이 그 일을 할 지식과 경험 등이 있어 그 일을 차질없이 감당할 능력이 있는가를 확인하는 기준을 자격資格, Qualification이라고 이야기 한다.

　기업은 사람과 마찬가지로 생명성을 지니고 있으며 그 실체가 사회에 미치는 영향은 지대하다. 따라서 기업을 설립하거나 경영하기에 앞서 기업인이 되려고 하는 사람은 스스로 본인 자신이 기업인으로서의 자격이 있는지 여부를 확인하고 점검하는 과정이 필요하다고 생각한다. 또한 국가나 지방자치단체도 어떤 사람이 기업을 만들고자 할 경우 그가 과연 기업을 설립하고 경영할 자격이 있는지 여부를 검증하는 시스템을 갖출 수 있다면 바람직할 것이다.

　그러나 국가 차원에서 어떤 사람이 기업을 만드는데 그 자격이 있는지 여부를 검토하는 경우는 극히 일부분에 국한된다. 예를 들어 세금 체납을 한 사람은 기업 설립에 제한을 받고, 일정한 전문 자격이 있는 사람에 한하여 법인설립을 허용하는 법무법인, 회계법인 및 의료법인 등의 경우가 이에 해당한다. 그리고 기업 설립 후 기업을 경영하는 과정에서는 불법행위를 하여 사회적으로 물의를 일으키거나 회사에 손실을 초래하는 등의 문제를 일으킨 경영자의 경우 그 사람을 주주총회로 경영진에서 해임하거나 재 선임하지 않는 제도도 이에 해당한다고 말할 수 있다.

　얼마 전 수많은 국민들에게 재산상 손실을 일으키고 부도를 낸 D그룹의 경우도 그 그룹을 이끈 최고경영진이 그 그룹을 이끌만한 적절한 자격과 다음에 설명할 올바른 자세가 있었다면 그러한 사태는 아마 오지 않지 않았을까 하는 생각이 든다.

　그러면 기업인으로서 마땅히 갖추어야 할 '자격'의 내용은 무엇일까?

　우선 기업을 설립하거나 경영하기 위해서는 '기업'에 대한 올바른 이해가 있어야 하며, 기업을 경영하는데 필요한 지식이 있어야 한다.

　이때의 지식은 경영자로서 일반적인 경영관리 지식과 관련 법령 또는 정부지원 정책 등에 관한 정보도 있겠지만, 무엇보다도 본인이 경영하는 기업의 사업내용을 철저히 이해하여야 한다. 이를 위해서는 경영상황을 숫자로 추적 기록하는 회계에 대한 지식도 어느 정도는 갖추어야 한다. 왜냐하면 무역업을 하는 사람이 무역의 흐름에 대하여 이해를 하지 못하거나, 본인이 경영하는 사업체의 지난해 경영성적을 제대로 이해하지 못하고는 다음 해 사업계획 또한 제대로 세우지 못할 것이기 때문이다.

　필자는 군 시절 육군종합행정학교에서 장교 교육을 담당하는 교관으로 근무한 적이 있었다. 교육대상은 대위부터 대령까지 이었는데 여러 과정 중 특히 기억에 남는 과정은 '경영회계반'이었다. 그 과정에서는 군을 예편하고자 하는 장교들을 대상으로 회계, 원가 및 경영분석 등을 가르쳤다. 처음에는 장교들에게 왜 회계강의가 필요할까 하고 의문을 가졌었지만 강의를 진행하면서 무엇보다도 그들에게 필요한 강의가 회계강의임을 깨닫게 되었다. 왜냐하면 회계는 '기업언어企業言語, Business Language'라고 이야기 할 정도로 기업 활동을 이해하는데 있어 필수불가결한 도구이기 때문이다.

　군을 예편하는 장교들은 사회에 나가 기업 활동에 직·간접으로 관련을 맺으며 활동할 텐데, 전쟁터에 나갈 때는 총을 반드시 가지고 가야만 하듯이 기업언어를 미리 배우고 이해하지 않으면 그들이 사회에 적응함에 있어 마찰과 지장이 발생할 가능성이 있기 때문이었다.

'존 F. 케네디' 미국대통령도 "리더십과 배움은 필수 불가결한 것이다"라고 이야기 하며, 리더가 되기 위해서는 배움을 통해 관련 지식을 충분히 습득하는 것이 중요함을 강조하고 있다.

둘째는 기업을 잘 경영하기 위해서는 기업경영활동과 관련된 여러 분야에 대한 다양한 경험을 쌓을 필요가 있다.

예를 들어 유능한 사장이 되려면 자기가 경영하는 기업의 생산현장부터 시작하여 판매, 인사, 자금, 회계분야 등 회사 전반에 대한 이해가 필요하므로 이들 분야에 대한 다양한 경험을 골고루 거치는 것이 바람직하다.

필자가 한국은행에 처음 입행했을 때의 이야기이다.

은행에 입행하니 어떤 직무를 바로 주지 않고 은행 내 여러 부서를 약 3개월간 두루두루 거치며 은행업무 전반에 대해 이해하게 한 후 자리를 배정해 주었다. 이러한 이유는 원활한 업무 수행을 위해서는 본인이 맡고 있는 업무도 중요하지만 이와 관련된 타 부서의 업무도 같이 이해할 필요가 있어서라고 생각한다.

기업의 경우 장래의 예비 경영자를 선택하여 경영자가 갖추어야 할 경험을 할 수 있도록 '경력관리經歷管理, Career Management'를 해주면 바람직할 것이다. 만약 그렇지 않을 경우에는 경영자를 꿈꾸는 사람은 본인 스스로 적극 노력하여 다양한 부서에서 다양한 경험을 쌓을 필요가 있다고 본다.

자세

어떤 사람이 손에 칼을 쥐고 있다고 가정하자. 그 사람이 어린애일 경우에는 자칫 잘못하여 스스로 해를 끼칠 수도 있고, 만약 도둑질을 하고자 하는 도둑이거나 남의 물건을 뺏고자 하는 강도라면 그 칼을 다른 사람을 해치는데 사용할 것이다. 하지만, 멋진 작품을 만들고자 마음을 먹고 있는 예술가라면 그는 나무를 깎아 훌륭한 작품을 조각하는데 그 칼을 사용할 것이다.

또한 변호사의 경우를 생각해보자. 정의 구현을 위해 일하려는 변호사라면 본인이 습득한 법률지식을 힘없고 불쌍한 사람들의 억울한 처지를 도와주는데 사용하려 하겠지만, 반대로 법률지식을 이용해 개인 이익을 추구하려는 변호사라면 남의 재산을 사기 쳐 빼앗는 등 나쁜 목적으로 그 법률지식을 사용할 수도 있을 것이다.

이와 같이 어떤 사물이나 지식은 이를 사용하는 사람의 마음 먹기에 따라 그 결과가 달라진다. 이와 같이 "사물을 대할 때 가지는 마음가짐"을 '자세姿勢, Attitude' 라 한다.

전술한 '자격'은 어떤 사람이 출발하기 전에 갖추어야 할 정지된 상태 Stock 하에서의 요건이라 한다면, '자세'는 이러한 요건을 갖춘 사람이 어떤 방향으로 가는가 하는 흐름Fow을 의미한다. 따라서 유능한 사람일수록 그 사람의 자세가 긍정적(+) 방향인지 아니면 부정적(−) 방향인지에 따라 이 사회에 미치는 영향은 더욱 크게 된다.

예를 들면 법을 잘 아는 변호사가 마음을 잘못 먹으면 고도의 지능적인 법률 사기꾼이 되고, 의사가 인술은 제쳐놓고 돈 버는 것에만 마음을 쓰면 오히려 건강을 해치는 방향으로 환자를 이용함으로써 사회에 많은 해악을 가져오게 된다. 이런 관점에서 본다면 만약 부정적인 사고를 가지고 있는 사람이 지도자의 반열에 오르는 경우에는 차라리 무능한 편이 그가 속한 조직이나 사회를 위해 더 다행스러울 것이다.

"머리는 쓰라고 있는 것"이지만 어떤 방향으로 쓸 것인가가 중요한 것이다. 이와 같이 자세는 본인이 가지고 있는 지식과 경험을 어떤 방향으로 사용할 것인가를 결정하는 마음가짐이라고 말할 수 있다.

그리고 자세는 같은 사람이라도 입장이 변화하게 되면 자세도 그 입장에 맞게 변화하게 된다.

나는 회계사 생활을 하면서 일을 하기에 앞서 "회계사로서 어떤 자세로 업무에 임할 것인가?"를 생각하며 업무를 수행하고자 노력하였다.

회계사가 하는 역할 중 '감사업무'의 경우는 기업의 회계처리에 대하여 기업에 관심을 가지고 있는 수많은 이해관계자들의 이익이 보호받을 수 있도록 이미 기업이 처리한 내용을 뒤돌아보고 객관적이고 비판적인 입장Backward Approach을 견지할 필요가 있다. 이러한 이유로 비록 경영진으로부터 감사의견과 관련하여 압박이나 회유를 받더라도 냉정히 이를 거부할 수 있어야 한다.

그러나 경영진의 애로 해소를 지원해주는 '컨설팅'의 경우에는 건설적이며 창의적인 자세로 경영진이 원하는 문제 해결을 찾기 위해 적극적으로 노력하는 서비스 정신을 발휘해야만 하는 입장Forward Approach을 견지하여야만 한다. 즉, 같은 직업이라도 어떤 입장에 서냐에 따라 나아가야 할 자세를 달리 하여야 하는 것이다.

여기 어떤 사람이 변호사로 있을 때와 판사로 있을 때 각각 취한 업무자세에 관한 이야기를 소개하고자 한다.

한 변호사가 소년범 감옥에 갇혀 있는 소년 죄수를 변호해서 석방시켰다. 그런데 그 소년이 또 죄를 범하고 감옥에 갇혔다. 변호사가 이 소년이 재범하여 감옥에 들어온 것은 '돌봐 줄 수 없는 형편 때문이었구나.' 생각하고 무료로 변론하여 석방하는데 도움을 주었다. 그러나 소년은 반복하여 죄를 짓고 다시 계속 감옥에 갇히곤 하였다. 그때마다 변호사는 무료로 변론하여 그 소년을 돕고자 노력했다.

세월이 많이 흐른 후 변호사는 판사가 되었다. 어느 날 재판정에서 한 죄수를 만났는데 자세히 보니 중년의 사내로 변한 바로 그 소년이었다. 그는 살인범으로 재판을 받게 된 것이다. 그가 판사에게 다시 선처를 호소했다. "변호사님, 아니 판사님, 이번에도 옛날처럼 한번만 저에게 더 기회를 주십시오." 그러자 판사가 말했다. "내가 변호사였을 때 나는 변호사로서 최선을 다해 그대를 도왔습니다. 그러나 오늘 나는 변호사가 아니라 판사입니다. 나는 지금 판사로서 공정한 판결을 내릴 뿐이오."하고 대답하며 그에게 법에서 정한대로 사형을 선고하였다.

한편 어떤 일을 함에 있어 그 결과가 부정적으로 나왔을 경우 사람에 따라 이를 '남의 탓'으로 돌리는 자세와 '내 탓'으로 돌리는 자세로 나누어진다.

맹자는 말한다.

"사람을 사랑하되 그가 나를 사랑하지 않거든 나의 사랑에 부족함이 없는가를 살펴보라. 사람을 다스리되 그가 다스림을 받지 않거든 나의 지도에 잘못이 없는가를 살펴보라. 행하여 얻음이 없으면 모든 것에 나 자신을 반성하라. 내가 올바를진대 천하는 모두 나에게 돌아온다."

그리고 어떤 일을 함에 있어 "된다"고 생각하는 긍정적인 자세를 가지면 그 일을 성공으로 이끌지만, "안 된다"라고 생각하면 결과도 부정적으로 나온다.

우리는 지금 어떤 자세로 일에 임하고 있는가?

전문가Professional의 자세

어느 날 홍콩에 있는 고객이 네델란드 사람을 대동하고 우리 회계법인을 방문하였다.

그들의 방문 목적은 네델란드 선박업체가 한국의 모 선박회사에 선박을 납품하였는데 그 회사가 정당한 이유도 없이 선박 구입대금을 차일피일 미루고 갚지 않고 있어 과연 회사가 정말 선박대금을 갚지 못할 정도로 어려운지 확인하러 왔다는 것이었다. 그리고 이러한 확인 작업을 우리 법인에 맡기겠다고 온 것이다. 우리는 계약을 체결하고 해당 회사에 사실 확인차 방문하였다.

그 회사 전무는 나에게 조용히 할 말이 있다고 하며 별실로 데리고 가서 "솔직히 말씀드리는데 확인해 보시면 아시겠지만 우리 회사의 자금 사정은 그렇게 어렵지는 않습니다. 우리가 선박대금의 지급을 미루는 것은 선박대금을 좀 나중에 지급하고 그동안 자금을 운용하려고 하기 때문입니다. 그러니 우리 같은 한국 사람끼리니 눈을 좀 감아주시지요. 저 사람들에게 좋게 설명하셔서 우리 회사가 자금을 잠시 이용할 수 있도록 좀 도와주시면 감사하겠습니다."라고 간곡히 부탁하는 것이었다.

그러나 이러한 사적私的인 요청사항을 나는 받아들일 수 없었다. 왜냐하면 우리는 소위 '프로' 즉 전문가Professional이기 때문이다. 여기에서 '프로'는 고객으로부터 일정한 대가를 받고 일을 맡은 이상 그 대가에 합당한 일을 철저히 하여야 하는 것을 의미한다.

우리는 고객과 계약하는 순간 그들로부터 우리가 '고객의 입장에 서서 철저히 의무를 이행할 것이다' 라는 신뢰를 받고 있다. 따라서 우리는 고객과의 계약상 의무를 신의성실한 자세로 지켜야 할 의무를 지니고 있는 것이다.

이러한 이유를 들어 전무의 요청사항을 정중히 거절한 후 우리는 고객의 입장에 서서 고객이 우리를 믿고 의뢰한 업무를 성실이 수행하였다.

성공인의 자기관리

CHAPTER 1	CHAPTER 2	CHAPTER 3	CHAPTER 4
성공을 위한 준비	**성공인과 성공기업인**	**성공기업인의 길**	**성공기업인의 완성**

삶에 대한 이해	성공인과 성공기업인의 의의	성공프로세스의 디자인	나눔과 기여
성공에 대한 개념 정립	성공기업인의 기본요건	성공기업인이 가져야 할 생각	끊임없는 자기개발
성공인의 자기관리		성공기업인의 실천 덕목	
성공기업에 대한 이해			

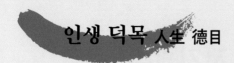

인생 덕목 人生 德目

1. 말 言
말을 많이 하면 필요 없는 말이 나온다. 양 귀로 많이 들으며, 입은 세 번 생각하고 열라.

2. 책 讀書
수입의 1%를 책을 사는데 투자하라. 옷이 헤지면 입을 수 없어 버리지만 책은 시간이 지나도 위대한 진가를 품고 있다.

3. 노점상 露店商
노점상에서 물건을 살 때 깎지 말라. 그냥 돈을 주면 나태함을 키우지만 부르는 대로 주고 사면 희망과 건강을 선물하는 것이다.

4. 웃음 笑
웃는 연습을 생활화 하라. 웃음은 만병의 예방약이며 치료약이며 노인을 젊게 하고 젊은이를 동자童子로 만든다.

5. TV (바보상자)
텔레비전과 많은 시간 동거하지 말라. 술에 취하면 정신을 잃고 마약에 취하면 이성을 잃지만 텔레비전에 취하면 모든 게 마비된 바보가 된다.

6. 성냄 禍
화 내는 사람이 언제나 손해를 본다. 화 내는 사람은 자기를 죽이고 남을 죽이며 아무도 가깝게 오지 않아서 늘 외롭고 쓸 쓸하다.

7. 기도 祈禱
기도는 녹슨 쇳덩이도 녹이며 천 년 암흑 동굴의 어둠을 없애는 한 줄기 빛이다. 주먹을 불끈 쥐기보다 두 손을 모으고 기도하는 자가 더 강하다. 기도는 자성을 찾게 하며 인생을 유익하게 하는 묘약이다.

8. 이웃 隣
이웃과 절대로 등지지 말라. 이웃은 나의 모습을 비추어 보는 큰 거울이다. 이웃이 나를 마주할 때 외면하거나 미소를 보내지 않으면 목욕하고 바르게 앉아 자신을 곰곰이 되돌아 봐야 한다.

9. 사랑 慈愛
머리와 입으로 하는 사랑에는 향기가 없다. 진정한 사랑은 이해. 관용. 포용. 동화. 자기낮춤이 선행된다 "사랑이 머리에서 가슴으로 내려오는데 칠십 년 걸렸다."

– 김수환 추기경 –

자기 관리의 중요성

인생은 마라톤이다

인생을 흔히 마라톤에 비유한다.

그만큼 우리 삶의 여정은 길기도 하지만 힘들어서이기 때문이 아닐까? 태어나서 이 세상을 떠날 때까지 자기 나름대로의 수명을 살면서 우리는 원하던 원하지 않던 여러 가지 상황에 직면한다. 강과 산을 만나기도 하지만 때로는 거센 바람과 폭풍우를, 때로는 매서운 추위와 앞을 알 수 없는 캄캄한 암흑에 직면하기도 한다.

여러 해 전에 설악산 대청봉에 오른 후 하산길이 늦어져 그만 비선대 부근에서 날이 저물어 깜깜한 암흑에 갇혀버린 적이 있다. 나는 한 치 앞을 내다볼 수 없어 그만 그 자리에 서 있을 수밖에 없었는데 먼저 내려간 친구가 랜턴을 준비해 와 나를 인도해 내려올 수 있었다. 산중에서 홀로 서 있을 때 느꼈던 적막함과 두려움이 지금도 생생하게 느껴진다.

이와 같은 뜻하지 않는 갖가지 어려운 상황에 처하게 될 때 이를 잘 극복하고, 우리가 선택한 길을 따라 우리가 가고자 하는 목표에 잘 도달하기 위해서는 우리는 출발하기 전에 잘 준비하여야 한다. 그리고 매일매일의 삶에 대비하여 우리가 지지치 않고 함정에 빠지지 않도록 철저하게 관리하지 않으면 안 된다.

'인생人生'이라는 긴 여정을 출발하기 전에 하여야 할 일련의 '준비과정'을 '자기관리'라 부르자.

그러면 구체적으로 어떠한 준비와 관리를 하여야 할까?

중국의 사상가이며 4대 성인의 한 사람으로 추앙받는 공자孔子는 73세에 세상을 떠나면서 다음과 같은 유명한 말씀을 남겼다.

> "나는 吾,오
>
> 15세에 학문에 뜻을 두었고 　十五有而志于學, 십오유이지우학
>
> 30세에 주체성을 가지고 사회에 나갔으며 　三十而立, 삼십이립
>
> 40세에 유혹에 빠지지 않게 되었고 　四十而不惑, 사십이불혹
>
> 50세에 인생의 소명을 깨달았다. 　五十而知天命, 오십이지천명
>
> 60세에는 어떤 말을 들어도 귀에 거슬리지 않았고 六十而耳順, 육십이이순
>
> 70세가 되니 하고 싶은 짓을 해도 도리에서 벗어나지 않았다.
>
> 七十而從心所欲不踰矩, 칠십이종심소욕불유구"
>
> — 논어論語, 위정편爲政篇 —

오늘날에도 성공인의 길을 가고자 하는 사람이라면 자기 자신의 처신과 관리를 함에 있어 고요한 마음으로 깊이 음미해볼 만한 좋은 말씀이라고 생각한다.

자기 관리는 인격 관리이다.

우리는 태어날 때부터 서로 각각 다른 환경에서 태어났고 살아온 과정도 서로 다르다. 이러한 차이를 지닌 사람들이 서로 만나 사회를 구성하고 같은 공간에서 부딪치며 살아간다. 따라서 여기에 크고 작은 다툼과 갈등이 발생하게 된다. 이러한 갈등은 우리의 말과 글, 표정과 행동 등으로 표출되는데 이로 인하여 갈등이 작아질 수도, 또는 증폭될 수도 있다.

성공인의 길을 가기 위해서는 이러한 갈등을 해소시킬 수 있는 원만한 인격人格을 갖추어야 한다. 어떤 사람의 인품이 바다와 같이 깊고 넓다면 한 차례의 강풍이나 소낙비에도 끄덕하지 않겠지만, 만약 찻잔 속의 물같이 적고 얕은 물이라면 한 방울의 낙숫물에도 파장을 일으킬 것이다.

그러면 어떻게 해야 원만한 인격을 갖출 수 있을까?

원만한 인격을 갖추기 위해서는 무엇보다 이를 위한 철저한 자기 관리와 노력이 필요하다고 본다.

인격에 관해 '오마하의 현인賢人'이라고 불리는 워렌 버핏은 다음과 같이 '자기 관리'가 핵심임을 말하고 있다.

"인격은 당신의 말, 행동, 옷차림, 당신이 쓴 글, 심지어 당신의 생김새에서까지… 모든 면에서 드러납니다. 결코 숨길 수도 위조할 수도 없습니다. 숨길 수는 없지만 고쳐질 수 없는 것도 아니니 희망을 잃지 마십시오.

인격 또한 하나의 습관이기 때문입니다. 당신이 닮고 싶은 사람의 인격의 특징을 종이 한 장에다가 써 보십시오. 반대로 당신이 닮고 싶지 않은 사람의 인격의 특징을 써 보십시오. 그리고 둘 사이의 차이를 비교해 보십시오. 그것은 결코 큰 차이가 아닐 겁니다. 야구공을 100미터 넘게 던지느냐 못 던지느냐? 역기를 100킬로 넘게 드느냐 마느냐의 차이가 아닐 것입니다. 거짓말을 하느냐 않느냐, 자기 마음대로 말을 내뱉느냐, 한번 더 생각을 하느냐 남을 배려하는 말투인가, 남을 무시하는 말투인가 조금 더 신경 써서 일하느냐, 조금 더 게으르게 행동하느냐? 잘못을 저질렀을 때 정직한가? 아니면 둘러대며 남의 탓을 하는가 결코 큰 차이가 아닌 이런 작은 차이가 엄청난 차이를 만들어냅니다."

인생이라는 기나긴 길을 가기 위해 준비하고 관리하여야 할 중요한 것 네 가지를 들어보면 첫째 몸 관리, 둘째 마음 관리, 셋째 말 관리, 넷째 시간 관리를 들 수 있다.

그러나 이러한 네 가지 자기 관리가 잘 이루어지기 위해서는 무엇보다도 우선 자기 자신에 대한 사랑과 믿음을 먼저 가져야 한다.

나는 누구인가? – 나를 사랑하고 나에 대한 믿음과 자신감을 갖자

나는 누구인가?

나는 이런 물음을 한번이라도 스스로 던져본 사람은 그렇지 않은 사람보다 뛰어나거나 뛰어날 가능성이 높은 사람이라고 생각한다. 왜냐하면 이 세상은 '나'라는 배가 일생동안 항해하여야 할 바다인데, 나 자신에 대한 솔직한 자각 없이 어떻게 안전하게 나를 목적지에 다다르게 할 수 있을 것인가?

"시대가 영웅을 만든다."고 했다. 이는 영웅이 탄생하려면 영웅이 활동하기 위해 적절한 시대적 배경이 전제되어야 한다는 의미이다. 성공인도 마찬가지이다. 평범한 바다를 건너는 사람을 성공인이라고 부르지는 않을 것이다. 성공인이 가야할 바다는 일반인이 가야할 바다보다 더 크고 더 험한 파도가 부는 바다이다.

이런 관점에서 볼 때 '성공인의 길'을 가기 위해서는 무엇보다도 먼저 그 길을 가기 전에 나 스스로를 냉정히 분석하고 내가 그 길을 잘 갈 수 있겠는지 나의 현재 상태를 점검하여야 한다. 그리고 그 길을 안전하게 갈 수 있도록 나 자신을 철저히 무장하고 준비하여야 할 것이다. 나 자신을 솔직한 마음으로 돌아볼 줄 알아야 자신의 현재 모습을 정확히 볼 수 있다. 그리고 내가 인생이라는 긴 항해를 함에 있어 진정으로 필요한 것이 무엇인지 잘 알 수 있다.

그러나 많은 사람들이 자기 자신을 철저히 알고자 노력하기는커녕 자기 자신에 대한 근거없는 비하卑下를 하거나 자신감을 잃고 있는 경우가 있다. 이때의 자기 비하는 자신을 믿지 않고 남의 잣대로 자기를 재고 스스로를 비난하거나 열등감을 가지는데 그 주요 원인이 있다고 본다.

미국의 예일대 교수이며 세계적인 생화학 교수인 헤롤드 모로윗츠 박사에 의하면 한 인간의 육체적 조직과 기능을 만들어 내려면 최소한 1조억 불의 6천 배나 되는 자금을 투입해야 한다고 한다. 그럼에도 결코 완벽한 인간을 만들어내기는 불가능하다고 한다. 이렇게 보면 우리 인간은 이루 측량할 수 없는 높은 가치를 지니고 있다고 볼 수 있다. 그럼에도 불구하고 우리는 우리 자신이 가지고 있는 이 세상의 모든 보석보다 더 귀한 가치를 알지 못하고 있다. 참으로 안타까운 일이 아닐 수 없다.

성공인이 되기 위해서는 무엇보다 우리 스스로에 대한 가치를 인정하고 자신을 사랑하여야 한다.

미국의 사상가인 헨리 데이비드 소로Henry David Thoreau는 그의 저서 『소로의 속삭임』에서 다음과 같이 자신의 삶을 사랑할 것을 말하고 있다.

"삶이 아무리 보잘 것 없다고 하더라도 그것과 맞서서 살도록 하라.

삶을 회피한다든지 고약한 이름으로 욕하지 마라.

그대의 삶은 그대의 생각만큼 그렇게 엉망이지 않다.

그대의 삶이 아무리 보잘 것 없더라도 그것을 사랑하라."

그리고 벤자민 프랭클린Benjamin Franklin은 "인생의 진정한 비극은 우리가 충분한 강점Strengths을 갖고 있지 않다는데 있지 않고, 오히려 갖고 있는 강점을 충분히 활용하지 못하는데 있다."라고 말하며 자기의 강점을 충분히 활용할 것을 권하고 있다.

또한 미국의 '브랜든 자긍심 연구소'를 운영하는 나다니엘 브랜든 Nathaniel Branden 박사는 '이 세상 최고의 가치, YOU How to Raise Yourself-Esteem'이란 책에서 다음과 같이 우리 스스로 자신감을 가질 것을 강조하고 있다.

"열정과 희망으로 오늘을 살아가는 당신은 최고의 가치를 갖고 있다. 지금 이 순간에 당신이 반드시 해야 할 일은 스스로에 대해 무한한 자신감을 갖는 것이다. 인간의 실패는 방법이나 기술이 부족한 것이 아니라 자신감이 부족한 것이다. 강한 자신감이야말로 충만한 삶을 꾸려가는데 필수적인 요소이다. 자신감이 높다는 것은 지금의 삶을 받아들인다는 확신이 있는 것이다. 살아가는 데 행복해지려고 노력하는 것이 인간의 본능적인 의지이다."

그는 또한 본인의 저서 '나를 믿는다는 것'에서 '자신감'에 관해 다음과 같이 말하고 있다.

"미인은 아니지만, 개성 넘치는 외모가 매력적으로 느껴지는 사람.

명품으로 온몸을 휘감지는 않았지만, 늘 단아하고 흐트러짐이 없는 사람.

학력은 짧지만, 해박한 상식과 넘치는 재치로 사람들을 모으는 사람.

따져보면 딱히 잘난 것도 없는 것 같은데, 이상하게 운이 좋고 일이 잘 풀리는 사람.

이들은 모두 자신감이라는 유리구두를 신고 있는 사람들이다.

멋진 인생을 위한 가능성은 자신감이라는 유리구두를 신었을 때 빠르게 온다!"

얼마 전에 혜민 스님이 하는 강연에 참여한 적이 있다. 혜민 스님은 주위로부터 "장차 법정스님처럼 되세요."라고 격려 겸 인사를 받을 때면 그는 "네, 감사합니다. 하지만 저는 법정스님이 아닌 혜민 스님이 되고 싶어요."라고 답을 한다고 말했다. 그리고 그는 우리에게 "누구처럼 되기 위해 살지 마세요. 하나 밖에 없는 오직 내가 되세요!"라고 힘주어 강조하였다.

이상의 말들을 통하여 우리는 성공하는 삶을 살기 위해서는 스스로에 대한 자신감을 가지는 것이 무엇보다 중요함을 알 수 있다. 그리고 누구를 닮기 위해 자기 자신을 잊지 말고 "나의 주인은 나이다"라는 의식을 가지고 주체적으로 자신의 삶을 사는 것이 바람직하다는 것을 알 수 있다.

껍질을 벗고 마음의 문을 열자

뱀이나 게 같이 껍질 속에 사는 동물은 성장하면서 때가 되면 그 껍질을 자연스럽게 벗어야만 살 수 있다고 한다. 만약 그들의 껍질이 벗어지지 않으면 결국 그 껍질 안에서 죽음을 맞이하게 된다. 변화에 적응하는 것이 생존의 기본 조건임을 의미한다.

우리의 삶도 성공하는 삶으로 성장하려면 이와 같은 변화에 대한 유연성이 필요하다. 우리가 우리의 삶을 살아오면서 알게 또는 모르게 스스로에게 지은 굳은 껍질을 벗어던지고 새로운 상황에 항상 열린 마음으로 적응할 필요가 있다.

인도 철학자인 오쇼 라즈니쉬Rajneesh Chandra Mohan Jain는 다음과 같이 우리에게 마음의 문을 활짝 열어 젖치고 항상 배우는 자가 되기를 권고하고 있다.

"아는 자가 아닌 배우는 자가 되어라. 삶은 새로운 것을 받아들일 때에만 발전한다. 삶은 신선해야 한다. 결코 아는 자가 되지 말고 언제까지나 배우는 자가 되어라. 마음의 문을 닫지 말고 항상 열어두도록 하여라."

다음에는 생각이나 의식이 삶에 미치는 영향에 대해 이야기 해보기로 한다.
관상어 중에 '코이'라는 비단잉어가 있다. 이 물고기를 작은 어항에 넣어두면 5~8㎝ 밖에 자라지 못하지만 커다란 수족관이나 연못에 넣어두면 15~25㎝ 까지 자라고, 강물에 방류하면 90~120㎝ 까지 자란다고 한다. 이를 "코이Koi법칙"이라고 부르는데 물고기가 사는 환경에 따라 자라는 크기가 달라진다는 것을 말한다.
우리 인간은 물고기보다는 위대한 존재이다. 따라서 우리의 크기는 우리가 마음 먹기에 따라 현재보다는 우리 자신을 더 키울 수 있다고 생각한다. 거친 바람이 부는 큰 바다를 안전하게 항해해 가려면 "나"라는 배를 더 강하고 더 크게 만들어야 한다. 우리가 지금보다 더 크게 우리를 만들지 못하는 것은 우리의 마음이 일정한 한계를 스스로 정해놓고 우리를 그 안에 안주安住 하도록 하고 있기 때문이다.
따라서 우리는 지금까지의 껍질을 깨고 과감히 보다 멋지고 강한 자신을 찾도록 하여야한다. 또한 다음과 같은 구절을 음미하며 자기의 정체성에 대한 자각을 할 필요가 있다고 생각한다.
"나는 남의 인생이 아닌 내 인생을 살기 위해 존재한다."
"나는 내가 가지고 있는 현재의 장점과 단점 모두 사랑한다. 오늘 단점이라고 여겨지는 것은 사실은 단점이 아닌 남과의 차별을 뜻하며 이러한 차별은 남과는 다른 나를 있게 하는 주요한 요소이다."
"나는 이 세상에서 가장 소중한 존재이다. 나의 길은 나 스스로 능히 개척해 나갈 수 있다."
이와 같이 자기 자신을 믿고 자신의 모든 모습을 사랑하는 것은 성공인의 길을 가기 위한 사람이라면 반드시 가져야 할 마음가짐이라고 생각한다.

불로송에서 배우는 자기관리 지혜

중국의 최남단에 있는 해남도海南島에 남산南山이란 나지막한 산이 있다. 그 산은 옛날부터 수비남산壽比南山이란 말이 있을 정도로 중국에서 장수長壽를 상징하는 산으로 유명하다고 한다.

그 산엔 산의 별명에 걸맞게 수령이 6,000년 안팎인 불로송不老松이란 나무가 많이 자라고 있다고 한다. 사람들은 그 나무의 장수비결을 다음과 같이 세 가지로 들고 있다.

첫째, 그 나무는 주간主幹이 없다. 대신 많은 곁가지가 뻗는 형태로 자라며 속이 비어 있다고 한다. 이렇기 때문에 목재로서는 거의 쓸모가 없어 사람들로부터 관심의 대상에서 제외되고 있다.

둘째, 그 나무는 키가 작기 때문에 바람이나 폭풍우가 불어도 뽑히거나 쓰러지지 않아 생명을 오래 보존할 수 있다.

셋째, 그 나무는 만약 껍질에 상처를 입게 되면 스스로 붉은 진액이 나오게 되는데 이는 사람들이나 동물들이 접근하지 못하도록 자기방어의 수단이 된다. 붉은 진액을 내보내기 때문에 그 나무를 일명 '용혈수龍血樹'라고 불리기도 한다.

이상에서 알아본 불로송에 관한 이야기에서 우리는 사람들의 자기 관리에 관한 지혜를 찾아볼 수 있다.

먼저 '속이 비어있다'는 것은 사람으로 말하면 마음을 비우는 것에 해당한다고 말할 수 있다. 불필요한 집착에서 벗어나 마음을 비우게 되면 마음의 평화가 오고 각종 질병의 원인이 되는 스트레스에서 해방될 것이다.

둘째, 주간이 없고 곁가지가 많다는 것은 사람으로 말하면 강하고 모난 성품이 없고 주위에 있는 사람들과 같이 어울릴줄 아는 것에 해당한다고 말할 수 있다. 이 역시 삶을 살면서 원만한 성품으로 쓸데없는 적을 만들지 않으므로 뜻하지 않은 방해나 피해를 줄일 수 있으며 삶이 평화로워질 것이다.

셋째, 상처가 날 때 붉은 진액을 내보내는 것은 어떤 역경을 당했을 경우 자기의 힘으로 스스로 극복하고자 하는 강인한 투쟁과 노력에 비유할 수 있다. 예를 들면 기업경영에 위기가 왔을 때 고통스런 구조조정을 단행하거나 몸이 아플 경우 이를 고치기 위한 질병과의 싸움을 들 수 있다.

나의 자기관리 방법

우리의 삶은 단 한 번 뿐이다.

우리가 두 번이나 세 번의 삶을 살 수 있다면 이렇게도 살아보고 저렇게도 살아볼 수 있겠지만 단 한번뿐인 인생이라 한 번 잘못 살면 이를 물릴 수도 없고 그냥 그것으로 끝이다.

따라서 단 한 번 뿐인 삶을 잘 살려면 철저히 준비하며 삶의 여정에서 낙오되지 않도록 자기 관리를 잘 하여야만 한다.

그러면 자기 관리를 어떻게 하여야 우리의 삶을 성공하는 삶으로 살 수 있을까?

사람에 따라 그리고 시대에 따라 자기 관리의 방법과 내용은 천차만별千差萬別일 것이다. 따라서 누구에게나 똑같이 적용하여야 할 완벽한 정답은 없다고 본다.

나는 젊은 시절 여러 가지로 어려운 여건 속에서 회계사 시험공부와 저술활동과 강의, 그리고 사무실 업무를 병행하느라 몸을 무리하게 사용하였다. 때로는 과음도 하며, 여기저기 여러 모임에 빠지지 않고 나가느라 충분한 휴식 없이 몸을 혹사한 편이다. 그러다 보니 어느 날 '부정맥'이라는 병이 발생하였고, 나는 이를 치유하고자 부단히 여러 가지 노력을 하여왔고 지금도 노력 중이다. 사전事前에 이러한 건강 문제가 발생하지 않도록 자기 관리를 좀 더 잘 하였더라면 하고 후회도 되지만 나는 이를 새로운 자기 관리를 위한 하느님의 선물로 생각하고 감사하게 받아들이며 나 나름대로 자기관리 방법을 개발하여 실행하고 있다.

나의 자기관리 방법을 몇 가지 소개하면 다음과 같다.

첫째, 나는 매일 아침 5시면 눈을 뜬다. 눈을 뜨자마자 잠자리에 누운 상태에서 마음 속으로 다음과 같이 간단한 가톨릭 신자로서의 기도를 드린다.

"주님 오늘 새로운 좋은 날을 주심을 감사합니다. 주님 사랑합니다. 주님 찬미 영광 받으소서."

그리고는 몸에 힘을 뺀 채 잠시 고요한 마음으로 무념무상無念無想의 상태를 즐긴다. 그러다 보면 마치 번개불처럼 그동안 내가 잊고 있었던 중요한 일이나 삶의 지혜들이 번쩍하고 뇌리를 스치곤 한다. 그러면 이러한 생각을 잊어버리기 전에 일어나 이를 "오늘 할 일"에 메모한다.

둘째, 일어나 세수를 한 후 다시 본격적인 기도를 한다. 주로 나의 개인적인 계획과 서원誓願을 내용으로 하는 묵주기도를 바친다. 이러한 기도를 하는 동안 나의 마음은 고요히 명경지수明鏡止水처럼 가라앉아 일상의 삶 중에 내가 저지른 잘못을 깨닫게 해주며 이러한 잘못을 다시 저지르지 않겠다는 결심을 하게 해준다. 컴퓨터로 비교하면 나의 마음 속에 잘못 들어온 스팸메일과 바이러스를 제거 Delete하는 것과 같다. 대체로 사람들은 아침이 되면 잊지 않고 세수하고 이를 닦으면서도 마음과 정신을 씻는 데는 소홀히 하는데 이는 잘못된 습관이라고 생각한다.

육체 못지않게 정신도 잊지말고 규칙적으로 '기도'라는 방법을 통해 세수를 하여야 영육靈肉 간에 공히 건강을 유지할 수 있을 것이라 생각한다. 기도는 나를 있게 한 우주 저편의 절대자(창조주, 하느님)와의 대화이며, 내 마음의 주파수를 절대자의 주파수에 맞추어 교감하고자 하는 노력이다. 정성을 다해 기도할 때 나의 마음은 파동을 만들고 이 파동은 에너지로 변하여 절대자에게 전달된다고 믿는다. 그리고 절대자로부터 응답을 받아 다시 나에게로 반드시 돌아옴을 나는 체험적으로 느끼며 믿고 있다.

기도는 간절히 해야 하며, 반복적으로 리듬있게 하는 것이 좋다. 나의 경우 묵상默想을 많이 하는데 묵상을 하는 동안 고요한 적막감寂寞感 속에 쌓여있는 나의 내면內面과 옆에 하느님의 현존現存하심을 믿으며 고요한 그리고 따뜻한 평화를 느낀다.

셋째, 기도를 마치면 성가聖歌를 한두 곡 부른다. 고요한 아침에 부르는 성가는 나로 하여금 맑은 숲 속에 있는 옹달샘의 싱그러운 물을 마시는 듯 청량한 마음을 가지게 하며 영혼의 안식을 느끼게 한다.

넷째, 기도와 성가를 마치면 영어성경을 쓴다. 영어성경을 쓰는 이유는 한글 성경을 읽는 것보다는 영어공부도 되지만 한글성경에서는 잘 이해가 되지 않는 구절도 새로운 느낌으로 잘 다가갈 수 있어서이다. 또한 영어로 쓰고 읽으면서 각각한 번씩 두 번 음미를 한 후 다시 한글 성경으로 대조해 봄으로써 같은 구절을 최소한 세 번 정도 음미하게 된다. 신자로서 성경을 읽고 쓰는 것이지만 나는 성경을 통해 많은 지혜와 깨달음을 얻고 있다.

다섯째, 나는 헬스에 가서 운동을 한다. 농사를 짓는 시기에는 채마밭에 나가 야채나 과일을 손수 기르거나 수확하기도 한다. 아침이슬을 머금은 고추나 상추 등 야채를 맨손으로 만지는 촉감은 싱그러운 느낌을 주어서 좋다. 밭에 가지 않는 날에는 가족과 함께 뒷산에 오른다. 아침 산은 언제나 상쾌한 기분을 준다. 마음이 상쾌해지고 적당히 땀이 나도록 하는 등산은 심신을 단련시키는데 최고이다.

정상에 오르면 태양을 향해 기공체조와 단전호흡을 한다. 간혹 시간여유가 되면 떠오르는 아침 해를 향해 'O sole mio 오 나의 태양'를 부르면 마치 태양이 나에게 다가오는 듯한 묘한 기분이 들기도 한다. 산을 내려오면서 다시 아내와 같이 기도(묵주기도)를 하고 나무들 사이로 찬란히 비추이는 햇살과 신선한 공기를 맛보며 주위의 나무들과 반가운 마음의 인사를 한다. 나와 아내는 하산 길 중간에 서있는 소나무를 만나면 그 소나무를 꼭 안아주곤 한다. "소나무야 잘 있었니? 사랑한다. 잘 크거라." 하고 속삭이며 인사를 하면 마치 소나무로부터도 화답이 오는 듯 내 마음이 더욱 따뜻해지는 것을 느낀다. 모든 생물에게는 기氣가 있기 때문에 서로 간에 사랑하는 마음으로 기를 교류하면 건강에도 좋다고 생각한다.

여섯째, 나는 함초와 청국장가루 등을 넣은 물 한 잔과 사과 반 쪽을 먹는다. 그리고 아침으로 야채와 과일을 먹는다. 주로 토마토와 야채 및 견과류 위에 올리브기름과 발사믹 식초를 곁들여 야채 반 접시 정도를 먹은 후 계란프라이 하나와 현미에 잡곡을 넣어 만든 밥을 1/3 공기 정도 먹는다. 이는 나의 건강을 염려하는 아내의 고마운 배려요, 노력의 산물이다.

일곱째, 아침 출근을 한다. 출근하며 현관에서 나와 아내는 서로 안아주며 서로에게 축복하는 기도를 한다. 아내는 아이들에게도 출근 시 축복기도를 해준다. 만약 아들이 나보다 늦게 출근하면 아들은 우리의 기도를 '아멘'으로 화답한다. 가족끼리 서로를 축복하는 생활은 그 자체가 사랑이고 축복이라고 생각한다. 가족들로부터 사랑이 넘치는 축복을 받으며 출근하는 내 마음은 평화로 가득차고 발걸음이 가볍다.

여덟째, 나는 기회가 되면 가급적 단전호흡을 한다. 예를 들면 기도하는 도중이나, 출근하는 차 안에서나, 전철 타고 이동할 때 등 짜투리 시간을 이용하여 수시로 단전호흡을 한다. 국선도에서 배운 단전호흡은 나의 기운을 충실하게 해주며 건강에 도움을 주고 있다.

아홉째, 사무실에 도착하면 차에서 내려 빌딩에 들어가기에 앞서 빌딩 앞에서 간단히 다음과 같이 축복기도를 한다.

"이 빌딩과 우리 사무실에 있는 모든 직원들과 오는 고객들에게 사랑과 평화가 있기를 빕니다."

다른 사무실을 가거나 병원에 가거나 할 경우에도 그 빌딩에 들어가기에 앞서 항상 이와 유사한 기도를 한다. 이와 같은 축복기도는 성경(루카복음서 제10장 5절)에 나오는 것으로 예수님이 제자들을 세상에 파견하시며 "어떤 집에 들어가거든 먼저 '이집에 평화를 빕니다.' 하고 말하여라."라는 구절을 나 나름대로 응용하여 실천하는 것이다.

열째, 내가 수행하는 공인회계사 업무는 대체로 많은 사람들과 대화를 나누어야 하고 때로는 혼자 복잡한 숫자로 된 회계나 세무서류를 검토하고 작성하여야 하는 쉽지 않은 업무이다. 또한 동시에 여러 가지 일을 하여야만 하는 상황에 처하기도 해 자칫 잘못하면 중요한 일들을 잊거나 빠뜨릴 위험도 있다. 그래서 나는 매일 업무 시작 전에 이스라엘 사람들의 딕테이트 타임을 본받아 나만의 시간을 10여 분 정도 가지려고 노력한다. 이 시간 중에 그날 하여야 할 일을 업무 다이어리에 메모하며 일정을 정리하고 있다. 이는 내가 중학교 2학년 때부터 써오던 일기를 업무에 맞추어 변형시킨 방식이다.

열한째, 나는 업무를 가급적 감사한 마음과 즐거운 마음으로 수행하고자 노력한다. 또한 직원들에 대하여는 제2의 가족이며 내 삶의 소중한 동반자라 생각하고 역지사지易地思之의 입장에서 직원들을 이해하고자 노력한다. 혈기가 왕성했던 회계사생활 초기 시절을 제외하고는 우리 사무실에서는 비록 직원들이 실수하거나 잘못한 일이 생겨도 큰 소리가 거의 없이 조용하게 업무처리가 이루어진다.

열두째, 나는 일단 끝난 일은 잊어버리고자 노력한다. 다만, 나에게 은혜를 베풀거나 고마운 배려를 해준 사람들은 잊지 않으려고 애쓴다.

비록 어떤 사람이 나에게 재산상 피해를 끼치거나 나를 모함하고 욕을 하고 다녀도 일단 지난 일은 모두 잊으려고 노력한다. 우리가 하는 말을 들을 때 우리의 뇌는 시제어時制語와 주어主語를 기억하지 않는다고 한다. 예를 들어 나에게 피해를 준 친구에게 "그 놈 참 나쁜 놈이야"라고 할 경우 우리의 뇌리에는 '그 놈'이라는 주어는 사라지고 "나쁜 놈"이라는 단어만 남아 나에게 나쁜 일이 생기게 하는 원인으로 작용한다고 한다. 또 "어제 거래처 박 사장이 막말을 해서 기분이 매우 나빴어." 라고 이야기 한다면 "어제"라는 시제時어는 없어지고 "나빴어"라는 단어만 기억된다고 한다.

이러한 원리를 알면서 상대방이 나에게 욕을 한다고 내가 똑같이 마주 받아치며 상대방에 같은 욕을 하는 것이 과연 바람직할까?

열셋째, 나는 격무에 시달려서 피곤하거나 골치 아픈 일 때문에 스트레스가 쌓이게 되면 재미있는 소설책 등을 빌려 하루 이틀정도 그 책에 푹 빠진다. 책에 푹 빠졌다가 나오면 그동안 쌓였던 피곤과 스트레스가 깨끗이 사라지고 새로운 기운이 충만됨을 느끼곤 한다.

열넷째, 주말에는 내가 통제할 수 없는 특별한 일이 있는 경우를 제외하고는 가족과 시간을 보내는 것을 원칙으로 한다. 특히 일요일에는 가족과 함께 성당에 나가 미사를 드리는 것을 최우선으로 한다. 미사를 보는 동안 1주일 내내 세태世態에 찌들었던 나의 마음이 정화淨化됨을 느끼며 무엇과도 비교할 수 없는 깊은 정신적 평화와 행복감에 젖곤 한다.

열다섯째, 하루 일과를 마치면 잠자리에 들기 전에 오늘 하루를 잘 보내게 해주신 하느님께 감사기도와 평안한 밤이 되기를 간구하는 기도를 드린 후 잠자리에 든다.

이와 같은 내가 실시하고 있는 자기 관리방법은 한마디로 '육체와 정신 그리고 영혼 면에서 "흐름"과 "리듬"이 있는 건강한 삶'을 추구하려고 노력하는 삶이라고 말할 수 있다. 이는 내가 오랫동안 나에게 맞게 연구하고 개발한 방법으로서 나에게는 비교적 잘 맞는 방법이라고 생각되나 다른 사람들에게는 맞지 않을 수도 있다.

따라서 성공인의 삶을 살기 위해서는 자기에게 잘 어울리는 자기 관리방법을 개발하여 끊임없이 자기 관리에 매진하여야 할 것이다.

성공인의 몸 관리

몸 관리의 핵심은 "원활한 흐름"이다

　마라톤에 버금가는 길고 험한 우리의 인생길을 잘 살아가려면 무엇보다 도 건강한 몸을 가꾸는 것이 필수적이다. 따라서 우리의 몸을 하루하루의 격무에도 잘 견딜 수 있도록 튼튼하게 가꾸어야 하는 '몸 관리'가 자기관리 방법 중 으뜸이라고 말할 수 있다.

　그러면 몸 관리를 잘하는 방법은 무엇일까?
　나는 건강관리 전문가가 아니다. 그러므로 여기에서는 그동안 내가 체험적으로 관리해 온 몸 관리를 중심으로 이야기하고자 한다.
　흔히 건강한 사람을 가리키는 말로 "잘 먹고 잘 소화하고 잘 싼다."라고 말한다. 때로는 이에 "잠을 잘 자는 것"을 추가하기도 한다.
　나는 이 모든 것을 하나로 요약하여 건강하기 위해서는 "'흐름'을 잘하 자!"라고 이야기 하겠다.
　이 세상에 흐름이 원활하지 않으면 썩거나 생명성을 잃는다. 고인 물은 썩게 마련이다. 이 세상에 적용되는 이러한 불변의 원리를 벗어날 수 없는 생명체인 우리의 몸도 흐름이 원활하지 않으면 병이 생기고 몸을 망치게 된다.

　그러면 몸을 건강하게 하려면 어떤 흐름이 원활하여야 할까?
　내가 제시하는 몸을 건강하게 유지하는 방법은 다음과 같이 세 가지 흐름 즉, '신진대사의 흐름', '기와 혈의 흐름' 및 '스트레스의 흐름'을 원활히 하는 것이다.

신진대사의 흐름을 원활히 하자

　건강한 몸을 가꾸려면 우선 먹고 소화하고 잘 배설하는 소위 '신진대사의 흐름'이 원활해야 한다. 그러기 위해서는 신선한 양질良質의 필수 영양분이 풍부한 음식을 잘 먹어야 한다. 그리고 이를 잘 소화할 수 있도록 규칙적인 운동을 통해 소화기관을 건강하게 가꾸어야 하며 배설이 잘 이루어지도록 하여야 할 것이다.

　'삼위일체건강법'을 창시한 안현필 선생은 건강한 몸을 가꾸기 위한 방법으로 자연식自然食, 제독制毒, 그리고 운동運動 등 삼위일체三位一體를 이룰 것을 말하고 있다. 그는 "인간활동의 총 밑천은 바로 건강이며 건강을 잃으면 대통령과 천하의 갑부도 길을 헤매다니는 건강한 거지만큼도 못하다. 건강을 저축하는 자가 인생 최후의 승리자가 될 수 있다."고 주장한다.

　여기에서 '자연식'은 공해가 없는 가공식품이 아닌 자연식품을 먹는 것을 말한다. 그리고 '제독'은 매연이나 농약 등 공해 속에서 살아오면서 몸 안에 쌓인 중금속 등 여러 가지 독성물질을 몸 밖으로 빼내는 것을 말하며, '운동'은 일정 수준 이상의 규칙적인 운동을 말한다.

　이러한 세 가지 방법을 한마디로 요약하면 '신진대사의 원활한 흐름'을 통한 육체적인 건강법이라고 말할 수 있다.

기氣와 혈血의 흐름을 원활하게 하자

　몸을 건강하게 유지하는 둘째 방법은 기氣의 흐름을 원활이 하여야 한다. 흔히 건강미가 넘치는 어린아이들에게는 "저 아이들 참 생기발랄生起潑剌하네!"라고 감탄한다. 하지만, 아픈 사람에겐 "저 사람은 생기生氣가 없어!"라고 하거나 억울한 소리를 들을 때 우리는 "참 기氣 막혀!"라고 한탄하곤 한다. 이 모두 기氣의 흐름이 우리의 몸에 얼마나 많은 영향을 주는지를 나타내는 말이다. 기의 흐름을 원활하게 하기 위해 우리의 선조들은 기운동, 단전호흡, 참선과 기도생활 등을 하도록 우리에게 권고하고 있다.

　또한 기의 흐름 못지않게 중요한 것은 '피血의 흐름'이 원활해야 하는 것이다. 이를 위해서는 전술한 신진대사의 흐름이 원활해지도록 자연식과 운동 등을 꾸준히 규칙적으로 하는 것이 큰 도움이 되리라 생각한다.

이러한 기와 혈의 흐름을 원활하게 하기 위한 방법 중 본인에게 맞는 방법을 개발하여 열심히 노력하면 좋을 것이다.

스트레스의 흐름을 원활히 하자

몸 건강의 셋째 방법은 '스트레스의 흐름'을 원활이 해야 하는 것이다.

암癌이라는 한자어에는 세 가지 입 '구口' 자가 들어있다. 사람들은 '암'이란 단어에 이렇게 입 구 자가 세 개가 있는 것은 암은 세 가지 즉, '스트레스', '증오'와 '피로'를 먹고 사는 것을 뜻한다고 말한다. 이것은 과학적으로 검증된 것은 아니지만 암으로 고생하는 사람들을 살펴보면 어느 정도 일리가 있는 것으로 생각된다.

그만큼 스트레스는 건강의 적이다. 스트레스가 우리 몸에 어떠한 영향을 즉각적으로 주는가? 는 스트레스를 받는 순간 즉시 입이 마르며 가슴이 뛰는 느낌이 듦을 통해서도 알 수 있다.

이러한 스트레스를 다루는 방법은 사람에 따라 몇 가지의 경우로 나누어진다.

첫째는 아예 스트레스 자체를 인식하지 않는 경우이다. 일반 사람들 같으면 화가 날만한 일도 "그럴 수 있구나." 하고 이해하는 마음을 가짐으로써 스트레스가 생기지 않도록 하는 것이다.

둘째는 스트레스가 생길 때 이를 외부에 발산하지 않고 마음속 깊이 쌓아두는 경우이다. 이러한 경우에는 마음 속에 계속 스트레스가 쌓이게 되어 마음의 병으로 나타나게 되며, 결국 어느 순간 일시에 폭발하여 몸도 마음도 망치게 된다.

셋째는 스트레스가 생길 때마다 이를 즉각 발출하고 잊어버리는 경우이다. 흔히 화를 불같이 내고는 곧 바로 잊어버리는 사람을 가리켜 "저 사람은 뒤끝이 없어."라고 이야기 하는데 이러한 사람을 가리킨다. 이 경우에도 스트레스를 발출하는 방식에 있어 스트레스를 준 사람이나 사물에 대응하여 푸는 사람과 이를 운동이나 음악 또는 독서 등으로 자기 내면의 감성을 순화시키는 방법으로 푸는 사람으로 다시 나누어진다.

넷째는 받은 스트레스를 오히려 새로운 도전에 필요한 에너지로 삼는 경우이다.

첫번째의 경우는 고도의 인격수양이 된 성자聖者와 같은 사람에 해당하는 경우라고 생각된다. 두 번째와 세 번째는 일반인들의 경우에 해당하고 네 번째의 경우는 대부분의 성공인 들의 경우에 해당한다.

결론적으로 말하면 스트레스를 받지 않도록 조심하되, 일단 내 몸 안에 들어온 스트레스는 가급적 최대한 빨리 내쫓도록 노력하여야 할 것이다. 이 경우에도 다른 사람에게 스트레스를 풀기 보다는 가급적 내면으로 정화시켜 이를 보다 더 큰 일을 위한 소중한 에너지로 사용하는 것이 보다 더 지혜로운 방법으로 생각된다.

스트레스가 내 몸에 들어오려고 할 때 이를 최대한 방어하거나 들어온 스트레스를 몸 밖으로 빨리 내쫓는 것은 사람마다, 체질에 따라 또는 상황에 따라 다를 수 있으므로 이 역시 자기에게 맞는 방법을 개발하여 적용하도록 노력하여야 할 것이다.

생각에서 행동까지의 거리

나는 술을 좋아하는 소위 '애주가愛酒家' 이다.

젊은 시절부터 담배는 피우지 않았지만 술은 참 좋아했다. 나의 직업이 회계사다 보니 스트레스 받는 일이 종종 생긴다. 하루를 마감하고 퇴근할 무렵이면 어김없이 한 잔의 술이 생각나고 친구들이나 직원 또는 고객과 어울리며 거의 매일 마시다시피 했다.

더욱이 나는 일을 한번 하게 되면 끝장을 보는 성격이라 내 몸에 많은 무리를 주었다. 나는 젊은 시절부터 잡지에 자주 기고를 하고, 책을 많이 썼다. 원고를 쓰는 시간동안은 거의 무념무상無念無想의 상태에 있다 보니, 밤 3시, 4시를 나도 모르게 넘기기가 일쑤였다. 아내는 나의 이런 모습을 걱정하여 책상으로부터 나를 의자에서 끌어내어 침대로 이끌어 가려고 무진 애를 썼다. 일종의 아내 나름대로의 내조內助 역할을 한 셈이다. 나는 가끔 "내 몸이 주인을 잘못 만나 고생이 많네." 하고 자조自嘲어린 독백을 하곤 하였다.

이런 여러 가지의 상황으로 인하여 내 몸이 적신호를 보내왔다. 병명은 앞서 말한 바 있는 '부정맥' 이었다. 나는 처음에는 대수롭게 생각하지 않고 일을 핑계 대며 계속 술을 마셨다. 그러다가 다음 해 다시 의사를 찾아가서 검진을 해보니 의사는 나에게 "이러다가는 어느 날 갑자기 돌연사하는 수가 있어요. 금주하세요!" 하고 내게 심각한 경고를 하였다.

나는 그 말에 갑자기 정신이 번쩍 났다. '돌연사라니? 나에게는 내가 돌보아야 할 소중한 가족이 있는데….' 나는 결심했다. '이제부터는 술을 완전히 끊겠다.'하고 스스로에게 선언했다. 그리고 1년간은 술을 한 잔도 입에 대질 않았다. 이러한 나의 갑작스런 변화에 직원들이나 친구들은 아우성이었다. 나로 하여금 술을 먹게 하려고 갖은 술책(?)을 다 썼다. 한번은 감사업무로 부산에 있는 회사에 회계사들과 함께 출장을 갔다. 저녁시간이 되어 회사 임직원들과 식사를 하는 자리에서 회사 여직원이 내 옆에 앉아 "대표님 술 한 잔 하세요." 하고 애교 섞인 말을 하고 술을 권했다. 그녀는 여러 번 간곡하게 술을 권했지만, 나는 나와의 약속을 지키기 위해 냉정히 거절했다. 후에 안 일이지만 그날 그 여직원이 나에게 술을 그렇게 여러 번 간청하다시피 권한 것은, 내가 술을 먹는지 여부를 놓고 회계사들과 내기를 하였기 때문이라고 한다. 결국 내가 술을 먹지 않을 것을 주장한 회계사들이 이겼다.

나는 그로부터 10년이 지난 지금도 부정맥을 앓고 있다. 때로는 걱정이 되지만 한편으론 부정맥에 대해 감사하는 마음도 가지고 있다. 만약 부정맥 진단을 받지 않았더라면 몸에 무리를 주는 생활을 계속하여 왔을 것이고 어쩌면 지금쯤 나의 몸은 더욱 나빠졌을 것이라 생각되기 때문이다. 어찌 보면 부정맥은 나로 하여금 항상 무리하지 않도록 감시하고 건강을 지켜주는 파수꾼 같은 역할을 하고 있는 셈이다.

나는 의사와 상담한 후 나와의 금주 약속을 조금 완화해서 '술 2잔'으로 정하고 지금까지 이를 잘 지키고 있는 중이다. 전혀 안 먹는 것보다 두 잔으로 제한하기가 더 어렵지만 나는 스스로의 약속을 지키기 위해 노력하는 것이다. '몸 관리'는 먼저 자기 몸을 건강하게 지키려는 마음가짐을 가져야 하고, 다음에는 이를 행동으로 옮기면 된다.

요즈음 빌딩 모퉁이나 길거리에서 담배를 피우는 사람들을 보면 나는 멀리 돌아가거나 잠시 쉬었다가 그들과 떨어져 간다. 왜냐하면 담배연기가 내 코에 들어오는 순간 숨이 콱 막히기 때문이다. 그들의 행위로 인한 담배 연기에 불쾌한 마음이 들기도 하지만 한편으론 '오죽하면 몸에 해로운 것을 알면서 담배를 끊지 못하고 외롭게 필까' 하고 그들의 처지에 안쓰러운 생각마저 든다.

어떤 이는 말한다.

담배나 술을 끊으려고 해도 도저히 되질 않는다고… 마음은 있으나 행동이 따라주지 않는 것이다. 한 몸 안에 있는 마음과 행동인데 왜 다를까?

이런 생각을 하다보면 문득 "생각에서 출발하여 행동으로 옮기기까지의 거리는 얼마일까?"라는 의문을 가지게 된다.

사람에 따라서 혹자는 한 걸음 거리일 수도 있겠지만, 어떤 이는 지구를 한 바퀴 돌아도 갈 수 없는 먼 거리일 수도 있다. 술이나 담배를 끊고자 하나 행동으로 옮기지 못하는 사람에겐 생각에서 행동까지의 거리가 가기에는 너무 먼 거리에 있는 것이다. 이를 비행기나 KTX처럼 시간을 단축시킬 수 있는 방법은 없을까?

경험을 통해 내가 터득한 방법은 우선 나 자신을 직시直視하고 나와 철저히 약속을 하라는 것이다. 시간을 끌 필요도 없다. 이유를 댈 필요도 없다. 지금 당장 곧바로 나 스스로와의 약속을 한 후 지체하지 말고 즉각 실천하면 된다. 누구나 한

개비 정도의 담배는 피지 않고 쉽게 참을 수 있을 것이다. 그렇다면 두 번은 왜 못하는가? 일주일을 끊을 수 있다면 열흘을, 열흘을 버틸 수 있다면 한 달도 가능하리라 본다. 마음이 흔들려 다시 담배를 피우는 사람들은 나름대로의 핑계가 있다. 그 핑계가 나를 파고들지 못하도록 나를 철저히 무장하면 금주와 금연 모두 가능하리라 믿는다.

핑계가 나 스스로에 대한 약속을 파괴시키는 날 나의 인생도 파괴된다는 것을 매일 스스로에게 인식시키고 결심을 행동으로 옮기는 노력이 필요하다고 본다.

성공인의 마음관리

마음 관리의 중요성

우리는 어려운 이웃을 사랑으로 돌보는 사람들에게는 "참 고운 마음을 가진 사람이네."라고 칭송하는 이야기를 한다. 반면, 사사건건事事件件마다 시비를 걸거나 트집을 잡는 사람에게는 "참 심보가 고약하군."하고 혀를 찬다.

이 모두 마음 가짐을 이야기 하는 말이다.

미국의 목사 찰스 스윈돌Charles Rozell Swindoll은 마음 가짐의 중요성에 대하여 다음과 같이 이야기했다.

"살면 살수록 삶에 대한 마음 가짐이 중요하다는 것을 절실히 느끼게 된다. 나는 현실보다 마음 가짐이 더 중요하다고 생각한다. 마음 가짐은 과거보다 중요하고, 배움보다 중요하고, 돈보다 더 중요하다. 마음 가짐이 환경보다 중요하고, 실패보다 중요하고, 성공보다 중요하다. 마음 가짐은 기업보다 중요하고, 외모보다 중요하고, 타고난 재능보다 중요하고, 능력보다 중요하다. 마음 가짐이 가정을 세우기도 하고, 가정을 무너뜨리기도한다. 주목해야 할 것은 당장이라도 어떤 마음 가짐을 결정할 선택권이 우리에게 늘 존재한다는 사실이다. 인생이란 일어나는 일이 10%이고, 거기에 대응하는 것이 90%이다. 우리는 우리의 마음 가짐을 책임져야 한다."

우리는 하루하루의 삶을 살면서 수많은 선택의 기로에 놓인다. 어쩌면 우리의 삶은 선택이 쌓인 결과물이라고 말할 수 있다. 따라서 선택은 결국 우리의 삶을 결정짓는 중요한 요소이다. 이 때 어떤 길로 갈 것인가를 선택하는 것은 무엇일까? 바로 우리의 '마음'이다. 따라서 이러한 '마음'의 관리는 무엇보다도 중요하다고 생각한다.

"혼자 있을 때는 자기 마음의 흐름을 살피고 여럿이 있을 때는 자기 입의 말을 살펴라."라는 말이 있다. 내 마음의 흐름을 혼자 있을 때 잘 살펴볼 필요가 있다. 맑던 마음에 구름이 다가오고 있으면 어두워오지 않도록 미리 준비하고, 이미 나의 마음에 구름이 가리어진 것을 발견하면 참고 견디며 머지않아 올 햇볕을 기다리는 지혜가 필요할 것이다. 이 모두 마음 먹기에 달려있다고 본다.

발명왕 토마스 에디슨Thomas Alva Edison은 다음과 같이 마음의 마술을 부려 즐거운 삶을 살라고 우리에게 권고하고 있다.

"마술은 마음 속에 있다.

마음이 지옥을 천국으로 만들 수도 있고,

천국을 지옥으로 만들 수도 있다.

자신의 마음을 지옥으로 만들고 싶은 사람은 아마 없을 것이다.

마음을 천국으로 만들고 싶은 이들이여!

자기 마음 속에 마술을 부려 즐겁고 찬란한 하루를 만들어라."

마음 가짐을 어떻게 가지느냐는 우리의 삶에 대단히 중요한 영향을 끼친다. 우리는 주변에서 은퇴한 사람들이 갑자기 늙어버린 모습을 보고 깜짝 놀랄 때가 있다. 이는 마음이 우리의 육체를 지배하고 있음을 의미한다.

세계 제일의 테너 플라시도 도밍고Placido, Domingo는 그이 나이 70세 때 '이제 쉴 때가 되지 않았느냐'는 질문을 받고, "쉬면 늙는다. If I Rest, I Rust"라며 '바쁜 마음Busy Mind'이야말로 '건강한 마음Healthy Mind'이라고 애기했다고 한다. 이는 마음을 느슨하게 가지고 있으면 몸도 느슨해져 건강을 해칠 수 있으니 마음을 바쁘게 하라는 충고이다. 이 역시 마음 관리의 중요성을 잘 지적한 말이다.

차동엽 신부는 그의 저서 『뿌리 깊은 희망』에서 사람의 뇌는 동시에 두 가지 감정을 가질 수 없다고 한다. 곧 사람의 머리에는 오직 한 의자만 놓여 있어서 여기에 절망이 먼저 앉아버리면 희망이 자리가 없어 앉을 수 없고, 반대로 희망이 먼저 앉아 버리면 절망이 함께 자리할 수 없다는 것이다. 이를 심리학에서는 '대체의 법칙'이라고 말한다. 그리고 그는 "절망을 없애려고 하지 말고 희망을 붙잡아라. 절망하고 싸우지 마라, 자꾸 희망을 가져라. 이루어지든지 말든지 계속 좋은 것을 상상하라. 그러면 된다. 연거푸 희망을 품는 것이 절망을 몰아내는 상책이다"와 "희망을 말하라. 될 수 있는 한 자주 떠벌려라. 희망을 글로 적어라. 가능한 한 또박또박 반복해서 적어라. 희망을 선포하라. 혼자 우물우물 속삭이지 말고 만천하에 공표하라. 그것이 더 큰 성취의 파장을 일으킬 것이다."라고 우리의 삶에 미치는 희망의 중요성을 말한다.

세계적인 문호文豪인 세익스피어William Shakespeare도 "불행을 치유하는 약, 그것은 희망 이외에는 없다"라고 말하며 절망 대신 희망으로 마음가짐을 가질 것을 강조하고 있다.

마음을 고치면 인생이 달라진다

요즈음 들어 우리 주위를 살펴보면 이혼하는 부부가 점점 늘고 있음을 발견하게 된다. 결혼을 통해 일생을 같이 함께 하는 동반자로서의 약속과 역할을 포기하고 각자의 길을 가는 이들을 볼 때마다 안타까운 마음을 금할 수 없다.

흔히 "결혼 전에는 당신 없으면 못살아!"하고 말하다가 결혼한 후에는 "당신 때문에 못 살아!"하고 말한다고 한다. 이는 결혼 전에는 상대방의 좋은 점만 보였지만, 결혼 후에는 상대방의 단점만 보이게 되는 마음가짐의 변화를 의미한다.

이러한 이유로 어떤 이는 행복한 결혼 생활의 비결로 '상대방의 단점을 사랑하는 마음으로 결혼하고, 결혼 후 이를 보완하는 기쁨으로 살아가라'라고 권고한다. 내가 없는 어떤 것을 채우기 위해 결혼하는 것은 올바른 자세가 아니라는 것이다. 예를 들면 가난한 사람이 부자와 결혼한다거나 못 생긴 사람이 잘난 사람을 선호하여 짝을 찾은 경우를 말한다. 이러한 마음 가짐으로 결혼하면 결혼한 순간부터는 자기가 찾던 상대방의 장점은 사라지고 단점만 보이기 시작하는데 이는 파경破鏡을 가져오는 주된 원인이 된다는 것이다.

미국의 하버드대학 심리학 교수인 윌리엄 제임스William James는 "마음을 고치면 인생도 고칠 수 있다. 우리 세대의 가장 위대한 혁명은 사람이 자신의 마음을 바꿔 먹으면 자신의 인생도 바꿀 수 있다는 것을 발견한 것이다."라는 연구결과를 발표한 적이 있다.

또한 미국 작가인 찰스 해낼Charles Haanel은 다음과 같이 생각이나 마음가짐은 자석과 같아 비슷한 것을 끌어당기므로 우리가 성공하는 삶을 살고자 원한다면 성공하는 방향으로 마음을 가져야 함을 일깨워주고 있다.

'생각은 자석과 같다. 마음은 원인이고 세상은 결과이다. 결과를 바꾸려면 먼저 원인부터 바꿔야 한다. 상상력은 원하는 것을 얻게 해주는 힘이다.'

생텍쥐페리Antoine Marie Roger De Saint Exupery가 지은 『어린왕자』에는 이런 글이 있다.

'설령 고약한 이웃이 있더라도 그저 너는 더 좋은 이웃이 되려고 노력해야 하는 거야. 착한 아들을 원한다면 먼저 좋은 아빠가 되는 거고, 좋은 아빠를 원한다면 먼저 좋은 아들이 되어야겠지. 남편이나 아내, 상사 부하직원의 경우도 마찬가지야. 간단히 말해서 세상을 바꾸는 단 한 가지 방법은 바로 자신을 바꾸는 거야.'

이는 내가 바라는대로 상대방이 바뀌기를 기다리거나 기대하기 전에 나부터 먼저 바꾸어야 함을 이야기하고 있다.

또한 미국의 작가인 데일 카네기Dale Carnegie도 우리가 어떤 생각을 하느냐에 따라 그 사람의 인생이 달라질 수 있음을 다음과 같이 강조하고 있다.

"행복한 일을 생각하면 행복해진다.

비참한 일을 생각하면 비참해진다.

무서운 일을 생각하면 무서워진다.

병을 생각하면 병이 든다.

실패에 대해서 생각하면 반드시 실패한다.

자신을 불쌍히 여기고 헤매면 배척당하고 만다."

두 이야기 모두 마음을 바꾸면 인생이 달라진다는 것, 특히 상대방이 바뀌기를 원하면 자신부터 바꾸어야 한다는 진리를 말하고 있다.

다음에는 마음을 어떻게 가지는가에 따라 세상이 달라짐을 알려주는 한 소년의 이야기를 소개하고자 한다.

어떤 사람이 멋있게 생긴 자전거를 닦고 있었는데 한 소년이 다가왔다.

그 소년은 호기심 어린 눈으로 구경하더니 자전거 주인에게 슬며시 물었다. "아저씨, 이 자전거 꽤 비싸게 주고 사셨지요?"

그러자, 자전거 주인이 미소를 지으며 소년에게 대답했다. "아니, 이 자전거는 형님이 나에게 주신 거란다." 그 말이 끝나자마자 소년은 부럽다는 눈치로 "나도…" 하고 잠시 말꼬리를 흐렸다.

이 말을 들은 자전거 주인은 아마 그 소년도 자기에게 그런 형이 있어서 이런 자전거를 받았으면 좋겠다고 말할 줄 알았다. 그래서 그 소년에게 다음 말이 궁금하여 "그래 무슨 말이냐?" 하고 물었더니 그 소년은 뜻 밖에도 다음과 같이 말하는 것이었다.

"나도 그런 형이 되었으면 좋겠어요. 우리 집에는 심장이 약한 내 동생이 있는데, 그 애는 조금만 뛰어도 숨을 헐떡여요. 나도 내 동생에게 이런 멋진 자전거를 주고 싶어요."

이런 말을 들은 자전거 사장의 마음은 어떠했을까?

그 소년의 아름다운 마음이 그대로 우리에게 전해져 우리의 마음도 따뜻해져 옴을 느낀다.

한편 오늘날은 너 나 할것 없이 직장이나 가정 또는 사회활동하면서 사람들과의 갈등을 빚고 산다. 그러다 보니 마음의 상처를 입게 된다. 마음 치유 전문가들은 마음의 상처를 입은 이들을 무시하지 말고 긍정적인 자세로 임하라고 충고하고 있다. 그러나 이는 희망일 뿐 실제 사회생활을 하다 보면 내가 입은 마음의 상처를 남으로부터 치유받기란 그리 쉬운 일이 아니다.

이와 관련하여 셰퍼드 코미나스는 그의 저서 『치유의 글쓰기』에서 다음과 같이 자발적 의지에 의한 자기 긍정을 권하고 있다.

"긍정은 치유 과정에 활기찬 에너지를 제공하는데, 타인으로부터 긍정이 아닌 부정을 당했을 때는 마음의 상처가 깊어진다. 하지만 이렇게 말하고 싶다. 타인으로부터 긍정의 말이 나오길 기다릴 필요 없이 스스로를 긍정하면 되지 않는가? 자기 자신에 대한 긍정과 칭찬은 영혼 깊이 울림이 전해진다."

남에게 베풀고 검약儉約한 생활을 한다 ⛵

시대를 앞서 가거나 성공한 사람들은 대부분 자기의 입장을 초월하여 남에게 베풀 줄 아는 사람들이다. 또한 베푸는 마음은 향기를 지니고 있어 그 베풂을 받은 사람으로 하여금 가슴 깊이 그 향기를 잊지 못하게 한다.

중국 삼국시대 촉한蜀漢의 1대 황제가 되었던 유비가 젊었을 때 겪었던 일화를 소개하면 다음과 같다.

쌀쌀한 초 겨울날에 유비가 길을 나섰다. 개울 하나만 건너면 고향인데 아무리 둘러봐도 배가 없었다. 망설이던 유비가 어쩔 수 없이 허리까지 차오르는 차가운 개울을 맨몸으로 건너가고 있었다. 옷이 물에 다 젖은 채 개울을 건너 길을 떠나려고 할 때 뒤쪽에서 한 노인이 외치는 목소리가 들렸다. "이보게… 귀 큰 젊은이! 다리도 없고 배도 없으니 이 늙은 것이 어떻게 건너가겠나. 나를 업어 건네다주게나." 뒤돌아보니 초라한 행색을 한 노인이 손짓을 하고 있었다. 유비는 안쓰러운 마음이 들어 다시 찬 물살을 가르면서 되돌아갔다. 노인을 업은 채 젖은 솜처럼 무거운 몸을 이끌고 강기슭에 도착했을 때 노인이 갑자기 "아차, 건너편에 보따리를 두고 왔네. 그려."하고 말하는 것이 아닌가? "그럼, 제가 혼자 가서 보따리를 가져오겠습니다." 그러자 노인은 한사코 "자네가 어떻게 찾는단 말인가? 나를 다시 업고 건너가게." 고집을 부렸다. 은근히 화가 났지만 유비는 말없이 노인을 업고 다시 개울을 건너갔다 왔다.

유비가 떠나려고 하자 노인이 미소를 지으면서 말했다. "좋은 상相이다. 만 가지 상相 중에서 심상心相이 제일 중하다." 그리고 유비에게 물었다. "처음에 나를 업고 개울을 건넌 것이야 어쩔 수 없었겠지. 하지만 보따리를 찾으러 가겠다고 했을 때 외면하지 않고 나를 도와준 이유가 뭔가?" 유비가 대답하였다. "만약 제가 두 번째 청을 거절하면 처음의 수고까지

헛된 일이 될 것 아닙니까? 한번 더 건넜기에 앞의 수고가 두 배가 되지 않았습니까?" 노인은 유비의 생각에 감탄을 하면서 말했다. "훗날 자네는 큰 인물이 되겠구만. 이것이 인의仁義의 본체라네. 사람이 이처럼 누군가에게 빚을 지면 열 배를 갚고도 부족하다 생각하고, 제 목숨을 돌보지 않고 일한다네. 단 그 비책秘策을 쓸 때 남이 알게 해서는 안 된다는 것을 잊지 말게."하고 충고했다. 그리고 그는 유비에게 한조漢朝를 '고목古木'에 비유하며 유비로 하여금 한조의 그늘에서 벗어나 한조의 뿌리로부터 새로 돋는 가지가 되도록 깨달음을 준 후 길을 떠났다고 한다.

한편 남에게 베푸는 것을 자랑하는 사람이 있다. 평소에는 불쌍한 사람을 보아도 자선을 베풀지 않다가 방송국에서 중계하는 불우이웃돕기행사 같은데 얼굴을 내미는 사람도 있다. 또는 자기가 베푼 사실을 남이 알아주지 않을까봐 노심초사한 나머지 이를 광고하는 사람들도 있다. 이 모두 베풂의 숭고한 정신을 해치는 행위이다. 나는 성경 말씀처럼 좋은 일을 할 때는 왼손이 한 일을 오른 손이 모르게 은밀히 하는 것이 바람직하다고 생각한다.

중국 명말明末의 환초도인還初道人 홍자성洪自誠의 어록語錄인 '채근담菜根譚'에도 다음과 같이 남이 나에게 베푼 은혜를 잊지 않도록 가르침을 주고 있다.

"내가 남에게 베푼 공덕은 마음에 새겨두지 말고, 내가 남에게 잘못한 것은 마음에 새겨두라.我有功於人不可念 而過則不可不念 아유공어인불가념 이과즉불가념. 남이 나에게 베푼 은혜는 잊지 말고, 남이 나에게 끼친 원망은 잊어 버려라人有恩於我不可忘 而怨則不可不忘 인유은어아불가망, 이원즉불가불망."

한편 성공인들은 남에게 사랑으로 베풀되 본인 스스로에게는 엄격하며 검약한 생활을 하는 공통점을 가지고 있다.

이러한 사례를 요약한 자료를 소개하면 다음과 같다.

- 마이클 블룸버그, 블룸버그 창업자 겸 전 뉴욕시장 : 블룸버그는 지난 10년간 오로지 두 켤레의 신발만 신었다. 둘 다 검정색 로퍼다. 로퍼는 끈으로 묶지 않고 편하게 신을 수 있는 낮은 가죽신을 말한다. 그는 자신에게 가장 좋은 신발이 무엇인지 알고 로퍼를 선택했고 거의 신을 일이 없는 다른 신발을 사는데 돈을 낭비하지 않았다.

- 잉그바르 캄프라드, 이케아 창업자 : 캄프라드는 그야말로 유명한 구두쇠다. 출장을 가거나 여행할 때는 다른 많은 억만장자들처럼 개인전용 항공기를 이용하는 것이 아니라 일반 비행기의 이코노미석을 고집한다. 호텔에 묵을 때는 호텔비에 포함됐다며 방에 있는 메모지와 볼펜 등을 챙겨나온다. 옷차림도 수수하다. 그는 페이스북 창업자 마크 저커버그처럼 청바지를 즐겨 입는다. 저커버그가 후드티 매니아인 것과 달리 스웨터를 좋아한다는 것이 다를 뿐이다. 그는 "우리에겐 멋진 자동차나 인상적인 타이틀, 지위를 나타내는 다른 상징들 같은 게 필요 없다. 우리는 우리 자신의 힘과 의지에 의지해야 한다!"고 밝힌 적이 있다.

- 카를로스 슬림, 멕시코 통신 재벌 : 마이크로소프트MS의 창업자 빌 게이츠를 제치고 세계 최고 부자의 자리에 오른 슬림은 일찍 저축을 시작하는 것이 중요하다고 강조한다. 돈을 일찍 저축해 관리하기 시작할수록 어떤 일을 하든 상관없이 나이가 들었을 때 부유해진다는 조언이다.

- 존 코드웰, 영국 휴대폰 소매업체 폰즈포유 창업자 : 코드웰은 값 비싼 차를 몰고 다니지 않는다. 이동할 때는 걷거나 자전거를 타거나 대중교통을 이용한다. 교통수단에 돈 쓰는 것을 아끼면서도 자녀에게 막대한 자산을 남겨주는 것이 바람직하지 않다며 게이츠와 워런 버핏이 벌이는 기부 서약Giving Pledge에 참여해 '착한 부자'의 면모를 드러냈다.

- 데이비드 체리튼, 구글 초기 투자자 : 구글에 초기 투자해 17억 달러의 갑부가 된 체리튼은 이발소나 미용실에 가지 않고 자기 머리를 직접 깎는다. 자신이 스스로 할 수 있는 일을 굳이 돈 주면서 남에게 맡길 필요가 없다는 생각이다.

- 짐 월튼, 월마트의 창업자 샘 월튼의 막내아들 : 짐 월튼은 재산이 347억 달러에 달하는 어마어마한 부자다. 하지만 아버지의 가르침대로 소박한 생활을 살고 있다. 15년이 넘은 픽업트럭을 몰고 다니는 것이 대표적이다.

- 도널드 트럼프, 부동산 재벌 : 트럼프는 두 번의 이혼을 거쳐 24살 연하의 슬로베니아 출신 모델과 세 번째 결혼을 한 만큼 화려한 생활을 즐길 것으로 상상되지만 그의 미덕은 무엇보다 열심히 일한다는 것이다. 그는 열심히 일해서 보답을 받으면 사람들은 운이 좋았을 뿐이라고 말한다.

- 리카싱, 홍콩 재벌 : 리카싱은 전세계 52개국에서 27만 명을 고용하고 있는 세계적인 갑부다. 그는 이처럼 큰 성공을 거둔 이유를 겸손하고 단순한 삶을 살았기 때문이라고 설명한다. 사회생활을 시작할 때 덜 쓰면서 사는 삶을 배우고 화려한 생활이 아니라 분수에 맞는 적절한 생활에 적응해야 한다는 게 그의 신념이다.

- 하워드 슐츠, 스타벅스 창업자 : 슐츠는 22억 달러의 자산을 가진 부자지만 돈이 전부가 아니라고 생각한다. 그는 "나는 부자 리스트에 오르고 싶다고 생각한 적이 한 번도 없으며 나 자신을 내가 가진 순자산으로 평가하지도 않는다. 나는 언제나 내가 가진 가치로 나를 정의하려 노력한다"고 말했다.

-자료 : 머니투데이뉴스, 2014.9.6. -

모든 일에 감사한다 – "너 때문이야!" 대신 "네 덕분이야!"로

얼마 전에 부동산업을 하는 선배를 만났다.

그는 예전보다 많이 초췌해져 그동안 마음의 고통을 많이 겪은 것 같았다. 그의 이야기를 들어보니 최근 부동산 사기를 당해 그동안 아껴 모은 돈을 많이 잃었다는 것이다. 그는 "돈을 잃은 것보다 믿고 맡긴 사람한테 배신당한 것이 더욱 분하고 속이 많이 상했습니다. 그래서 처음에는 정신적으로 많은 고통을 겪었지요. 그러나 지금은 오히려 그 사람에게 감사한 마음이 듭니다. 얼마 전 나에게 사기를 친 그 사람을 만났습니다. 그 사람한테 '고맙습니다.'라고 인사를 했지요. 그랬더니 그는 매우 놀란 표정을 짓더군요. 그 후 나는 마음을 비우고 그 사람에 대한 고발을 취소하였습니다." 하고 "허허" 웃는 것이었다.

예수님도 아닌데 어떻게 사기를 친 사람에게 감사하다고 인사를 할 수 있을까? 그는 계속 이야기 했다. "왜 내가 그렇게 인사했는지 이해가 가지 않지요? 저는 정말 고마운 마음이 들어서 인사한 것입니다. 그 사기가 아니었다면 나는 계속 욕심에 눈이 어두워 지금도 돈 벌 궁리에 머리가 아팠을 겁니다. 그러면 몸도 마음도 많이 지칠거고 건강도 많이 해쳤을 겁니다. 그러나 그가 이런 미망迷妄으로부터 날 깨워 줬지요. 지금 내 마음은 편안합니다. 가족들에 대한 생각도 예전보다는 더 많이 하고 있지요." 그리고 "놀랍게도 내가 그 사람에게 감사하다고 이야기 한 이후로 그 사람도 마음이 많이 바뀌었습니다. 어려운 가운데도 나에게 사기 친 금액을 많이 갚아 주었지요. 시치미 떼고 안 갚아도 나는 법적조치도 취소했으니 별 방법이 없었을 텐데 말이지요."

그는 그 이후로 문학동호인들과 같이 전국을 유람하며 자기의 삶을 즐기고 있다. 그는 사기를 당한 스트레스를 잘 소화하여 이를 새로운 삶을 향한 에너지로 활용하는 지혜로운 삶을 살고 있다고 생각한다. 이는 어떤 일이 잘못되었을 때 "너 때문이야!"라고 상대방을 힐난하는 대신 긍정적인 면을 찾아 "네 덕분이야!"라고 마음가짐을 바꿈으로서 세상이 달라진 것을 체험한 사례이다.

"원수를 사랑하라"던가 "범사凡事에 감사하라"라는 성경구절이 있지만 현실사회에서 이런 마음을 가지는 것은 쉽지가 않다. 어떻게 보면 바보일지 모른다. 그러나 나는 이런 이야기를 들을 때 왠지 가슴이 뭉클하며 따뜻해져 옴을 느낀다.

나에게 잘못한 이를 용서하고 그를 위해 기도하는 마음으로 대하고 나아가 감사하는 마음을 가지는 것은 오히려 나를 평안케 한다. 어찌 보면 참으로 지혜로운 사람만이 할 수 있는 일이다.

한편 누구에게로부터 도움을 받았을 때 이를 잊지않고 감사하는 마음을 갖는 것 또한 성공에 이르는 지름길이고 행복해지는 비결이다.

이에 관한 이야기를 하나 소개하고자 한다.

옛날에 한 소녀가 살고 있었다. 그녀가 산길을 가고 있는데 나비가 가시덤불 속에 있는 거미줄에 걸려 버둥대는 것을 보고 불쌍한 마음에 가시에

찔려가며 나비를 구해주었다. 나비는 순식간에 천사로 변해 소녀에게 다가가 "저를 구해주셨으니 저에게 한 가지 소원을 말해주면 이루어 드릴게요."라고 말했다. 그 소녀는 "이 세상에서 가장 행복한 사람이 되게 해주세요."라고 소원을 말했다. 이 말을 들은 천사는 그 소녀의 귀에 무언가 소곤거리고 날아갔다.

그 소녀는 자라서 가정을 이루고 일생동안 행복하게 잘 살았다. 그녀가 노인이 되어 임종을 앞두고 있을 때 사람들은 그녀가 평생을 행복하게 살게 된 비결을 좀 가르쳐 달라고 부탁했다.

그녀는 그들에게 조용히 웃으며 이렇게 대답하였다.

"옛날에 나비를 구해준 적이 있었어. 그 나비는 천사가 되어 나에게 귓속말로 행복하게 사는 비결을 가르쳐 주었지." 하고 옛 추억을 돌아보더니 그 천사가 가르쳐 준 비결을 다음과 같이 말하였다.

"무슨 일을 당하든 감사하다고 말하세요. 그러면 당신은 평생 행복하게 살 수 있답니다."

러시아가 낳은 세계적인 문호인 도스토옙스키Dostoevskii에 관한 일화를 소개하면 다음과 같다.

그는 28세의 젊은 나이로 사회주의를 신봉하는 모임에 참여했다는 이유로 당국에 체포되어 사형을 당하는 순간에 이르렀다. 그에게 형 집행직전의 시간을 앞두고 최후의 5분이 주어졌다. 그는 다음과 같이 결심하였다고 한다.

'나를 아는 모든 이들에게 작별 기도를 하는데 2분, 오늘까지 살게 해준 하나님께 감사하고 곁에 있는 다른 사형수들과 작별 인사를 나누는데 2분, 나머지 1분은 눈에 보이는 자연의 아름다움과 지금까지 서 있게 해준 땅에 감사하는데 쓰자.'

억울한 죽음 직전의 마지막 남은 5분을 원망하거나 절망하는데 사용하는 대신 '감사하는데' 60%를 사용하기로 결심한 것이다. 그러나 형 집행 직전 기적적으로 사면을 받는다. 그리고 그 후 그의 인생관과 삶이 바뀌었다. 그는 죽음 직전에서 살아나 새롭게 인생을 시작하고 작품 활동에 몰입함으로써 세계최고의 대문호가 된다.

또한 영국의 성공한 기업인인 존 템플턴John Templeton 은 부자가 되기 위해서는 우선 감사하는 마음을 가져야 한다고 다음과 같이 이야기 하고 있다.

"감사하는 마음을 가지면 부富가 생기고, 불평하는 마음을 가지면 가난이 온다. 감사하는 마음은 행복으로 가는 문을 열어준다. 감사하는 마음은 우리를 신과 함께 있도록 해 준다. 늘 모든 일에 감사하게 되면 우리의 근심도 풀린다."

그리고 컨설턴트인 톰 피터스Tom Peters는 'The Little Big Think'에서 다음과 같이 성공은 감사 횟수와 비례한다 라고 말하며, 감사하는 마음이 없는 사람은 성공할 수 없음을 강조하고 있다.

"감사라는 말은 삶의 윤활유와 같다. 성공이란 오늘 '감사합니다.' 라는 말을 몇 번 했는지, 오늘 보낸 감사편지 수에 비례한다. 모든 것에 감사하는 마음으로 살아간다면 감사해야 할 일은 끊임없이 꼬리를 물고 이어질 것이다."

한편 일본의 소프트뱅크 창업자인 손정의孫正義 (일본명 : 손 마사요시)는 기업가로 크게 성공한 이후에도 "어려울 때 저를 도와준 분들을 결코 잊지 않고 있습니다."라고 말하며 자신을 성공으로 이끌어준 고마운 사람들을 기리기 위해 '대은인의 날'을 정하고 이날을 소프트뱅크의 특별 휴일로 정하고 있다고 한다.

이는 우리로 하여금 성공하는 것도 중요하지만 성공한 이후에 자신이 성공하기까지 자신을 도와준 사람들에게 은혜를 잊지 않고 보답하는 마음가짐 또한 중요하다는 것을 일깨워주는 좋은 사례이다.

감사하는 삶을 살자.
그러면 우리에게 하루하루가 즐거운 '일일시호일日日時好日'이 다가올 것이다.

'노시보 효과Nocebo Effect'와 '플라시보 효과Placebo Effect'

1950년대 어떤 선원에 관한 이야기이다.
그 선원이 탄 배는 스코틀랜드의 한 항구에 짐을 내린 뒤 포르투갈의 리스본으로 되돌아가는 포도주 운반선이었다. 그는 냉동창고에 있었는데 포도주가 다 내려졌는지 확인하는 과정에서 그를 발견하지 못하고 문을 잠가버리는 바람에 그만 냉동창고에 갇혀버렸다. 몇 시간 동안이나 냉동창고 문을 두드렸지만 문을 열어주는 사람이 없었다.

배가 리스본에 도착한 후 냉동창고 문을 열었을 때 그는 다음과 같은 메모를 남긴 채 죽어 있었다.

"내 몸이 점점 얼어붙고 있다. 이제 나는 곧 죽을 것이다."

이를 발견한 선장과 선원들은 깜짝 놀랐다. 그리고 이 상황을 도저히 이해하지 못했다. 왜냐하면 창고 속의 온도는 영상 19도였기 때문이다.

그는 왜 죽었을까?

그의 뇌리 속에 "여기는 냉동창고이다. 나는 냉동창고 안에 갇혀있다. 나는 곧 얼어죽을 것이다."라는 일련의 공포와 두려움이 박혀 그로 하여금 실제로 얼어죽게 만든 것이다.

이는 '노시보 효과Nocebo Effect'에 의한 그의 부정적 사고방식이 그로 하여금 죽음으로 몰아간 사례라고 말할 수 있다. 여기에서 '노시보 효과'란 진짜 약을 줘도 환자가 효과가 없다고 생각하면 약효가 나타나지 않는 현상을 말하며, 이는 약효가 없는 가짜 약을 주었음에도 불구하고 환자가 이를 약으로 믿으면 병세가 호전되는 '플라시보 효과Placebo Effect'의 정반대 현상을 가리킨다.

우리는 이 사례를 통하여 우리가 가지는 '마음과 생각'이 우리의 '육체'에 미치는 영향이 얼마나 큰지를 잘 알 수 있다.

긍정적인 마음을 가진다

오스트리아의 정신의학자인 알프레드 아들러Alfred Adler는 "인간에게 가장 놀랄만한 특성의 하나는 마이너스를 플러스로 바꾸는 힘이다."라고 말하고 있다.

이는 우리가 긍정적인 마음을 가질 때 우리가 처한 어려운 역경은 우리에게 긍정적인 신호를 보내며 다가옴을 의미한다.

카네기가 쓴 '행복론'에는 긍정적인 사고가 세상을 바라보는 마음을 어떻게 바꿀 수 있는지를 소개하는 '텔마 톰슨'의 이야기가 실려 있다. 그 이야기를 요약하면 다음과 같다.

텔마 톰슨은 캘리포니아 모제이브 사막 근처의 육군 훈련소에 배속된 그녀의 남편이 있는 육군훈련소에 이사를 했다. 그러나 그녀는 뜨거운 열기와 모래바람이 불어오는 사막의 오두막에서 영어를 모르는 멕시코인과 인디언만을 상대하는 일과가 견디기 어려웠다. 따라서 친정 부모님에게 이곳보다는 차라리 감옥에 가는 편이 낫겠다는 호소를 담은 편지를 썼는데 친정아버지는 다음과 같이 회답을 보내왔다.

"두 사나이가 감옥에서 창문으로 밖을 바라보았다. 그런데 한 사람은 진흙탕을, 다른 한 사람은 별을 보았단다."

그녀는 이 문구를 읽고는 충격을 받고 부끄러운 나머지 현재의 상태에서 무엇이든 좋은 점을 찾아내려고 마음을 바꾸었다. 그 후 그녀는 원주민들과 친구가 되었고 사막의 선인장이나 난초 등 대자연을 관찰하고 연구한 후 이를 소재로 하여 『빛나는 성벽』이라는 소설을 써서 베스트셀러 작가로 변신하였다. 그녀는 다음과 같은 말로 자기의 변화를 설명하고 있다.

"도대체 무엇이 저를 그렇게 변화시켰을까요. 모제이브 사막은 변함이 없고 인디언도 달라진 것이 없습니다.

그런데 제가 변한 것입니다. 제 마음가짐이 달라진 것입니다.

그럼으로써 저는 비참한 경험을 제 생애에서 가장 즐거운 모험으로 바꾸어 버렸던 것입니다. 저는 자신이 발견한 새로운 세계에 자극받아 흥분했습니다. 너무도 감격한 나머지 그것을 소재로 해서. 저는 자신이 만든 감옥 창문을 통하여 별을 찾아낸 것입니다."

날이 밝기 전이 가장 어둡다고 한다.

이 세상 마지막이라고 생각할 정도로 힘든 상황이 어쩌면 새로운 멋진 앞날의 시작일 지도 모른다.

20세기에 나타난 화장품업계의 신데렐라로 등장한 에스티 로더ESTÉE

LAUDER는 다음과 같은 그녀의 일화에서 볼 수 있듯이 남으로 부터 당한 무시와 모욕을 성공을 위한 에너지로 승화시켰다. 그녀가 만약 긍정적인 마음으로 이를 극복하지 못했다면 오늘의 화장품업계의 세계적인 브랜드인 '에스티 로더'는 탄생하지 않았을지도 모른다.

뉴욕의 미용실에서 에스티가 미용을 하러 들어갔을 때의 일이다. 옆에 앉은 귀부인에게 그녀가 입고 있는 블라우스를 어디에서 샀는가 하고 물었다. 그 부인은 "어디에서 샀든 아가씨에게 무슨 상관이지? 아가씨는 평생가도 이런 옷을 살 수 없을텐데…." 이 말을 들은 에스티는 모욕감에 울면서 미용실을 뛰쳐나왔다. 그 후 그녀는 다시는 '누구도 자신에게 이런 못된 말을 절대로 하지 못하도록 하겠다.'라고 맹세하였다. 이러한 그녀의 결심은 오늘날의 거대한 화장품 제국을 건설하게 하였고, 나아가 그녀로 하여금 세계 최대 부호의 반열에 오르게 하였다.

우리의 삶은 마음 먹기에 달려 있다고 한다.

감옥과 수도원은 똑 같이 창살이 있고 자유로움이 통제되어 있는 면에서는 같지만, 양자의 차이점은 불평을 하느냐 아니면 감사를 드리느냐에 따라 불평을 하면 감옥이 되는 것이고 감사를 드리면 수도원이 된다.

당 나라의 시인 한산은 "백 년도 못 사는 인간이 천 년의 근심으로 산다."고 말했다. 이는 오늘날 우리가 부정적 사고에 젖어 필요 이상으로 많은 걱정 속에서 오늘의 삶을 영위하는 어리석음을 지적하는 말로도 들리는 것은 나만의 착각일까? 우리가 만나는 역경은 끝이 막힌 동굴이 아니라 터널과 같다고 생각한다. 비록 지금은 어둡지만 가다보면 언젠가 뻥하고 뚫릴 날이 있을 것이고 그 터널 끝을 지나면 찬란한 햇빛과 푸른 초원이 우리를 기다리고 있을 것이다.

성공하는 사람들의 공통적인 특징은 역경에 처해서도 이에 비관하거나 좌절하지 않고 긍정적인 마음을 가졌다는 점이다.

나는 신神에게 나를 강Strength하게 만들어달라고 부탁했다.
내가 원하는 모든 걸 이룰 수 있도록!
하지만 신은 나를 약Weeak하게 만들었다.
겸손해지는 법을 배우도록!

나는 신에게 건강Health을 부탁했다.
더 큰 일을 할 수 있도록!
하지만 신은 내게 허약함Infirmity을 주었다.
더 의미있는 일을 하도록!

나는 부자Riches가 되게 해달라고 부탁했다.
행복할 수 있도록!
하지만 난 가난Poverty을 선물 받았다.
지혜로운 사람이 되도록!

나는 신에게 재능Power을 달라고 부탁했다.
사람들의 찬사를 받을 수 있도록!
그러나 난 열등감Weakness을 선물 받았다.
신의 필요성을 느끼도록!

나는 신에게 모든 것All things을 부탁했다.
삶을 누릴 수 있도록!
하지만 신은 내게 삶Life을 선물했다.
모든 것을 누릴 수 있도록!

나는 내가 부탁한 것을 하나도 받지 못했지만
내게 필요한 모든 걸 선물 받았다.
나는 작은 존재임에도 불구하고
신은 내 무언의 기도를 다 들어주셨다.

모든 사람들 중에서
나는 가장 축복받은 자이다.

– 미국 뉴욕의 신체장애자 회관에 적힌 시 –

고생 끝의 열매는 더 달다.

군軍 복무기간이 끝나갈 즈음 전역을 기다리며 공인회계사 3차 시험을 준비하였다. 나는 회계사시험 중 가장 어렵다는 2차 시험은 별 어려운줄 모르게 합격하였으나 3차 시험을 준비하는 과정에서 문제가 발생하였다. 나의 2차 시험 합격 동기들은 3차 시험을 모두 첫 시험에 잘 합격하였다. 그러나 나는 웬일인지 첫 번 시험 볼 때부터 시험을 앞두고 잠을 이루지 못하는 습관이 생겼다. 정밀한 판단과 계산이 요구되는 3차 시험과목이기 때문에 맑은 머리로 시험을 보아야 하는데 나는 이 점에서 결정적인 어려움을 겪었고 이는 나에게 큰 근심거리가 되었다.

첫 번째 시험에서의 불면으로 인한 시험 낙방의 경험과 이로 인한 잠에 대한 걱정은 다음 시험에도 다시 재현再現 되었다. 오히려 점점 그 증상이 심해져 시험을 앞두고 잠을 이루지 못하는 날이 점점 늘어만 갔다. 처음에는 이틀 정도 잠이 오지 않더니 나중에는 3일, 4일, 심지어 네 번째 시험 볼 때는 무려 일 주일간 전혀 잠을 잘 수 없었다. 잠을 청하기 위해 아무리 술을 많이 먹거나 수면제를 먹어도 시험을 앞두게 되면 눈이 말똥 말똥 해지다가 시험이 끝나면 잠이 쏟아지는 이상한 현상에 사로잡힌 것이다.

시험시간이 되었다. 시험지를 받았지만 내 손이 굳어서 이름 석 자를 쓰기도 어려웠다. 결국 눈물을 머금고 시험을 포기할 수밖에 없었다. 나는 명동에 있던 시험장소를 나와 계단 난간을 붙들고 간신히 걸어 내려왔다. 지하도를 엉금엉금 주저앉다시피 건너편으로 건너와 미도파백화점 앞에서 택시를 타고 봉천동에 있는 집으로 왔다. 거의 기진맥진한 나를 보고 놀란 가족들은 어쩔 줄 몰라 하며 간호사를 불러 나에게 링거주사를 맞히는 등 응급조치를 해주었다. 불면에 대한 걱정이 잠에 대한 두려움과 공포로 나에게 다가온 것이다. 이러한 나의 고질적인 불면증 때문에 연거푸 3차 시험에 4번이나 낙방을 하였던 것이다.

이렇게 잠을 잘 못자는 병이 생긴 것은 아마도 당시 전역 후 결혼하고 대가족을 부양하던 나로서 빨리 합격하여야 한다는 강박관념이 작용해서 발생된 것으로 생각된다.

그러나 나는 공인회계사 시험을 중도에서 포기할 수 없었다. 다시 1년 후 이제 마지막 다섯 번째로 치루는 시험을 앞두게 되었다. 만약 이번 또 안 되면 나는 2년이 지난 후에 다시 처음부터 3차 시험을 다시 치러야만 했으므로, 나는 어느 때보다도 특히 부담감이 더 심했다. 건강 상태도 좋질 않았다. 시험을 앞두고 아내가 나의 건강에 대해 걱정을 하였는지 보약이라도 해 먹였으면 좋겠다고 처가에서 나를 불렀다. 장모님이 새벽 일찍 나를 데리고 간 한의원의 한의사는 일반 한의사하고는 좀 달랐다. 그는 살아서는 부모님께 지극한 효성을 다하고, 부모님이 돌아가신 후에는 3년 간이나 부모님 묘 옆에 움막을 지어놓고 시묘侍墓살이를 할 정도로 효자였다는 것이다. 이런 효성 때문인지 부모님 영靈이 그 한의사에게 내려서 도움을 주고 있다고 했다. 그는 늦은 나이로 한의사를 시작하였는데도 신기하게도 병을 잘 보아서 난치병을 잘 고친다고 소문이 나는 바람에 전국에서 환자가 몰려들고 있었다. 이런 까닭으로 비록 일요일 날이라도 아침 일찍 가지 않으면 그를 만날 수도 없다고 했다.

그 한의사는 나를 잠시 물끄러미 바라본 후 "몸이 허약해졌으니 보약이나 한 재 지어드리지요. 내가 보니 당신은 올해 운運이 돌아오는 해니 모든 일이 다 잘 풀릴 겁니다. 내 말을 믿고 걱정하지 마세요." 하고 말하였다. 내가 아무런 이야기도 하지 않았는데 마치 내 마음을 읽기라도 한 듯 나를 위로하고 올해는 잘 될 것이라는 덕담까지 하는 것이 아닌가?

그 한의사의 말이 내 마음에 위로를 주어서 그런지 시험 전날 나는 6시간 동안이나 잠을 잤다. 나는 시험 보러가는 날 아침 배웅하는 아내에게 "여보, 걱정하지 마. 한 시간만 자도 합격할 자신 있는데 여섯 시간이나 잤으니 이번 시험은 잘 될거야."하고 아내를 안심시켰다. 나는 침착하게 시험을 잘 치렀고 마침내 오랫동안 소망하던 시험에 합격하였다.

고생 끝의 열매는 더 달다고 한다.

5년이라는 오랜 동안의 수험생활 끝에 합격을 한 나는 가장 어렵던 공인회계사 2차 시험 때보다도 더욱 큰 기쁨을 느꼈다. 그리고 '공인회계사'란 자격에 남다른 애정을 느끼고 외길로 '공인회계사'라는 전문가의 길을 걸어오고 있다.

"공인회계사로서 기업이 잘 되도록 지원하여 이 나라와 사회에 기여 하자."는 내가 가슴 속에 새기고 있는 '사명使命이다. 나는 회계사 업무가 힘들 때마다 나의 어려웠던 시험 준비과정을 생각하며 초심으로 돌아가 기본에 충실하려고 애쓰고 있다.

성공인의 말 관리

인격을 나타내는 '말'

프랑스여행을 다녀온 지인으로부터 들은 이야기이다.

그는 운전을 하면서 잠깐 딴 생각을 하다가 앞의 차를 들이받을 뻔 했다. 그래서 깜짝 놀라 급브레이크를 밟는 바람에 뒤에 따라오던 다른 차도 같이 급브레이크를 밟게 되었다. 잠시 놀란 가슴을 진정하려고 멈추고 있는데 뒤 차에 운전하던 사람이 다가와 "무슨 문제가 있나요? 괜찮으세요?" 하고 걱정하는 말을 하더라는 것이다. 이런 경우 어떤 사람들 같으면 "운전을 똑바로 하지 못해요!"라든가 좀 더 심하게 이야기 하면 "그렇게 운전하려면 집에나 가지!" 하고 화를 내거나 비아냥거리는 소리를 할 것이다.

여기에서 우리는 인격이 말로 드러나는 것을 알 수 있다.

같은 말을 하더라도 말하는 사람에 따라 그 전달하는 느낌이 다르다. 이는 말하는 사람의 인격이 말속에 묻어있기 때문이라고 생각한다.

일찍이 조선시대 학자인 최한기崔漢綺는 말을 단순한 소리가 아닌 사람이 가지고 있는 기氣의 표현이라고 말하고 있다. 그는 이 세상이 '기氣'로 가득 찬 것으로 보고 소리는 그것이 진동하여 사방으로 퍼져나가는 것이라고 설명한다. 즉, 몸 안의 기운을 드러내는 것이 소리가 되고, 모습을 얻어 표현하는 것이 말이라고 주장한다. 그는 소리가 나오는 것은 오장육부에 뿌리를 두고 있고 목구멍과 혀에서 이루어지며, 그 기운의 바탕에 따라 소리가 맑거나 탁해지고, 강하거나 약해지며, 느리거나 빨라지기도 한다고 말한다.

말은 파동波動과 파장波長으로 우주를 움직여 놀라운 파워를 보여준다고 한다. 말의 파동은 전자파보다 3,300배나 더 강력하다고 말한다. 따라서 말로 인한 스트레스 또한 강력하게 우리 몸에 영향을 미친다.

우리가 편안함, 우울함, 기쁨, 슬픔, 분노, 즐거움을 느낄 때 이러한 우리의 기운들은 우리가 말하는 소리에 묻어 드러난다. 따라서 사람들의 말을 자세하게 듣고 이를 잘 헤아려 보면 그 사람의 말로부터 그 사람의 현재 기운상태는 물론 그 사람이 살아온 과정과 배움의 정도, 그리고 그 사람의 자질과 인격 내지는 현재의 생각까지도 파악해 볼 수 있다고 한다.

이왕이면 향기로운 말, 아름다운 말, 좋은 말 그리고 적극적이고 긍정적인 말을 사용하여 성공의 길로 나아가자!. '말'은 말하는 사람의 인격도 올라가고, 듣는 사람의 인격도 고양高揚시키는 작용을 한다.

'말' 관리의 중요성

요즈음은 말의 홍수시대라고 할 만큼 지금 이 순간에도 우리의 대화중에 또는 매스컴을 통하여 수만 가지의 말이 오고 가고 있다. 봄날 햇볕처럼 따뜻한 말이 있는가 하면, 엄동설한에 부는 찬바람 같이 차가운 말이 있다. 또한 가을하늘처럼 맑고 시원한 말이 있는가 하면, 장마철에 생긴 도랑물처럼 탁하고 흐린 말도 있다. 또한 꽃처럼 아름답고 향기로운 말이 있는가 하면 오물처럼 지저분하고 냄새나는 말도 있다.

우리는 어떤 말을 선택할 것인가?

나는 가끔 이런 생각을 해본다.

우리가 무심코 내뱉은 말들이 허공 어디엔가 저장되어 있다고 가정할 때 과학이 발달하여 이를 재생시킬 수 있다면 어떨까? 때로는 재미있고 때로는 당황스런 일들이 벌어질 것 같다.

비록 남들이 모른다고 하더라도 속담에 "발 없는 말이 천 리 간다.", 또는 "낮말은 새가 듣고, 밤 말은 쥐가 듣는다."라는 속담도 있듯이 나의 입으로부터 나간 말은 나의 의지와는 상관없이 스스로의 발로 세상을 돌아다니며 일파만파—波萬波의 풍랑을 만들어 낸다. 이러한 말로 인해 빚어진 잘못된 상황을 뒤늦게 알고 나의 말을 회수하거나 취소하려고 해도 이는 한번 엎어진 물을 다시 주워 담을 수 없듯이 어려운 일이다.

어떤 사람이 철학자인 탈레스에게 "이 세상에서 가장 어려운 일이 무엇인가?" 하고 물었을 때, 그는 "그것은 자기를 아는 것이다."라고 대답하자 다시 그에게 "그러면 가장 쉬운 일이 무엇인가?"라고 묻자 그는 "남의 이야기를 하는 것이다."라고 말했다고 한다. 이와 같이 남에 관한 이야기는 아무런 어려움 없이 우리의 입을 통해 남에게 전해진다. 우리가 한번 뱉은 말은 그 말이 좋은 말이든 나쁜 말이든 상관없이 새털처럼 가볍게 세상을 향해 흩어진다.

'채근담'에는 이러한 '말'의 부작용을 우리에게 경고하는 다음과 같은 글이 실려 있다.

> 十語九中, 未必稱奇. 一語不中, 則愆尤騈集
> 십어구중, 미필칭기. 일어부중, 즉건우병집
> 十謀九成, 未必歸功. 一謀不成, 則訾議叢興
> 십모구성, 미필귀공. 일모불성, 즉자의총흥
> 君子所以寧默 毋躁, 寧拙 毋巧
> 군자소이영묵 무조, 영출 무교

"열 마디 말 가운데 아홉 마디가 맞아도 신기하다고 칭찬하지 않으면서,
한 마디 말이 어긋나면 탓하는 소리가 사방에서 들려오고,
열 가지 계획 가운데 아홉 가지가 성취되어도 공로는 돌아오지 않으면서,
한 가지 계획만 실패해도 헐뜯는 소리가 사방에서 들려온다.
그러므로 참된 사람은 차라리 침묵할지언정 떠들지 않고,
차라리 서툰 척할지언정 재주를 부리지 않는 까닭이 여기에 있다."

따라서 말을 하고자 할 경우에는 조심해야 하고 불필요한 말을 하는 것보다는 차라리 침묵하는 것이 더 좋다. 또한 남을 비난하거나 남으로부터의 칭찬을 경계해야 한다. 말을 삼가지 않으면 말이 나가서 재앙을 가져

온다. 이 점 항상 유의하여야 한다.

옛날 중국 한나라 때 양운이라는 사람은 '앙천부부仰天附缶'라는 시 때문에 허리가 잘려 죽임을 당했고, 서순이라는 사람은 장창에게 '오일경조五日京兆, 벼슬살이가 오래가지 못할 것이라는 뜻'라고 말했다가 죽임을 당해 시체가 저잣거리에 내걸리는 형벌을 받았다. 두 사람 모두 입을 잘못 놀려 본인이 내뱉은 말로 인해 재앙을 당한 것이다.

우리는 우리의 말이 어떠한 모습으로 우리에게 돌아올지 항상 경계하도록 하여야 할 것이다. 비록 하고 싶은 말이 있다고 해도 반드시 앞을 생각하고 뒤를 살펴보아야 한다. 말하는 것이 좋은지, 말을 어떻게 하여야 좋을 지를 생각하며 말을 하여야 할 것이다. 어떤 사람의 등 뒤에서 그 사람에 관한 말을 할 경우 그 말이 그 사람 앞에서 얼굴을 마주 보고 할 수 있는 말이 아니라면 하지 말아야 한다. 옛말에 "병은 입으로 들어오고, 재앙은 입에서 나간다."라고 했다.

칼에 베인 상처는 시간이 흐르면 아물지만, 혀에 베인 상처는 평생 가슴에 피멍이 되어 남는다고 한다. 우리의 몸 중에서 가장 연한 입술과 혀이지만 이곳에서 나오는 나쁜 말은 강하기가 주먹이나 발길질 못지않게 강해 듣는 이에게 깊은 상처를 준다.

또한 우리가 무심코 뱉은 분별없는 말 때문에 누군가 상처를 받을 수 있지만 반대로 하여야 할 말을 하지 않음으로써 아물 수 있는 상처가 덧날 수도 있다. 따라서 하여야만 될 말은 제 때에 하여야 하되 그 말을 듣는 이의 마음에 따뜻한 온기가 생기도록 부드럽게 하도록 하자.

그리고 소위 '빈말'을 하지 않도록 유의하여야 한다. 우리는 흔히 오랜만에 만난 사람으로부터 "언제 식사나 하시지요."라고 습관적으로 인사치레 말을 종종 듣곤 한다. 물론 식사를 할 수도 있겠지만 안 할 수도 있는 이런 말은 불필요한 말이다. 빈말이 아닌 진정眞正한 뜻이 담긴 말을 하도록 노력하여야 할 것이다.

내가 지금 하고 있는 말이 나에게 축복을 가져올지 재앙을 불러올지 항상 깊이 생각해볼 일이다. 이러한 판단이 서지 않을 경우에는 차라리 입을 다물고 말을 하지 않는 편이 낫다.

말을 하기보다는 듣기를 잘하자

　조물주는 우리 모두에게 보는 '눈'과 들을 '귀' 그리고 말할 '입'을 공평하게 만들어 주었다.
　조물주가 우리 인간을 동물들과 차별되게 만든 것 중의 하나가 우리 인간들은 말을 할 수 있다는 점이라고 한다. 그러나 입은 하나를 만들었지만, 귀는 두 개를 만들고 눈도 두 개를 만들었다.
　그 이유는 무엇일까? 아마도 말을 하는 것보다는 두 배로 듣고, 두 배로 보라고 한 것이 아닐까 생각된다.
　그리고 귀가 입보다 높은 곳에 위치하고 있는 이유는 무엇일까? 이는 내 말보다는 남의 말을 더 높게 존중하고 경청하라는 뜻이라고 생각된다.
　또 눈은 감을 수 있고 귀는 항상 열려있으며 입은 닫혀있는 이유는 귀로는 남의 말을 내 임의로 차단하지 말고 항상 잘 듣도록 하며, 눈으로는 볼 것만 보고 보지 말아야 할 것에는 눈을 감아야 하고, 입 역시 할 말이 있을 때만 열라는 의미라고 생각된다.
　그리고 눈이 앞으로 달려 있는 것은 뒤를 돌아보지 말고 앞을 바라보며 전진하라고 한 것이라고 생각된다.
　이 얼마나 오묘한 조물주의 뜻인가?

　모임에 나가보면 서로 자기의 의견을 목청껏 이야기하려고 애쓰지만 남이 이야기 할 때는 경청하지 않고 딴 짓을 하는 사람들을 우리는 종종 보게 된다. 나아가 상대방이 말을 할 때 말머리를 자르거나 말허리를 비틀기도 하며 말 꼬리를 자르는 사람들도 만난다. 이러한 사람들의 행위는 사람들 사이의 원활한 소통을 방해하는 장벽이며 장애물이다. 따라서 무엇보다도 상대방을 존중하고 배려하는 마음으로 자신의 말을 하기 전에 먼저 상대방의 말을 경청하는 자세가 필요하다고 본다.
　성녀 '마더 테레사' 수녀는 어느 날 기자들의 질문에 이렇게 대답했다.

"내가 한 일은 사람들이 내게 와서 무언가 말할 때 그 이야기를 처음부터 끝까지 들어준 것 뿐입니다."

또한 "들은 귀는 천 년이요 말한 입은 사흘이다"라는 말이 있다. 또한 모로코 속담에 "말이 입힌 상처는 칼이 입힌 상처보다 깊다"라는 말이 있다고 한다. 이는 나는 아무런 생각 없이 마치 바닷가 모래 위에 글씨를 쓰듯 말하지만 듣는 사람은 바위에 글씨를 새긴 것처럼 영원히 마음속에 각인되어 듣는다는 것이다.

이 얼마나 무서운 이야기인가?

어떤 이로부터 사람의 혀가 이빨과 입술로 이중벽에 둘러 싸여 있는 이유를 재미있게 들은 적이 있다.

그는 "사람의 혀가 이중벽으로 둘러 싸여 있는 이유는 사람의 혀가 미움과 분열의 원인이라는 것을 알고 조물주가 혀를 만들 때 특별히 신경을 쓴 것이지요. 즉 이빨로 성벽을 쌓고 그래도 마음이 놓이지 않아 입술로 성문을 만들어 닫아 놓은 것입니다. 그래서 우리는 조물주의 뜻을 살펴 진실하고 꼭 필요한 말을 할 때만 입을 열고 평소에는 꾹 닫고 있어야 합니다. 그렇지 않으면 혀가 잘못 나와 많은 사람들에게 상처를 주기 때문이지요."

우스갯소리로 듣기에는 무언가 진실이 담겨있는 이야기로 우리에게 다가온다.

인류 역사가 시작된 이래, 칼이나 총에 맞아 죽은 사람보다 사람들이 잘못 놀린 혀끝에 맞아 죽은 사람이 더 많다고 한다.

조물주가 누구에게나 똑같이 하나씩 만들어준 우리의 입으로 어떤 말을 내 뱉을 것인가는 우리가 선택하기에 달려 있다. "말이 씨가 된다."는 속담이 있는 것처럼 좋은 말, 따뜻한 말, 고운 말을 함으로써 그 말을 듣는 상대방의 마음속에 좋은 씨를 심도록 하여야 하겠다.

하루를 시작하는 말

아침에 눈을 뜨는 순간 우리는 어떠한 생각과 말을 하는가?

어떤 이는 "아이고 피곤하다"라고 하고, 어떤 이는 "아 상쾌한 아침이다"라고 말한다. 어떤 말로 하루를 시작하는 것이 좋을까?

우리가 아침에 눈을 뜨고 하는 첫 말은 매일 매일 우리의 삶의 모습을 결정함에 상당히 중요한 영향을 미친다고 이야기한다. 예를 들어 눈을 뜨자마자 "아 좋은 아침이다"라던가 아니면 "오늘도 내가 만나는 모든 사람들에게 사랑과 평화를!"하고 축복하는 말을 하는 사람이 있는 반면, "아, 피곤해!"라던가 아니면 "짜증나!"하고 불평어린 말을 하는 사람도 있다. 둘 중 어떤 사람이 그날 보다 성공하는 삶을 살 수 있을까?

나의 경우는 앞서 소개한 바와 같이 하느님께 대한 감사기도로부터 하루를 시작한다.(참고 : 나의길 – 나의 자기관리 방법)

우리는 흔히 주변에서 '죽겠다' 라는 말을 하는 사람들을 종종 만난다. "배고파 죽겠네.","피곤해 죽겠네.","더워 죽겠네."와 같이 힘든 상황에서 뿐만 아니라 "좋아 죽겠네.","기뻐 죽겠네." 등과 같이 기분이 너무 좋은 상황에서 조차 "죽겠다"라는 말을 습관처럼 쓰곤 한다. 언어학자들은 우리가 무심코 쓰는 "죽겠네."라는 용어가 우리에게 아주 나쁜 부정적 에너지를 가져온다고 말한다.

"말은 깃털과 같이 가벼워서 한번 내뱉으면 주워 담기 힘들다"는 탈무드의 교훈도 있듯이 말은 취소할 수 없는 특징을 가지고 있으므로 무심코 던진 말이 그런 상황이 연출되어 우리에게 되돌아오지 않도록 유의하여야 할 것이다.

또한 "말이 씨가 된다."는 우리 나라 속담이나 성경에 있는 "네 말대로 될 지니라."라는 문구도 이러한 말이 가지고 있는 힘을 나타내주는 것으로 말을 할 때 조심하여야 할 것이다.

인도에서는 생각과 말 등 우주의 모든 사건들이 아카샤Akasha라고 불리는 미묘한 매체에 영원히 아로새겨진다고 전해져 오고 있는데 이러한 것이 사실이라고 한다면 오늘 이 순간 우리는 우리가 어떤 말을 하고 있는지 조용히 스스로 살펴볼 필요가 있다고 생각한다.

우리 모두 아침을 맞으며 기도의 형태든 중얼거림의 형태든 하루를 시작하는 말을 밝고 긍정적인 말로 하루를 시작해보는 것이 어떨까?

말에는 에너지가 있다

'말'에는 에너지가 있다고 한다.

선善한 말에는 선의 에너지가 작용하고, 악한 말에는 악의 에너지가 작용한다. 이런 점에서 볼 때 우리는 평소 말을 함에 있어 가능한 한 긍정적이고 적극적인 말을 사용하여야 함을 알 수 있다. 우리는 보통 하루에 5만 마디의 말을 한다고 한다. 한 마디 한 마디 말을 함에 있어 말을 할 때나 말을 한 후 우리의 말이 과연 어떤지 항상 주의깊게 살펴볼 필요가 있다.

일본 작가 에모토 마사루는 '물은 답을 알고 있다'라는 책에서 '물'에 에너지가 있는 것을 실험을 통한 관찰과 사진촬영을 통해 설명하고 있다.

그는 오랫동안의 정밀 관찰 결과 어떤 사람이 물을 바라보며 감사하는 마음을 가지는 경우에는 그 물은 아름다운 빛을 발하는 반면, 화를 내거나 얼굴을 찡그리면 물은 어두운 빛깔로 변하는 것을 발견하였다. 즉, 물을 바라보는 사람의 마음 가짐이 물에 어떤 변화 작용을 한다는 것이다. 예를 들어 책상 위에 있는 한 잔의 물을 바라보며 '사랑합니다.'와 '감사합니다.'라고 말을 하게 되면, 마치 이 말에 응답이라도 하듯이 물은 밝고 환한 아름다운 육각형의 모습으로 결정結晶 되었다. 하지만 '바보·망할 놈' 등 부정적인 메시지를 들려주게 되면 그 물은 마치 어두운 지옥의 모습을 보여주는 것 같은 어둡고 찌그러진 음침한 구조와 빛깔로 변하였다고 한다. 그는 이러한 관찰과정을 사진으로 촬영하여 설명하고 있다.

또한 두 개의 화병에 똑 같은 두 개의 꽃을 넣고 꽃을 매일 바라보며 한 쪽 꽃에 대하여는 '너 참 예쁘다! 잘 자라라'라고 이야기 하고, 다른 꽃에는 '너 미워! 죽어라'라고 말할 경우 1주일 지나서 보면 좋은 말을 해준 꽃보다는 부정적인 말을 들은 꽃이 빨리 시들어간다고 한다.

이러한 실험은 우리의 말이 물의 형상을 변화시키고 물의 영향을 받는 생물조차 변화시킬 정도로 큰 힘을 가지고 있음을 보여준다.

사람의 몸은 어린이일 경우 약 80%의 수분으로, 어른일 경우에는 약 70%의 수분으로 구성되어 있다고 한다. 내가 상대하는 사람을 사랑하는 마음으로 바라보거나 감사하는 말과 칭찬하는 말을 할 경우 상대방의 몸 안에 있는 '물'에 좋은 영향을 줄 뿐만 아니라 무엇보다도 내 몸 안의 '물'을 먼저 변화시킬 것이다. 몸 안의 물이 좋은 물로 변화된다면 이는 곧 건강에 좋은 영향을 줄 것이다. 따라서 자신의 몸을 건강하게 유지하고자 한다면 항상 사랑하는 마음으로 자연과 사람들을 대하는 태도를 가지도록 노력하는 것이 무엇보다 바람직하지 않을까 생각된다. 예를 들어 식사 전에 감사기도를 드리는 것은 기도를 통해 말이 가지는 에너지를 우리 몸에 좋게 전달함으로써 마음과 육신의 건강에 도움을 주는 바람직한 습관이라 생각된다.

부정적인 말은 부정적인 상황을 끌어당긴다.

　전술한 론다 번의 『끌어당김의 법칙』에서 알아본 바와 같이 우리의 생각과 말은 우리의 인생에 깊은 영향을 준다. 예를 들어 우리가 무언가에 대해 불평하면, 끌어당김의 법칙에 따라 불평할 일이 우리에게 더 많이 나타난다고 한다. 또한 우리가 누군가 불평하는 것을 듣거나 거기에 집중하거나, 또는 그 사람에 동의하면, 그 순간 그 불평하는 상황이 우리에게 오도록 우리 자신이 끌어당기는 것이라고 한다.

　이러한 이야기를 통해 우리는 우리의 평소 '생각'이나 '말'이 우리의 삶에 얼마나 중요한 영향을 끼칠 수 있는가를 알 수 있다. 따라서 성공하는 삶을 살고자 원한다면, 우리는 먼저 자신의 부정적인 언어습관을 하나씩 버려야 한다. 즉, 부정적인 말은 성공하는 삶에 암적인 존재라고 말할 수 있다.

　불가佛家에서는 중생이 몸과 입과 뜻으로 짓는 선악의 소행을 '업業'이라 말하며 업은 다시 몸으로 짓는 업인 '신업身業', 입으로 짓는 업인 '구업口業'과 마음으로 짓는 업인 '의업意業' 등 세 가지로 분류하고 있다. 이 세 가지 업 중 구업을 가장 큰 죄로 여기는데 이 구업은 다시 거짓말(妄語 · 망어), 꾸밈말(綺語 · 기어), 이간질(兩舌 · 양설)과 나쁜 말(惡口 · 악구)로 나누고, 이러한 말로 인하여 입으로 죄를 짓지 않도록 경계하고 있다.

칭찬을 아끼지 말자 ⛵

우리 나라가 낳은 세계적인 골프선수인 박인비 선수도 한때 긴 슬럼프에 빠진 적이 있다.

4년간 LPGA대회에서 단 1승도 올리지 못하고 있는 박인비 선수를 슬럼프에서 구해준 사람은 박인비의 약혼자였던 남기협 씨이다. 그는 박 선수가 스윙하는 보습을 옆에서 지켜보면서 좋은 점만 칭찬해주고 나쁜 점은 말해주지 않았다고 한다. 이러한 약혼자의 칭찬에 자신감을 회복한 박 선수는 드디어 2013년 세계 제 1위의 여자프로골프 선수로 등극하는 영예를 얻게 된다.

이와 같이 자녀나 직원을 성공하는 사람으로 만들기 위해서는 칭찬을 아끼지 말아야 한다.

'칭찬은 고래도 춤추게 한다.'라는 말이 있다. 하물며 사람에 대한 칭찬은 그 사람으로 하여금 닫혔던 마음의 문을 열게 하여 칭찬하는 사람과 교감할 준비를 하게 한다. 따라서 입에 발린 아부성 칭찬이 아닌, 사실에 입각한 바른 칭찬은 하면 할수록 좋다고 생각한다.

나폴레옹은 칭찬을 싫어했다고 한다. 칭찬하는 것도, 칭찬받는 것도 싫어한 것으로 알려진 나폴레옹에게 어느 부하가 이렇게 말했다. "저는 장군을 존경합니다. 왜냐하면 장군께서는 입에 발린 말과 같은 칭찬 따위는 질색으로 여기시기 때문에 그렇습니다. 장군!"하고 말하니 이 말을 듣고 나폴레옹은 아주 흡족해했다고 한다. 결국은 나폴레옹도 칭찬을 좋아한 것이다.

나는 어렸을 때부터 어머님의 칭찬 속에서 사랑을 받고 자랐다. 그래서 항상 어머님을 실망시켜드리지 않고, 칭찬하는 말씀이 듣고 싶어 항상 최선을 다하고자 노력했다. 또한 부모님으로부터 매를 한 대도 맞지 않고 자란 나는 자녀 교육을 잘하는 비결은 잔소리와 매가 아닌 사랑과 칭찬임을 믿는다. 물론 무조건적인 칭찬은 오히려 독이 될 수 있으므로 자녀를 사랑과 관심을 가지고 지켜본 후 칭찬할 점이 발견되면 이를 놓치지 말고 제 때에 알맞은 칭찬을 하여야 함이 중요하다고 본다.

　따라서 우리는 항상 성공하는 우리의 미래 모습을 생각하며 이에 알맞은 언어를 선택하고, 우리의 입에서 나오는 말들이 이를 듣는 사람에게 해를 끼치지 않고 아름답고 향기롭게 느껴지도록 각별히 조심하고 또 노력하여야 할 것이다.

참고자료　소통의 법칙 10 가지

1. 앞에서 할 수 없는 말은 뒤에서도 하지마라.
   뒷말은 가장 나쁘다.

2. 말을 독점하면 적이 많아진다.
   적게 말하고 많이 들어라. 들을수록 내 편이 많아진다.

3. 목소리의 톤이 높아질수록 뜻은 왜곡된다.
   흥분하지 마라. 낮은 목소리가 힘이 있다.

4. 귀를 훔치지 말고 가슴을 흔드는 말을 해라.
   듣기 좋은 소리보다 마음에 남는 말을 해라.

5. 내가 하고 싶어하는 말보다 상대방이 듣고 싶은 말을 해라.
   하기 쉬운 말보다 알아듣기 쉽게 이야기 해라.

6. 칭찬에 발이 달렸다면 험담에는 날개가 달려있다.
   나의 말은 반드시 전달된다. 허물은 덮어두고 칭찬은 자주 하라.

7. 뻔한 이야기보단 펀Fun한 이야기를 하라.
   디즈니만큼 재미나게 해라.

8. 말을 혀로만 하지 말고, 눈과 표정으로 말하라.
   비언어적 요소가 언어적 요소보다 더 힘이 있다.

9. 입술의 30초가 마음의 30년이 된다.
   나의 말 한 마디가 누군가의 인생을 바꿀 수 있다.

10. 혀를 다스리는 건 나이지만 내뱉어진 말은 나를 다스린다.
    함부로 말하지 말고 한번 말한 것은 책임져라.

－ 유재석 －

내가 뱉은 말은 다시 나에게 되돌아온다

길을 가다가 우리를 갑자기 밀치고 가거나 차를 난폭하게 모는 사람들을 보면, 무심코 "나쁜 놈"이라거나 "못된 놈" 같은 좋지 않은 말이 입에서 저절로 나오게 된다.

그러나 이러한 욕을 한다고 할 경우 그 말은 과연 누구에게 어떠한 영향을 미치게 될까?

성경에서는 어느 집을 방문할 때 그 집을 향해 축복하는 기도를 하라고 가르친다. 이러한 축복기도를 그 집 사람들이 받아드리면 좋지만, 만약 받아드리지 않으면 본인에게 그 축복이 되돌아온다고 한다.

욕을 하는 순간 화가 풀려 속이 시원할 수는 있겠지만, 한편으로 생각해보면 이는 어리석은 행위라고 생각된다. 왜냐하면 우리가 욕설을 내뱉을 때 그 순간 앞서 소개한 바 있는 소위 '끌어당김의 법칙'이 작용하기 때문이다. 이 욕을 듣는 상대방의 몸 안에 있는 '물'의 성분(예:피)도 나쁘게 변화시키겠지만, 이 보다는 내 몸 안에 있는 '물'의 성분을 더 나쁘게 변화시키지 않을까 생각된다. 이러한 점을 생각해보면 화가 난다고 해서 함부로 욕을 하거나 신경질을 내는 것은 곧바로 자기의 소중한 건강을 해치는 어리석은 행위임을 알아야 할 것이다.

따라서 불쾌한 일을 당했을 때는 먼저 화를 내기 전에 '어떤 급한 상황이 생겨서 그러겠지'하고 그 사람의 입장에 서서 이해하려고 노력하는 것이 바람직하다고 생각한다.

오래전 어느 날 나는 KBS에 근무하는 친구를 만나 점심을 먹으러 가고 있었다. 내가 좀 앞서 가고 있었는데 뒤에서 '이 나쁜 놈들 같으니… 주차를 이렇게 해놓으면 어떻게 다니라고….'하고 타이어를 발로 차는 소리가 들렸다. 뒤돌아보니 친구이었는데 그 친구는 화가 많이 난 표정을 짓고 있었다. 나는 "왜 저러지? 그냥 넘어가면 좋을텐데… 어떤 사정이 있어 차를 임시로 주차해 놓은 것이겠지."하고 다소 의아하게 생각하였다.

그 뒤로 몇 달 후 그 친구로부터 전화가 왔는데 대학병원에 암으로 입원하고 있다는 말을 하였다. 결국 그는 젊은 나이로 안타깝게 세상을 떠났다.

아마도 직장이나 가정에서 받은 스트레스를 해소하지 못해 병으로 나타난 것이 아닌가 생각된다.

한편 사업으로 크게 성공한 내가 아는 선배는 평소 전화를 받을 때나 만나서 인사할 때 크고 밝은 목소리고 웃으며 인사하곤 한다. 그 사람하고 있으면 그 밝은 모습에 왠지 나도 기분이 좋아지는 느낌이 든다.

세계적인 영화배우인 오드리 헵번은 딸에게 보낸 유언 쪽지에서 다음과 같은 말을 하였다고 한다.

"아름다운 입술을 가지고 싶으면 친절한 말을 해라.

사랑스런 눈을 가지고 싶으면 사람들의 좋은 점을 봐라.

날씬한 몸매를 갖고 싶으면 너의 음식을 배고픈 사람과 나누어라.

아름다운 자세를 갖고 싶으면 결코 너 혼자 걷고 있지 않음을 명심해라."

내가 뱉은 말은 다시 나에게 되돌아 와 나에게 그대로 영향을 미친다.

이는 우리가 어떻게 살아가야 할지를 잘 표현하고 있는 오드리 헵번의 지혜가 담긴 말이다.

평소 밝고 긍정적인 말, 사랑과 평화를 기원하는 말, 상대방의 성공을 가져오는 말 등을 하는 습관을 가지는 것은 성공인의 삶에 있어서 빠져서는 안 될 중요한 덕목이자 인격이라고 생각한다.

성공인의 시간 관리

시간은 생명이다

앞서 이야기 한 바와 같이 프랑스 작가인 장폴 싸르트르Jean Paul Sartre 는 "삶이란 B(Birth:탄생)와 D(Death:죽음) 사이에 그어진 선線상의 C(Choice: 선택)이다"라고 이야기 하고 있다.

여기에서 말하는 태어나서 죽음까지 그어진 '선'은 무엇일까?

이것은 '시간'을 말한다. 우리의 삶을 살아 갈 수 있는 시간 즉 '생명의 시간'을 말한다. 시간은 우리를 기다리지 않는다. 우리가 시간을 기다린다. 또한 한번 지나간 시간은 누구를 위해서 돌아오는 법도 없다. 사랑하는 연인을 만나기로 한 시간 같이 빨리 다가오길 학수고대鶴首苦待하는 시간은 너무 느리게 다가온다. 반면, 사형을 앞두고 있는 죄수처럼 두려운 상황에 처해 있는 사람에겐 시간이 너무 빠르게 다가온다. 또한 시간은 슬픔에 빠져 있는 사람에게는 너무 길게 느껴지고, 기뻐하는 사람에게는 너무 짧게 지나간다.

시간의 소중함을 인식하지 못하고 시간을 낭비하는 사람은 항상 '쓸 시간'이 없다고 말한다. 하지만 여러 가지 일 중에서 "이것만은 무슨 일이 있어도 꼭 해야 해!"하고 결심한 사람에겐 그 일을 할 수 있는 시간은 항상 있다. 예를 들면 아무리 바쁜 사람이라 할지라도 잠자고 밥 먹을 시간은 있지 않은가?

시간은 생명이다. 그리고 생명 또한 시간이다.

'우리가 헛되이 보낸 오늘은 어제 죽은 이가 그토록 원했던 내일'이라는 말처럼 어제 죽은 이가 그토록 원하던 내일을 어떻게 살 것인가에 대해 지금 이 순간 깊은 성찰이 필요하다고 본다. 어제보다 오늘이 낫고 오늘보다 더 나은 내일이 있다고 믿는 한 그 삶은 '성공하는 삶'이 될 것이다. 내일은 새로운 기회이자 창조할 수 있는 희망과 가능성을 품고 있으며, 인생 최고의 날은 이를 준비하는 바로 '오늘'인 것이다.

공짜로 주어지는 시간, 잘 쓰면 보약이나 잘못 쓰면 독약!

어느 누구에게나 공평하게 공짜로 똑같이 주어지는 것 중의 하나가 '시간'이다.

가난한 자나 부자나 또한 성공한 자나 실패한 자나 가리지 않고 그들에게 주어지는 시간은 똑같이 하루에 24시간이다.

영국의 사업가인 컬린 터너Colin Turner는 시간을 분 단위로 쪼개어 "당신의 하루는 1,440분으로 이루어져 있다. 그 중에서 1%의 시간을 계획하는 시간에 투자하라. 하루 가운데 단 1%의 시간을 학습, 생각, 그리고 계획하는 시간에 투자하라. 그러면 이 14분이 당신에게 가져다주는 보상에 놀라게 될 것이다."라고 말하고 있다. 그는 시간의 소중함을 인식하고 그 소중한 시간을 효율적으로 관리하기 위한 계획에 시간을 투자하라고 권하고 있다.

이와 같이 시간은 우리의 생명을 나타내는 소중한 존재이다. 이러한 시간을 어떻게 바라보고 이를 활용하는가에 따라 사람들의 삶은 천차만별로 다양해지고 차이가 발생한다.

시간은 누구에게나 공평하게 공짜로 주어진다. 이러한 시간을 잘 쓰면 보약이지만 잘못 쓰면 독약이 된다.

성공한 삶을 산 사람들은 시간을 잘 사용하여 성공의 길을 찾을 수 있었지만, 실패한 삶을 산 사람들은 시간을 잘못 사용함으로써 실패의 길로 접어들었다.

시간이 얼마나 소중한 지에 대해 눈과 귀가 들리지 않는 2 중고重苦에 처해 있던 헬렌켈러Helen Adams Keller가 쓴 가슴에 깊이 와 닿는 글을 소개하면 다음과 같다.

'3일 동안만 볼 수 있다면'

만약에 내가 3일 동안만 볼 수 있다면

첫째 날에는 친절과 우정으로 내 삶을 가치있게 만들어준 사람들을 보고 싶다.
손으로 만져보는 것이 아니라 친구들의 내면적인 천성까지도 깊숙이 보고 싶다.
사랑하는 친구들을 모두 보고 싶다.
오후가 되면 오랫동안 숲속을 산책하면서 자연의 아름다움을 흠뻑 적시고 싶다.
그리고 감사의 기도를 하고 싶다

둘째 날은 새벽에 일찍 일어나서 밤이 낮으로 바뀌는 가슴 떨리는 기적을 보고 싶다.
그리고는 박물관으로 가서 손끝으로만 보던 조각품들을 보면서 과거와 현재를 살펴보고 싶다. 예술을 통하여 사람의 영혼을 탐색해 보고 싶다.
그 날 저녁에는 영화나 연극을 보며 시간을 보내고자 한다.
내 손의 감각으로는 도저히 알아차리지 못한 우아함과 아름다움을 보고 싶다.

셋째 날에는 많은 사람들이 오가는 평범한 길거리에서 시간을 보내고 싶다.
오가는 사람들의 모습을 보면서 그들의 일상생활을 이해하고 싶다.
도시의 여기저기에서 행복과 불행을 동시에 눈여겨보며 그들이 어떻게 일하며 어떻게 살아가는지 보고 싶은 것이다.
저녁이 되면 또다시 연극회관으로 가서 인간의 정신에서 우러나오는 희극의 함축된 의미를 감상하고 싶다

— 헬렌 켈러 —

우리는 시간을 어떤 마음으로 대하고 있는가?

미국의 사상가, 정치가, 발명가, 외교관이었으며 미국의 독립선언서를 기초하고 건국의 아버지로 불리고 있는 벤자민 프랭클린Benjamin Franklin 의 시간에 관한 일화를 소개하면 다음과 같다.

프랭클린이 젊은 시절 서점 점원으로 일하고 있을 때의 일이다.
어느 날 손님이 들어와서 책을 살펴보다가 마음에 들었던지, "이 책이 얼마입니까?" 물었다. 프랭클린이 "1달러입니다." 그러자, "조금 싸게 안 되겠습니까?" 흥정을 했다. 프랭클린이 "그렇다면 1달러 15센트를 주세요." 손님이 어이없다는 표정을 지으면서 "아니, 여보시오. 조금 깎아 달라는데, 더 달라는 사람이 어디 있습니까?" 그러자 프랭클린이 아주 천연덕스럽게 "1달러 50센트를 내시오." 그랬다. 손님이 화가 나서 따져 물었다. "왜 깎아달라고 할수록 오히려 더 비싸게 값을 부르는 거요?" 프랭클린은 "시간은 돈보다 더 귀하기 때문이지요."라고 대답하였는데 이는 책을 사는데 두 번을 물음으로써 자신의 책 읽는 소중한 시간을 손님이 빼앗았기 때문에 그 시간가치인 15센트와 35센트만큼 각각 책값에 더 붙여서 지불하라고 말한 것이었다.
프랭클린이 이야기 한 "시간은 돈이다.Time is Money"이라는 말은 오늘 날 "시간은 금이다."라고 바꾸어 사용하기도 한다. 즉, 시간은 돈이나 금 보다 더 귀한 존재라는 것을 의미한다. 사실 우리가 살아있는 것 즉, 생명 의 의미하는 시간보다 더 귀한 것이 있을까?

프랑스의 황제이었던 나폴레옹Napoléon도 시간의 중요함을 많이 강조 하였는데 그가 남긴 시간에 관한 명언을 소개하면 다음과 같다.
"나는 영토를 잃을지라도 결코 시간을 잃지 않을 것이다. I May Lose Land. But I Never Lose a Minute."
"우리가 어느 날엔가 마주칠 불행은 과거에 우리가 소홀히 보낸 어느 시 간의 보복이다."

회계사 업무를 수행하면서 거래처가 나에게 시간의 중요성을 일깨워준 사례를 소개하기로 한다.

안권회계법인에 근무할 때의 이야기이다. 나는 현장 책임회계사In-Charge로서 한 달에 한번 ABS(미국 선급협회)에 현금흐름에 대한 정밀 검토용역을 수행하기 위해 부산으로 출장을 다녔다. 용역보수는 업무수행 회계사들의 실제 업무수행시간에 상호 협의된 시간당 보수율Time Rate을 적용하여 청구하였다.

나는 처음에는 비행기로 출장을 다녔으나 김포 부산 간 항로를 다니는 비행기가 많이 흔들려 기차로 바꿔 출장을 다녔다. 회사에 도착하여 인사하면 미국인 지점장은 시간이 아까워서 그런지 아주 간단하게 차 한 잔 대접하고는 우리에게 업무를 수행하도록 요청하였다. 어느 날 미국인 지점장이 나에게 진지한 표정으로 다음과 같이 질문하였다. "출장방법을 비행기가 아닌 기차로 바꾼 이유가 무엇인가요?" 나는 솔직히 비행기가 많이 흔들려 불안해서 기차로 바꿨습니다."라고 대답하였다. 그는 나에게 "비행기로 오는 시간보다 기차로 오는 시간이 많이 걸려 보수 금액의 지급이 늘어났습니다. 종전처럼 비행기로 다니시길 부탁합니다." 순간 나는 비행기 시간보다 비행기 시간이 짧지만 비행기 요금이 많으니 별 차이 없지 않을까 하고 안이하게 생각한 내가 부끄러웠다.

그의 철저한 관리의식에 경의를 표한 후 나는 마음이 내키지는 않았지만 다음 출장부터 다시 비행기로 출장을 다니기 시작하였다.

시간을 아낀 사례를 좀 더 소개하기로 한다.

서울대 법대 재학 중 최연소로 사법시험에 합격하고 행정고시 수석, 외무고시를 차석으로 합격하여 세간의 화제를 보았던 고 모 변호사의 경우도 본인이 고시 3관왕이 된 비결중의 하나로 밥을 먹을 때 씹는 시간도 아까워 반찬을 잘게 썰고 고기도 가루로 만들어 몇 년 간을 비빔밥만 먹고 공부한 것을 들고 있다.

또한 나의 친구아들의 경우도 집중력을 높이기 위해 공부하는 방의 창문을 통해 빛이 들어오지 않도록 검은 커튼을 치고, 화장실 가는 시간을 아끼기 위해 방안에 요강을 들여놓고 소변을 보았다고 하는데 이러한 노력으로 그는 그가 원하던 서울대 의대에 합격했다.

이러한 성공 사례를 통해 우리는 주어진 시간을 아끼고 어떻게 잘 활용했는가가 성공하는 삶에 얼마나 중요한 요소인지를 알 수 있다.

시간을 어떻게 활용하는가?

우리는 이와 같이 우리의 소중한 생명을 뜻하는 시간을 어떻게 활용하려고 노력하고 있는가?

세계적인 리더십교육 컨설팅회사 프랭클린코비사의 하이럼 스미스 Hyrum Smith 부회장은 자신이 쓴 『성공하는 시간 관리와 인생 관리를 위한 10가지 자연법칙』이란 책을 통해 시간의 중요성에 대해 다음과 같이 이야기 하고 있다.

"풍요의 심리는 돈이나 물질에만 국한된 것이 아닙니다. 시간은 돈과 같습니다. 하루 24시간의 하루를 24억 원에 비교해 보세요. 1시간은 1억 원의 가치가 있습니다. 10분은 1,500만 원의 가치가 있겠지요? 누구든지 자기 은행계좌에서 돈을 빼간다면 매우 화를 냅니다. 그러나 시간 도둑이 와서 자기 시간을 빼앗는 것에 대해서 눈 하나 깜짝하지 않아요. 시간을 잘 관리하면 인생을 잘 관리할 수 있습니다. 가진 것을 활용하지 못하면 더 가져도 소용이 없어요. 나의 시간을 가장 소중한 일을 위해 쓰지 않으면 아무 의미가 없습니다."

또한 13세기 이탈리아의 시인. 예언자이며 '신곡'을 쓴 단테Alighieri Dante는 "위대한 지혜자는 시간의 손실을 가장 슬퍼한다."라고 말하며 시간의 중요성을 역설하고 있다.

마더 데레사Mother Teresa of Calcutta 수녀와 같이 본인에게 주어진 시간을 가난하고 병든 이들을 위해 사용하면 많은 사람들로부터 존경받고 사랑받는 성녀가 되지만, 히틀러나 스탈린 같이 많은 사람들을 괴롭히고 살상하는데 사용하면 역사에 지워지지 않는 흉악한 인물로 기록된다.

우리 나라의 대표적인 성공기업인중의 하나인 현대그룹의 창업자 정주영 회장의 성공 비결중의 하나로 그의 '부지런함'을 들고 있다. 그는 젊은 시절 쌀가게 직원으로 근무하였는데 그는 누구보다도 먼저 일어나 가게 문을 열고 정리했으며, 자신의 사업을 할 때도 항상 새벽 3시면 어김없이 일어나 하루 일과를 시작했다고 한다. 오히려 아침 해가 빨리 뜨지 않는다고 역정을 낼 정도로 그의 시간 관리는 철저했다고 한다. 이는 부모로부터 물려받은 재산도 학력도 없는 그로서는 시간 활용을 어떻게 하느냐가 그의 성공여부를 결정짓는 중요한 잣대임을 잘 알고 있었지 않았을까 생각된다.

다음에는 세계적인 어드바이스 칼럼니스트 앤 랜더스Ann Landers는 다음과 같이 시간을 지혜롭게 활용하고 행복한 시간표를 가지라고 우리에게 권한다.
 – 생각하는 시간을 가지십시오. 사고는 힘의 근원이 됩니다.
 – 노는 시간을 가지십시오. 놀이는 변함없는 젊음의 비결입니다.
 – 책 읽는 시간을 가지십시오. 독서는 지혜의 원천이 됩니다.
 – 기도하는 시간을 가지십시오. 역경을 당했을 때 도움이 됩니다.
 – 사랑하는 시간을 가지십시오. 삶을 가치있게 만들어 줍니다.
 – 우정을 나누는 시간을 가지십시오. 생활에 향기를 더해줍니다.
 – 웃는 시간을 가지십시오. 웃음은 영혼의 음악입니다.
 – 나누는 시간을 가지십시오. 주는 일은 삶을 윤택하게 합니다.
 – 가족과 함께 있는 시간을 가지십시오. 삶에 활력을 줄 것입니다.
성 어거스틴St. Augustine은 말한다. "원래 시간에 대해서 과거, 현재, 미래가 있다고 생각하는 것은 타당치 못한 인식이다. 정확히 말한다면 과거에 예속된 현재가 있고, 현재에 속한 현재가 있고, 미래를 지향하는 현재가 있을 뿐이다." 즉 현재, 지금 이 순간이 유일한 중요한 시간임을 말하고 있다.

우리는 시간을 어떻게 활용할 것인가?

크로노스의 시간, 카이로스의 시간 및 플레루의 시간

시간을 물리적인 시간개념인 '크로노스의 시간'과 논리적인 시간 개념인 '카이로스의 시간'으로 나누기도 한다.

'크로노스Chronos'는 그리스의 철학에서 시간을 의미하는 단어로 그 이름 자체가 시간이라는 뜻이며, 그리스 신화에 나오는 태초신太初神 중의 하나이다. 객관적인 시간의 의미로 사용되는 '크로노스'는 일반적인 시간을 의미하는데 해가 뜨고 지는 시간이나 지구의 공전과 자전을 통해 결정되는 자연적인 시간을 의미한다.

우리 인간의 입장에서 보면, 사람이 태어나고 늙고 병들고 죽는 생로병사生老病死의 시간과 같이 자연적으로 진행되는 시간을 말한다. 따라서 이 시간은 내가 어찌할 수 없는 시간을 말한다. 이는 내 마음대로 할 수 없는 시간이요, 나와 상관없이 흘러가는 시간을 말하며. 시간을 더 쓸 수도 없고, 늘리거나 줄일 수도 없다.

한편 '카이로스Kairos'는 그리스 신화에 나오는 제우스신의 아들이며 "기회의 신"이라 불리었다. 카이로스의 시간은 의식적이고 주관적인 시간으로서 내 경험 속에 있는 시간이며, 내가 관리할 수 있는 시간이다. 따라서 내가 마음 먹기에 따라 이 시간을 더 크게 활용할 수가 있고, 더 작게 이용할 수도 있다. 또한 소중하게 여길 수가 있고, 가볍게 여기고 무심코 지나칠 수도 있다. 즉, 내가 생각하기에 따라 내게 큰 의미를 부여하기도 하고 또는 작게 여길 수도 있는 시간인 것이다.

카이로스의 시간은 나의 어느 순간의 선택이 나의 인생을 좌우하는 중요한 기회의 시간이며 결단의 시간이 되기도 한다.

시간은 누구에게나 공평하게 주어지지만 이를 받아들이고 사용하는 사람들에 따라 그 의미가 달라진다.

예를 들어 100 메타 달리기를 하는 운동선수가 100 메타를 몇 초에 뛰었는가를 초시계로 잴 때의 시간은 크로노스의 시간으로서 달리기 속도의 단축 여부를 측정하기 위한 물리적 시간이며 누구에게나 변함없이 적용되는 객관적이며 논리적인 시간이다.

그러나 사랑하는 사람과 행복한 시간을 보내거나 바둑이나 독서에 푹 빠져 있던 사람들은 "시간가는 줄 몰랐다"라고 얘기하며, 지겨운 회의에 참석하는 사람들은 시계를 처다보며 "왜 이렇게 시간이 가질 않나?"하고 불만어린 이야기를 한다. 이와 같이 사람에 따라, 처한 상황과 경우에 따라 시간에 대한 느낌이 달라지는 시간은 의식적이며 주관적인 카이로스의 시간을 의미한다.

우리는 자기에게 주어진 자연적인 시간인 크로노스의 시간을 업무의 효율화 또는 시간 낭비의 개선노력에 의하여 관리할 수 있다. 일반적으로 흔히 말하는 시간 관리를 잘 한다고 할 때의 시간은 이 크로노스의 시간의 관리를 잘하고 있음을 의미한다.

한편 우리는 같은 시간을 보내더라도 부정적인 마음을 긍정적으로 바꾸는 노력에 의하여 그 시간을 지겨운 시간이 아닌 행복한 시간으로 바꿀 수 있다. 이러한 마음에 의한 시간 관리는 카이로스의 시간 관리를 뜻한다.

그리고 '플레루Pleroo'의 시간이 있다.

이는 흔히 "때가 찬 시간", "완성과 성취의 시간" "열매를 맺은 시간" 등으로 이해되고 있다. 사람의 일생과 비유를 해서 설명하면 산모가 임신해 열 달 동안 태아를 가지고 있는 시간은 크로노스의 시간이며, 열 달이 되어 산모가 해산을 하는 과정에서 고통을 느끼는 진통의 시간은 카이로스의 시간이라고 말할 수 있다. 그리고 오랜 임신기간과 해산의 고통을 겪는 시간을 거친 후 산모가 아이를 해산하는 시간은 플레루의 시간이라고 말할 수 있다.

우리는 목표를 향해 일상생활을 영위해가는 크로노스의 시간과 그 과정에서 겪게 되는 고통과 변화의 카이로스 시간을 보낸 후 최종적으로 목표를 달성하는 기쁨과 만족의 순간인 플레루의 시간을 맞게 된다.

즉, 성공인들이 향유하는 플레루의 시간은 그 시간까지 거쳐야만 하는 앞 단계의 크로노스의 시간과 카이로스의 시간을 성공적으로 관리하고 극복한 사람들에만 찾아오는 것이다.

아침시간을 잘 활용한다

우리는 왜 아침이면 일어나고 밤이 되면 졸리고 자게 되는가?

이는 어린 학생시절에 내가 가졌던 의문중의 하나이다. 나는 그 당시 이에 대한 이유를 아침이면 태양이 떠올라 태양의 인력과 지구의 인력이 양쪽에서 서로 우리를 끌어당겨 어쩔 수 없이 일어나게 되고, 밤이 되면 태양이 지구 뒤로 숨어서 태양과 지구의 인력이 이중으로 우리를 끌어 당겨 눕게 만드는 것이 아닌가 하고 생각하였다. 이러한 나의 생각이 과학적으로 볼 때 옳은지 그른지는 잘 모르겠으나 여하튼 우리가 맑은 정신으로 일을 집중하기에는 밤보다 아침이 훨씬 바람직하다는 것은 대부분의 사람들이 공감하는 사실이다.

카네기는 "아침잠은 인생에서 가장 큰 지출이다"라고 이야기 하며 소중한 아침시간을 아침잠으로 낭비하지 말 것을 우리에게 충고한다.

또한 사이쇼히로시는 "아침형 인간으로 변신하라! 인생을 두 배로 사는 아침형 인간이 되라!"라는 책에서 다음과 같이 아침시간을 잘 활용할 것을 강조하고 있다.

"무기력한 아침은 무기력한 하루를 만든다. 아침은 가장 집중력이 높고 가장 생산성이 뛰어난 시간이다. 위대한 시대, 성공하는 사람들은 하나같이 아침형 인간이다. 아침형 인간은 성공형 인간이다. 아침형 인간으로 변하는 것은 자기 변화를 이루고 싶은 강한 열정과 굳은 의지만 있으면 된다. 하지만 그 효과는 엄청나다. 아침형 인간은 단지 일찍 일어나는 것이 아니라, 아침의 중요성을 깨닫고 아침에 승부를 거는 사람이다."

"창의력과 상상력은 이른 아침에 깨어난다. 아침에 일찍 일어나는 사람들이 성공하는 이유는 아침에 뇌가 빨리 움직이는 시간이기 때문이다. 특히 아침에는 우뇌가 활발하게 작용한다. 우뇌는 창의적이고 풍부한 생각을 많이 한다. 번뜩이는 착상을 많이 해야 하는 경영자에게 아침은 더 없이 소중한 시간이다. 아침형 인간의 건강은 보장되어 있으며 아침이 없는 사람들에게는 성공도 건강도 없다."

"성공한 사람들은 아침이 부지런한 사람들이다. 아침을 지배하는 사람들은 하루를 지배할 수 있고 그 하루를 지배하는 사람은 인생을 지배할 수 있다. 인생을 지배하는 사람은 자신의 인생을 통해 얻고자 했던 가치를 얻게 될 것이다."

그리고 가장 효율적인 수면은 저녁 11시 취침해서 아침 5시에 기상하는 것이라고 강조하며 우리에게 아침시간의 중요함을 일깨워주고 있다.

미국 경제전문지 포브스Forbes지誌는 성공한 사람들은 '얼리 버드Aarly Bird : 아침 형 인간가 유난히 많다' 며 '성공한 사람들이 아침 8시 전에 하는 다섯 가지 습관' 을 다음과 같이 이야기 하고 있다.

우선 '가장 하기 싫은 일' 을 먼저 하는 것이다. 누구에게나 반드시 해야 하는 일 중에 두려울 정도로 하기 싫은 것이 하나쯤 있는데, 어차피 해야 할 일이라면 미루다가 어쩔 수 없는 상황이 올 때까지 하지 않으면 하루종일 스트레스를 받는데, 스트레스를 벗어나는 가장 간단한 방법은 서둘러 일을 해버리는 것이다 하고 말한다.

둘째는 운동이다. 아침 운동은 성취감을 주고 잠들었던 몸을 깨워 활기차게 하루를 보낼 수 있도록 한다. 또한 '하루 일과를 마치고 운동을 하느라 피곤한 것도 방지할 수 있다' 라며 '운동은 간단하게 방안을 걷는 것만으로도 충분하다' 하고 전한다.

셋째는 정신적 건강을 위한 운동과 준비이다. 아침 8시 이전에 오늘 하루를 어떻게 보낼지, 성공한 자신의 모습이 어떨지 구체적으로 상상하며 하루를 시작하는 것을 말한다. 단 몇 분간의 긍정적인 상상이 하루를 밝게 만든다고 조언하고 있다.

넷째는 하루 계획을 구체적으로 세우는 일이다. '아침에 하루를 조용하게 생각하며 미리 계획을 세워두면 일과日課 중 바빠 정신이 없을 때도 일의 우선순위를 잊지 않을 수 있는 효과가 있다' 하고 말한다.

마지막으로는 아침식사를 하는 것도 중요한 일이라고 강조한다. 빈 속에 커피 한 잔 들고 출근하는 것보다는 시리얼Cereal 한 그릇이라도 먹는 게 낫다는 조언과 함께 단 5분이라도 가족과 함께 하는 아침식사 시간을 가지라고 알려주고 있다.

필자의 경우도 아침시간을 소중히 여기며 하루를 건강하게 시작하는 생활 습관을 가지려고 노력하고 있다.(참고 : 나의 길 – 나의 자기관리 방법)

Dictate Time

이스라엘 사람 하면 우리는 우선 그들이 '신용'을 잘 지키는 민족이라는 인상을 떠올린다.

그러면 이스라엘 사람들은 어떻게 그들 자신을 세계의 다른 사람들로부터 자신들을 신용있는 민족으로 인정받게 할 수 있었을까?

후지다덴이 지은 『유대인의 상술』을 보면 유대인의 시간 관리에 대하여 다음과 같이 소개하고 있다.

"유대인은 출근하면 한 시간 정도는 '딕테이트Dictate' 라고 해서 전날 퇴근한 후 부터 아침 출근시간 사이에 온 상거래 편지의 회신을 타이프Type 한다. 지금은 딕테이트 시간이니까…. 라는 말은 유대인 사이에서는 만인萬人 셧아웃Shutout 이라는 의미의 공인 용어이다. 딕테이트 시간이 끝나면 차를 마시고 그 때부터 그날의 일에 들어간다. 딕테이트 시간에는 어떤 일이 있더라도 유대 상인을 면회하는 것이 불가능하다. 유대인이 딕테이트 시간을 소중히 여기는 까닭은 그들이 즉석즉결卽席卽決을 모토로 하며, 전날의 일을 다음 날로 넘기는 것을 수치로 생각하기 때문이다. 유능한 유대인의 책상 위에는 미결인 서류는 없다. 그 사람의 유능한지 어떤지는 책상 위를 보면 안다는 것도 그 때문이다. 일본의 오피스에서는 높은 사람이 되면 될수록 미결인 서류가 쌓이고 기결旣決인 서류 상자가 텅텅 비어있는 광경과는 아주 대조적이다."

이러한 유대인의 "Dictate Time" 관리방식은 시간관리상 매우 좋은 제도라고 생각된다.

우리도 이를 벤치마킹할 필요가 있다. 왜냐하면 사무실에 지각하여 허겁지겁 사전 준비 없이 하루 일과를 시작할 경우보다는 유대인처럼 하루 시작 전 1시간 정도를 누구도 침범할 수 없는 자기만의 준비시간을 가지고 그날의 업무계획을 점검한 후 업무를 시작하는 경우가 실수하지 않고 보다 더 신뢰할 수 있는 업무수행이 가능할 것이기 때문이다. 이는 마치 자동차를 출발시키기 전에 워밍업을 해주거나 등산을 하기 전에 스트레칭을 하듯이 하루의 업무를 시작하기 전에 실수하지 않고 효율적으로 그날의 업무 수행을 잘 하기 위해 계획하고 준비하는 워밍업 시간이라고 말할 수 있다.

Unstructured Time

한편 "Unstructured Time"이라는 시간관리방식도 있다.

'잭 웰치John Frances Welch Jr'는 "리더가 되려면 적어도 하루 중 3분의 1은 어떤 사람의 방해도 받지 않는 자유스러운 시간Unstructured Time을 가져야 한다."라고 말한다. 이는 조직을 이끌어가는 리더로서 마음을 고요하게 명경지수明鏡止水처럼 가라앉힌 상태에서 조직의 실 상황을 관조하고 또 계획을 세워 경영활동을 수행할 필요가 있다는 것을 의미한다고 본다.

우리 나라의 대부분 중소기업 사장들은 본인이 기업을 떠나면 기업에 무슨 문제라도 생길 것처럼 불안한 생각에 빠지는 경향이 있다. 이를 교정하기 위한 교육과정이 중소기업진흥공단 연수원에 있었다. 그 과정에 참여한 사장들은 휴대폰을 반납한 채 입소하여 교육을 받아야 했다.

필자는 그 코스에서 강의를 맡고 있었다. 교육진행자는 나에게 그 강좌의 개설 목적을 말해주며 그는 5일간 내내 수강생들을 계속 지켜보았다고 한다. 첫날에는 매 휴식시간마다 연수원 공중전화박스에는 회사에 대한 걱정과 불안한 마음을 참지 못해 전화를 하려는 사장들로 긴 장사진을 이루었다. 그러나 사장들은 첫날 뿐만 아니라 다음 날에도 그다음 날에도 본인이 없어도 자기 기업이 잘 견디고 있는 것을 알았다. 물론 이 과정의 숨은 뜻을 사장들에게는 미리 알려주지 않고 마지막 날에 알려주었다. 그 과정을 끝날 때쯤에는 사장들은 내가 그동안 불필요하게 회사에 대해 많은 근심을 하고, 너무 많은 시간을 회사에 머물러 있었다는 것을 느끼게 된다고 한다.

따라서 중소기업 사장이라 하더라도 매일같이 회사 현장에 매여 있는 것은 바람직하지 않다고 생각한다. 대신 일정시간은 사장으로서 장단기 계획을 세우거나 회사의 새로운 비전을 모색하는 것에 투자하는 것이 좋다고 본다.

이 밖에 시간 관리를 잘하기 위해 다음과 같은 방법들을 적용해보는 것도 좋으리라 생각된다.

첫째, 한 번에 할 수 있는 한 가지씩만 일을 한다. 여러 가지 일을 동시에 하여야 할 경우에도 그 중요성과 위험성을 검토하여 일의 처리순서를 정하여 그 순서대로 한 번에 한 가지씩 일을 처리하도록 한다.

둘째, 업무시작 후 가급적 2시간 내에 중요한 일을 우선 처리한다. 일반적으로 업무를 시작한 후 2시간 동안 능률이 최고조에 오른다고 하는데, 하루 중 오전 8~10시 사이가 가장 능률이 오르는 시간이라고 한다. 따라서 동 시간대를 최대로 집중하여 중요한 업무수행에 활용하도록 한다.

셋째, 일의 시작과 끝 자투리 시간 5분을 잘 활용하도록 한다. 일이 끝나더라도 반드시 몇 분 동안 정리하는 습관을 들이는 것이 바람직하다. 이렇게 하면 마무리를 확실히 할 수 있고 다음 일에 깨끗한 마음으로 집중할 수 있게 된다.

넷째, 약속시간 전 10분의 여유를 가진다. 내가 약속시간에 10분 늦으면 상대방에겐 10분을 낭비하게 하는 잘못을 저지르는 것이 된다. 10분 일찍 나가 미팅에 필요한 자료를 사전에 검토하고 효율적인 미팅을 위한 준비를 하도록 한다.

다섯째, 시간 관리에 "8 : 2, 파레토의 법칙"을 적용한다. 즉, 내가 지금 하여야 할 일중에 중요하고 만족감을 줄 수 있는 일은 20% 뿐이다. 따라서 실제로 성과를 얻을 수 있고 만족감을 얻을 수 있는 20%의 일에 집중하여 잘 성공하도록 하고 나머지 80%를 과감히 버림으로써 중요하지 않은 일에 허비하는 시간을 절약하여 유용한 일에 사용하도록 한다.

시간 만들기 전투 (?)

중학교 때의 일이다.

나는 앞에서 이야기 한 것처럼 고생하시는 부모님의 경제적 부담을 덜어드리기 위해 중학교와 고등학교 때 모두 먼 길을 걸어서 통학했다. 하루에 약 24km를 어린 나이로 무거운 가방을 들고 걸어서 등교와 하교를 하다 보니 약 4시간 동안이나 길에서 보내게 되었다. 물론 친구들하고 같이 다닐 때도 있었지만 시간이 서로 맞지 아니하는 경우에는 머나먼 길을 혼자서 걸어 다녀야만 했다.

나는 많은 시간을 혼자서 걷기가 심심하기도 하고 지루한 생각이 들어 어느 날부터인가 학교 도서관에 가서 소설책을 빌려, 학교와 집을 오가는 길 내내 그 책을 들고 걸으면서 읽는 습관이 생기었다. 그러다 보니 점점 책 읽는 즐거움에 빠지게 되었고, 매일 책을 빌리게 되었다. 나는 책 읽는 재미에 더욱 빠져 아침 등교하면서 바로 도서관에 가서 두꺼운 문학전집 등을 빌려 수업시간중에도 책을 읽기 시작했다. 이런 이유로 입학 초기 전교 수석까지 했던 나의 학업성적은 점점 떨어지게 되었고, 대신 1학년, 2학년 때 모두 전교에서 책을 제일 많이 읽는 자랑스런(?) 학생으로 선발되기도 하였다. 이 때는 나의 모든 시간을 내가 좋아하는 곳에 최대한 집중해서 사용했던 철이 없던, 그러나 어떻게 생각하면 행복한 시절이었다.

고등학교 때는 시간을 아껴 공부에 좀 더 집중하기로 마음먹었다. 왜냐하면 직장에 취업하여야만 내가 하고 싶은 대학교에도 갈 수 있기 때문이었다.

우선 매일 12시에 잠을 자고 아침 5시에 일어나는 규칙적인 생활을 하고자 애썼다. 나는 아침 기상 시간에 다른 사람들을 깨울까봐 자명종을 울릴 수 없었다. 그래서 어느 책에서 배운대로 저녁에 잠을 자기 전 물 반 컵을 먹은 후 눈을 감고 누워 시계가 돌아가는 상상을 하다가 내가 일어나고자 하는 시간에 시계 바늘이 왔을 때 벌떡 일어나는 모습을 마음 속에 그리고 잠을 청했다. 이 방법은 놀랍게도 정확하게 나를 아침 5시만 되면 일어나게 하였다. 어떤 날 시계를 보니 초침까지도 정확히 맞는 것을 보고 놀란 적이 있었다. 그리고 졸린 눈을 뜨고 빨리 그리고 확실히 잠을 깨고자 나는 마당에 나가 찬 샘물로 냉수마찰을 하였다. 그리고 부실한 영양관리 때문에 약해진 나의 건강과 집중력을 높이기 위해 역시 어느 책에서 소개한 '선도仙道'라는 운동을 하였다.

나는 시간을 절약하여야 했으므로 어쩔 수 없이 내가 좋아하는 책 읽기 시간을 줄여야만 했다. 그러나 나는 대중교통을 이용하지 못하고 계속 20리가 넘는 학교를 걸어다녀야 했기 때문에 여전히 시간적 여유가 없었다. 이러한 이유로 학교를 오가는 시간을 아껴 단어를 외우거나 쪽지 공부를 하였다. 하교 후에는 내가 묵고 있는 형님 댁 아이를 보거나 집안일을 거드느라 역시 항상 공부할 시간이 부족했다. 나는 공부할 시간을 확보하기 위해 어린 조카들을 돌보기 위해 등에 아이를 업고 있는 시간에도 동시에 책을 손에 들고 읽기 위해 애쓰곤 했다.

3학년에 들어와 나는 형님께 양해를 구하고 좀 더 집중적인 공부를 하기 위해 저녁때마다 '경수'라는 같은 반 친구 집으로 책을 들고 공부하러 다녔다. 그 친구의 어머니는 공부하러 오는 나를 반겨주셨고 어머니처럼 따뜻하게 마음을 써주셨다. 친구는 밤늦게까지, 나는 새벽에 일어나 공부하여 가급적 시간이 겹치지 않도록 공부했다. '경수'는 나의 어려운 처지를 잘 이해해주었다. 심지어는 버스타고 학교갈 수 있었음에도 불구하고 눈이 오나 비가 오나 나와 같이 먼 길을 걸어서 학교까지 같이 통학하는 수고를 아끼지 않았다.

이러한 고생 끝에 한국은행 입행시험에 합격하였다.

한국은행에 입행해서 연수를 받는 첫날 내 옆에는 서울대학교 상대를 수석으로 졸업하고 입행한 김승진 씨가 있었다. 나는 그가 그런 놀라운 학업 성취를 올린 방법을 알고 싶어 물었다. "김승진 씨, 어떻게 공부하셨는지 그 방법을 알고 싶습니다." 그는 어린 나에게 따뜻이 대해 주며 말했다. "저도 문길모 씨와 같이 어렵게 공부했습니다. 집안 사정이 어려워 고등학교 때부터 아르바이트를 했지요. 그러다 보니 공부할 시간이 너무 부족했습니다. 그래서 시간을 아끼려고 무척 노력을 했는데 심지어는 화장실 가는 시간조차 아까워 항상 책을 들고 화장실에 갔었지요."

한국은행에 입행한 후 나는 밤에는 성균관대 야간학부에 다녔는데 낮에는 은행에, 저녁에는 학교생활 때문에 역시 시간이 많이 부족하였다. 더욱이 3학년에 올라와서는 회계사 시험을 준비하느라 시간에 크게 쫓기는 생활의 연속이었다. 내가 쓸 수 있는 시간은 출근하기 전 아침시간과 출근하는 버스 안에서의 시간, 식사하는 시간, 점심식사 후 남는 여유시간, 화장실 가는 시간 그리고 퇴근하고 학교까지 가고 오는 동안 버스 안에서의 시간과 하교 후 숙소에서 잠자리에 들기까지 시간과 휴일이 전부였다. 시간을 확보하기가 쉽지 않았지만 나 나름대로 이러한 나의 여유시간을 최대로 활용하여 회계사시험 공부하는데 사용하였다.

여하튼 이러한 나의 시간 만들기 전략은 나에게 회계사시험 합격이라는 고마운 선물을 주었다. 지금 되돌아보면 어린 나이에 어떻게 그렇게 지독히 시간을 만들려고 애썼는지… 되돌아보면 당시의 나 자신 모습이 대견하고 기특하다는 생각마저 든다. 그러나 한편 좋은 친구와 이성을 사귀거나 아름다운 음악을 듣고 여행을 하는 등 낭만적인 시간을 보낼 수 있는 시간을 가지지 못하고, 마냥 시간에 쫓겨 각박한 생활을 하여야만 했던 나의 어린 시절에 대해 아쉬운 마음과 동시에 나 스스로를 위로해주고 싶은 마음이 든다.

이와 같은 시간을 아껴야만 했던 내가 처한 환경을 극복하는 과정에서 시간의 중요성과 자투리시간을 이용하는 노하우를 배운 나는 지금도 시간을 아끼려고 노력한다. 예를 들면 외출할 때는 자투리시간을 버리지 않으려고 항상 책을 들고 다닌다. 점심시간에도 혼자 식사할 경우에는 신문이나 책을 들고 식당에 가고, 지하철이나 버스를 타는 경우에나 화장실 갈 때도 반드시 무언가 읽을거리를 들고 다닌다. 그리고 우리 집 화장실에는 언제나 쉽게 읽을 수 있도록 책이 비치되어 있다. 나는 화장실에 설치되어 있는 반신욕기를 하루에 한 번 약 20 분정도 이용하는데 이 시간 동안 읽은 책이 여러 권에 달한다.

나는 나의 이러한 시간과의 싸움을 시간 만들기 '전략'이 아니라 차라리 '전투'라고 표현하고 싶다.

시간은 아끼는 자의 것이다. 시간 확보 전투에서 승리한 자가 얻는 소중한 전리품인 것이다.

성공기업에 대한 이해

CHAPTER 1 성공을 위한 준비	CHAPTER 2 성공인과 성공기업인	CHAPTER 3 성공기업인의 길	CHAPTER 4 성공기업인의 완성
삶에 대한 이해	성공인과 성공기업인의 의의	성공프로세스의 디자인	나눔과 기여
성공에 대한 개념 정립	성공기업인의 기본요건	성공기업인이 가져야 할 생각	끊임없는 자기개발
	성공인의 자기관리	성공기업인의 실천 덕목	
	성공기업에 대한 이해		

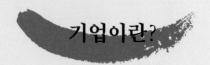

기업이란?

정주영 – 현대그룹 창업자

"기업의 사명은 첫째 고용을 증대시키고 이익을 내서 국가에 세금을 납부해 국가 살림 주머니를 채우는 것이지만 그보다 더 크게는 값싸고 경쟁적인 가격으로 질 좋은 제품을 국민에게 공급함으로써 기업 노력의 과실을 국민 모두에게 골고루 돌아가게 하는데 있다."

"나는 기업이 일단 커지면 그것은 저절로 공익성이 띄게 되고 또 띠어야 하고, 아울러 기업 자체가 공공사업이 되기 때문에 기업의 손해는 국가의 손해라고 생각한다. 따라서 일이 잘 풀려나가지 않을 때도 손해 때문에 초조해 하기보다는 어떻게 하면 국가를 위해, 회사를 위해 최선인가 만을 떠올리게 된다."

"기업은 인간을 위한 인간의 단체이다. 이기심을 버린 담담한 마음, 도리를 알고 가치를 아는 마음, 모든 것을 배우려는 학구적인 자세와 향상심… 이러한 마음을 가지고 있는 집단이라야만 올바른 기업의 의지, 올바른 기업의 발전이 가능하다고 생각한다."

마쓰시다 고노스케 – 마쓰시다그룹 창업주

"경영이든 장사든 간에 이는 모두 공사公事이지 사사私事가 아니다. 장사를 함에 있어 모름지기 그 도道를 다 함은 나라에 충성을 바침과 같다. 따라서 장사를 함에 있어서는 항상 공심公心으로 할 것이며 사심私心을 개입시키지 않도록 하여야 한다."

"직원이 적은 소규모 회사나 상점 경영자라면 직접 솔선수범하는 태도를 보이면 직원들에게는 명령만 내려도 어느 정도 성과를 거둘 수 있다. 그러나 직원이 백 명, 천 명으로 증가하면 부탁을 하는 태도를 갖추어야 한다. 직원이 만 명 이상으로 증가한다면 두 손을 모아 절을 할 정도로, 나아가 5만 명, 10만 명 단위가 된다면 무릎을 꿇고 큰 절을 할 정도로 감사하는 마음을 가져야 한다."

마윈 馬雲', Jack Ma – 중국 알리바바 그룹 창업주

"나는 사업자금이 준비되지 않은 상황에서 사업을 시작했다. 그렇기 때문에 성공할 수 있었다고 생각한다. 한 푼이라도 아껴야 했기 때문이다. 성공은 돈이 있어야 되는 것이 아니다. (돈이 있다고 성공한다면) 아무리 멍청한 사람이라도 사업을 성공할 수 있을 것이다. 또한 첨단기술을 몰랐기에 첨단기술을 가진 엔지니어들과 협력해서 편리한 서비스를 만들 수 있었다. 또한 틀에 박힌 비즈니스플랜에 얽매이지 않았다. 끊임없이 변화를 도모했다. 그것이 유일한 계획이었다."

기업을 올바로 이해하자

기업의 生生과 멸滅

　지금 이 순간에도 수많은 기업이 생겨나고 성장 발전하는가 하면 또 다른 한편에서는 사라져가고 있다. 어떤 통계에 의하면 우리 나라의 경우 설립되어 10년 이상 존속하는 기업의 비율은 채 10%도 안된다고 한다.

　왜 이런 현상이 일어나는 것일까?

　어떤 기업은 자금난 때문에, 다른 어떤 기업은 세무조사 또는 노사문제 때문에, 그리고 또 다른 기업은 사장의 도덕적 해이 때문에… 등등 기업이 문을 닫게 된 이유들은 들판에 널려있는 자갈이나 잡초의 수 만큼이나 그 종류도 많고 또 그 모양새가 각양 각색이다.

　그러면 우리는 이러한 기업의 도산倒産과 부실화不實化 과정을 단순한 사회 현상으로 보고만 있어야 하는가? 그리고 한탄만 하고 있어야 하는가?

　기업이 하나 쓰러지면 그것은 그만큼 사회적 손실을 의미한다. 그것은 그 기업에 투자한 누구인가의 투자 자금이 사라진 것이요, 그 기업에 종사하던 그 누구인가의 직장이 없어진 것이며, 그 기업으로부터 거둘 수 있는 세금 원源이 사라짐을 의미한다. 이러한 이유로 나는 세무공무원교육원 세무조사요원 과정에서 강의 할 때마다 다음과 같이 강조하곤 했다. "여러분, 기업은 세금이 열리는 소중한 나무입니다. 따라서 세무조사를 하더라도 따지않은 세금이라는 과일만 따고 그 나무의 밑동을 베어서 쓰러뜨리는 실수를 해서는 결코 아니됩니다. 오늘 기업 하나가 쓰러지면 내일 거둘 세금원이 그만큼 없어지게 되며 이는 국가의 큰 손실이기 때문입니다."

우리는 하루도 기업과 단절하고 살 수가 없다. 우선 기업이 제공하고 있는 일터에서 일을 해야 하고, 기업에서 만든 제품을 사서 입고 먹어야 하고, 기업이 제공하는 여러 형태의 서비스를 받으며 삶을 영위하고 있다. 기업은 마치 공기나 물처럼 우리가 인식하지 못하는 가운데 우리의 삶의 원천이 되며, 우리의 삶을 풍요롭게 하는 에너지로 작용하고 있는 것이다.

따라서 우리는 한 시도 기업의 영향으로부터 벗어날 수 없으며 또한 벗어나서도 아니된다. 이러한 이유로 어떤 기업이 그 생명을 다하지 못하고 쓰러질 위험에 처해 있다면 우리는 최선을 다해 기업을 살려야 한다. 결코 무관심에 잠겨 있거나 나와는 관계없는 남의 일로 치부해서는 아니된다.

기업을 어떻게 볼 것인가?

그러면 우리는 어떻게 기업을 볼 것이며 기업을 어떻게 대하여야 할 것인가?

여기 탁자 위에 컵이 놓여 있다고 가정하자. 컵을 바라보는 방향과 각도에 따라 우리에게 보여지는 컵의 모습은 각각 다르다. 기업의 모습도 이와 마찬가지이다. 바라보는 사람과 입장의 차이에 따라 기업은 여러 가지로 정의될 수 있다.

우리가 사물을 관찰하는 자세와 관련하여 성철 스님의 "달을 보라고 하였더니 왜 내 손가락만 보는가?"라는 법어法語를 상기想起해볼 필요가 있다고 생각한다.

이는 각자의 사물을 관찰함에 있어 편향된 시각에서 허상虛想을 바라보지 말고 사물의 본질을 올바로 보라는 말씀이다.

고요한 샘물에 달이 비추인다고 해서 샘 속에 달이 있다고 말할 수 있을까? 각자의 입장에서 보이는대로 기업을 단순히 이해하는 것은 바람직하지 않다. 요즈음 일부 계층 사람들에게 퍼져있는 소위 "반反 기업 정서"도 결국은 이러한 기업에 대한 올바른 시각이 아닌 편견과 오해에서 비롯된 것이 아닌가 생각한다.

따라서 기업을 올바로 이해하려면 기업의 본래의 모습, 본질을 먼저 알아야만 하여야 할 것이다.

그렇다면 이러한 기업의 본질은 어떻게 하면 이해할 수 있을 것인가?
이에 관해 좀 더 살펴볼 예정이지만 우선 결론적으로 말해 기업을 단순한 하드웨어적인 조직체로 볼 것이 아니라 생명성을 지닌 하나의 생명체로 보아야 한다. 나무나 동물같이 살아있는 생명체로서 기업을 대하여야 한다.
이런 의미에서 오늘날 기업은 생명을 지니고 계속 살아가는 기업, 즉 '계속기업Going-Concern'이라고 부르기도 하며 이는 기업회계의 중요한 전제前提가 되기도 한다.

기업은 소중한 생명체이다

앞에서 우리는 기업의 본질을 "생명성을 지니고 계속 살아가는 계속기업"으로 보았다.

이는 기업을 생명이 없는 단순한 경제주체의 하나로 인식하기보다는 우리들 사람이나 동물 또는 나무와 마찬가지로 생명을 지니고 있는 생명체로 보자는 것이다. 그것도 아주 소중한 생명체로 인식함이 바람직하다고 생각한다.

생명체 치고 소중하지 않은 것이 없다고 생각되지만 나는 특히 기업처럼 우리 인간의 삶과 밀접한 관련을 가지는 소중한 생명체는 없다고 생각한다.

기업을 한 그루의 나무에 비유하여 보자.
기업은 종업원들이나 경영자들에게는 급여가 열리는 나무이다. 따라서 종업원들과 경영자는 입장의 차이에도 불구하고 같은 마음으로 기업을 소중하게 여기고 기업을 내 몸처럼 아껴야 한다. 기업이 신음하면 내 몸이 아픈 것처럼 걱정할 줄 알아야 한다. 노사협상이나 노조활동을 할 경우에도 항상 기업이 아프지 않도록 배려하는 마음가짐을 가져야 한다. 왜냐하면 기업이 병에 걸리면 노사협상이나 노조활동도 결국은 사상누각砂

上樓閣처럼 의미가 없는 허무한 것이 되기 때문이다.

기업은 은행에게는 이자가 열리는 나무이다. 따라서 은행은 기업이 건실하게 성장 발전할 수 있도록 지원하고 도와줌으로써 기업에 이자가 주렁주렁 열릴 수 있도록 하여야 한다.

기업은 주주들에게는 배당이 열리는 나무이다. 따라서 주주는 기업 설립 시 소요되는 원시 자본은 물론 기업이 성장하기 위해 필요한 추가 자금을 적시 적절하게 지원해줘야 한다. 또한 주주총회를 통하여 기업을 잘 이끌어갈 경영 집단을 선임할 책임이 있다.

기업은 과세당국에게는 세금이 열리는 나무이다. 따라서 과세당국은 기업으로 하여금 세금의 원천이 되는 이익이 풍성히 맺을 수 있도록 정책적으로 지원해줘야 한다. 특히 어리고 약한 중소기업이 미래에 우량한 기업이 될 수 있을 때까지 그래서 세금이라는 열매를 딸 수 있을 때까지 일정기간 인내하고 기다릴 수 있어야 한다. 만약 불가피하게 세무조사를 하여야 할 때라도 기업이라는 생명성이 훼손되지 않도록 세심한 배려를 해야 한다.

따라서 세무조사는 기업이 감내堪耐할 정도의 기간마다 조금씩 나누어 하는 것이 바람직하다고 생각한다. 여러 회계년도를 몰아서 한꺼번에 세무조사를 실시함으로써 일시에 부과되는 많은 추징세액으로 인한 충격을 견디지 못해 만약 기업이 문을 닫는 경우가 발생한다면 참으로 안타까운 일이 아닐 수 없다. 가능한 한 탈세가 일어나지 않도록 사전에 지도 감독을 잘 하거나, 성실한 납세기업을 우대하고 탈세가 발붙이지 못하도록 사회풍토를 바꾸도록 노력하는 것이 보다 바람직한 세무행정이라고 생각된다.

기업은 고아원이나 양로원 등에게는 기부금이 열리는 나무이다. 기업은 사회 속에서 사회의 구성원과 같이 살아가고 있고 사회의 구성원들로부터 도움을 받아 살아가고 있으므로 사회의 약자들에게 조건 없이 일부 이익을 나누어 줄 필요가 있다.

이와 같이 기업은 그 존재 자체와 활동에 의하여 이 사회에 미치는 영향이 지대하기 때문에 그 생명성이 소중하며 이를 지키고 발전시킬 필요가 있다.

이와 같은 기업이라는 한 그루의 나무가 만약 병들거나 죽으면 어떻게 될까?

우선 주주는 투자한 자본과 이익을 회수하지 못하여 가난해질 것이다.

종업원들과 경영자들에게는 본인과 가족의 생계가 달려있는 소중한 일터가 사라질 것이다.

거래처들도 제품을 팔 상대가 없어져 마찬가지로 병들거나 죽게 된다.

은행들은 대출원금과 이자를 받지 못해 결국은 부실해질 것이다.

과세당국은 기업들로부터 세금을 받지 못해 국가 경영에 필요한 세원이 고갈되어 어려움을 겪을 것이다.

고아원이나 양로원들은 기부를 받지 못해 운영이 곤란해질 것이다.

이와 같이 기업의 존재와 발전 여부는 그 기업 자체에게도 중요하지만 그 기업을 둘러싸고 있는 앞서 설명한 바와 같은 수많은 이해관계자집단利害關係者集團, Interest Parties들에게도 중요한 영향을 주게 되며 이는 사회 전체의 발전과 안녕에 중대한 영향을 미친다. 그래서 어떤 이는 기업을 "사적私的 소유의 준 공공기관"이라고도 이야기한다.

이러한 이유로 우리는 기업이 건실하게 성장 발전할 수 있도록 아끼고 지원할 공동책임이 있다. 결코 기업에 대한 근거 없는 부정적인 시각과 선입견으로 기업이 성장할 토양을 오염시켜서는 아니될 것이다.

기업은 무엇으로 살아가는가?

앞에서 기업은 소중한 생명체라고 이야기하였다. 그러면 기업이 생명체라면 기업은 도대체 무엇을 먹고 어떻게 살아가는가?

사람이나 강아지 같은 생명체가 살아가기 위해서는 음식물이나 공기와 같은 물질과 더불어 이를 통제하는 두뇌와 같은 판단기관이 필요하다. 마찬가지로 기업이 살아감에 있어서도 "자금"과 원자재 또는 상품 같은 "물자" 및 이를 컨트롤하는 두뇌역할을 하고 노동력을 제공하는 "사람"이 필요하다.

이들을 3대 경영자원이라고 부르기로 하자.

어떻게 보면 기업은 이러한 세 가지 주요 자원으로부터 에너지를 받아

먹고, 이들의 순환과정을 통하여 뿌리를 내리고 또한 성장·발전하며 살아가고 있다고 말할 수 있는 것이다.

기업의 주요 생명에너지원

자금　　물자　　사람

만약 기업에 자금이 없다면 기업이라는 생명체가 태어날 수 있을까? 대답은 "아니요"다.

어떠한 기업이든 최초자본이 없으면 설립이 불가능하다. 요즈음 사회적으로 문제가 되는 것 중에 자본금의 납입이 없이 사채업자와 짜고 마치 자본금을 납입한 것처럼 가공납입에 의해 회사를 설립하는 사례가 있다. 그러나 엄밀히 말해 이는 생명이 있는 기업이라고 말할 수 없다.

또한 최초 설립자본이 있어 정상적으로 일단 설립했다고 하더라고 설립 후 활동에 필요한 자금이 추가적으로 계속 공급되지 않는다면 그 기업이 과연 살아갈 수 있을까? 역시 대답은 부정적이다. 따라서 자금은 기업에게 생명을 주고 또한 태어난 기업이 계속 살아갈 수 있도록 하는 주요한 에너지원인 것이다.

그리고 기업에 원자재나 상품 같은 제조나 판매활동의 대상이 없다면 그 기업은 살아 있다고 말할 수 있을까? 활동대상이 없다면 그 기업은 활동이 없는 기업이 되고 활동이 없는 기업은 죽은 기업과 마찬가지이므로 결국 살아있는 기업이라고 말할 수 없다.

또한 기업을 움직이는 사람이 없이 자금이나 물자만 있다고 해서 기업이 살아갈 수 있을까? 기업이 가야할 방향을 정하고 자금이나 물자를 결합하여 부가가치를 창출하는 주체는 사람이다. 따라서 사람이 빠진 이러한 기업을 사람에 비유한다면 마치 숨은 쉬고 있으되 죽은 자와 마찬가지인 식물인간과 같은 기업일 것이다.

따라서 기업의 세 가지 생명에너지원은 "자금"과 "물자"그리고 "사람"

이라고 말할 수 있으며 기업은 이들 세 가지 에너지원의 결합과 유통을 통하여 그 생명을 유지한다.

이와 같은 세 가지 생명에너지원은 기업이 생명을 지니는데 일차적으로는 그 원천이 된다. 하지만 기업이 태어난 이후에는 이러한 생명에너지원은 정지 상태에 있는 것이 아니라 끊임없이 흐름 상태를 유지하는 속성을 지니고 있다. 이 흐름을 통하여 기업으로 하여금 양적, 질적으로 성장하게 하거나 때로는 쇠퇴하게 만드는 작용을 한다.

기업은 사회에 대한 공헌덩어리이다

앞서 살펴본 바와 같이 기업은 그 활동 자체가 사회에 대한 공헌으로 뭉친 "공헌덩어리"이다. 또는 사회에 대한 기여寄與가 솟아나는 '샘'이라고도 말할 수 있다.

손익계산서를 자세히 살펴보라.

그 과목 하나 하나가 모두 이 나라와 사회에 공헌하는 내용으로 가득 차 있음을 발견할 수 있다.

손익계산서에 나오는 주요과목들, 예를 들면 '매출액'은 사회에 좋은 상품을 얼마나 많이 공급하였는가를, '매입'은 관련 거래기업들이 만들어내는 제품을 얼마나 많이 구입했는가를 의미한다. 그리고 '급여'는 일자리를 창출하여 가정 생계의 원천인 급여를 얼마나 많이 지급 했는가를, '접대비'는 기업 활동을 통해 얼마나 많은 식당과 요식업소의 매출에 기여 했는가를, 세금과 공과금이나 법인세비용은 국가나 지방자치단체에 얼마나 많은 세금을 납부하였는가를 각각 의미한다.

이런 의미에서 볼 때 기업은 별도의 다른 사회활동 참여 없이도 기업을 건실하게 경영하는 것 자체만으로도 국가나 사회에 큰 공헌을 하고 있다고 말할 수 있다.

따라서 우리는 기업을 만드는 기업가나, 기업 안에서 일하는 종업원이

나, 기업 외부에서 기업을 감시 감독하는 정부 또는 사회단체나, 회계사 변호사와 같이 기업을 위해 지원하는 전문가 집단 모두 하나같이 기업이 소중한 생명체임을 직시하여야 한다. 그리고 기업이 건강하게 성장하고 또한 기업의 생명성이 향상될 수 있도록 기업에 대한 깊은 애정을 가지고 각자의 입장에서 노력하여야 할 것이다.

기업의 궁극적 목표는?

기업은 우리 사람들과 마찬가지로 소중한 생명체이다.

그러면 기업은 무엇을 목표로 하고 있을까? 그리고 무엇을 목표로 하여야 할까?

기업의 목표에 대한 정의를 말하는 것은 기업의 존립가치를 다루는 과제라고 말할 수 있다.

먼저 "기업은 무엇을 목표로 하고 있을까?" 라는 질문은 기업 자체의 입장에서 접근하는 질문이라고 볼 수 있다. 이에 대한 대답은 여러 가지로 이야기 할 수 있겠지만 일반적으로 "이윤의 극대화와 이로 인한 기업의 양적 질적 성장"이라고 말할 수 있겠다.

무릇 모든 생명체는 일단 생명성이 부여되는 순간 자체적으로 생존에 대한 강력한 집착과 노력을 하게 된다. 이러한 것은 사람들이 태어나면서 자기도 모르는 사이에 엄마의 젖을 찾아 빨려고 노력하고, 성장하면서 남보다 더 잘 살아 보기위해 애쓰는 모습이나, 밀림 속에서 나무들이 서로 햇볕을 쬐려고 성장 경쟁을 벌이는 모습에서 잘 발견할 수 있다.

이러한 목표는 생존본능의 욕구慾求에서 나온 자연 발생적인 것이다. 따라서 이러한 욕구는 기업에게도 있는 바, 어떤 기업이든지 설립 시부터 그 타당성 여부에 관계없이 지니고 있다.

기업의 경우 생존에 필요한 제 1차적 기본 요소는 "이윤"이다. 따라서 기업으로서는 "이윤의 극대화와 이로 인한 양적 질적 성장"은 윤리적 타당성 여하를 떠나 필연적으로 반드시 이루어야만 하는 과제이다. 만약 어느 기업이든 이를 달성하지 못하면 생존 경쟁에서 뒤 처지게 되어 마치 햇볕을 쐬는 경쟁에서 뒤처진 나무들이 점차 숲 속에서 자취를 감추듯이 사라지게 될 것이다.

그러면 '이윤利潤'이 발생하는 원천은 무엇일까?

학자들은 이러한 이윤의 원천으로 여러 가지를 들고 있지만 일반적으로 "위험"을 이윤의 가장 중요한 원천으로 들고 있다.

이윤은 기업의 경영에서 비롯되는 갖가지 위험Risk에 대한 보상이라고 말한다. 이를 다른 면에서 보면 위험을 감수하는 기업의 본질적 이유는 그 위험 저편에 이윤이 있기 때문이며, 이러한 이윤이 없으면 기업의 존재도 또한 활동도 있을 수 없다는 의미라고 볼 수 있다. 기업의 이윤은 마치 초등학교 시절 운동회에서 학생들이 죽을 힘을 다 해 달린 후 승자들에게 주어지는 엿이나 과자와 같이, 기업의 존재 또는 활동의 목표가 되는 것이다.

둘째로 "기업은 무엇을 목표로 하여야 할까?"라는 질문은 기업의 입장보다는 기업의 외부 이해관계자 입장에서 접근하는 질문이라고 볼 수 있다.

어떤 사람이 남보다 잘 살기 위하여 노력하는 것을 제 1차적 목표라고 말한다고 가정하자. 이를 위해서 사기를 치거나 부정한 행위를 해도 좋다는 것일까? 당연히 아닐 것이다. 이는 그 결과가 타인의 이익을 침해하기 때문이며 이러한 것은 결국 제 1차적 목표의 당위성을 부인하게 된다.

따라서 "이윤"이라는 기업의 제 1차적 목표는 그 획득과정과 결과가 사회적으로 타당하다고 받아들여질 때 그 존재와 달성가치를 인정받게 된다. 그러므로 어떤 기업이 이윤의 극대화를 추구하고자 할 때 이러한 사회적 타당성 여부를 먼저 고려하여야 할 것이다.

이와 같은 점을 고려할 때 이윤에 관한 두 번째 질문에 대한 답은 이윤 극대화를 추구하되 그 극대화의 과정과 결과에 대하여 사회 즉 기업을 둘러싸고 있는 이해관계자집단이 그 타당성을 인정하도록 추구함에 있다고 말할 수 있다.

'한 그루'의 나무를 심는 마음

나는 약 13년 전에 현재 우리가 살고 있는 집으로 이사 왔다.

원래 어린 시절을 시골에서 보내서 그런지 아파트 생활이 싫었다. 그래서 아이들이 대학교에 들어가면 곧바로 시골로 내려갈 생각을 하였다. 처음에는 양수리 쪽으로 방향을 잡고 강이 보이는 산자락에 터를 마련하고 집을 지으려고 계획했었다. 그러나 '너무 외롭다'라는 아내의 반대로 현재 내가 살고 있는 판교로 이사 오게 되었다.

처음 이사 와서 우리 집에 딸린 약 40여 평의 정원을 어떻게 만들까 고심했다. 아무리 연구를 해도 마땅한 그림이 나오질 않아 하는 수 없이 정원사를 불러 설계를 의뢰하였다. 그는 3일 만에 조감도를 그려서 가져왔다. 나는 그 사람의 디자인이 너무 마음에 쏙 들었다. 마당 울타리를 따라 소나무를 심고, 영산홍도 밖에는 큰 것, 안쪽에는 작은 것을 심었다. 그리고 능소화와 모과나무를 심고 한 귀퉁이에는 작은 샘도 만들었다. 마지막으로 마당에 잔디를 깔았다.

이러한 정원공사를 하고 또 가꾸어 나가면서 나는 다음과 같은 네 가지를 삶의 지혜를 배우고 있다.

첫째, 모든 분야에는 전문가가 있다. 따라서 전문분야에 속하는 것은 내가 직접 하려고 들지 말고 전문가를 인정하고 활용하자

둘째, 아름다운 정원을 보려면 인내심을 가지고 정성을 다해 가꾸어야 한다. 자연은 내버려 두면 그들의 논리에 따라 자유분방하게 형성된다. 사람의 눈에 아름답게 보이게 하려면 때에 맞추어 전지剪枝도 해주어야 하고, 퇴비도 주어야 하며 잔디 깎기나 잡초도 부지런히 뽑아주어야 한다. 만약 이런 일이 귀찮으면 자연 그대로의 모습을 즐겁게 바라보도록 마음을 바꾸어야만 한다.

셋째, 정원을 즐기려면 매일 그들과 호흡을 같이 해야 한다. 매일 아침 창문을 열면 코에 성큼 와 닿는 싱그러운 공기와 어머니의 냄새를 기억나게 하는 흙 내음을 느낄 수 있어야 한다. 정원에 나가 어제 나온 꽃대가 오늘 아침에는 더 많이 올라오거나 꽃봉오리를 살며시 보여주는 모습을 볼 수 있어야 한다. 그리고 꽃들마다 제각기 다르게 풍기는 향기를 맡을 수 있어야 하고, 나비가 꽃들 사이로 날

아다니는 운치도 감상할 수 있어야 한다. 봄날 삭막한 나뭇가지 틈새로 새 순이 수줍은 듯 앙증맞게 올라오는 모습도 발견할 수 있어야 한다. 또한 나무 사이로 날아다니며 지저귀는 새소리와 봄날 계단 밑 둥지에서 새로 태어난 새끼에게 먹이를 물어다주는 박새의 모정母情과 더불어 나뭇잎을 간질이는 바람결의 보드라움도 느낄 수 있어야 한다. 그리고 갈증을 호소하는 화초들의 아우성을 듣고 제때에 물을 줄 수 있어야 한다. 이들의 하모니 속에서 시 한 편이나 재미있는 소설을 읽는 여유를 즐길 수 있으면 금상첨화錦上添花일 것이다.

넷째, 이 모든 것을 주신 조물주에 감사하는 마음을 가져야 한다. 감사한 마음으로 정원을 물끄러미 바라보고 있으면 나도 모르게 평화로운 행복한 기운에 감싸임을 느낀다.

기업을 만들고 경영하는 기업인의 마음도 이와 같다고 생각한다.

기업은 한 그루의 나무와 같다. 나무를 심는 사람은 혜안慧眼을 가지고 토양에 맞는 나무를 선택하고, 심은 후 이를 정성을 다해 가꾸도록 해야 할 것이다. 그리고 그 나무를 통해 열리는 과실을 감사한 마음으로 수확할 수 있어야 한다. 그리고 나무를 심고 가꾸기까지 수고한 모든 이에게 그 과실의 기쁨을 같이 나누는 넉넉한 마음도 가져야 할 것이다. 그리고 나무를 심게 되면 새들도 깃들고 이웃들도 그늘에 쉬어간다.

오늘 한 그루의 나무를 심는 마음으로 기업을 만들어보는 것은 어떨까? 그리고 오늘은 비록 작은 나무를 심지만 이 나무가 장차 크고 우람한 나무가 되도록 정성스레 가꾸고 키워보자.

성공하는 기업, 망하는 기업

기업의 건강은 경영자원의 원활한 흐름을 통해 이루어진다

건강한 기업은 어떤 기업을 말하는 것일까?

앞서 우리는 '기업'의 본질은 사회에 지대한 공헌을 하는 '공헌덩어리'이며 생명성을 지니고 있는 소중한 '생명체'임을 인식하였다.

이러한 점에서 기업의 건강은 사회적 측면에서 볼 때도 무엇보다 중요하다.

앞서 알아본 사람들의 건강과 관련하여 핵심요소로 파악한 "흐름의 원리"를 기업에도 적용해 보기로 한다..

건강한 기업이 되기 위해서는 기업의 3대 경영자원인 '사람人'과 '물자物資' 그리고 '자금資金'의 흐름이 각각 원활해야 한다.

예를 들어 어떤 기업에 꼭 필요한 유능한 인재를 어떤 장애(예: 노조 요구) 때문에 입사시킬 수 없거나 입사한 인재를 적재적소에 배치하지 못하거나 또는 회사에 불필요한 사람을 적시에 퇴사시키지 못하는 기업이 있다면 그 기업은 "사람의 흐름"면에서 원활하지 못한 것을 의미한다. 이는 '사람'면에서 건강하지 못함을 뜻한다.

그리고 원료를 구입하여 제품을 만들어 외부에 판매하기까지의 과정 중에서 어떤 애로사항, 예를 들면 원료 구매난이나 기계고장으로 인한 제조활동의 지연 또는 경쟁업체의 과도 경쟁으로 인한 판매 격감 등 장애가 발생하여 흐름이 원활하지 못하면 그 기업은 "물자의 흐름"이 막히는 것을 의미한다. 이는 '물자'면에서 병이 발생한 것을 뜻한다.

또한 어떤 기업이 부가가치가 높은 신규 아이템을 개발하였지만 사업화하는데 필요한 자금난을 겪고 있다면 이는 '자금'면에서 빈혈을 앓고 있는 것과 같다. 구슬이 서 말이라도 꿰지 못하면 무슨 소용인가? 비록 흑자가 예상되는 기업의 경우라도 자금의 흐름이 원활하지 않다면 소위 "흑자도산黑字倒産"의 비운을 맛보게 될 수도 있다.

기업의 경영이 어려운 것은 이러한 세 가지 주요흐름을 원활하게 유지하기가 쉽지 않다는 점에 있다. 상품이 판매되어 나가면 그 대금은 기업에 들어온다. 이처럼 "물자의 흐름"과 "자금의 흐름"은 서로 흐르는 방향이 반대이다. 또한 외상거래와 같은 '신용信用' 제도로 말미암아 물자와 자금의 흐름시기도 일치하지 않는다. 또한 그 흐름의 양도 서로 다르기 때문에 이를 원활히 조절하기기 매우 어렵다.
따라서 이들 물자와 자금의 흐름을 적절히 조정해가는 것이 건강한 기업의 핵심 포인트라고 말할 수 있다.

건강기업과 성장기업

기업을 경영하는 사람이나 기업에 몸담고 있는 종업원 또는 기업에 자금을 빌려주는 은행 등 기업과 관련되는 입장에 있는 모든 사람이나 집단들은 관련된 해당 기업이 건실한 기업이 되어서 기업이 창출한 이익을 향유享有할 수 있기를 바랄 것이다. 그러나 이들의 이러한 바람과는 상관없이 모든 기업이 다 건실할 수는 없으며 건강한 기업도 있고 건강하지 못한 기업도 있기 마련이다.

그러면 기업이 건강하다는 것은 무엇을 의미하는가?
앞에서 건강의 핵심은 "원활한 흐름"임을 살펴보았다. 즉, 세 가지 경영자원인 사람과 물자 그리고 자금의 원활한 흐름이 건강기업의 핵심이다. 만약 이러한 흐름이 원활하지 못한 상태는 기업이 질병에 걸려있는 것을 뜻하는 바 이러한 기업질병에 걸리지 않은 기업을 건강기업이라고 말한다.

기업질병에 관해 좀 더 살펴보기로 하자.

기업이 건강하다는 것은 우선 소극적인 의미에서 말한다면 질병에 걸리지 않은 기업을 말한다. 미국의 유명한 경영학자인 스테픈 길맨S. Gilman 같은 사람은 '기업질병'을 "물자"와 '자금'의 두 가지 경영자원의 흐름 상황에 초점을 맞추어 설명하고 있다. 즉, '물자의 흐름' 면에서 불량함을 의미하는 '과도한 재고투자'와 '과도한 시설투자', '자금의 흐름' 면에서 불량한 것을 의미하는 '자본 부족'과 '과도한 외상매출금'을, 그리고 물자와 자금의 두 가지 자원의 결합 운용흐름의 불량을 의미하는 '이익의 과소'를 각각 기업질병Business Ailment 요인이라고 주장하고 있다.

기업의 다섯 가지 질병

- 자기자본 부족
- 과도한 외상매출금
- 과도한 재고자산
- 과도한 시설투자
- 이익의 과소

이러한 관점에서 건강한 기업을 설명해보기로 하자.

첫째, 건강기업이 되려면 자기자본이 충분하여야 한다.

'자기자본自己資本'이라는 것은 타인으로부터 차입하는 타인자본他人資本인 부채와 대별되는 것으로서 총자산에서 총부채를 차감한 '순자산'을 말한다. 이는 주로 기업의 주인인 주주로부터의 납입자본금과 기업이 매년 거두어들인 수익에서 비용을 차감한 '당기순이익'에서 주주에 대한 배당 등의 처분금액을 뺀 잉여금의 누계금액累計金額으로 구성된다.

자기자본 ⊖ 총자산 ⊖ 총부채 ⊖ 납입자본금 ⊕ 잉여금

타인자본은 채권자가 변제를 요청하면 기업의 여유자금으로 갚아야 하는 부담을 주는 존재이지만, 자기자본은 기업이 잘되던 못되던 갚을 의무가 없는, 기업과 끝까지 운명을 같이하는 동일체적 존재이다. 따라서 기업의 입장에서 볼 때 자기자본이 많으면 많을수록 재무구조는 안정적이다 라고 판단할 수 있다. 이를 판단하기 위한 주요 비율로서 부채와 자기

자본의 관계를 알아보는 '부채비율(부채/자기자본)'이 있다.

둘째, 외상 채권의 회수가 원활하여야 건강한 기업이 될 수 있다. 만약 어느 기업이 은행으로부터 차입한 자금으로 이자를 부담하면서 제품을 만들어 팔았는데 이를 사간 거래처로부터 수금이 제 때에 제대로 되지 않는다면 그 기업은 어떻게 될 것인가? 다음 제품을 만들기 위한 자금은 고사하고 은행으로부터 빌린 차입금에 대한 이자마저 갚지 못하는 어려운 상황에 처하게 될 것이다.

외상채권은 무이자로 신용을 제공하는 것을 의미한다. 반면 외상채무는 무이자로 신용을 제공받는 것을 의미한다. 따라서 외상채무 보다 외상채권이 많다는 것은 은행이자를 내가 부담하면서 거래처에게 무이자로 신용을 주는 것이 상대적으로 많다는 것을 의미한다. 이는 기업으로 하여금 금융비용의 증가로 인한 손익구조의 악화를 초래함은 물론 자금 경색의 결과를 가져오게 되어 기업 건강을 해치는 주요 원인이 된다.

셋째, 건강기업이 되려면 만드는대로 제품을 잘 팔아서 창고에 재고로 쌓이는 재고량이 적어야 한다.

우리는 흔히 현금은 중요하게 생각하는데 비해 창고에 쌓여있는 재고자산在庫資産에 대하여는 상대적으로 과소평가를 하는 경향이 있다. 전술한 외상채권과 마찬가지로 제품을 만들기 위해 은행으로부터 차입한 자금이 있다면 제품이 창고에 있는기간 동안에도 금융이자는 계속 부담하고 있음을 알아야 한다. 또는 창고에 보관하는 비용 또한 만만치 않게 들어간다.

따라서 과도한 재고자산의 존재는 기업으로 하여금 자금 경색은 물론 수익구조 악화의 주요원인이 된다. 건강기업이 되려면 이러한 재고자산 보유를 적정 재고수준으로 최소화하여야 한다.

넷째, 건강기업이 되려면 불필요한 시설 투자를 과도하게 해서 자금이 고정화固定化 되도록 하지말아야 한다.

우리는 성장하던 기업들이 공장이나 사옥을 짓고 자금난에 허덕이다가 결국 부도를 내는 불행한 상황에 처하게 되는 사례를 종종 본다.

토지나 건물은 말 그대로 움직이지 않는 부동不動의 자산이다. 이는 기업이 유동성 위기에 처하게 되어 자금을 조달하고자 할 때 부동산은 별 도움이 되지 않는다는 것을 뜻한다. 따라서 기업을 건강하게 성장시키려면 유동성流動性을 악화시키는 과도한 시설투자는 금물이다.

마지막으로는 매출을 많이 올리고 원가는 감소시켜 이익을 극대화 시켜야 "건강기업"이 될 수 있다. 이는 곧 부가가치附加價値가 높은 기업이 되어야 건강기업이 될 수 있음을 의미한다.

부가가치를 높게 생산하여야 기업에 관심을 가지고 있는 수많은 이해관계자 집단들에게 만족할만한 '나눔'을 실천할 수 있다. 즉, 종업원에게 만족할만한 급여를 주거나, 주주에게 높은 배당을 주고 과세당국에 적절한 세금을 낼 수 있을 때 그 기업은 이러한 이해관계자 집단들로부터 존중을 받으며 협조를 받을 수 있다.

이해관계자 집단들과 건실한 좋은 동반자 관계가 이루어질 때 그 기업은 건강하게 성장할 수 있는 것이다.

이와 같은 다섯 가지 기업질병 요인을 살펴보면 전술한 바와 같이 첫째와 둘째는 주로 '자금' 흐름면에서의 질병 요인을, 셋째와 넷째는 '물자'의 흐름면에서의 질병 요인을, 다섯째는 기업의 자금과 물자의 흐름이 복합적으로 작용하고 있는 '이익' 흐름면에서의 질병 요인을 각각 나타내고 있다고 볼 수 있다.

또한 첫째부터 넷째까지는 재무제표 중 재무상태표와 현금흐름표에서, 다섯째는 손익계산서에서 각각 그 상황을 살펴볼 수 있다.

이와 같은 자금과 물자 이외에도 어떤 기업이 사람의 흐름이 원활하지 못한 경우 이 역시 중요한 질병에 걸려있다고 말할 수 있다.

한편 적극적인 의미에서의 건강기업은 이러한 기업질병에 걸리지 않고 전술한 세 가지 경영자원의 흐름이 원활한 상태가 지속되는 기업을 의미한다. 나아가 시간이 흐를수록 그 흐름의 양과 속도 그리고 질적인 면에서 우량한 기업을 뜻한다고 말할 수 있다.

성공인이 되려면 무엇보다 육체와 마음 그리고 정신이 건강해야 하는 것처럼, 성공기업이 되려면 기업도 무엇보다 먼저 건강하게 성장하는 "성장기업成長企業"이 되어야 함을 알 수 있다.

기업이 망하는 이유

앞서 기업을 "계속 살아가는 생명체" 즉, '계속기업Going Concern'으로 설명하였다. 기업을 만든 창업주는 일정 기간의 삶을 살면 그 삶을 마치는 유한有限한 생명을 살지만, 그가 만든 기업은 그가 죽고 난 이후에도 특별한 이유가 없는 한 계속 살아남아 존속해간다.

이때 기업으로 하여금 생명을 마치게 하는 '특별한 이유'는 무엇일까?

우선 기업의 3대 주요 경영자원, 즉 사람, 물자 및 자본의 흐름에 문제가 발생한 경우를 생각해볼 수 있다.

획기적인 신제품을 개발하고 있던 어느 벤처기업의 경우에는 그 기업의 핵심기술을 알고 있는 기술팀과 경영진의 갈등으로 핵심 기술자가 모두 다른 회사로 이직하게 됨으로써 문을 닫게 되었다. 또 어떤 기업은 회사가 급성장을 하던 차에 새 공장을 준공하던 날 노사분규가 발생하였고 그 분규가 장기간 계속되는 바람에 사세가 1/3로 줄어들 정도로 치명적인 타격을 받기도 하였다.

이 모두 '사람'의 흐름과 운용에 문제가 생긴 것이다.

어느 새로운 모델의 스마트폰을 개발한 소규모 벤처기업인 A 기업의 경우에는 이를 대량으로 주문하겠다는 대기업의 말을 믿고 꿈에 부풀어 생산시설을 대폭 늘리고 소요 원자재를 대량 구매하고 생산에 착수하였다. 그러나 대기업 측의 예기치 않는 사고의 발생으로 납품이 불가능하게 되었다. 결국 이런 이유로 말미암아 그 벤처기업은 대량으로 구입한 자재대금에 대한 지급 압박을 견디지 못하고 문을 닫게 되었다. 또 어느 패션회사의 경우에는 재고관리담당자의 무능으로 장부와 재고가 큰 차이가 난 상태에서 세무조사를 받게 되었다. 조사 결과 장부보다 부족한 재고금액 만큼 매출 누락으로 인정되어 큰 세금을 부과 당하게 되어 그 부담을 이겨내지 못하고 결국 부도를 내고 말았다.

이러한 사례들의 경우는 '물자'의 흐름에 병이 생긴 것이다.

골프장을 건설하던 B 기업의 경우에는 창업주의 원시자본으로 초기 사업비를 충당하였으나 금융기관을 통해 PF자금을 조달하는데 실패하여 결국 개발 도중에 문을 닫고 말았다. 또 새로운 온라인 싸이트를 개발하여 온라인시장을 평정하려던 꿈을 꾸던 D 기업의 경우에도 초기 소요자본을 창업자 본인의 원시투입자본과 엔젤로부터 조달하여 시작하였으나 개발 기간이 길어지는 바람에 2차 소요자본을 조달하지 못하고 결국 개발을 포기하고 중도 하차하였다.

이러한 사례들의 경우는 '자금'의 흐름에 장애가 생긴 것이다.

이와 같이 한 기업이 태어나서 성장하기까지는 수많은 넘어야할 문제와 역경이 있는데 이를 극복하지 못하게 되면 그 기업은 그 생명을 잃고 문을 닫을 수밖에 없는 것이다.

어바웃닷컴About.com이 지적한 "소규모 사업체들이 4년 안에 망하는 이유 10 가지"를 기초로 기업이 망하게 되는 원인을 소개하면 다음과 같다.

1. 사업이 지연, 지체되거나 회사에 처리되지 않은 서류가 쌓여간다. 이는 회사가 위기를 맞았다는 증거이다.
2. 경쟁을 의도적으로 무시한다. 고객들은 사업자의 성격이나 얼굴을 보고 몰려들지 않는다. 언제나 남들보다 뛰어난 아이디어와 낮은 가격을 가진 곳에 모이기 마련이다.
3. 너절한 마케팅을 고수한다. 상품이 아무리 우수하다 하더라도 사람들에게 알려지지 않으면 결국 실패하게 된다. 회사의 규모나 상품의 성격을 무시하고 광고에 너무 많은 돈을 쏟아도 문제에 부딪치게 된다. 어떤 경

우에는 광고보다 '입소문'을 통한 저렴한 마케팅을 고려하는 것이 바람직하다.

4. 고객의 요구를 무시한다. 회사가 발전하려면 자사가 내어놓은 상품에 대한 고객의 피드백을 충분히 얻고 거기에 따라 행동해야 하는 것이 철칙이다.

5. 무능한 직원들이 설친다. 악화惡貨가 양화良貨를 구축驅逐하듯이 무능한 직원들이 많이 있고 이들이 주요 자리를 차지하고 있는 한 유능한 좋은 직원들은 설 자리가 없고 결국 회사를 떠나게 된다. 좋은 경력을 가진 사람들을 뽑고 그들이 즐겁게 일할 수 있는 환경을 만들어 주어라.

6. 무능한 사장이 회사를 경영한다. 소규모의 사업을 이끄는 사장이라면 여러 가지 분야에 능해야 한다. 회계에서 마케팅, 고용에까지 모든 것을 커버할 수 있어야 한다.

7. 기업 입지가 불리한 위치에 있다. 기업의 영업장이 고객이 찾아올 수 없는 자리에 위치했다면 그 사업은 극히 불리할 수밖에 없다.

8. 회계기록이 잘되고 있지 않다. 만약 자금흐름에 대한 회계기록이 부실하다면 돈이 어디서 얼마만큼 들어오고 나가는지 정확히 알 수 없을 뿐만 아니라 사업에 필요한 자금흐름을 맞출 추 없어 기업경영을 제대로 할 수 없게 하는 원인이 된다. 따라서 기업을 합리적으로 경영하기 위해서는 회계기록관리가 제 때에 정확히 잘 이루어져야 한다.

9. 닫힌 사고. 이미 알려지고 오래된, 뻔한 아이디어가 그대로 적용되고 있다. 이러한 것들은 하루속히 내다 버려야 한다. 그리고 다양한 정보를 습득하여 어떤 새로운 아이디어가 성공할 수 있는지 항상 연구해야 한다.

10. 비현실적인 계획을 세운다. 그 기업의 규모와 실정 그리고 그 기업이 처한 기업환경을 고려하여 현실적인 목표를 세우고 사업을 시작하되, 단계별로 목표 완수시점을 정해 놓도록 한다. 계획이 완수될 때마다 새로운 단계를 설정하여 사업추진을 하도록 한다.

누구를 위한 노사분규인가?

부천에서 전자제품을 생산하던 어떤 기업이 있었다. 그 기업은 제품을 동남아시아 지역으로 전량 수출하였는데 바이어들로부터 반응이 좋아 매출이 매년 100% 이상 신장하는 등 자타가 공인하는 우량기업이었다.

이렇게 남부러울 것 없던 회사에 노사 갈등의 태풍이 불게 되었다. 노조와 경영자는 약 3개월 동안 지루한 협상을 벌였다. 그러나 서로간의 이해의 폭을 좁히지 못하고 대립하는 가운데 회사의 바이어들은 하나 둘 떠나게 되었다. 결국 우량하던 회사는 자칫 부도위험을 느낄 정도로 부실 징후를 보이기 시작하였다.

노사 협상에 지친 경영자측은 노조에 경영자가 제시한 제안을 노조가 신뢰하지 못하니, 이를 전문가에게 의뢰하여 검증하도록 요청하였다. 노조가 선임하는 전문가가 누가 되든 비용을 회사가 전액 지원해 주겠다고 제안했다.

노조는 경영자 측의 제안을 받아들여 M 회계사를 선임하고 경영자 측의 제안내용이 타당한지 여부를 검토하게 하였다. M 회계사는 노조로부터 경영자 측의 제안을 입수하여 검토한 바, 노사분규의 발생 원인과 석 달 동안이나 타결되지 않은 이유와 분규 과정이 다음과 같음을 발견하였다.

첫째는 대주주 겸 경영자이었던 회사 사장의 호화스러운 생활과 열악한 노동환경이 노사문제의 발단의 주 원인이었다. 매년 회사가 급성장을 하는 과정에서 회사의 사장은 외국의 바이어들을 접대하기 위한 목적(경영자측 설명)으로 고급 외제 승용차를 구입하여 사용하였다. 그러나 노조 입장에서는 종업원들이 애써서 성장시킨 결과를 사장이 독식하고, 그 성과가 노동자들을 위한 노동환경의 개선이나 분배에 사용되고 있지 않다고 생각하게 된 점이었다. 즉, 노사 상호간에 불신不信이 그 원인이었다.

둘째는 회사 재무제표에 대한 노조의 이해부족이었다. 그 당시 노조는 회사의 재무상태표를 입수해 검토해 보고 "5년 전에 비하여 회사의 자산규모는 5배 이상 늘었는데 종업원들의 급여는 5년 동안 2배 밖에 늘지 않았다. 그 이유가 무엇인가?" 라고 물으며 급여의 대폭적인 인상을 요구하였던 것이다. 그러나 경영진은 "재무상태표를 볼 때 '자산'만 보지 말고 '부채'도 보아야 합니다. 자산규모도 5배 이상 증가했지만 부채도 5배 이상 증가하였습니다." 라고 주장하였다. 그러나 노조는 "그러면 재무상태표에 기재된 자산이 회사 자산이 아니란 말입니까? 회사의 자산이 맞는다면 더 이상 다른 이야기는 하지 마십시오." 라고 경영진에게 공박하는 방식으로 대화가 진행됨으로써 서로간에 이해의 접점을 찾지 못했던 것이다.

M 회계사가 경영진이 노조에 제안한 협상안을 검토해 보니 노조의 요구를 가급적 최대한으로 수용하되 그 최대한 선은 주주들이 1원의 배당도 받지 않겠다는 선까지로 양보한 상태이었다. M 회계사는 이와 같은 경영진의 안을 노조지도부에 설명하고, 아울러 재무상태표의 내용을 노조 지도부가 올바로 이해할 수 있도록 그 구조와 계정과목의 내용을 쉽게 설명하였다.

그리고 더 이상 노조 안만을 계속 고집하게 되면 회사는 경영상황이 더욱 악화되어 기업의 계속가능성에 위험이 예견된다는 점을 노조 지도부에 자세히 설명하였다. 노조는 본인들이 선임한 회계사의 설명을 신뢰하고 마침내 경영진의 입장을 이해하게 되었고 노사분규를 끝냈다.

그러나 노사분규가 타결된 시점에 이르러 우량기업의 대열 중 선두를 달리던 그 기업은 이미 부실기업으로 추락한 상태이었고, 10여 년이 지난 지금도 그 회사는 아직 그 당시의 충격 때문에 부실기업에서 벗어나지 못하고 있다. 또한 당시의 노조 대표나 노조원들 중 상당수는 그 회사를 떠나고 없다. 참으로 안타까운 일이 아닐 수 없다.

이는 노사 간에 신뢰가 부족한 상태하에서 재무제표에 대한 어설프고 불완전한 지식이 노사협상에 커다란 걸림돌로 작용하여 노사협상의 타결까지 불필요한 시간적 낭비를 가져오게 함으로써, 회사의 경영에 치명적인 타격을 가하는 주원인으로 작용하였던 것을 보여주는 대표적인 사례라고 말할 수 있다.

이 회사의 경우는 마치 사막의 웅덩이 물은 말라가는데 웅덩이의 물을 아껴서 서로 오래 사용하거나 웅덩이물을 빼앗는 다른 동물들을 퇴치하려고 노력하지는 않고 서로 영역다툼에 몰두하고 있는 악어와 하마의 싸움을 연상시킨다. 회사가 있고 노조와 경영자가 있는 것이지 회사가 무너지면 아무 소용없는 것이다.

노사분규 현장에 시달리는 기업을 볼 때마다 나는 의문이 든다.
"누구를 위한 노사분규인가?"

기업을 건실하게 발전시킴에 있어서 재무제표에 대한 올바른 이해는 경영자에게만 국한된 것이 아니다. 이는 기업과 관련된 모든 이해관계자 집단들에게 공통적으로 필요한 것이다.

　이를 위해 경영진도 평소에 회사의 상황을 투명하게 관리하여야 한다. 재무제표와 영업보고를 통해 기업의 소중한 동반자라고 할 수 있는 노조가 경영진의 입장과 경영진이 발표하는 회사의 상황을 신뢰할 수 있도록 정기적으로 설명하여야 할 것이다. 아울러 필요하다면 노조 간부들이 회계와 재무제표를 올바로 이해하여 합리적인 노사협상이 가능할 수 있도록 회계교육의 기회를 노조 간부들에게 제공하는 것도 좋을 것으로 생각한다.

CHAPTER 3
성공기업인의 길

'성공'은 어떻게 이루어지는가?
성공기업인으로 가는 길을 알아보고 그 길을 가기 위해 지켜야 할
요건 13가지를 검토해 보기로 한다

성공프로세스의 디자인

세상을 보게 해주는 창문

인생이라고 하는 것은
승차권 하나 손에 쥐고 떠나는
기차여행 같은 것 아닐까요?

출발하면서 우리는,
인생이라는 이 기차는 한번 승차하면
절대 중도하차 할 수 없다는 것을
알고 떠납니다

시간이라는 것은 탄환과 같아서
앞으로만 갈 뿐 뒤로 되돌아오는 법이 없듯
인생이라는 기차 또한 마찬가지입니다

가다보면
강아지풀이 손 흔드는 들길도 있고
금빛 모래사장으로
눈부신 바다도 만나게 됩니다

그때 우리의 얼굴엔 기쁨에 겨운
아름다운 미소가 번지겠지요
하지만 이 기차는 그런 길 뿐 아니라
어둠으로 가득 찬
긴 터널을 지나갈 때도 있습니다

허나 고통과 막막함이
느껴지는 곳을 지난다고 해서
우리의 손에 쥐어진
승차권을 내팽개쳐 버리거나
찢어버리면 안됩니다

지금 빛이 보이지 않는다고 해서
목적지에도 채 도착하기 전에
승차권을 찢어 버리고
중도하차 하려는 인생만큼
어리석은 인생은 없습니다

우리 모두 기다릴 줄 알아야 합니다

긴긴 터널을 통과하고 나면
보다 아름다운 햇살이
나의 머리맡에 따스하게 내려앉는다는
믿음을 늘 가슴에 심어 두고….

– 박성철 '등불 2' –

성공이 만들어지는 블랙박스

성공은 어떻게 이루는가?

우리는 모두 오늘도 성공하는 삶을 꿈꾼다.

그럼에도 불구하고 어떤 이는 성공가도를 달리고, 어떤 이는 성공가도에서 탈락하여 슬픔과 괴로움의 늪에 빠져 신음하고 있다.

'성공'의 정의는 앞에서 알아본 바와 같이 성공의 주체인 사람에 따라, 또한 그 사람이 살아가고 있는 시대와 환경에 따라 각각 다른 모습으로 우리에게 다가온다. 그러다 보니 각각의 성공을 살펴보면 그 원인과 내용이 제각기 달라 일률적으로 성공의 방법에 대해 이야기 하기란 참 어려운 일이다.

그러나 우리 이전에 성공적인 삶을 살아온 분들의 성공방법과 내용 그리고 특성을 살펴보고 그 중 우리의 오늘날 삶과 관련있는 부분에 한해 벤치마킹하는 것은 우리의 삶을 성공하는 삶으로 이끄는데 하나의 좋은 방법이 되지 않을까 생각한다.

어떤 사람이 성공한 삶을 산 경우 그가 이룬 성공방법을 알아본다는 것은 그가 성공을 이루기 위해서 어떻게 생각하고 판단하고 행동하였는지에 대해 분석적으로 살펴본다는 것을 의미한다고 볼 수 있다.

GIGO 법칙

옛말에 '콩 심은데 콩 나고 팥 심은데 팥 난다.'라는 말이 있다. 이는 콩을 심은 데서는 반드시 콩이 나지 팥이 나올 리 없다는 지극히 당연한 자연의 인과법칙因果法則을 이야기 한다. 그러나 이러한 인과법칙이 통하지 않는 경우, 즉 예외적인 경우가 허다하다. 예를 들면 같은 물을 먹더라도 소가 먹으면 우유가 되지만 독사가 먹으면 독毒이 되어 나온다. '사람'의 경우에도 마찬가지이다. 은혜를 베풀었더니 감사는커녕 원망을 하고 심지어는 원수가 되는 경우, 올바른 사람이 되라고 가르쳤더니 망나니로 변신하는 경우 등등, 우리의 주변에 심심찮게 일어나고 있는 이상한 현실이다.

"GIGO 법칙"이란 말이 있다.

이는 "Garbage In Garbage Out"의 약어로서 쓰레기가 들어가면 쓰레기가 나온다는 말이다. 전술한 콩 심은데 콩 난다는 서양식의 표현이라고 볼 수 있다.

또한 "DIDO 법칙"이란 말도 있다.

이 또한 "Diamond In Diamond Out"의 줄임말로 다이아몬드가 들어가면 다이아몬드가 나온다는 뜻이다. 어쩌면 지극히 당연한 말일 수 있다.

그러나 이와 같은 자연법칙이 왜 인간에게는 적용되지 않는 것일까?

좋은 환경에서 태어나 좋은 선생님한테 좋은 교육받은 사람은 사회에서도 엘리트로서 성공하고, 불우한 환경에서 태어나 제대로 배우지 못하고 어렵게 성장한 사람은 사회에 적응을 잘 하지 못하고 힘든 삶을 살게 될 확률이 보다 높을 것이다. 안타까운 일이지만 소위 말하는 '부의 대물림' 현상도 이에 해당하는 말이다.

물론 대다수의 사람들에게는 해당되지 않는 이야기이지만 이러한 법칙이 적용되지 않고 반대의 결과가 나타나는 경우가 있다.

즉 "GIGO"가 다음과 같이 돌연변이가 되어 나오는 경우가 발생한다.

"Good In Garbage Out"

이는 좋은 것이 들어갔는데 쓰레기가 되어 나온다는 의미이다.

사회에 있어서는 안 될 사람들이 여기에 해당한다고 말할 수 있다. 본인이 저지른 잘못된 삶을 세상 탓으로 돌리고 본인은 물론 타인의 행복을 위해 기여하려고 노력하기보다는 증오로 자기의 삶과 주위에 있는 사람들의 삶을 파괴하려고 획책하는 인생의 실패자들이 여기에 해당한다.

예를 들면 어려운 사정을 딱하게 여겨 돈을 빌려주었더니 말 한 마디 없이 떼먹고 도망간다거나 지하철에 정류장에서 많은 사람들이 편하게 시간을 보내도록 하기 위해 책을 대여하는 코너를 개설했더니 책을 본 후 제자리에 돌려놓지 않고 가져가버린다거나 하는 등 소위 비양심적인 행동을 하는 사람들에 해당되는 말이다.

그러나 이와 반대되는 다음과 같은 경우도 있다.

"Garbage In Good Out"

이는 쓰레기가 들어갔는데 반대로 좋은 것이 되어 나온다는 것을 의미한다. 역경을 딛고 성공하는 삶을 산 대부분의 인물들이 이와 같은 경우에 해당한다고 생각된다.

한편 성공인도 아니고 실패자도 아닌 평범한 일반인의 경우는 어떠할까? 일반인에게 적용하는 GIGO 법칙은 다음과 같이 정리해볼 수 있지 않을까?

"Garbage In Garbage Out 쓰레기가 들어가서 쓰레기가 나온다
Good In Good Out 좋은 것이 들어가서 좋은 것이 나온다"

GIGO의 법칙			
성공인의 GIGO ●	Garbage In	Good	Out
일반인의 GIGO ●	Garbage In	Garbage	Out
	Good In	Good	Out
실패자의 GIGO ●	Good In	Garbage	Out

성공프로세스

그러면 왜 이러한 차이가 발생하는 것일까?

무엇인지는 몰라도 성공인들이 일반인이나 실패자들과 다른 삶을 사는

것은 그 나름대로의 독특한 이유가 있을 것이다. 우연일 수도 있고, 때로는 운일 수도 있다. 그러나 대부분의 경우에는 성공할만한 특별한 이유가 있기 때문에 성공이 가능했다고 생각한다.

성공인들로 하여금 성공하는 삶을 살게 하는 그들만의 독특한 다른 점, 즉 "성공하는 삶이 만들어지는 과정과 길"을 여기에서는 "성공프로세스"라고 정의하고자 한다.

행복과 성공은 이미 그 '생각의 길'에 따라 정해진다고 한다. (차동엽 신부) 사람마다 생각의 길이 다르므로 삶의 방향과 내용이 달라진다. 따라서 성공하는 사람은 성공하는 삶으로 이끄는 생각의 길을 따라 가며, 실패하는 사람은 실패하는 삶으로 인도하는 생각의 길을 선택하고 그 길을 따라 살아간다.

이 때의 "생각의 길"은 생각하는 사람의 두뇌 안에 숨어서 일어나는 현상이므로 외부에서는 알 수 없다. 따라서 알 수 없는 실체인 '두뇌'를 깜깜한 '검은 상자Black Box'라고 가정하자.

성공하는 사람들은 그들이 가지고 있는 블랙박스 속에 내장된 생각의 길을 통해 마이너스가 들어가면 플러스를 만들며, 무無에서 유有를 탄생시키며, 부정否定을 긍정肯定으로 변하게 하고, 역경逆境을 순경順境으로 바꾸며, 1에 1을 더하면 2가 아닌 3, 4, 10을 만들어 낸다.

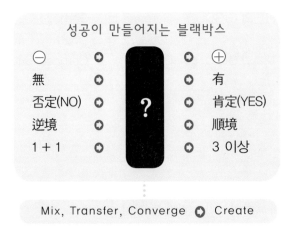

이러한 역경을 성공으로 바꾸는 '탈바꿈'과 '변신'을 일으키는 '블랙박스' 안에 있는 생각의 길 즉, 성공기업인의 길은 어떻게 만들 수 있을까?

나는 마음에 낀 때를 씻어내어 맑은 마음을 가꾸도록 노력하는 끊임없는 '자기성찰自己省察'과 어떠한 바람에도 흔들리거나 출렁거리지 않는 '고요한 마음가짐'을 가지기 위한 노력을 통하여 만들지 않을까 생각한다.

나에게는 두 아들이 있다.

그중 둘째가 고등학교를 졸업하고 미국에 있는 대학교에 입학하여, 부모 곁을 떠날 때의 이야기이다.

부모 마음이야 모두 같겠지만, 나는 작은 아이가 너무 어리게만 생각되어 낯선 이국에 가서 잘 적응할지 많은 걱정이 앞섰다. 마음속으로야 공부 열심히 하라고 당부하고 싶었지만, 나는 다음과 같이 세 가지만을 당부하였다.

첫째, 매일 기도 해라. 최소한 아침, 저녁으로 잊지 말고 하느님께 기도 해라.

둘째, 매일 운동 하라. 최소한 1시간 정도는 꼭 해라.

셋째, 매일 일기를 써라. 그날 일어난 일을 되돌아보고 반성하는 마음으로 일기를 정성껏 써라.

나는 이 말만 당부하고 아이를 보냈다.

아들이 나의 말을 얼마나 잘 들었는지는 잘 모른다. 그러나 그가 학교를 성실히 잘 다녔고 좋은 성적으로 졸업한 것을 보면, 아마도 내 말을 잘 지켰을 것으로 짐작하고 있다.

'기도'는 정신적인 평화와 마음가짐을 다스리게 하고자, '운동'은 건강한 신체를 지녀야 정신도 건강해질 수 있다는 생각에서, 그리고 '일기'는 끊임없는 '자기성찰'을 통해 하루 하루의 삶의 방향과 생활리듬이 초심初心에서 벗어나지 않고 유지할 수 있도록 하기 위해서 각각 당부했던 것이다.

'길'에서 '도道'로 ⛵

성공인의 길은 많은 사람들이 흔히 지나다니는 일반적인 '길'이 아니다. 길이 없는 광야廣野에 서서 먼 미래를 내다보는 통찰력을 가지고 시대와 상황에 맞는 새로이 개척한 '길'인 것이다. 그들이 개척한 길은 그들 뒤에 오는 사람들로 하여금 본받고 따르는 길이 된다.

따라서 나는 '성공인의 길'은 단순한 도로 개념인 '길'이 아니라 동양 사상의 핵심이라고 할 수 있는 '도道'라고 말하고 싶다.

여기에서 '도道'란 무엇인가?

'道'자는 '辶'(쉬엄쉬엄 갈 '착')과 '首'(머리 '수')로 결합되어 있는데, 이 때 '辶'는 길을 나타내며, '首'는 머리를 본뜬 것이라고 한다. 즉 '道'자는 한 사람이 가는 길을 뜻한다.(출처: 중국문화와 한자)

'도道'란 "인간이 마땅히 지켜야 할 도리道理이자 삶의 '길'이며 사람이 사람답게 살기 위하여 필요한 생활방식Way of Life"이라고 정의된다. (자료 : 한국민족문화대백과)

'도'는 인간이 살아가는 데 있어서 마땅히 걸어야 할 길이다. 이것은 모든 인간에게 보편타당한 가치를 가리킨다. '도'의 개념에는 '간다行', '행 한다'라는 의미가 내포되고 있다. '도'와 관련하여 공자로 시작되는 유가儒家에서는 도의 도덕적 면을 강조하여 일종의 생활규범, 인간의 가치기준 등의 핵심 규범으로 이해하고 있다.

이 때 도에서 가장 본질적인 것은 '인仁'이었다. '인'이란 개인적으로 보면 자아의 완성이지만, 외면적으로 말하면 사회 구제救濟이다. 공자가 말한 "수신제가 치국평천하修身齊家治國平天下"도 바로 '도'를 설명한 것으로, 모든 인간은 도를 이룸으로써 인생의 목적을 달성할 수 있다고 보았다. 이 경우 인간과 인간 사이에서 지켜야 할 이상적인 도의 방법은 덕德의 실천으로 보고 있다.

이상에서 설명한 유교의 '도'개념은 본서의 주제인 '성공인의 길'과 일맥상통一脈相通 한다. 왜냐하면 성공인의 길은 작게는 개인적인 의미에서의 목표 달성을 말하지만 크게는 이러한 목표 달성을 통한 사회에 대한 나눔과 기여를 의미하기 때문이다.

성경에서는 '도'를 하느님의 길, 진리라는 의미로 사용하며, 전술한 한

자 '道'의 의미와 관련하여 '교회의 머리肯 되시는 예수님에게 가는 것근이 신앙의 길道'이라고 해석한다.(출처 : 신나는 한자속 성경여행)

이 밖에도 노장사상老莊思想으로 대변되는 도가道家의 경우는 '도'와 관련하여 우주만물의 근원, 즉 절대성을 지닌 개념을 강조한다.

한편 석가釋迦에 의해 창시된 불교의 경우 진리Dharma 자체를 도로 보고 이를 올바른 삶의 길로서 제시하고 있다. 즉, 중생으로 하여금 고통의 원인인 탐貪·진瞋·치痴를 없애고 해탈하여 깨달음의 경지인 열반涅槃의 세계로 나아가기 위해서 실천 수행하여야 하는 여덟 가지 길을 '도'로 제시하고 있다. 이 때의 여덟 가지 길을 팔정도八正道로 부르는 바 이는 올바른 생각正見, 올바른 사유正思惟, 올바른 말正語, 올바른 업正業, 올바른 생활수단正命, 올바른 신념正念, 올바른 노력正精進과 올바른 마음가짐正定을 내용으로 한다.

오늘날 현대 사회는 점점 물질 만능과 인스턴트식 삶에 젖어가고 있어 도덕과 가치기준이 혼란스러운 상황에 놓여 있다.

이러한 혼돈混沌의 시대를 맞아 우리는 어떻게 흔들리지 않고 '성공인의 길'을 잘 갈 수 있을까?

'성공인의 길'과 '성공기업인의 길'을 올바로 가기 위해서는 단순한 일상적인 인생의 여로旅路로서의 '길'이 아닌, 이상에서 설명한 유교, 기독교, 도교 및 불교 등에서 제시하는 '도道'의 기본 개념을 이해하고 이에 충실한 삶을 사는 것, 즉 '길'에서 '도道'로 나아가려고 하는 노력이 이 무엇보다 필요하다고 본다.

다이아몬드도 원광석으로 있으면 그 가치를 제대로 발휘하지 못한다. 갈고 다듬어야 최고의 보석으로 사랑받듯이 모든 사람들로부터 사랑과 존중을 받는 '성공인'이 되려면 본인의 내면적인 완성을 위해 노력할 뿐만 아니라 이를 세상을 향해 어떻게 기여할 것인가를 연구하고 나아가 전술한 '도'를 이루기 위해 끊임없이 스스로 갈고 닦아야 할 것이다.

나를 연마시스템에 던지자

나는 낮에 일하고 밤에 대학교에 다니고 동시에 공인회계사 시험을 준비하느라 여간해서는 내 개인적 시간을 내기가 어려웠다. 좋아하는 문학서적도 읽지 못했고, 서예書藝도 손을 대지 못하였다. 또한 하고 싶은 여행도 하지 못하고 심지어는 좋아하는 영화 관람조차 자제하여야만 했다. 그러다 보니 대학교 서클 활동은 물론 사회활동에 참여할 기회가 거의 없어 항상 아쉬워했다.

회계사 시험을 합격하고 군대에 입대하기까지 3개월 정도 남은 어느 날, 나는 한국은행에서 같이 근무하고 있던 옆자리 동료에게 "김 형, 청년 단체에 가입하여 활동하고 싶습니다. 김 형이 보시기에 대한민국에서 가장 훌륭한 청년 단체가 어딘가요? 추천해주시면 감사하겠습니다."하고 부탁하였다.

그는 나에게 도산 안창호 선생님의 정신을 배우고자 만들어진 '흥사단'을 추천하였다. 나는 퇴근하자마자 명동에 있던 흥사단 본부를 찾아가 책임자와 면담을 하였다. 나를 면담한 책임자는 나에게 흥사단에 입회하려면 최소한 6개월의 예비단우 기간이 필요한 데 내가 3개월 안에 군에 입대해야 할 입장이니 군을 제대한 후 시작하도록 권하였다.

나는 하는 수없이 흥사단 입회를 보류하고 대신 ACCAmerican Agricultural Center 라는 명칭의 모임에 가입하여 활동하였다. ACC 모임에는 대학원 졸업자가 정회원이고 대학원 재학생은 준회원이었다. 지인의 도움으로 나는 대학원 입학도 하지 않았지만 준회원 자격으로 입회하여 활동할 수 있었다.

ACC 모임에서 전공과 학교가 다양한 남녀 회원들과의 만남과 대화를 하면서 나는 신선한 충격을 느꼈다. 그동안 내가 처한 각박한 환경속에서 시험공부에만 매달려왔던 나로서는 순수 학문과 다양한 테마를 가지고 토론하는 그 모임에서 새로운 것을 많이 배웠다. 특히 각자 다른 전공과목을 공부하는 회원들과의 교류는 나의 안목을 넓혀주는 좋은 계기가 되었다.

회계사 장교로 육군에 입대한 후 육군종합행정학교에서 교관으로 장교들을 가르쳤다. 이 때 사법고시를 합격하고 서울 및 경기권역에서 법무관이나 검찰관으로 군 복무를 하고 있는 장교와 행정고시를 합격하고 교관으로 근무하고 있는 장교, 그리고 의대를 졸업하고 군의관으로 근무하는 장교들을 규합하여 조그만 친목회를 만들었다. 나와는 전혀 다른 전공을 가진 이들 동료 장교들과의 교류 경험은 나에게 또 다른 유익한 경험을 주었다.

제대 후 나는 ACC 모임에 복귀하고 한편 청년회의소JC 모임과 라이온스 모임에도 참석하여 사회활동을 본격적으로 시작하였다. 군에서 만든 소모임 멤버들을 JC 모임에 추천하여 같이 활동하고자 했으나 활동하는 환경이 달라 적응하지 못해 그들은 이들 활동을 포기하였다. JC는 시간과 자금이 여유로워야 당초 목적인 사회봉사활동을 잘 할 수 있는데, 고시 출신 엘리트 공무원의 입장에서는 이들 두 가지 조건에 모두 적응하기가 어려웠던 것이다.

그래서 나는 생각했다.

나의 연령에 맞으며 열심히 살아가는 소위 '엘리트'의 모임을 스스로 만들기로 결심했다. '그들이 활동하기 좋은 환경의 모임을 만들어 보자!'라고 생각하고 나는 회원을 모집하기 시작하였다. 회원 모집대상은 석사 이상의 학위 취득자로서 각 부처에 사무관급 이상 공무원, 판·검사와 변호사, 공인회계사, 의사, 한의사, 화가를 비롯한 예술가, 방송인, 교수, 상장회사 과장급 이상 직원, 육해공군 대위 이상 장교 등으로 국한하기로 하였다. 처음부터 약 3년 여를 발 벗고 뛰어다니며 모임 결성을 추진한 결과 약 30명의 초기 회원이 모였다.

나는 창립총회에 의미를 부여하고자 창립모임장소를 우리 나라 근대 청년운동의 시원始原이라고 할 수 있는 YMCA의 종로호텔로 하였다. 나는 모임 명칭을 회원들에게 어떻게 정할지 문의한 바, 회원들은 '자원방'으로 하기로 의견을 모았다. 우리가 창립모임을 가졌던 호텔 룸의 이름이 '자원방'이었는 데 이 이름을 따온 것이다. 이는 논어에 "친구가 있어 먼 곳으로부터 찾아오니 또한 즐겁지 아니한가?"에 해당하는 구절인 "有朋自遠方來, 不亦樂乎유붕자원방래 불역락호"에서 따온 명칭이었다. 회원들이 그 명칭이 마음에 든다는 것이었다.

나는 모임 결성의 취지와 계획을 회원들에게 다음과 같이 설명하였다.

첫째, 사회로부터 엘리트라고 인정되는 사람들은 사명감을 가지고 그가 속한 단체와 국가에 그가 가진 능력으로 봉사하여야 한다.

둘째, 엘리트들은 자기도 모르는 사이에 교만해지기 쉽고 자기가 최고인줄 착각하는 경향이 있어 남의 말을 경청하지 않으려고 한다. 이러한 편협한 인격을 연마할 수 있는 사람은 또 다른 분야의 엘리트만이 가능하다. 다이아몬드를 연마하는데 있어 다이아몬드만이 가능하지 일반 광석으로는 불가능하지 않겠는가?

셋째, 엘리트집단은 그가 속한 기관이나 단체를 통해 사회와 국가에 미치는 영향이 지대한 데, 그들의 사고방식과 인격을 모나지 않고 부드럽게 연마하지 않으면 국가에 미치는 폐해는 평범한 일반 국민이 미치는 폐해와는 비교가 되지 않을 정도로 막대하다. 따라서 이유 여하를 떠나 엘리트집단에 속해 있는 사람들은 본인의 인격이 합리적이고 원만해질 수 있도록 스스로는 물론이고 주위에서 연마해줄 필요가 있다. 그 역할을 우리 모임에서 회원 상호간에 하기로 하자.

넷째, 이 모임은 단순한 친목 모임이 아니다. 국가와 사회를 위해 봉사하고 애국하는 모임으로 운영한다. 회원들은 자기가 제일 존경하고 좋아하는 친구들 중 우리 모임의 회원자격 요건에 맞는 사람을 3명 이상 의무적으로 우리 모임에 가입시키자. 만약 회원 50명이 확보되면 제2, 제3의 자원방 모임을 새로 만들어 똑같은 운영방식으로 운영하기로 한다. 모임을 전국적으로 확대하기로 하며, 나아가 국제적으로도 네트워크를 만들어 보도록 하자. 만약 그렇게만 된다면 우리 나라도 바뀌고 세계도 많이 바뀔 것이다.

어떻게 보면 어린 나이에 약간 치기稚氣어린 면도 있지만 나는 정말 순수한 생각으로 내가 살고 있는 이 나라와 세계를 위해 하나의 초석礎石을 놓은 심정으로 헌신해보자고 이 모임을 만들었던 것이다.

그러나 당초 나의 생각과는 달리 자원방 모임은 친목모임으로 정착되어 오늘에 이르고 있다. 나는 씨앗을 뿌리는 역할을 하고 자원방 모임이 라이온스나 로타리처럼 세계적인 모임으로 성장하길 기대했는 데 참으로 아쉬운 일이 아닐 수 없다. 그러나 비록 작은 규모이지만 우리 회원 상호간에는 서로를 연마해주는 역할을 충실히 해왔다. 꿈 많던 청년시절에 만난 회원들은 대부분 박사학위를 취득하고 각계각층各界各層에서 중요한 직무를 수행하다가 이제는 하나 둘 은퇴시기를 맞고 있다. 하지만, 마음만은 젊은 시절의 호연지기浩然之氣를 간직하고 국가와 사회를 위해 무언가 의미있는 일을 하고자 노력하고 있다.

'나는 어떤 삶을 어떻게 살고자 하는가?'
이런 의문을 가지고 주위의 좋은 친구들을 통하여 나 자신을 연마함으로써 이 나라와 사회에 쓸모있는 사람을 만들어보는 것도 멋진 일이 아닐까?

성공기업인 프로세스 디자인

성공기업인과 슈퍼기업가

'성공기업인'은 어떤 사람을 가리키는가?

여기에서는 기업인으로서 성공한 사람을 '성공기업인'이라고 부르기로 하자.

앞서 '성공'의 개념을 '목표를 이루는 것' 또는 '꿈을 이루는 것'으로 정의한 바 있다. 이런 의미에서 볼 때 성공기업인은 "본인이 경영하고 있는 기업과 기업인으로서의 개인적인 목표와 꿈을 이룬 사람"으로 정의할 수 있을 것이다.

기업인의 경우 기업의 종류가 다양한만큼 기업인으로서의 목표와 꿈도 다양할 것이다. 또한 성공의 정도와 크기도 천차만별일 것이다. 예를 들면 슈퍼마켓 경영자로서의 성공 정도와 백화점 경영자로서의 성공 정도는 그 규모와 질적인 면에서 서로 다를 수밖에 없다. 따라서 성공기업인 여부를 판단하는 기준도 사업규모나 매출규모와 같은 일률적인 기준으로 정하는 것은 비합리적이라고 판단된다.

여기에 동네에서 슈퍼마켓을 경영하는 기업인 'A'와 시내에서 큰 백화점을 경영하는 기업인 'B' 두 기업인이 있다고 가정해보자. 'A'는 소규모의 점포를 경영하지만 동네 주민들에게 필요하고도 우량한 상품을 저렴한 가격으로 적시 적절하게 공급하여 주민들로부터 사랑과 존경을 받고 있고, 'B'는 비록 대규모의 백화점을 경영하지만 부실한 상품을 비싼 가격에 공급하여 고객들로부터 지탄을 받고 있다면 이중 과연 누가 성공한 기업인이라고 말할 수 있을까?

어떤 기업인이 성공했는지 여부를 결정짓는 기준은 앞서 알아본 바와 같이 우선은 본인의 입장에서 "나는 기업인으로서 나의 꿈을 이루었다." 라고 말할 수 있어야 하고, 다음에는 그를 바라보는 주변의 사람들로부터 "그는 성공한 기업인이야!"라고 인정을 받아야 할 것이다.

　　최근에는 일반 기업인과 구분하여 아래 기사에서 소개하는 것과 같은 '슈퍼기업가Super Entrepreneur'라는 새로운 기업인의 개념이 등장하고 있다.

참고자료　슈퍼기업가 = 창조적 파괴자

　　1997년 미국, 채 서른도 안된 중국 출신 유학생 한 명이 글로벌 금융·경제정보 전문업체인 다우존스의 문을 두드렸다. 이 유학생은 뉴욕 주립대 컴퓨터공학 박사과정을 포기하고 지난 3년간 검색엔진 개발에 몰두했다. 성과도 있었다. 웹 관련 기술로 미국 특허도 따 났다. 그러나, 유학생은 사실상 문전박대 당했다. 당시 다우존스 관계자는 "그건 우리가 하는 일이 아니야"라며 입사를 거절했다. 15년이 지난 2012년, 이 유학생은 미국 포브스가 선정한 '중국 최고 기업인'에 뽑혔다. 바로 리엔훙李彦宏 바이두百度 회장이다. 순 보유자산만 140억 달러에 달하는 리 회장은 중국을 대표하는 '자수성가自手成家 기업인'이다.

　　제2, 제3의 리엔훙은 중국에만 있는 게 아니다. 전 세계에 퍼져있다. 세계 200대 빌리어네어 중 134명, 67%가 이른 바 자수성가형 슈퍼리치다. 하지만 '자신의 손으로 직접 일가-家를 이룬 사람'으로만 그들을 분류하기엔 왠지 부족하다. 중요한 특징이 있다. 이들의 일業 자체다. 단순한 자영업이 아니었다. 우리가 해왔던 것과 다른 분야, 새로운 일을 통해 엄청난 부富를 일궜다.

　　그들은 어디에 얼마나 있을까. 그리고, 그들의 사업은 어떤 환경에서 커온 것일까. 세계 곳곳에 퍼져있는 '리엔훙'들이 대중에게 건네는 조언은 간단하지만 의미심장하다.

　　"부자가 되려면, 옆집도 하는 치킨가게(자영업)는 하지마라"다.

　　자본주의 세계에선 리엔훙 같은 이들을 '슈퍼기업가Super Entrepreneur'라고 정의한다. 바로 창조적 파괴자Creative Destroyer다.

오스트리아 경제학자 조지프 슘페터는 창조적 파괴의 과정을 "낡은 것은 깨고 새 것을 만드는 혁신작업"이라고 규정했다. 기존 산업을 사양길로 내몰아 수많은 직업을 없애고, 그만큼의 새 업종을 '창조'한단 의미다. 여기서 생기는 막대한 부는 덤이다. 슈퍼기업가를 '자기 힘으로 새 회사를 세운 글로벌 부자'라고 규정하는 이유다.

워싱턴 포스트 칼럼니스트 제니퍼 루빈은 슈퍼기업가의 성격을 끊임없는 모험 속에서 스스로를 감내한 고故 스티브 잡스에 빗댔다. 루빈은 "잡스는 지난 20년간 '가장 창조적인 파괴력' 그 자체였고, 죽은 후에도 산업계 전체를 뒤흔들었다"고 말했다.

따라서 슈퍼기업가는 '창업가'란 점에선 자영업자와 같을 수 있으나, 근본부터 다른 존재다. 영국의 주요 싱크탱크 '정책연구센터'는 세계 슈퍼기업가들을 분석하며 "모험적 기업가는 변화를 일으키는 경제적 기능자로 인식된다. 하지만 자영업자는 법적으로 그저 혼자 일하는 사람"이라고 설명했다. 여기엔 "택시기사 · 건설업자 · 배관공 · 구멍가게 사장(한국의 경우 '치킨집') · 정원사 · 미용사가 포함 된다"고 센터는 덧붙였다. 심지어 변호사, 의사, 회계사 같은 화이트칼라 업종도 자영업일 뿐이라고 규정했다.

(출처 : HOOC, 2014.7.10.)

이상의 기사에서 본 '슈퍼기업가'는 성공기업인의 또 다른 이름이라고 할 수 있으나 성공기업인과 다른 점은 '조지프 슘페터'가 정의한 바와 같이 "낡은 것은 깨고 새 것을 만드는 혁신 작업"인 창조적 파괴의 과정을 거쳐 성공기업을 일구어내는 기업인이라고 말할 수 있다.

성공기업인의 길을 가기 위한 13가지 요건

앞서 '성공프로세스'에서 이야기 한 바와 같이 성공기업인들에게도 각각 그들이 성공기업인이 되기까지 지나온 과정 즉 '길'이 있다. 수많은 성공기업인들이 지금까지 각각 살아온 '길'을 찾아보고 이들 중 공통된 부분만을 추려내어 앞으로 성공기업인을 꿈꾸는 사람들에게 하나의 지표로서 제공하는 것도 의미있는 일이라고 생각하고 본서에 그 내용을 다루어 보고자 한다.

여기에서는 성공기업인이 될 자질과 자격 및 자세를 갖춘 사람이 성공기업인의 길을 가기 위해 가져야 할 생각에 관한 요건 2가지, 성공기업인의 길을 가기 위한 실천 덕목에 관한 요건 10가지와 성공기업인의 길을 완성하기 위한 요건 1가지 총 13가지의 요건을 정리하면 다음과 같다.

성공기업인이 가져야 할 생각

1 창의적 발상

2 가치관 정립

성공기업인의 실천 덕목

3 비전과 목표

4 믿음과 염원

5 선택과 집중

6 결단과 도전

7 열정과 '잘' 정신

8 적극적 사고방식

9 긍정적인 마음가짐

10 겸손과 기다림

11 용기와 인내

12 리더십

성공기업인의 완성

13 나눔과 기여

이상에서 알아본 성공기업인의 13 가지 요건을 중심으로 '성공을 위한 준비단계'와 '성공기업인의 완성단계'를 결합하여 도표로 요약하여 표시하면 아래와 같다.

　본 서에서는 '성공기업인의 길'과 관련하여 아래 도표 상에 표시한 흐름에 따라 그 구체적인 내용을 살펴보고자 한다.

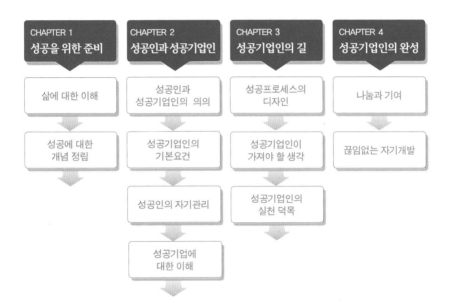

성공기업인 프로세스 디자인

고등학교 시절에 나는 불현듯 정처없이 여행을 가고 싶었다. 그러나 서울역에 갔는데 그 곳에서 표를 사지 않으면 기차를 탈 수 없었고, 표를 사려면 어느 곳이건 가야할 곳을 정하지 않을 수 없었다. 결국 부산으로 목적지를 결정하고 표를 끊었다. 당초 '정처定處없이'라는 나의 낭만적인 계획이 무산되었던 아쉬운 경험이었다.

여기서 나는 부산을 가는 방법으로 기차여행을 택했다. 그러나 기차여행 이외에도 여러 가지 방법을 생각해볼 수 있다. 비행기로 갈 수도 있고, 기차나 자동차를 이용할 수도 있다.

이와 같이 '길'은 여러 갈래로 나 있으며 이 길을 가는 방법 또한 다양하다. '성공기업인으로 가는 길'도 선택하는 입장에서 볼 때 여러 가지 길이 있을 것이다.

그러면 성공기업인의 길은 어떤 길일까?

앞서 나는 성공인의 길이 '블랙박스' 안에 숨어 있어 보이지 않는다 라고 이야기 했다. 그 이유는 이 길은 사람과 기업, 시대와 장소에 따라 각각 다른 형태의 길로 나타날 수 있으나 그가 성공하여 성공한 과정을 되돌아보기 전까지는 그 길이 공개되지 않아 알 수 없기 때문이다.

그러나 어렵지만 우리 나름대로 그 길을 파악하기 위해서는 성공기업인의 블랙박스를 열어보지 않을 수 없다. 조심스럽게 열어보기로 하자!

필자는 성공인의 길이 숨어있는 블랙박스를 열어 나름대로 열심히 관찰하고 정리하고자 노력하였다. 그러나 필자가 가진 능력의 한계 때문에 일부는 발견할 수 없었을지도 모른다.

본서에서는 이를 기초로 비교적 많은 성공인들이 몸소 실천한 후 타당하다고 인정한 덕목德目을 뽑아 13 가지 요건으로 요약 정리하였다.

이와 같은 13 가지 요건을 중심으로 '평범한 기업인'이 '성공기업인'이 되기까지 거쳐야 할 과정을 "성공기업인의 프로세스"라는 이름아래 도표로 요약해 보고자 한다.

이상의 도표에서 설명되고 있는 '성공기업인의 프로세스'를 좀 더 구체적으로 요약 설명하면 다음과 같다.

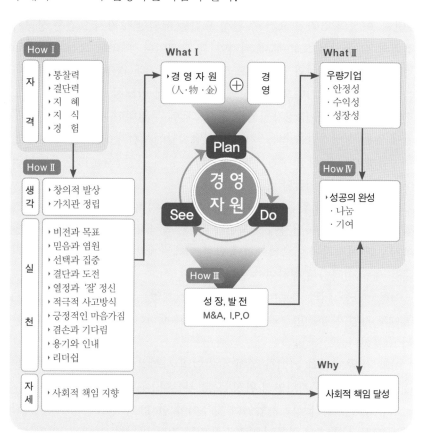

이상의 도표를 간략히 설명하면 다음과 같다.

기업인(Who I)이 '성공기업인(Who II)'이 되기까지의 길은 길고 여러 단계를 거쳐야 하는 어려운 길이다.

첫째, 성공기업인이 되기 위해서는 일정한 자격을 갖추어야 한다 (How I).

둘째, 자격을 갖추었다고 하더라도 기업의 사회적 책임을 추구하고자 하는 자세를 가지고 있어야 한다 (How II).

셋째, 성공기업인이 되기 위하여 반드시 수련하고 지켜야 할 요건이 있다. 이를 성공기업인의 생각에 관한 요건 2가지, 성공기업인의 길을 가기 위한 실천 덕목 요건 10 가지(How Ⅱ), 그리고 성공기업인이 되기 위한 화룡점정畵龍點睛이라 할 수 있는 완성에 관한 요건 1 가지(How Ⅳ)로 총 13 가지의 덕목으로 구성된다.

넷째, 이상의 13 가지 요건 중 완성 요건을 제외한 12 가지 요건은 성공기업인의 길을 가는 도중 내내 지켜야 할 요건이다. 이러한 요건은 기업이 가지고 있는 사람人과 물자物 그리고 돈金, 즉 3대 경영자원에 경영능력을 결합하여 우량기업으로 성장 발전시키는 데 반드시 적용하여야 할 요건이다. 이 때 3대 경영자원을 경영시스템에 투입하여 기업의 상황과 시기에 맞는 경영기법을 적용, 기업을 성장·발전시킨다 (How Ⅲ). 때로는 인수·합병 M&A나 상장 I.P.O. 전략(How Ⅲ)을 통해 기업 (What Ⅰ)을 우량기업 (What Ⅱ)으로 만들어간다.

마지막으로 이와 같은 절차를 통해 우량기업이 일단 만들어지면 성공기업인의 길은 최종목적지에 도착하게 된다. 목적지에 도착하게 되면 출발에서부터 목적지에 이르기까지 동반한 이해관계자 집단들에게 적절한 기준을 세워 성과를 분배하여야 한다.

이를 '나눔'이라 부르며 성과 창출에 관계없는 제 3의 사람이나 단체 등에도 기업이 창출한 성과를 일부 할애하고 배려하게 되는데 이를 '기여'라고 부른다.

이와 같은 나눔과 기여를 통하여 기업의 사회적 책임(Why)을 이행하는 것을 우리는 '성공기업인의 완성'으로 부른다 (How Ⅳ).

이상으로 설명한 성공기업인이 갖추어야 할 13 가지 요건은 모든 사람에게 모든 상황에서 일률적으로 적용되는 것은 아니다. 다만, 기업인들이 이들 요건 중 주어진 상황에 맞는 요건을 잘 파악하여 이를 적용하면 성공기업인의 길을 감에 있어 큰 도움이 되리라 확신한다.

앞서는 자와 뒤 따라가는 자

여러 해 전 내가 감사로 있던 (사)한국유통학회 주최로 'BBQ 치킨'의 윤홍근 회장을 초청하여 그 회사의 '성공 전략'에 대한 강연회를 들을 기회가 있었다.

그는 호프집에서 주로 술안주로만 팔리던 닭튀김을 보고 여기에서 거대한 시장의 가능성을 발견하고 이를 치킨 프랜차이즈 사업으로 연결해 크게 성공한 기업인이다.

그는 강의에 앞서 최소한 프랜차이즈 점포 수가 25,000개에 이르기까지는 BBQ 성공전략에 관한 강연을 하지 않으려고 했으나, 본인이 고문으로 있는 유통학회의 요청을 받고 고심 끝에 강연을 하게 되었다고 운을 떼었다.

나는 회장단의 일원으로 헤드테이블에 앉아 그의 살아온 발자취를 들었다. 그의 강연내용 중 인상 깊었던 몇 가지를 요약하면 다음과 같다.

첫째, 꿈을 크게 가진다는 점이었다. 그는 비록 국내 토종 브랜드로 출발하고 있지만 프랜차이즈 대리점 개설 목표를 세계 최대의 프랜차이즈 회사인 '맥도날드'를 능가할 것을 목표로 하고 있다고 말하였다. 그리고 그는 이 말 끝에 "사업은 사업자의 머리만큼 된다."라고 이야기 하였다. 1995년 11월, 1호점을 오픈한 BBQ는 17년 만에 1,800여 개 가맹점망을 구축하며 오는 2020년도까지 전 세계에 5만 개의 프랜차이즈점을 개설할 목표를 가지고 있다. 그의 확고한 꿈과 이를 달성하고자 하는 열정을 볼 때 그의 포부만큼 그의 사업도 성장할 수 있으리라 기대된다.

둘째, 그는 그의 사업에 올인하고 있었다. 다른 사업자들은 사업을 해서 돈을 벌면 우선 좋은 집, 좋은 자동차를 사서 성공을 자랑하기에 바쁘다. 그러나 "나는 내 명의로 되어있는 집이 없습니다. 나는 전셋집에 살고 있고 모든 자금을 사업에 투입하고 있습니다."라고 이야기 했다. 사업자는 사업 실패에 대비하여, 가족을 보호하기 위한 방법으로 부인 이름으로 집을 사거나 또는 상가 같은 수익성 부동산 등을 마련하는 등 한 자락을 깔아놓는 게 일반적이다. '교토3굴 狡兎三窟'이라는 말도 있듯이 영리한 토끼는 유사시에 대비하여 굴 3개를 만든다고 한다. 그러나 그는 이런 행위를 하지 않고 마치 배수진背水陣을 치는 것처럼 가용한 자금과 노력을 모두 투입하여 사업에 전력투구全力投球 하고 있었다. 어떻게 보면 어리석을 수도 있기에 나에게는 그의 말이 신선한 충격으로 다가왔다.

셋째, 그는 자기의 고객은 최종소비자가 아니고 대리점주±라고 이야기 했다. 대리점이 잘되면 자기 회사도 잘되기 때문에 1년 내내 대리점주를 만나 마케팅에 관한 애로 해소를 지원하고, 사업 개선에 관한 의견을 듣기 위해 노력한다고 이야기 했다.

마지막으로 그는 "정상에 있을 때 변신하라"와 "위기가 닥칠 때마다 위기를 위험과 기회로 나누고 위험은 버리고 거기서 새로운 기회를 찾는다"라든가 "튀지 말고 차별화 하라"라는 말과 같이 체험에서 우러나오는 성공전략을 말하였다.

나는 평소 그에게 무언가 모르게 강한 에너지를 느꼈지만, 그의 강연을 들으며 그가 성공하기까지에는 나름대로 그만한 이유가 있음을 알게 되었다. 나는 평소 "성공하는 사람에게는 무언가 특별한 점이 있다." 라고 생각하고 있다. BBQ 치킨이 국내를 넘어 세계적으로 뻗어나가는 데는 윤 회장의 큰 꿈과 그리고 이를 반드시 이루겠다는 뜨거운 열정 그리고 강력한 리더십이 있기 때문에 가능하지 않았을까 생각한다.

한편, 나는 윤 회장의 강의를 들으며 내 옆 테이블을 보니 윤 회장보다 더 연배가 되어 보이는 어떤 사장이 윤 회장의 말을 열심히 메모하고 있었다. 나는 그와 인사를 나누었다. 명함을 보니 BBQ 치킨보다 치킨 프랜차이즈 사업을 오래전 앞서 출발한 모 치킨회사 사장이었다.

나는 "먼저 출발한 자가 나중이 되고, 누구는 앞서가고 누구는 그를 따라가기 바쁜 게 우리 인생인가?" 하는 생각이 들었다. 이런 점에서 나는 성공하거나 실패에 힘들어하는 모든 기업인들에게 '오늘 성공에 교만하지 말고, 오늘 실패나 역경에 좌절하지 말자' 라는 말을 들려주고 싶다.

성공기업인이 가져야 할 생각

CHAPTER 1 성공을 위한 준비	CHAPTER 2 성공인과 성공기업인	CHAPTER 3 성공기업인의 길	CHAPTER 4 성공기업인의 완성
삶에 대한 이해	성공인과 성공기업인의 의의	성공프로세스의 디자인	나눔과 기여
성공에 대한 개념 정립	성공기업인의 기본요건	**성공기업인이 가져야 할 생각**	끊임없는 자기개발
	성공인의 자기관리	성공기업인의 실천 덕목	
	성공기업에 대한 이해		

성공기업인 10인의 한마디 명언

1. 토마스 왓슨 (Thomas J. Watson, IBM 창립자) 위험하지만 독자적인 생각을 하는 사람을 주시해 따르라. 자신의 생각이 논쟁의 소재가 되도록 하라. '미친 놈'이라는 꼬리표보다는 어떤 의견에 부합했다는 오명이 더 치명적인 것이다. 생각하라. 자신의 외모, 조직, 행동, 야망, 성취에 대해 항상 생각하라.

2. 리 아이아코카 (Lee Iacocca, 크라이슬러 회장) 항상 변화하라. 받을 수 있는 모든 교육을 받고 무엇인가 하라. 한 곳에 머물러 있지 말고 일을 만들어라. 시간을 잘 활용하고 싶다면 먼저 무엇이 가장 중요한지 알아야 하고, 그 다음에 자신이 가진 모든 것을 바쳐야 한다.

3. 로스 페로 (Ross Perot, EDS 창립자) 대부분 사람은 성공하기 직전에 포기한다.

4. 레이 록 (Ray Kroc, 맥도날드 회장) 부유할 때 원칙을 가지기는 쉽다. 중요한 것은 가난하고 어려울 때 원칙을 가지는 것이다.

5. 존 록펠러 (John D. Rockefellelr, 엑손 창립자) 인내하는 것보다 더 큰 성공요소는 없다고 생각한다. 인내력은 심지어는 자연의 힘도 극복할 수 있다.

6. 필립 나이트 (Phillip Knight, 나이키 창립자) 미국이 겪는 어려움은 우리가 너무 많이 실수를 해서가 아니라, 실수를 너무 하지 않기 때문이다.

7. 아키오 모리타 (소니 회장) 실수를 두려워하지 말라. 그러나 똑같은 실수를 두 번 다시 하지 않도록 하라.

8. 샘 월턴 (Sam Walton, 월마트 창립자) 훌륭한 지도자는 직원들의 자존심을 부추기기 위해 열심히이어야 한다. 자신에 대한 믿음을 가진 사람들이 성취할 수 있는 것은 엄청나다.

9. 존 스컬리 (John Sculley, 애플컴퓨터 회장) 내 자신의 실수로 얻는 것이 성공에서 배우는 것보다 많다는 것을 안다. 만약 자신이 실수를 하지 않았다면 충분한 기회를 갖지 못했다는 것이다.

10. 헨리 포드 (Henry Ford, 포드자동차 설립자) 실패는 이성적으로 다시 시작할 수 있는 기회다.

창의적 발상

물음표(?)와 느낌표(!)가 있는 삶

사과나무에서 사과가 땅으로 떨어지는 모습을 보고 뉴턴은 "왜 사과가 땅으로 떨어질까?"라는 물음을 던졌고 이 물음에 대한 답으로 "만유인력 법칙萬有引力法則"을 발견하였다.

만약 똑같은 상황에서 "너 바보 아니냐? 사과가 땅으로 떨어지지 하늘로 올라간단 말이냐?"라고 뉴턴의 물음을 힐난하였다면 이러한 위대한 진리는 발견되지 않았을지도 모른다.

인류의 역사를 바꿔 놓은 위대한 발견이나 발명은 항상 물음(?)에서 출발하였다. 이와 같이 새로운 발견이나 발명을 위한 창의적 사고는 물음에서 출발하여 자라고 결실을 맺는다. 우리는 그 결실의 아름다움과 위대함을 보고 "아!" 하고 감탄하는 느낌(!)을 나타낸다.

물음표는 창의創意에서 출발하고, 물음표로 창의가 일어난다.

'창의'는 무엇인가? 창의는 "새로운 생각이나 의견"을 말한다. 예를 들어 대장간에 이곳 저곳에 나뒹굴고 있는 쇠막대가 있다고 가정하자. 창의가 없는 사람에겐 그저 쇠막대에 불과할 뿐이다. 그러나 쇠막대를 다른 각도로 관찰하고 생각하면 새로운 세상이 열린다. 이와 관련하여 '호텔왕'으로 불리는 '힐튼'은 다음과 같이 이야기 하고 있다.

"대장간에서 아무렇게나 나뒹굴고 있는 쇠막대기로 말발굽을 만들면 그 가치가 두 배로 상승합니다. 바늘을 만들면 67 배, 면도날을 만들면 657 배, 고급시계에 들어가는 스프링을 만들면 5만 배가 상승합니다."

물음표와 느낌표가 있는 삶이 있어 우리 인류의 역사는 발전하였다고 생각한다.

"너 자신을 알라."라는 말이 있다. 이는 그리스 델포이Delphoi의 아폴론 Apollon 신전 기둥에 새겨져 있었다는 말로 소크라테스가 즐겨 사용함으로써 대체로 소크라테스의 말이 되었다고 전해진다. 이 말은 뒤집어 말하면 "나는 누구인가?"와 연결되는 말로 우리 자신이 누구인지? 어디에서 와서 어디로 가는지? 무엇을 하여야 하는지? 등등 수많은 의문을 던져 나 자신의 실체를 인식하고 깨닫기를 요구하고 있는 화두라고 생각된다. 또한 나 자신의 무지無知를 깨닫고 진리를 찾아가라는 경구警句라고 말할 수 있다.

성공하는 사람들은 대부분 남들과는 달리 창의적으로 노력하여 새로운 영역을 개척하고 그 분야에서 일가一家를 이룬 사람들이다. 따라서 성공하는 사람은 본인 스스로 항상 물음표(!)를 생활화하며 산 사람들이다. 이들이 가졌던 물음표의 결실인 업적을 보는 사람들은 이들에 대해 감탄하는 느낌표(!)를 나타낸다.

일정한 틀 속에서는 물음표가 존재하지 않는다

그렇다면 물음(?)은 어디에서 오는 것일까?

일정한 틀 속에 갇혀있는 사람에겐 물음이 존재하지 않는다. 항상 틀을 깨고 틀 밖으로 나오고자 노력하거나 틀 밖에 있을 때 기존의 틀 안에서 본 세계에 대한 현상에 대해 과연 그 현상이 옳은지 물음을 던지게 된다.

우물 안의 개구리는 우물 안의 세계가 유일한 세계로 생각할 것이다. 하지만 우물을 벗어나려고 생각하거나 우물을 뛰쳐나온 개구리는 우물 안의 세계가 아닌 또 다른 세계가 있음을 알고 새로운 세계에 대한 끊임없는 물음을 던진다. 그리고 찾으려고 노력한다. 그런 노력 결과 종전의 우물보다는 너 넓고 먹이가 풍부한 넓은 호수가 있음을 발견할 때 "아!"하고 감탄을 한다.

세상에서 가장 아름답고 필요한 한 글자를 선택하라고 한다면 "왜"일 것이다. 이는 돈도 힘도 아니지만 인류에 가장 큰 도움을 준 글자이다. 또한 이 글자로부터 인류의 위대한 업적이 시작되었다. 질문은 가장 짧지만 답은 가장 길게 하는 한 글자 "왜", 참으로 멋진 글자가 아닐 수 없다. 영화감독 '스티븐 스필버그'도 "가장 위대한 업적은 '왜'라는 아이 같은 호기심에서 탄생한다."고 말했다.

이와 같은 물음표가 있는 삶을 살려면 무엇보다도 마음의 여유가 있어야 한다. 바삐 돌아가는 체바퀴 생활에서는 창의가 나올 틈이 없다. 이런 점을 간파한 MS의 창업자 '빌 게이츠'는 일 년에 두 번씩 아무도 모르는 곳으로 잠적해 휴가를 갖는다고 한다. 이른바 '생각주간Think Week'이라고 부르는 이 기간 동안 독서를 하거나 생각을 하는데 시간을 보낸다. 세상의 흐름을 바꾼 결정들 대다수가 'Think Week'를 통해 나왔다고 한다.

물음표(?)와 느낌표(!)가 있는 삶을 가능하게 하는, 이러한 틀을 깨는 사고방식은 성공인이 간과해서는 안 될 성공인의 필수 조건이라고 말할 수 있다.

주어진 줄과 창조하는 줄

아침에 출근하려고 길을 나서면 우선 수많은 차량으로 뒤덮인 거리의 모습을 대하게 된다. 우리는 이 순간 내가 가고자 하는 목적지 예를 들면 회사까지 어떤 길을 선택하여 가는 것이 좋을까? 하고 누구나 한번쯤은 망설이거나 고심한다. "어제 갔던 길로 갈까? 아니야 어제 그 길은 무척 막혔어 그러니 오늘은 이쪽 길로 가자…." 이러한 고심 끝에 이 길을 선택하였으나 역시 막히게 되면 "그냥 어제 갔던 길로 갈 것을…." 하고 후회도 한다.

나는 이러한 아침 출근길의 혼돈을 마주할 때마다 우리 인생길도 이러한 것이 아닌가? 하고 자문해보곤 한다.

어떤 이는 본인이 잘 판단하거나 또는 운이 좋아 막히지 않는 길을 선택하여 힘 안들이고 빠르게 목적지에 도달한다. 하지만 어떤 이는 막히는 길을 선택하거나 엉뚱한 길을 잘못 선택하여 목적지까지 많은 노력과 시간을 들여 힘겹게 가거나 때로는 너무 힘든 나머지 중도에 포기하기도 한다.

어떤 때는 운 좋게 길을 잘 선택하여 힘차게 달리다가도 옆 차선에서 급히 추월하여 진입하는 차량 때문에 사고가 나서 뜻하지 않게 지각을 하기도 한다. 때로는 길을 잘 선택했지만 차선을 잘못 선택하여 옆 차선에서는 씽씽 잘도 달리는 데 나는 가다 서다를 반복하는 서행을 할 수밖에 없어 답답해하기도 하다.

그리고 우리는 흔히 어떤 사람이 출세를 빨리하면 "그 사람은 줄을 잘 서서 빨리 올라간 거야…" 하고 출세의 비법이 "줄"에 있음을 강조하기도 한다. 이때의 줄은 그 사람이 소속되어 있는 집단에서 그 사람이 만들고 선택한 "인맥의 줄"을 의미한다. 자기가 상급자로 모시던 사람이 잘 승진하여 높은 직위에 올라가면 자기도 그 사람을 따라 고속 승진대열에 진입할 수 있지만, 운 나쁘게 도중에 퇴출 당하는 상급자를 모시게 되면 본인도 자연히 중도 퇴출 당하는 운명에 처하게 된다.

이러한 모습과 현상을 보면서 우리는 우리의 인생을 좌우하는 중요한 요소로서 "줄"과 "차선"이 대두하고 있음을 알게 된다. 이는 자칫 내가 열심히 일을 하든 하지 않든 줄만 잘 서면 내가 원하는 높은 지위나 권력을 얻을 수 있지 않을까 하는 위험한 생각에 빠지게 하기도 한다.

이와 같이 우리의 삶에 큰 영향을 미치는 '줄'은 크게 두 가지가 있다. 하나는 나의 의지와는 관계없이 선천적으로 '주어진 줄'과 내가 삶을 살아가면서 만들어가는 '창조하는 줄'이 있다.

주어진 줄이 없거나 빈약하면 내가 줄을 창조하면 좋지 않을까?

내가 줄을 창조한다

어떤 사람이 힘 있는 줄을 만났거나 좋은 줄에 섰다고 가정해보자.

이 경우 그가 우연히 좋은 줄에 섰을 수도 있겠지만, 이 경우에도 비록 100%는 아니더라도 좋은 줄을 발견하고자하는 그 사람 나름대로의 노력이 어느 정도 작용했다고 볼 수 있지 않을까?

좋은 줄을 선택한 것을 막연히 "운運 탓"으로 돌리는 것은 현명하지 않다고 본다.

그렇다면 좋은 줄을 만나거나 서지 못한 경우 우리는 어떻게 처신하는 것이 현명할 것인가?

누가 줄을 주지 않거나 잡을 줄이 없다면 내가 줄을 창조하면 된다. 대부분의 성공한 벤처 기업가들은 남이 만든 줄을 따라가지 않고 자기 스스로의 줄을 창조한 사람들이다. 우리 나라의 네이버나 골프존, 마크로젠과 같은 업종 대표기업과 구글, 페이스북, 마이크로소프트, 애플 등 세계적인 기업들은 모두 자기 고유의 줄을 창조한 기업들이다. 또한 옥션 같은 회사는 국내 벤처기업으로 출발해 자기 고유의 길을 창조한 다음 세계적인 기업과 손을 잡아 성장한 기업이다. 우리는 이러한 자기 줄을 창조하여 성공한 기업들의 성공스토리에 감명 받는다.

현대그룹을 창업한 정주영 회장도 "길을 찾아라. 아니면 만들어라."라고 말하며, 기업가로서 그 만의 고유한 길을 찾고 만들어 성공하였다.

어렸을 적에 읽었던 중국의 지도자인 모택동에 관한 이야기이다.

그의 전기傳記에서 보니 모택동이 19세 때 신문에 나라를 사랑하는 젊은이는 어떤 장소에 모일 것을 광고했다고 한다. 이 결과 19명의 젊은이가 모였다. 이들 젊은이들 중 일부는 후에 자유세계에 나아가 각자의 분야에서 각각 두각을 나타내는 지도자들이 되었고, 일부는 공산세계에 남아 모택동과 더불어 중국을 이끌어가는 지도자 집단이 되었다는 이야기를 읽은 적이 있다.

이 역시 삶을 살아가는 데 있어 필요한 동반자를 스스로 창조한 사례라고 볼 수 있다.

우리는 여기에서 모택동이라는 인물은 자기의 길을 피동적이 아니라 능동적으로 스스로 선택, 결단을 하고 행동함으로써 거대한 중국을 이끌어가는 큰 지도자가 되었음을 알 수 있다. 또한 모택동을 만나 뜻을 같이 했던 사람들도 현명한 선택을 함으로써 각각 성공하는 삶을 살 수 있었던 것이다.

어렸을 적에 모택동 전기를 읽으며 나는 모택동의 인연을 창조하는 방법에 감명을 받았다. 나도 이를 벤치마킹하여 우리 나라의 각 분야에서 앞서 나가고 있는 소위 '청년 엘리트' 모임을 결성하여 상호간에 연마하는 모임을 만들고자 노력하였다. (참고 : '나의 길 – 나를 연마시스템에 던지자')

따라서 성공하는 삶의 비결은 "주어진 줄"이 아닌 "창조하는 줄"에 있으며, 자기중심적인 발상이 아닌 상대방 중심적인 발상에 기초를 둔 결단과 행동에 있음을 알 수 있다.

'오늘의 연緣'을 만들고 가꾸자

우리 회사의 직원은 대부분 시골에 고향을 두고 있다. 그러다 보니 학연學緣, 지연地緣과 혈연血緣의 3대 인연으로 얼키고 설킨 '연의 사회'인 서울에서 항상 불리한 위치에 있게 된다. 무슨 일을 하려고 해도 "형님, 접니다." 또는 "선배님, 저예요." 라고 이야기 할 사람이 없다. 이렇다 보니 모든 일을 비교적 힘들게 하는 편이다.

그래서 나는 항상 직원들에게 말한다. "여러분, 3대 인연보다 더 중요한 것이 무엇인지 아세요? 바로 오늘 여러분이 만나는 오늘의 연緣입니다. 오늘 만나는 모든 사람들에게 정성을 다 하세요. 오늘 만나는 모든 분들이 여러분의 후원자가 되면 이는 학연, 지연 및 혈연보다 더 큰 힘을 발휘합니다."

나는 나의 끊임없는 노력에 대하여 주위에서 나에게 질문한다. "왜 그렇게 쉬지도 않고 일만 하세요?" 나는 그들의 질문에 다음과 같이 대답한다. "나는 시골에서 올라와 서울에는 학연 지연 혈연이 별로 없습니다. 타고난 인연이 없다 보니 서울은 저에게 마치 자갈밭과 같습니다. 문전옥답門前沃畓을 가지고 있는 다른 사람들이 하나를 일하면 수확할 수 있는 것을, 나는 최소한 둘 또는 셋의 노력을 해야 얻을 수 있다고 생각합니다. 그러니 열심히 노력해야지요."

요즈음은 많이 달라졌지만 "연緣의 사회"를 살아온 나에게는 3대 인연을 타파할 수 있는 방법은 다음과 같은 두 가지라고 생각한다.

첫째, "오늘의 연"을 내가 적극적으로 만들자.

둘째, 나에게 다가오는 '연'을 놓치지 말고 잡자.

그러나 연을 만들거나 잡기 이전에 먼저 잊지말아야 할 것이 있다. 그것은 내가 어떤 성공한 사람과 교류를 하고 싶다면 역지사지易地思之로 입장을 바꾸어 생각하여야 한다는 점이다. 즉, "내가 그 사람이 만나고 싶은 사람에 해당되는가?"를 스스로 자문해 볼 필요가 있다.

예를 들어보자.

만약 영혼이 맑은 사람과 어울리고 싶다면 먼저 내 스스로 영혼을 맑게 가꾸어야 한다. 예를 들면 카네기연구소의 최염순 소장은 내가 만난 사람들 중 맑은 영혼을 가진 사람 중의 하나이다. 나는 그와 만날 때마다 나의 영혼도 맑아짐을 느끼며 동시에 마음을 맑게 가지고자 노력한다. 유유상종類類相從이란 말도 있듯이 좋은 파트너들과 어울리고자 한다면 우선 이들과 어울릴 수 있도록 먼저 자기관리를 철저히 할 필요가 있다고 본다. 또한 한번 맺은 연이 악연惡緣이 아닌 선연善緣이 될 수 있도록 정성을 다해 연을 가꿀 수 있도록 노력하여야 할 것이다.

이러한 점을 생각하여 나는 내 스스로의 일상생활에 '정성'을 모토로 삼고 있다. 그리고 이를 잊지 않기 위해서 붓글씨로 "정성精誠"을 정성껏 써서 내 집무실 뒤편에 붙여 놓고 매일 출근할 때마다 마음 깊이 음미하고 있다.

남이 가지 않는 길을 간다

요즈음 들어 '창조 경제', 또는 '창의적 경영'이 경영의 새로운 키워드로 떠오르고 있다.

중국의 알리바바그룹의 창업주인 '마윈' 회장은 창의적 발상의 중요성을 다음과 같이 강조하고 있다.

"90%의 사람들이 찬성하는 방안이 있다면 나는 반드시 그것을 쓰레기통에 갖다 버린다. 많은 사람들이 좋다고 하는 계획이라면 분명 많은 사람들이 시도했을 것이고 기회는 우리의 것이 아니기 때문이다."

이는 남이 이미 가고 있는 사업을 뒤 늦게 따라가는 경우 남들이 시도하지 않았던 분야를 개척하여 도전하는 것보다 사업의 기회가 적을 수밖에 없다는 것을 의미한다.

"부자가 되려면, 옆집도 하는 치킨가게는 하지 마라"라고 주장하는 중국의 리옌홍李彦宏 바이두百度 회장은 엄청난 에너지로 짧은 시간에 검색엔진과 커뮤니티를 구축하고 중국문화 강좌와 MP3 검색엔진, 블로그 및 C2C 사이트를 오픈하여 사업에 성공하였다. 이러한 그의 활동을 평가하여 그를 '창조적 파괴자Creative Destroyer'와 '슈퍼기업가Super Entrepreneur'로 분류하고 있다.

세계적인 뉴스 방송사인 CNN도 방송계의 미치광이 소리를 듣는 '테드 터너Robert Edward Turner Ⅲ'가 24시간 뉴스 보도를 전문으로 하는 CNN을 처음 개국했을 때 많은 사람들은 '미친 짓'이라고 조롱했고 그의 회계사들은 그를 보고 곧 파산할 거라고 경고했다고 한다. 그러나 그는 이러한 세간의 비판에 대하여 다음과 같이 이야기한다.

"나는 다만 우리가 콜럼버스처럼 그 일을 해낼 수 있는지 알고 싶었을 뿐입니다. 아무도 해보지 않은 일을 하는 것은 어디로 가는 지도 모르는 채 미지의 바다를 항해하는 것과 마찬가지입니다. 목적지에 도착했을 때 무엇을 발견하게 될지 아직은 모르지만, 적어도 우리가 어딘가로 가고 있다는 것만은 확신합니다."

이렇게 무모한 시도를 감행한 그는 뉴스를 '과거에 발생했던 어떤 일'이 아닌 '현재 발생하고 있는 어떤 일'의 개념으로 패러다임을 바꾸어 놓았다. 그 대표적 사례가 1991년 걸프전 당시 한밤중 바그다드 공습을 생중계한 것으로, 전쟁도 중계의 대상임을 보여준 사건이다.

세계인으로부터 선풍적인 사랑을 받았던 소니Sony가 개발한 '워크맨'의 개발에 관련 일화를 소개하면 다음과 같다. (자료출처: 김형섭 편역, '성공인의 조건')

소니사의 창업주인 '모리타 아키오'에게 동료 이부카가 자사제품인 휴대용 레코드를 들고 와서 모리타에게 말했다.

"나는 음악을 듣고 싶지만 다른 사람을 방해하고 싶지는 않습니다. 음악을 가지고 다닐 수만 있다면 해결되겠는 데요. 하지만 그렇게 하기에는 이 기계가 너무 무겁군요." 모리타는 이 말에 착안을 하여 소형 카세트테이프 녹음기 가운데 녹음회로의 스피커를 떼어낸 다음, 거기에 스테레오 증폭기를 집어넣도록 하였다. 녹음기능이 없을 경우 소비자들이 외면할 거라는 주위의 권고에 그는 "수백만 명의 사람들이 녹음기능 없는 자동차용 스테레오를 산 것으로 미뤄 또 다른 수백만 명의 사람들이 이 물건을 살 것으로 나는 생각합니다."라고 대답하고 워크맨을 만들었다. 그의 이러한 판단은 옳았고 모리타의 창의로 새롭게 탄생된 워크맨은 선풍적인 인기를 얻어 밀어닥치는 수요를 감당하기 어려울 정도였다고 한다.

이 일화에서 우리는 남들은 보지 못하는 것과 보고도 생각하지 못하는 것에서 새로운 사업 기회를 발견하고 이를 성공으로 이끌어간 모리타의 놀라운 창의력을 발견하게 된다.

그러면 이와 같은 '창의력'은 어떻게 기를 것인가? 이에 관해 '빌 게이츠Bill Gates'는 "세계 곳곳을 여행하며 아이디어를 얻는다. 부단한 창의력은 많이 보고 배우고 느끼는 데서 나온다."고 이야기 한다. 책상 앞에 앉아 머리를 싸매고 고심하는 데서 창의력이 나오는 것이 아니라, 마음을 여유롭게 비우고 두루두루 돌아다니며 많은 것을 보되, 관심을 깊게 가지고 깊이 관찰하고, 마음으로 느끼면 그 곳에서 생각되지 않았던 어떤 것, 즉 '창의創意의 구름이 뭉게뭉게 피어오르지 않을까' 생각한다.

구글Google을 창립한 '세르게이 브린Sergey Brin'과 '래리 페이지Larry Page'는 스탠퍼드대학 박사과정에서 알게 되었다. 페이지는 학교의 디지털 도서관 프로젝트에서 아르바이트를 하고 있었고, 브린은 데이터 마이닝 알고리즘을 연구 중이었다. 두 사람은 인터넷 검색을 하다가 재미있는 발상을 떠 올렸다.

"학술 논문 인용 기법을 인터넷 검색에 결합시키면 어떨까?"

이 의문은 두 사람으로 하여금 인터넷 검색의 새로운 방식을 창안하게 했다. 친구 한 명이 새로운 이름으로 '구골Googol'을 제안했다. '구골'은 10의 100 제곱이 되는 수를 말하는 데 철자를 잘못 쓰는 바람에 '구글 Google'이 됐다고 한다. 그들은 이 기법을 알타비스타와 야후에 백만 달러에 사라고 요청했으나 거절 당했다. 이에 두 사람은 휴학하고 투자자로부터 투자를 받아 사업에 뛰어들어 세계적인 회사로 키워냈다. 남들이 하지 않은 색다른 시도를 한 결과다. 그들에겐 처음에 기법을 팔려고 했을 때 거절 당함으로써 실패의 길로 접어드는 듯했으나 불확실성에 대한 도전정신으로 이를 극복하여 남이 가지 않는 길을 개척하여 오늘의 세계적인 기업으로 성장시킨 것이다.

고정관념의 타파와 수평적 사고방식

우리는 살아오면서 알게 모르게 터득한 기존 지식과 가치관을 고집하려는 경향이 있다. 이러한 우리의 마음속에 깊이 박혀 있어 흔들리지 않고 변화를 거부하는 우리의 고착된 생각을 '고정관념固定觀念'이라고 부른다.

고정관념은 일상생활에 있어서 의사결정을 내리는 데 불필요한 시간적 낭비를 줄여주는 장점이 있지만 때때로 이러한 고정관념은 새로운 경영 혁신이나 창의적 경영에 큰 걸림돌로 작용한다.

경영관리에 있어 고정관념을 버리고 창의적인 발상이나 전략을 도입함으로써 매출을 크게 신장시키거나 비용을 절감하여 이익을 증대시키기도 한다. 예를 들면 조미료를 생산 매출하는 어떤 회사의 경우 조미료 매출이 크게 오르지 않자 "어떻게 하면 매출을 늘릴 것인가?"에 대하여 고심하였다. 매출을 올리겠다는 회사의 입장에서 벗어나 소비자 입장으로 전환하여 "어떻게 하면 조미료 소비를 늘릴 것인가?"라고 바꾸어 생각하니 "조미료 통의 구멍을 두 배로 키우자"라는 해결방안이 제시되어 매출이 크게 늘어났다.

또한 어느 건물의 엘리베이터가 느려 지루함에 대한 입주민들의 불만이 커지자 회사는 이에 대한 해결방안으로 새로운 엘리베이터로 개체하려고 하였으나 직원회의 결과 입주민 입장에서 다시 한번 문제점을 검토하기로 하였다. "왜 입주민들이 짜증을 낼까? 이들에게 지루함을 덜어줄 방안을 없을까?"하고 고심한 결과 엘리베이터 안에 큰 거울을 설치했더니 입주민들의 불만이 가라앉았다.

현대그룹의 창업주인 정주영 회장이 서해안 간척지 조성공사의 마지막 관문인 물막이 공사를 할 때의 일화도 정 회장의 탁월한 창의성이 발휘된 좋은 사례이다. 총 연장 6천4백여 미터의 방조제 공사에서 2백7십 미터 최종 물막이가 최대 난관이었다. 물살이 너무 거세 승용차만한 바윗덩어리를 쏟아 넣어도 흔적도 없이 사라져버리는 상황이었다. 여러 가지 방법을 동원해 보았지만 물막이 공사를 성공시키지 못했다. 정주영 회장은 소위 전문가들의 반대를 무릅쓰고 고철로 매각하려고 사왔던 스웨덴 유조선을 끌어다가 물막이 공사에 사용하였는 데 이 방법이 성공한 것이다. 이는 후에 '유조선공법'이라고 불리었고 '뉴스위크'지와 '타임'지에 소개되기도 하였다.

삼성그룹도 2014년에 들어와 일대 변화를 모색하고 있다. 이건희 회장은 '한계돌파'를 주문하고 있다. 그는 삼성의 가장 강력한 경쟁자는 "지금까지의 성공방식"이라고 경고하며, 따라서 모두 잊어야 하고, 지금까지의 성과가 앞으로 성공을 보장해주지 않는다고 강조하고 있다. 또한 "변화의 주도권을 잡기 위해서는 기술과 한계를 돌파해야 한다. 다시 한번 바꿔야 한다"라고 강조하며 신 경영과 창조경영을 거쳐 이번에는 기존의 한계를 뛰어넘는 '마하경영'을 주창하고 있다. 또한 양量과 개선활동('관리'의 삼성)을 〈삼성1.0〉, 질質과 혁신경쟁('전략'의 삼성)을 〈삼성2.0〉으로 정의하고 이제는 품격과 창의성, 상생('창의'의 삼성)을 뼈대로 한 〈삼성 3.0〉 시대를 추구해야 한다고 강조하고 있다.

또한 IBM 창립자인 토마스 왓슨Thomas J. Watson 역시 남을 모방하기보다는 독자적인 생각과 행동을 하도록 다음과 같이 강조하고 있다.

"위험하지만 독자적인 생각을 하는 사람을 주시해 따르라. 자신의 생각이 논쟁의 소재가 되도록 하라. '미친놈'이라는 꼬리표보다는 어떤 의견에 부합했다는 오명이 더 치명적인 것이다. 생각하라. 자신의 외모, 조직,

행동, 야망, 성취에 대해 항상 생각하라."

‘1+1=2’는 우리가 알고 있는 진리이며 상식이다.

그러나 이러한 상식에 젖어있는 한 창의는 나오지 않는다. 기업경영의 가장 중요한 핵심가치라고 할 수 있는 ‘시너지 효과Synergy Effect’는 ‘1+1=2’라는 공식에 매달려 있는 한 발생하지 않는다.

LG그룹의 구본무 회장이 주장하는 소위 구본무의 미래방정식인 ‘1+1=100’은 ‘융합을 통한 창조’를 의미하며 그는 이를 다음과 같이 설명하고 있다. (참고자료 : 조선일보, 2014.10.24.)

"산업간 경계를 허무는 창의적 발상으로 획기적인 고객가치를 만들어내야 우리 경제의 새로운 도약과 발전이 가능할 것입니다." 그리고 이어 "전자 · 화학 · 통신 · 에너지 · 바이오 등 다방면의 두뇌들이 모여 창조적 혁신을 추구하는 국내 최대 융 · 복합 연구단지를 건설하겠습니다."라고 구체적인 미래 실천계획을 이야기하고 있다.

예로부터 성공하려면 ‘한 우물을 파라’ 라는 이야기를 많이 한다. 그러나 이러한 한 우물을 파는 정신은 요즈음과 같이 변화무쌍한 기업환경에서는 시간과 비용의 낭비 요인이 되어 적절치 않은 경우가 많다. 때로는 이곳저곳 우물을 파보아야 그 시대와 상황에 맞는 사업 아이템이 발견될 수 있기 때문에 소위 ‘한 우물 정신’보다는 ‘수평적 사고방식水平的 思考 方式, Lateral Thinking’이 더욱 필요한 경우가 있다. 이 때의 ‘수평적 사고방식’은 이미 확립된 고정적인 패턴에 따라 논리적으로 접근하는 ‘수직적 사고방식垂直的 思考方式, Vertical Thought’이 아닌 통찰력이나 창의성을 발휘하여 기발한 해결책을 찾는 유연한 사고방식을 말한다.

수평적 사고방식의 예를 들면 전술한 정주영 회장이 서산 앞바다 방조제공사 때 마지막 물막이공사에서 사용한 ‘유조선공법’을 들 수 있다. 그는 물막이를 위해 "바위를 여러 차례 대량으로 쏟아부어 막는다."라는 기존의 수직적 사고방식에서 벗어나 "폐유조선으로 물살을 차단한 후 단번에 막는다."라는 수평적 사고방식으로 발상을 전환하여 공사를 성공하였던 것이다.

우리의 마음이 마치 콘크리트처럼 단단한 고정관념에 둘러싸여 있는 한 날마다 변화무쌍한 새로운 문제가 등장하는 기업을 잘 지휘하여 성공의 길로 인도하기 어렵다.

앞에 열거한 사례들은 이와 같이 굳어버린 고정관념을 깨고 새로운 관점으로 문제점을 찾아 해결한 것이다.

원칙 있는 삶

비록 창의적인 발상發想을 한다고 해도 지켜야 할 원칙은 지켜야 한다. 일시적이거나 당장의 이익에 눈이 어두워 지금까지 지켜온 기업의 경영 원칙을 헌신짝처럼 버리는 경우가 있다. 그러나 이러한 근시안적인 창의 는 오히려 기업에 해로울 수 있으니 신중하게 검토하여야 한다.

우리 개인들의 삶도 마찬가지이다.

삶을 살아가면서 이 길을 갈 것인가 아니면 말 것인가를 고심하게 된다. 이런 고심은 삶의 원칙을 정하지 않았을 때 더 심하게 다가온다.

한번 밖에 살지 못하는 우리의 삶이 아닌가?

나 나름대로의 '삶의 원칙'을 정해놓고 가야할 길이면 아무리 어려운 길이라도 기꺼이 가고, 가지 말아야 할 길이라면 아무리 유혹이 많아도 단연코 가지 않는 것이 지혜로운 삶이 아닐까?

이러한 점에서 원칙 있는 삶을 살고자 노력한 미국의 경제학자이자 자연주의자인 '스콧 니어링Scott Nearing'의 사례를 소개할까 한다.

미국의 한 탄광도시를 송두리째 지배하는 부자가 있었다. 그 부잣집에서 첫째 아들로 태어났던 스콧 니어링은 자본의 불평등한 분배로 인해 세상이 병들고, 자본주의가 결코 인간의 발전을 보장해주지 못한다고 생각했다. 그는 노동자들의 권익을 대변하다가 경제학 교수직에서 해고 당했다. 한때 대중 강연회에서 최고의 인기를 누렸지만 더 이상 강연할 수 없는 입장에 처하게 되었다. 그는 아내와 헤어지고 시골 마을(버몬트)에 내려가 돌집을 짓고, 농장을 개간하며 아주 소박한 삶을 살았다. 그는 이 삶을 시작하면서 자신이 평생 지켜야 할 다음과 같은 원칙을 정했다.

'덜 소유하고, 더 많이 존재하라.'

어느 날 일류 재단사인 친구가 그에게 양복 한 벌을 선물했다. 그는 정중히 거절하는 답장을 보냈다. "나는 대체로 옷 잘 입는 사람이 남들보다 우월해 보이도록 몸과 마음을 가꾸는 습관을 받아들이지 않네. 덧붙이자면 구두 한 켤레, 모자 하나, 외투 한 벌, 넥타이 한두 개, 허리띠 하나면 족하다고 생각하네." 어느 날 그가 허름한 옷차림으로 강연장에 들어서는데, 입장권을 받는 사람이 가로막으면서 말했다. "입장료를 내지 않으면 못 들어간다." 그러자 그는 "내가 강연자다."라고 말하지 않고 조용히 입장료를 내고 들어갔다고 한다.

그는 세상에 살면서, 주변 사람들로부터 영향을 받지 않았다. 자신이 세운 신념을 평생 실천하며 살면서 말했다. "우리가 가진 것이 얼마냐? 이게 중요한 게 아닙니다. 자신이 가진 것으로 어떤 일을 하느냐? 이것이 인생의 진정한 가치를 결정짓는 것입니다. 완벽한 하루를 살려면 생계를 위한 노동 4시간, 지적 활동 4시간, 좋은 사람들과 친교하며 보내는 4시간을 사용하면 됩니다… 죽음은 광대한 경험의 영역이므로 기쁘고 희망에 차서 갑니다. 죽음은 옮겨감이나 깨어남입니다."

그가 100 번째 생일을 맞는 날 이웃 사람들이 그에게 말했다.

"당신 덕분에 세상이 조금 더 나아졌습니다."

가치관을 가지기는 쉬워도 그 가치관대로 삶을 살기는 쉬운 일이 아니다. 이런 점에서 스콧 니어링의 삶이 단연 돋보인다.

또한 세계적인 문호 '셰익스피어William Shakespeare'가 겪은 사례를 소개하면 다음과 같다.

셰익스피어는 어느 날 차나 한 잔 더 마시려고 부엌에 들어갔다. 그리고 일을 하고 있는 하인을 발견하고 매우 놀랐다. 아무도 없는 부엌에서 그 하인은 묵묵히 양탄자 밑을 청소하고 있었기 때문이었다. 양탄자 밑은 들추지 않는 이상 더러움이 보이지 않아 청소할 필요가 없는 곳인데 아무도 보거나 알아주지 않음에도 불구하고 그 하인은 자신의 일을 철저히 하고 있던 것이다. 그의 모습에 너무 큰 감동을 받은 셰익스피어는 사람들로부터 그의 성공의 비결과 그가 영향력을 받은 사람이 누구냐는 질문을 받을 때마다 이렇게 대답했다고 한다. "혼자 있을 때도 누가 지켜볼 때와 같이 아무런 변화가 없는 사람, 바로 그 사람이 어떤 일을 하든 성공할 수 있는 사람이자 내가 가장 존경하는 사람입니다."

2014년 한 해 동안 내내 우리 나라를 떠들썩하게 뒤흔들고 있는 '세월호' 사건도 결국은 원칙을 지키지 않은 결과이다. 즉 회사 경영진과 이러한 경영진 지휘하의 담당직원들 그리고 관련 공직자들의 원칙을 무시한 판단과 행위가 모여 발생한 총체적 부실에 그 근본적인 원인이 있다고 본다. 세월호 사건을 비롯하여 하루가 멀다 하고 이곳저곳에서 터지는 불행한 사건과 사고를 바라보며, 무엇보다도 그동안 압축 성장으로 잊고 있었던 '기본으로 돌아가자!Back to the Basic'라는 정신을 우리 모두 마음 깊이 새겨야 하지 않을까 생각해본다.

만약 우리 모두가 '원칙이 있는 삶'을 살고 있다면 이러한 가슴 아픈 사건과 사고가 과연 일어날 수 있을까?

실리냐? 아니면 원칙이냐?

나는 회계사업무에 대한 마음의 갈등으로 인하여 업무시작 후 3년 만에 회계사를 그만 두려고 사표를 냈다가 회계사에 대한 나의 가치관을 재정립한 후 다시 회계사로 복귀했다. (참조 : 나의 길 – 일을 사랑할 '가치'를 찾아라)
이렇게 다시 회계사 업을 시작한 날이 1983년 4월 1일이다.

나는 다시 회계사로 복귀하면서 나 스스로 다짐을 하였다. 다시 시작하는 마당에 보다 철저히 전문가로서의 길을 가자! 그러기 위해서는 우선 내가 가고자 하는 방향이 세법분야니까 세법에 관한 책을 쓰기로 하자고 결심한 후 1983년 4월 1일에 "법인의 세무회계"라는 책을 집필하기 시작하였다.
나는 원고를 집필하기 전에 기존에 먼저 나와 있는 법인세 해설서와는 차별화된 책을 쓰고 싶었다. 집필의 진행 방향을 "회계순환과정Accounting Cycle"에 기초를 두고 순환과정의 흐름에 맞추어 독자들로 하여금 이해하기 쉽도록 순환과정 단계별로 회계와 세무해설을 쓰고자 노력하였다. 난생 처음으로 책을 쓴다고 생각하니 다소 흥분도 되었다. 하지만 얼마 안가서 나는 '원고를 직접 손으로 쓰는 일이 참으로 많은 노력과 인내, 그리고 집중이 요구되는 일이구나'라는 것을 실감하게 되었다.
어느 정도 진행이 된 후 어느 날 모 출판사 김 사장이 내가 원고를 쓰고 있는 것을 보더니 말했다. "이런 책을 내고 싶었는데 마침 잘 되었습니다. 제 출판사에서 발간하고 싶네요."라고 말하며 탈고가 되면 꼭 알려달라고 하였다.
나는 처음 책을 쓰는 입장이라 서투른 점도 있었지만 1,300여 페이지나 되는 워낙 분량이 큰 책이다 보니 끝마무리하기 전에 다시 한 해가 돌아왔다. 새해가 되면 때마다 많은 세법이 개정되는 바람에 기존 원고를 수정할 수밖에 없었다. 이런 이유로 계속 탈고 시기가 밀려 처음 집필한 날로부터 3년 후에야 가까스로 탈고가 되었다.
오랜기간 동안 고생을 너무 많이 한 후 탈고를 한 나는 기뻐서 바로 출판사 김 사장에게 연락하여 만났다. 나를 만난 김 사장은 뜻 밖에도 "갑자기 웬일이세요?" 하고 나에게 반문하였다. 그래서 당신과 약속을 지키려고 무진 고생을 했고 이제야 마침내 탈고 했으니 책을 출판해주면 좋겠다 라고 이야기했다. 그러나 그는 난처한 안색을 띠며 "제가 이 책을 발간하겠다고 했나요? 잘 기억이 나질 않네요. 그리고 문 회계사님이 쓰신 책을 발간한다고 해도 문 회계사님은 이제 회계사 업을 갓 시작한 초년생인데 문 회계사님이 쓰신 책을 누가 사기나 할까요?" 하고 나로서는 뜻밖의 말을 하는 것이 아닌가?

내가 당혹스러워 하니까 김 사장은 출판할 수 있는 대안을 제시하였다. 내가 단독 저자로 내면 내가 무명無名인사이니 출판사 입장에서 손해보고 책을 출판하기는 어려운 실정이다. 그러나 만약 내가 국세청 모 고위인사 A 씨와 같이 공저로 하는 것을 동의하면, 그 사람 때문에 책이 기본적으로 5,000부 정도는 팔리니 그렇게 하자고 제안 하였다. 즉, 누이 좋고 매부 좋은 일이 아니냐는 것이었다.

나는 일언지하一言之下에 출판사 사장의 제안을 거절하였다.

그 이유로 첫째, 내가 처음 쓰는 책이라 오류도 많을텐데 만약 나의 잘못이 있을 경우 이를 아무 잘못도 없는 공직자인 A 씨에게 독자의 비난이 돌아가게 할 수 없다는 점과, 둘째, 원고를 실제로 쓰지 않은 사람이름을 저자로 올리는 것은 독자를 속이는 행위이니 이런 것은 나의 양심이 허락을 하지 않는다는 점을 들었다. 김 사장은 나의 이야기를 이해는 하지만 손해가 예상되는 책을 발간하기는 어렵다고 당초 주장을 철회하지 않았다.

나는 김 사장에게 대안으로 "내가 김 사장님에게 해드릴 수 있는 것은 저자로서 인지대를 받지 않는 것 밖에 없습니다. 이런 조건으로 책을 발간하시지요,"라고 제안하였고 김 사장이 이를 수락하여 나의 첫 번째 책이 어렵게 출간되게 되었다.

이렇게 어렵게 출판된 내 책은 독자들로부터 좋은 반응을 얻어 그 후로 개정판을 12판이나 계속 발간하였다. 물론 두 번째 개정판부터는 저자로서 인지대를 받았다.

이 책의 두 번째 개정판을 준비하면서 나는 나의 연구 면에서의 한계를 절감하고 세법분야에서 저자로 명성을 얻고 있는 모 선배회계사를 방문하여 "선생님, 제가 처음 책을 쓰다보니 저도 모르는 가운데 일부 오류가 있을 수 있다는 생각이 자꾸 듭니다. 선생님께서 제 책을 감수監修해 주시면 감사하겠습니다."라고 간곡히 요청 드렸다. 그러나 선배회계사는 자기가 이런 책을 쓰지 못했으니 감수보다는 자기와 공저로 하면 어떻겠냐고 나에게 물었다. 나는 그 회계사의 제안을 양심상 수락할 수 없었다. 이미 탈고가 된 책을 어떻게 공저로 바꿀 수 있다는 말인가? 나는 대 선배의 자존심이 상하지 않도록 그 선배의 제안을 완곡히 거절하였다.

나도 실리를 얻기 위해서는 공저로 하는 것이 좋은 줄 알지만 이는 나의 '독자에 대한 저자로서의 성실과 정직'이라는 가치관에 정면으로 위배되므로 수락할 수 없었던 것이다. 이러한 이유로 현재까지 약 30여 권에 이르는 나의 책은 공저가 하나도 없다.

한편, "경리실무"라는 책과 관련된 이야기이다.

오랫동안의 집필과정을 거쳐 약 1,600여 페이지의 "경리실무"를 썼다. 나는 종로에 갈 일이 있어 내 책이 전시되고 있는지 확인할 겸 교보문고에 들렀다. 회계서적코너에 간 나는 내 책의 제목과 같은 책이 내 책 옆에 나란히 전시되고 있는 것을 보고 호기심에 그 책의 내용을 살펴보았다. 그 책의 내용을 살피던 나는 깜짝 놀랐다. 왜냐하면 내 책의 내용 중 약 200여 페이지에 달하는 분량이 인용문구도 없이 그대로 전재되었기 때문이었다. 나는 즉시 그 책을 발간한 출판사 사장에게 전화를 걸어 그 사유를 물었다. 그는 "저는 잘 모르는 일입니다. 저자에게 그 이유를 물어보시지요."라고 대답을 하였다.

나는 화가 나서 그 책의 저자를 살펴보니 두 명이 공저를 했는 데 한 사람은 원로회계사인 B 씨 이었고, 또 한 사람은 모 대학교 교수이었다. 그들에게 왜 이렇게 남의 책을 무단전재 하였는가 묻고 책임을 추궁하였다. 사전에 법적조치를 하기 위해 변호사에게 자문을 해보니 그들이 지적재산권 위배를 했으니 소송을 통해 손해배상금(변호사 추정 약 5,000만원)을 받아주겠다고 나에게 제안했다.

나는 그들에게 이러한 내용을 설명하고 의견을 물으니 그들은 나에게 백배사죄百拜謝罪 하였다. 그들의 사과를 듣고 고심한 후 나는 해결을 위한 대안을 다음과 같이 제시하고 그들이 이를 수용할 경우 잘못을 묻지 않겠다는 말을 하였다.

첫째, 서점에 배포된 모든 책들을 즉각 회수조치 할 것

둘째, 5대 일간지에 사과 광고를 실을 것

그들은 첫째 조건은 당장 시행하겠지만 둘째 조건은 자기를 아는 사람들에게 이 사실이 알려지게 되면 망신스러우니 철회해줄 것을 간청하였다. 또한 부하직원이 자기 이름을 도용하여 출판을 한 것이지 자기들은 전혀 몰랐으니 정상을 참작해달라며 구차한 변명을 하였다.

나는 그들의 나이와 원로로서의 명예를 고려하여 둘째 조건을 철회하고 이 사건을 마무리 지었다.

이는 '실리'도 아니고 '원칙'도 아니나 상대방의 사정을 고려하여 나의 마음이 옳다고 생각되는 방향으로 결정한 것이라고 볼 수 있다.

가치관 정립

가치관이란?

'가치관價值觀, Sense of Value'이란 인간이 자기를 포함한 세계나 그 속의 어떤 대상에 대하여 가지는 평가의 근본적 태도나 관점觀點을 말한다. 쉽게 말하여 옳은 것, 바람직한 것, 해야 할 것, 또는 하지 말아야 할 것 등에 관한 일반적인 생각을 말한다.(행정학용어사전)

나는 누구인가?

우리 기업은 어떤 기업인가?

우리 나라는 어떤 나라인가?

이러한 질문에 대해 답을 찾고자 하는 것이 '가치관'이다.

여기에서 '나는 누구인가?'에 대한 답을 찾아보자.

나는 직장에서는 경영자요, 가정에서는 가장이고, 아내에게는 남편이며, 아이들에게는 아빠이다. 그리고 친구들에게는 역시 친구이며, 내가 소속한 사회단체에게는 회원이다. 국가에는 국민이요, 서울특별시에는 시민이고, 내가 다니는 성당에는 신자이다. 나의 모습과 역할에 따라 여러 가지의 모습이 나타난다.

이 중 어느 모습이 진정 나일까? 모든 역할들이 합해져 나를 형성하고 있다.

'나'라는 한 인격체도 이렇게 복잡한 모습일진대 수많은 사람이 모인 기업이나 국가는 과연 얼마나 다양한 모습을 지니고 있으며 그 실체는 무엇인가? 그리고 이들에 대한 가치관을 정립할 필요는 무엇일까?

가치관 정립의 필요성

이와 같이 겉으로 드러난 여러 가지의 형상形狀이 아닌 이러한 형상 이면裏面에 있는 무엇, 즉 본질에 대한 의미를 찾고 그 실체를 다루고자 하는 것이 '가치관'의 영역이라고 생각한다.

예를 들어 병원에 근무하는 어떤 간호사의 경우 냄새 나고 지저분한 환자의 피고름을 짜내고 닦아주는 업무를 수행한다고 가정하자. 이 간호사가 자기의 이런 업무에 대하여 아픈 환자를 치료하고 건강한 삶을 되찾아주는데 의미를 찾으면 즐거운 마음으로 임할 것이다. 하지만 월급을 받고 의무적으로 어쩔 수 없이 하는 일이라고 생각하면 아마도 하루 하루의 일이 피곤하고 지겨울 것이다.

이러한 경우 전자나 후자 모두 겉으로 드러난 형상 면에서 볼 때 '간호사'임에는 분명하지만 일에 임하는 자세는 서로 현저히 다르다. 그 이유는 전자는 간호사로서의 숭고한 가치를 찾은 반면, 후자의 경우는 그 가치를 무시하거나 찾지 못하고 있기 때문이다. 이러한 이유로 가치관을 정립하여야 할 필요성이 있는 것이다.

이와 같이 개인이나 기업 또는 국가가 어떤 목표를 달성하기 위해 구성원들의 노력이 필요하게 될 때 가치관을 찾아 정립하는 경우와 하지 못하는 경우 양자는 그 결과에 있어 엄청난 차이가 있게 된다.

기업의 가치관

기업의 가치관에 대한 이야기를 해보기로 한다.

기업의 가치관이 있는 기업과 없는 기업은 마치 한 밤중에 등불을 들고 걸어가는 경우와 등불 없이 깜깜한 길을 걷고 있는 경우에 비유할 수 있다. 그만큼 기업의 가치관은 기업의 구성원들에게 기업이 가야할 방향을 분명히 제시함으로써 길을 잃고 방황하는 우愚를 범하지 않도록 한다.

마크로젠의 서정선 박사는 투자유치관계로 처음 만나 그의 사업을 도와준 인연이 있어 알게 되었다. 투자유치에 관한 자문을 하기 위해 그의 사무실을 방문했을 때 그는 나에게 다음과 같이 말했다.

"제가 하는 사업은 신神의 영역을 넘나드는 사업 분야입니다. 그러다 보니 조심스러운 마음입니다. 저는 생명의 본질을 다룬다는 사명감으로 이 사업을 시작하였습니다. 따라서 사업을 통해 개인의 이익을 추구하기 보다는 인류의 생명에 기여를 하고자 하는 마음으로 이 사업을 경영하고자 합니다. 그리고 제가 이 사업을 성공하게 되면 이익금의 상당 부분을 서울대에 기부하려고 합니다."

이 말은 나로 하여금 서 박사 개인을 신뢰하게 만들었고 또한 그가 추구하려고 하는 사업의 중요성을 새삼 인식하게 하였다. 나는 이러한 신뢰를 바탕으로 엔젤들과 주위 친지들을 설득하여 마크로젠의 투자를 유치할 수 있었다. 이와 같이 어느 기업의 가치관은 기업 내부 구성원뿐만 아니라 기업 외부의 이해관계자들에게 신뢰를 줌으로써 기업이 추구하는 목표를 위해 한 마음이 되도록 하는 역할을 한다.

이상에서 설명한 서 박사의 "생명의 본질을 다룬다"라는 사명감은 곧 그가 운영하는 마크로젠이라는 기업의 '가치관'이라고 생각한다.

한편 중국 알리바바그룹의 창업주인 마윈은 기업을 경영함에 있어 무엇보다도 '가치관 최고주의'를 주창하고 있다. 그는 어떤 직원이 업무성적이 떨어지면 교육으로 해결할 수 있으나 만약 그 직원의 가치관이 잘못되면 무조건 해고하는 원칙을 세우고 있다. 또한 직원평가 시 평가기준의 50%를 가치관에 둘 정도로 가치관에 가장 중요한 비중을 두고 있다. 그는 '이윤 추구'보다는 '가치관 추구'를 기업의 이념으로 삼고 있으며, 그가 경영하는 알리바바그룹의 가치관은 '고객 우선', '팀워크', '변화에 대한 수용', '열정', '정직'으로 알려져 있다.

전성철 IGM(세계경영연구원) 원장은 그가 쓴 『가치관 경영』에서 기업의 가치관에 대하여 다음과 같이 기업의 가치관은 기업의 본질이라고 설명하고 있다.

"기업의 본질은 사람이고 사람의 본질은 생각, 즉 '가치관'이다. 그렇다면 기업의 본질은 당연히 가치관이다. 기업이 어떤 가치관을 가지고 있는지가 그 기업의 본질을 규정한다. 또 기업의 가치관은 구성원들이 가지고 있는 가치관의 합습이다. 그런데 그들이 살아온 과정도, 가치관도 모두 다르다. 만일 기업의 주요 활동에 대한 그들의 생각이 천차만별千差萬別이라면 그 기업은 커다란 혼란을 겪을 수밖에 없다."

이러한 점에서 그는 기업의 가치관과 기업을 앞장서서 이끌어가는 CEO의 가치관을 직원들이 이해하고 공유할 수 있어야 하고, 더 나아가 기업의 모든 임직원이 기업의 가치관에 맞추어 생각하고 행동할 수 있도록 유도하는 '가치관 경영'을 할 것을 강조하고 있다.

나의 아들은 외국회사에 다니고 있다.

그는 도전적인 성격을 지니고 있는데 비해 그가 다니고 있는 직장은 혁신 추구보다는 안정을 선호하는 분위기라고 한다. 그러다 보니 나의 아들은 본인이 열정을 다 바쳐 일을 해도 그렇지 않은 다른 직원들에 비해 그 성과가 제대로 평가되고 있지 않다고 불만을 가지고 있다.

어느 날 아들은 나에게 "아빠, 아무래도 직장을 옮겨야 할 것 같아요. 마침 선배가 추천하는 회사가 있는데 매출이 매년 급성장하고 있고 직원들도 하버드대학교와 와튼 스쿨 출신 등 명문대학교 출신이 많이 있다고 하네요. 그 곳에 가서 그들과 겨루며 제 능력을 마음껏 발휘해보고 싶습니다. 다만, 마음에 걸리는 것은 현재 다니는 회사는 세계적인 회사라 모든 것이 안정적으로 갖추어져 있으나, 옮기려는 회사는 인원도 소수이고 앞으로 어떻게 될지 불안한 점은 있어요. 어떻게 할까요?"하고 나에게 묻는 것이었다.

나는 아들에게 "그 기업의 가치관을 네가 공감하고 또한 네 가치관을 기업의 가치관과 조화를 이루며 키워갈 수 있다면 네가 아직 젊을 때 한 번 도전해보렴."하고 내 의견을 이야기해 주었다.

나 자신의 가치관을 정립한다

앞에서 생각했던 "나는 누구인가?"와 "나는 왜 사는가?"등 나의 존재와 존재이유에 대한 본질적인 의문에 대해 바람직한 접근방법은 나의 가치관에 대한 성찰이라고 생각한다.

흔히 대부분의 사람들은 건강과 돈 그리고 명예 등을 삶의 주요한 추구목적으로 삼고 삶을 살아가고 있다. 그러나 이러한 개념들은 사람에 따라 각각 다른 가치로 다가온다.

여기에 영국의 거부였던 피츠제럴드라는 사람이 '재산'에 대하여 가졌던 가치관을 사례로 소개하고자 한다.

피츠제럴드에게는 자식이 하나 있었는데 그 하나뿐인 자식이 열 살이 갓 넘었을 때 아내를 잃었다. 이에 상심이 컸던 그는 아들에게 더욱 정성을 쏟았지만, 애석하게도 아들마저 병을 앓다가 스무 살이 되기 전에 죽고 말았다. 홀로 된 피츠제럴드는 거장들의 예술작품을 수집하며 그 슬픔을 잊으려 노력했다. 세월이 흘러 피츠제럴드도 병으로 죽게 되었는데. 세상을 떠나기 전 그는 유언장에 재산을 어떻게 처분할 것인가를 밝혀 두었다. 그는 자신의 모든 소장품을 경매에 내 놓으라고 지시했다. 이 수백만 파운드에 달하는 소장품들은 양적으로나 질적으로나 모두 대단한 것들이었으므로 이를 사려는 사람들이 구름처럼 모여 들었다. 그 예술품들은 경매 전에 관람할 수 있도록 전시되었다. 그런데 그 중에 별로 눈에 띄지 않는 그림 한 점이 있었다. 그것은 지방의 무명 화가가 피츠제럴드의 외아들을 그린 '내 사랑하는 아들'이라는 제목의 보잘것없는 그림이었다. 제일 먼저 경매에 붙여진 것이 바로 그 그림이었다. 하지만 아무도 그 그림의 입찰에 응하려 하지 않았다. 그때 뒷자리에 앉아있던 초라한 모습의 한 노인이 손을 들더니 조용히 말했다. "제가 그 그림을 사면 안 될까요?" 그는 피츠제럴드의 아들을 어릴 때부터 돌보았던 늙은 하인이었다. 그는 자신이 가진 돈을 모두 털어 그림을 샀다. 그런데 그 순간 변호사는 경매를 중지시킨 다음 큰 소리로 피츠제럴드의 유언장을 읽었다. "누구든지 내 아들의 그림을 사는 사람이 모든 소장품을 가질 것입니다. 이 그림을 선택한다면 그는 가장 소중한 것이 무엇인지 아는 사람이니 모든 것을 가질 충분한 자격이 있습니다."

이상의 이야기에서 피츠제럴드가 가진 '돈' 또는 '재산'에 대한 가치관은 자기가 가졌던 자식에 대한 사랑의 부속물에 지나지 않았던 것이다.

우리 주변에 많은 재산을 가지고 있는 거부巨富이지만 그 돈을 쓰지 못하고 저축만 하고 있는 사람들을 간혹 만나곤 한다. 그들이 돈에 대하여 가지고 있는 가치관은 '쓰는 것'보다 '모으는 것'에 그 가치를 더 많이 두고 있는 것이다. 흔히 "재산은 통장에 있는 숫자에 불과하며, 이를 사용할 때 진정한 재산이다."라고 이야기한다. 이러한 측면에서 보면 모으기만 하는 재산에 대한 가치관에 대해 다시 한번 생각해 볼 일이다.

한편 사람들은 자신이 하고 있는 일에 대한 가치관을 정립하지 못할 경우 일에 대한 보람을 느끼지 못해 방황하고 괴로워한다. 예를 들어 아무리 큰 부자라고 하더라도 그 부富에 관한 자기 나름의 가치관을 정립하게 되면 그 '부'는 그의 삶을 가치있게 그려주겠지만 그렇지 않은 경우에는 그 '부'는 단지 거추장스럽거나 자신의 생명의 위험을 초래하는 불필요한 존재일 뿐이다.

가치관을 바꾸면 새로운 삶의 세계가 열린다

어느 도시에 가로등을 청소하는 40대 중년 남자가 있었다. 그는 눈이 오나 비가 오나 매일 가로등을 닦으며 세월을 보냈다. 그러다 보니 자신의 일이 한심하고 보잘 것 없다는 생각에 짜증이 났다. 아무래도 다른 직업을 찾아야겠다고 생각한 그는 가장 친한 친구를 찾아가 상담을 했다.

"자네, 그 일 말고 잘 하는 다른 일이 있는가?"

"없네."

"그러면 생각해봄세. 자네가 가로등 청소를 하면 누구에게 도움이 될까?"

"글쎄 내가 가로등을 잘 닦으면 밤거리가 밝아지게 될 것이고… 그 길을 지나는 사람들이 도움을 받겠지." "그렇다면, 자네는 가로등 청소부라기보다는 사람들을 위해 어두운 세상에 빛을 주는 귀한 일을 하는 사람이라네."

이 말을 들은 그는 마음을 바꾸었다. '나는 청소부가 아니다. 나는 어두운 세상에 빛을 주는 사람이다.'라고 생각하며 즐거운 마음으로 가로등 청소를 했다고 한다.

이 청소부도 자기의 하는 일에 대한 가치관을 새롭게 정립하고 삶의 보람을 찾았던 것이다. 새로운 삶의 세계가 열린 것이다.

공인회계사와 행정고시를 같이 합격한 나의 대학동기인 P군은 공인회계사의 길을 포기하고 공무원의 길을 택했다. 사무관으로 재직하던 그는 어느 날 나에게 찾아와서 "길모, 공무원으로 지내기가 무척 힘들군. 너무 배고파서 말이야. 회계사로 진로를 바꿔보고 싶은데 도와줄 수 있겠나?" 하고 말했다. 나는 그에게 "물론 자네가 원하면 얼마든지 가이드 해주지. 그러나 자네가 공무원 시험을 보고 또 공무원의 길을 선택할 때의 초심初心으로 되돌아가 그 당시 '왜 나는 공무원의 길을 가고자 하였는가?'에 대하여 진지하게 다시 생각해 보게나. 그래도 공직을 그만 두겠다는 결심이 섰을 때 나에게 이야기 해주면 좋겠네."하고 말했다.

그는 그 후로 공무원의 길을 계속 가서 후에 고위공직자로 명예롭게 은퇴하는 성공하는 삶을 살았다. 그의 경우 청빈한 공직자로서의 길을 감에 있어 어려운 나머지 잠시 회의가 들었지만, 가치관을 재정립함으로서 이를 불식拂拭하고 확고한 신념을 가지고 다시 공직생활을 가기로 결심하였던 것이 아닌가 생각된다.

미국의 작가이자 심리학자인 웨인 다이어Wayne Dyer는 그의 저서 『행복한 이기주의자』에서 다음과 같이 나 자신의 가치를 어떻게 볼 것인가에 대하여 이야기 하고 있다.

"나의 가치는 다른 사람에 의해 검증될 수 없다. 내가 소중한 이유는 내가 그렇다고 믿기 때문이다. 다른 사람으로부터 나의 가치를 구하려든다면 그것은 다른 사람의 가치일 뿐이다.

나의 가치관은 남이 좌지우지할 사항이 아니다. 왜냐하면 내가 살아가는 삶은 남의 삶이 아닌 바로 나의 한번 밖에 없는 나의 삶이기 때문이다.

미켈란젤로가 시스티나 성당에서 그림을 그리고 있었다. 높은 천정에 매달려 하루종일 힘들게 그리고 있는 미켈란젤로에게 친구가 물었다. "자네는 사람이 볼 수 없는 부분까지 왜 그렇게 혼신을 다 해 그리고 있는가?" 이 질문에 그는 "내가 보고 있지 않나"라고 말했다.

이와 같은 대화에서 우리는 미켈란젤로의 가치관은 보이지 않는 부분을 대충 처리하여 편하게 그림을 그리는 것에 있질 않다. 위대한 예술가로서 자기의 혼魂을 정성껏 최선을 다 해 그 그림에 심고자 함에 있음을 알 수 있다. 이와 같이 미켈란젤로는 일반인들이 가지고 있지 않은 예술가로서의 특별한 가치관과 혼이 있었기 때문에 불후의 명작들을 만들지 않았을까 생각된다.

가치관이 정립된 기업은 경쟁력이 높다

뿌리 깊은 나무는 바람이 세차게 불어도 쓰러지지 않고, 촘촘히 마디를 맺고 있는 대나무는 바람에 흔들릴지라도 부러지지 않는다.

가치관이 확실히 정립된 기업은 이와 같은 뿌리 깊은 나무나 대나무에 비유될 수 있다. 기업의 모든 구성원이 자기가 몸 담고 있는 기업의 가치관을 공유하고 정확히 이해하고 있다면 그 기업은 그렇지 않은 다른 기업에 비해 경쟁력이 높다고 볼 수 있다. 왜냐하면 기업의 목표를 달성함에 있어 구성원들이 한 뜻으로 긍정적인 자세로 합심하여 노력하기 때문이다.

예를 들어 세계 호텔업계에서 가장 우수한 기업중의 하나로 인정받고 있는 메리어트 인터내셔널Marriott Intrenational의 가치관은 "길을 떠나온 나그네들에게 마치 집에 온 듯한 안락감을 주는 것"이라고 한다. 그러나 매리어트 인터내셔널과의 경쟁에 의해 2류 호텔로 전락한 하워드 존슨 Howard Johnson의 가치관은 "여행객들에게 숙박시설을 제공하는 것"으로 알려져 있다.

이들 중 어느 호텔이 고객들에게 우량한 서비스를 제공할 수 있을까? 이러한 호텔의 가치관은 종업원들이 이를 공유함으로써 종업원 각자의 업무수행 방향에 영향을 주게 되고, 고객에 대한 서비스의 질質을 좌우하게 된다.

한편 사명使命, 비전과 더불어 가치관의 주요 요소로 들고 있는 '핵심가치' 역시 기업 입장에서는 기업의 경쟁력에 지대한 영향을 미친다.

한때 전자업계의 선두주자로 이름을 날렸던 소니SONY는 자사의 가치관인 '개척자 정신', 즉 '남이 가지 않는 길을 간다.'에 충실하여 워크맨, 캠코더 등 혁신적이고 독창적인 제품을 개발하여 전 세계 전자업계를 석권하는 독보적인 존재로 자리 잡았다. 그러나 그 이후 점차 소니의 핵심가치 의미가 쇠퇴하면서 소니의 위상은 급격히 추락하고 말았다. 이와 같이 한 기업의 가치관 정립 여부는 기업의 흥망과 직결되므로 이 점 특히 유의하여야 할 것이다. (출처 : 전성철 외 저, "가치관 경영")

다음에는 어려운 경기침체 상황에서도 1989년 설립 이후 단 한번의 적자 없이 꾸준한 성장을 하고 있는 일본의 헤이세이건설사의 창업주인 아키모토 사장의 경우를 소개하고자 한다.

이 회사의 아키모토 사장의 아버지는 목수의 큰 아들로 태어나 할아버지의 뒤를 이어 목수가 되었다. 그는 아키모토 사장에게 "목수는 남자로 태어나 일생을 걸만한 직업"이라며 늘 목수가 되라고 말했다고 한다. 또한 아키모토 사장의 아버지는 아들에게 '목수는 이 나라의 문화를 만드는 사람', '다른 나라가 함부로 덤비지 못할 국력을 보여주기 위해 마을을 세우고 건물을 지은 사람' 이라는 말을 늘 하였다고 한다. 이러한 아버지가 아들에게 심어준 가치관이 아키모토 사장에게 어린시절 부터 깊이 각인되어, 그로 하여금 건설업 분야의 성공기업인의 길을 가게 하는 중요한 에너지로 작용한 것이 아닌가 생각된다.

또한 일본 도쿄 긴자에서 한식당을 성공적으로 운영하고 있는 윤미월 사장의 경우 그녀의 성공 비결은 가업을 잇기 위해 일류대학을 나온 아들이 식당에서 일하면서 접시를 닦고 옮기는 일을 할 때 아들에게 한 다음과 같은 말에서 엿볼 수 있다.

"넌 접시가 아니라. 네 인생을 드는 거야"

이는 '접시 드는 것'을 단순한 노동이 아닌 인생을 걸듯 소중한 마음으로 최선을 다 하라는 뜻으로 아들에게 '요식업에 관한 가치관'을 심어주고자 하는 어머니의 자식에 대한 사랑과 지혜에서 나온 말이라고 생각한다.

이 길이 과연 내가 가야 할 길인가?

나는 군을 제대하고 서울대학교대학원에 입학하여 경영학을 전공하였다. 이 때도 회계법인에 다니며 야간에 대학원에 다니다보니 공부에 할애할 시간이 많지 않아 애를 많이 먹었다. 여하튼 어려운 여건 속에서나마 최선을 다 한 결과 석사학위를 받게 되었다.

학교를 졸업하고 얼마 안 되어 학위를 지도하셨던 회계학계의 원로이신 이정호 교수님으로부터 "문 회계사, 시간 있으면 차나 한 잔 하지요."라고 전화가 왔다. 나는 평소 나를 무척 아껴주셨던 교수님이 무슨 일로 나를 찾으시는지 궁금하게 생각하며 찻집에 나갔다.

교수님은 나에게 "모 대학에서 학장으로 있는 내 대학 동기로부터 회계사로서 강의 경험이 있는 전임강사를 추천해달라고 연락이 왔습니다. 문 회계사가 적임자 같아 추천하고 싶은데 문 회계사 생각은 어떤가요?"라고 말씀하시었다. 그 당시 전임강사가 아닌 일반 강사도 자리가 나오면 서로 하려고 애쓰던 것을 잘 알고 있고, 또 강의를 좋아하는 나로서는 너무 고마운 마음이 들었다. 그래서 나도 모르게 "교수님 고맙습니다. 하겠습니다."라고 말할 뻔 하였다.

그러나 나는 꾹 참고 "교수님, 고마우신 말씀이지만 저로서는 제 진로를 바꿔야 하는 중요한 문제이니 저에게 1주일만 시간 여유를 주십시오." 라고 말씀드렸다. 그리고 교수로의 길을 선택할 것인가에 대해 심사숙고 하게 되었다.

나는 가족과 대학교수를 하는 친구 등 주변 인물들과 상의를 해 보았지만 뚜렷한 결론이 나질 않았다. 그래서 이번에도 '나를 객관화' 하는 방식으로 의사결정을 하기로 결심하였다. 즉, "네가 문길모의 친구라고 가정하고 그의 입장에서 그가 과연 교수로의 길을 가고자 할 때 찬성할 것인가?"라는 질문을 나에게 던졌다. 그리고 그 친구가 하는 대답을 따르기로 했다.

나는 내가 대학교수로서의 길을 가는 것과 관련하여 그 타당성을 판단할 수 있는 세 가지 기준을 정했다.

첫째는 '학문의 성격'이었다. 내가 전공한 회계나 세무는 실천학문이기 때문에 학교에서 하든 밖에서 하든 모두 별 문제가 없다는 생각이 들었다.

둘째는 '학문할 수 있는 입장'이었다. 그 당시 대학의 전임강사 월급은 내가 받던 회계사 급여의 절반도 되지 않았다. 이러한 월급으로 여덟 명이라는 대가족을 부양하기란 거의 불가능했다. 나는 생각했다. '대학교수가 되어 급여가 대폭 감소되면 나는 어떻게 가족을 부양해야 하나? 나는 어쩔 수 없이 연구에 전념하기보다는 생계비를 벌기 위해 이곳 저곳 돈 되는 곳이면 가리지 않고 강의를 다녀야 할 수 밖에 없지 않을까? 그렇다면 차라리 돈을 잘 벌 수 있는 직업을 선택하는 것이 보다 정직한 것이 아닌가?' 하고 생각하게 되었다. 그래서 두 번째 기준은 부정적인 결론이 나왔다.

셋째는 교수는 제자가 있는 직업이다. 그래서 '나에게 제자를 이끌어갈 열정과 사명감 그리고 제자를 사랑하는 정신이 있는가?'이었다. 나는 교수의 길을 갈 경우 제자를 위해 나 자신을 헌신할 수 있다는 생각이 들었다. 따라서 이 기준은 긍정적으로 결론이 나왔다.

이와 같이 세 가지 기준 중 두 번째 기준이 부정적으로 나오게 되어 고심한 후 결국 교수님께 다음과 같이 나의 생각을 말씀드렸다.

"죄송하지만, 교수님께서 권고하신 교수로서의 길을 선택할 수 없겠습니다."

나는 나의 본래의 뜻과는 달리 어쩔 수 없이 교수의 길을 포기할 수밖에 없는 나의 입장에 마음이 무척 아팠고 오기傲氣도 생겼다. 나는 결심하였다. '내가 비록 지금은 가정 형편으로 가고 싶은 교수로의 길을 포기하지만, 만약 회계사 생활을 하면서 강의나 연구를 할 경우 교수로 재직하는 것보다 더 열심히 하겠다. 그리고 최소한 지식을 팔아 돈을 버는 강의는 절대 하지 않겠다.'라고…

이러한 이유로 나는 지금까지 약 800여 회 이상의 강의를 하였지만, 강의 그 자체가 좋아서 한 것이다. 당초 서원誓願한 대로 강의료를 목적으로 하는 강의, 예를 들면 많은 강의료를 제안해 온 학원 강의는 한번도 하지 않았다. 또한 강의료를 물어보거나 강의료 금액을 강의 여부 결정 기준으로 생각해본 적이 없다. 주로 내가 좋아하는 대학교 강의와 기업이나 단체 초청강의에 집중하였다.

또한 '교수의 길을 가는 것보다 더 많이 연구하고 책을 쓰겠다.'라는 결심을 하였다. 이 결심을 지키기 위해 나는 지금까지 많은 잡지나 신문 등에 기고를 하였고, 30여 권이 넘는 회계와 세무관련 책을 저술하였다. 그리고 KBS를 비롯한 여러 방송에도 출연하여 방송 상담이나 대담을 성실히 하고자 노력하였으며, 서초구청 등 지자체나 사회봉사단체 등에서 변호사 등과 같이 시민을 상대로 전문적인 상담 봉사도 꾸준히 해왔다.

이 모두 가고 싶은 교수로의 길을 포기한 후 스스로를 채찍질하며 많은 시간동안 나의 열熱과 성誠이 투입된 나의 삶의 모습들이다. 나는 회계와 세법 그리고 경영컨설턴트의 길을 걸어온 전문가로서 사회로부터 입은 은혜IN PUT를 사회를 향해 갚을 방법이 있다면, 어떤 방법이라도 가리지 않고 필요한 곳에 최선을 다 해 갚고자OUT PUT하는 것이 도리라고 생각한다.

지금 생각해보면 이와 같은 '교수로의 길이 과연 가야할 길인가?'에 관한 나의 자문자답 과정은 나의 삶에 관한 '가치관'의 정립과정이 아니었나 생각이 든다. 어쩌면 남들은 쉽게 넘어갈 수도 있는 '삶'과 그 '방향'에 관해 나 스스로 고심을 자초自招하여 선택한 것이라고도 볼 수 있다.

그 이후로도 여러 가지의 새로운 진로가 나에게 제시되었다. 예를 들어 상장회사의 감사실장, 증권회사의 인수공모부 책임자 등 회계사보다 더 많은 보수와 비전을 제시 받은 적도 있었으나 역시 '이 길이 과연 내가 갈 길인가?'를 심사숙고한 후 마음을 접었다.

이러한 제의를 받을 때마다 유혹을 자제하고 냉철하게 나 자신의 모습을 성찰하여야 하는 힘든 과정을 밟았지만, 이는 나만의 가치관을 올바로 정립하기 위해 불가피하게 거쳐야만 할 과정이 아니었나? 라고 생각해본다.

나는 이러한 과정을 통해 '내가 가지고 있는 전문지식과 경험을 통해 나를 키워준 이 나라와 사회, 특히 기업을 위해 정성을 다해 기여한다.'는 나 나름대로의 '삶의 가치관'을 정립하였다.

성공기업인의 실천 덕목

CHAPTER 1	CHAPTER 2	CHAPTER 3	CHAPTER 4
성공을 위한 준비	**성공인과 성공기업인**	**성공기업인의 길**	**성공기업인의 완성**

| 삶에 대한 이해 | 성공인과
성공기업인의 의의 | 성공프로세스의
디자인 | 나눔과 기여 |

| 성공에 대한
개념 정립 | 성공기업인의
기본요건 | 성공기업인이
가져야 할 생각 | 끊임없는 자기개발 |

| | 성공인의 자기관리 | **성공기업인의
실천 덕목** | |

| | 성공기업에
대한 이해 | | |

성공인들이 이야기하는 성공비결

- 부자 옆에 줄을 서라. 산삼 밭에 가야 산삼을 캘 수 있다.   – 이건희, 삼성그룹 회장

- 만약 성공의 비결이란 것이 있다고 하면 그것은 타인의 관점을 잘 포착하여 자기 자신의 입장에서 사물을 볼 줄 아는 재능, 바로 그것이다. – 헨리 포드, 포드자동차 창업주

- 성공은 성공지향적인 사람에게만 온다. 실패는 스스로 실패할 수밖에 없다고 체념해버리는 사람에게 온다.   – 나폴레온 힐, 작가

- 인생에 있어서 성공의 비결은 성공하지 않은 사람들에게 있다.   – 콜린즈, 철학자

- 장기적 비전을 위해 단기적 손해를 감수한다. 이것이 성공의 비결이다.   – 빌 게이츠, 마이크로소프트 창업주

- 한 마리의 개미가 한 알의 보리를 물고 담벼락을 오르다가 예순아홉 번을 떨어지더니 마침내 일흔 번째 목적을 달성하는 것을 보고 용기를 회복하여 드디어 적과 싸워이긴 옛날의 영웅 이야기가 있는데, 동서고금에 걸쳐서 변치 않는 성공의 비결이다.   – 스코트

- 장님은 눈이 보이지 않는 데도 여간해서 부상을 입지 않는다. 손으로 더듬어서 조심스럽게 걷기 때문이다. 그 한 발짝 한 발짝에는 겸허함이 있다. 오히려 눈이 보이는 사람 쪽이 돌에 채이고 물건에 부딪쳐서 곧잘 상처를 입는다. 눈이 보이기 때문에 섣불리 방심하는 것이다.   – 마쓰시다 고노스케

- 담담淡淡한 마음을 가집시다. 담담한 마음은 당신을 굳세고 바르고 총명하게 만들 것입니다.   – 정주영

- 성공이란 당신이 가장 '즐기는 일'을 당신이 '감탄하고 존경하는 사람들 속에서' 당신이 '가장 원하는 방식'으로 행하는 것입니다.   – 브라이언 트레이시

- 훌륭한 경영인은 비전을 창조하고, 비전을 명확하게 하며, 비전을 열렬히 소유하고, 완성을 향해 냉혹하게 추진한다.   – 잭웰치, GE 회장

비전과 목표

비전있는 행동은 세상을 바꾼다

'비전Vision'은 사전에서는 "내다보이는 장래의 상황" 또는 "미래에 대한 구상" 등으로 정의하고 있다. 그러나 단순한 미래 구상이라고 하기 보다는 상상력, 직감력, 통찰력 등이 가미된 미래의 구상을 의미한다고 생각된다.

흔히 '비전'과 '몽상'을 비교하여 이야기 하는데 여기에서는 '비전'과 '몽상夢想'의 차이에 대한 존 맥스웰John Maxwell의 다음 글을 살펴보기로 하자.

"비전이 있는 사람은 말은 적으며 행동을 많이 한다. 몽상가는 말은 많으나 행동이 적다.

비전이 있는 사람은 자기 내면의 확신에서 힘을 얻는다. 몽상가는 외부 환경에서 힘을 찾는다.

비전이 있는 사람은 문제가 생겨도 계속 전진한다. 몽상가는 가는 길이 힘들면 그만둔다."

또한 조엘 A. 바커Joel A. Barker도 다음과 같이 비전이 있는 행동만이 세상을 바꿀 수 있다고 주장하고 있다.

"실행이 없는 비전은 꿈에 불과하며, 비전이 없는 실행은 시간만 보내게 한다. 비전이 있는 행동은 세상을 바꿀 수 있다."

비전은 성공으로 통한다

미국의 작가, 교육자이자 사회주의 운동가이자 인문계 학사를 받은 최

초의 시각, 청각 중복 장애인인 헬렌 켈러Helen Adams Keller는 "앞을 보지
못하는 것이 슬픈 것이 아니라 비전이 없는 것이 슬픈 것이다"라고 비전
의 중요성을 이야기하고 있다.

이러한 비전은 우리로 하여금 삶의 지향점指向點을 인식하게 한다. 따라
서 비전은 우리로 하여금 무계획적인 삶을 살거나 방황하지 않도록 한다.
비전은 우리로 하여금 비전을 향해 생각과 행동이 조율된 삶을 살게 함으
로써 보다 짧은 시간에 효율적으로 목표를 달성하도록 하는 역할을 한다.

마이크로소프트사의 빌 게이츠 회장은 마이크로소프트사의 성공비밀이
다음과 같이 비전에 있음을 이야기 하고 있다.

"사람들은 곧잘 마이크로소프트의 성공 비결을 알려 달라고 나에게 청한
다. 나는 두 사람이 구멍가게처럼 시작한 비즈니스가 어떻게 이런 대기업으
로 성장할 수 있었느냐는 것이다. 물론 쉽게 답할 수 없는 물음이다. 행운도
따랐다. 그러나 가장 중요한 것이 있었는데 그것은 바로 비전이었다."

또한 일본에서 사업으로 크게 성공한 재일교포 기업인인 손정의 소프트
뱅크 회장은 비전이 있는 사람은 크게 성공할 수 있다고 다음과 같이 말
하고 있다.

"왜 사람이 큰 성공을 이루지 못한다고 생각하는가? 비전이 없는 사람
은 아무리 열심히 해도 그 자리에서 빙빙 돌기만 한다. 비전이 있는 사
람은 늘 산 정상을 바라보고 있기 때문에 불필요한 움직임을 줄이고 결국
큰 산에 오를 수 있다."

"꿈은 꿈을 꾸는 자의 것이다."라는 말도 있듯이 오늘 이 순간 나의 꿈
과 비전을 가져보자. 성공으로 통하는 누구도 가져갈 수 없는 나만의 꿈
을 꾸고, 나만의 비전을 가져보는 것은 어떨까?

비전은 구체적으로 세워야 한다

그리고 비전은 무엇보다도 구체적으로 세워야 한다. 기업에 있어서 비

전은 기업이 나아가야할 방향을 제시하는 것이기 때문이다. 왜냐하면 만약 비전이 추상적으로 세워지면 이를 따라야 할 조직구성원들이 비전에 대한 각자의 입장에서 자의적인 해석과 판단이 발생할 위험성이 높아지기 때문이다. 이렇게 되면 기업의 비전을 확인하고 그 비전을 수행하는 데 있어 전 직원을 집중시키고 통합하기 어려워 불필요한 시간과 노력이 많이 소비된다.

'구체적인 비전'의 좋은 예를 들면 다음과 같은 헨리포드Henry Ford가 포드자동차를 설립하면서 만든 창립당시 비전을 들 수 있다.

"10~20년 후 우리 꿈이 이루어지면 미국 대부분의 길에서 말과 마차가 사라지고, 우리가 만든 자동차가 짐과 사람들을 실어 나르며 우리 노동자들은 자신이 직접 만든 자동차를 타고 다닐 것이다."

비전은 기업에서 종업원들에게 동기를 부여하는 가장 핵심적인 요소이다. 생텍쥐페리Antoine Marie Roger De Saint Exupéry는 목표 달성을 위해서는 직원들에게 일일이 구체적인 업무를 지시하는 것보다 비전의 제시가 더 중요함을 다음과 같이 말하고 있다.

"만일 당신이 배를 만들고 싶다면, 사람들을 불러모아 목재를 가져오게 하고 일을 지시하고 일감을 나눠주는 등의 일을 하지 마라. 대신 그들에게 저 넓고 끝없는 바다에 대한 동경심을 키워줘라."

뚜렷한 목표 없이 확실한 성공은 없다

성공은 목표를 전제로 한다.

옛말에 '유지견성有志見成'이란 말이 있다. 이 뜻은 "뜻이 있으면 이루어진다."라는 의미로 우리 속담에 "뜻이 있는 곳에 길이 있다."라는 말과 유사하다.

'뜻' 즉, 목표를 이루고자 하는 뜻이 없는 성공이란 있을 수 없기 때문에 성공하는 사람 또는 기업가가 되기 위해서는 무엇보다 먼저 성공의 대상이 되는 '목표'를 설정하여야 한다.

이 경우 목표를 어떻게 세울 것이냐가 문제이다.

우리가 화살을 쏠 때 보이지 않는 과녁을 맞출 수는 없는 법이다. 따라서 목표는 목표를 향해 가야할 사람들이 볼 수 있도록 무엇보다 분명하게 뚜렷이 세울 수 있어야 한다.

이와 관련하여 캐나다의 저명한 경영컨설턴트인 브라이언 트레이시Brian Tracy가 목표를 세우는 것과 관련하여 강조한 사항을 소개하면 다음과 같다.

• 자신이 간절히 원하는 목표를 세워야 한다.
• 목표가 구체적일수록 그 목표를 생각하는데 더 많은 시간을 투자하게 된다.
• 목표가 실현될 것이라는 강한 믿음을 가져야 하며,
• 반드시 목표를 종이에 적는 습관을 들여야 한다.
• 기한을 정하지 않은 목표는 장전하지 않은 총알과 같다.

그레그 S. 레잇은 꿈을 실현하는 것과 관련하여 다음과 같이 말하고 있다.

"꿈을 날짜와 함께 적어 놓으면 그것은 목표가 되고, 목표를 잘게 나누면 그것은 계획이 되며, 그 계획을 실행에 옮기면 꿈은 실현되는 것이다. A DREAM written down with a date becomes a GOAL. A goal broken down becomes a PLAN. A plan backed by ACTION makes your dream come true."

이탈리아의 위대한 화가이자 조각가이었던 미켈란젤로Michelangelo Buonarroti도 목표에 대한 중요성을 강조하였는 데 그는 "우리에게 정말 위험한 것은 이루지 못할 꿈을 세워 이루지 못하는 것이 아니라, 달성할 만한 쉬운 목표를 세우고 거기에 만족하는 것이다."라고 말하고 있다. 이는 성공인이 되기 위해서는 쉬운 목표로 만족하지 말고 혼신의 힘을 다해 일생을 거쳐 도전할 만한 멋진 목표를 세워야 함을 의미한다고 본다.

"비록 새우잠을 자더라도 고래 꿈을 꿔라" 라는 말도 있지 않은가?
지금 이 순간 나는 어떤 꿈을 어느 정도 높이 꾸고 있는지 생각해 볼일이다.

목표 없는 사람은 목표를 가진 사람들을 위해 일한다

말은 마부를 위하여 달린다. 마부가 정한 목표를 향해 말은 달린다. 이경우 말은 목표가 없기 때문에 마부가 정한 목표를 향해 달리는 것이다.

성공인의 경우도 마찬가지이다. 일반인들은 성공인이 정한 목표를 위해 일을 한다.

성공인들의 삶을 살펴보면 공통적으로 뚜렷한 목표를 가지고 그 목표를 달성하기 위해 열정을 가지고 혼신의 노력을 경주했음을 알 수 있다. 전쟁터에서 리더가 부하들에게 공격목표를 제시하지 못한다고 가정해보자. 어떤 현상이 벌어질 것인가? 아마도 부하들은 앞으로 나아가지 않고 그대로 대기하고 있거나 각자의 상황인식과 판단에 의해 목표 없이 사방팔방으로 총을 쏘는 우愚를 범할 것이다.

따라서 기업을 성공으로 이끌고자 하는 리더는 종업원들에게 그가 가지고 있는 기업 경영의 목표를 분명히 제시할 필요가 있다. 종업원들이 그 목표에 공감하고 이해할 수 있도록 노력하여야 한다.

브라이언 트레이시Brian Tracy는 목표와 성공의 관계에 관해 다음과 같이 말하고 있다.

"성공적인 모든 사람들은 가슴 속에 큰 꿈을 품은 사람들이었다. 목표를 설정하지 않는 사람들은 목표를 뚜렷하게 설정한 사람들을 위해 일하도록 운명이 결정된다."

이는 리더가 되기 위해서는 추종자들이 믿고 따를 뚜렷한 목표를 가져야 한다는 것을 의미한다.

내가 장교 교육을 받기 위해 육군보병학교에 입교했을 때 부대 입구에 조각되어 있던 구호는 "나를 따르라!"였다. 이는 장교가 사병에게 자기를 따르라 라고 외치는 구호이지만 이 구호의 의미 이면에는 반드시 사병이 따라야 할 뚜렷한 목표가 있어야 함을 내포하고 있다고 본다.

"내가 꿈을 이루면 난 다시 누군가의 꿈이 된다."는 말이 있다. 이는 내가 꿈을 이룬다면 꿈이 없거나 꿈을 이제 꾸려고 준비하는 사람들로 하여금 나의 모습이 꿈꾸는 대상이 된다는 말이다.

남을 바라보고 내가 꿈을 꾸기보다는 남들로 하여금 나를 바라보고 꿈을 꾸게 만드는 것이 보다 멋지고 기분 좋은 일이 아닐까?

목표는 달성시한을 정해놓고 구체적으로 세워야 한다

목표는 "언제까지 어떠한 일을 완수하겠다."라고 구체적으로 설정할 필요가 있다.

27세에 백만장자의 꿈을 이루고 기부 왕으로 불리는 미국의 폴 마이어 Paul J. Meyer는 성공하기 위해서는 목표를 명확히 세울 것을 다음과 같이 강조하고 있다.

"목표를 명확하게 설정하면 그 목표는 신비한 힘을 발휘한다. 또 달성 시한을 정해놓고 매진하는 사람에게는 오히려 목표가 다가온다."

한편 손정의 소프트뱅크 회장은 본인의 인생에 있어 나이에 따라 구체적으로 목표를 세웠는데 이를 소개하면 다음과 같다.

" 20대에 이름을 떨치고,
　30대에 1,000억 엔 자금을 모으고,
　40대에 일생일대의 승부를 걸어,
　50대에 사업을 완성시키고,
　60대에 사업을 후계자에게 물려준다."

목표를 미리 명확히 설정하여 성공한 또 한 사람의 예를 들어보자. 포드자동차 사장과 크라이슬러 회장을 역임한 리 아이아코카Lido Anthony Iacocca 는 그의 젊은 시절 "나는 대학시절에 이미 서른다섯 살에 포드자동차의 부사장이 될 목표를 세웠다."라고 이야기 했다. 그는 실제로 그의 꿈보다 1년 늦게 36세에 포드자동차의 부사장이 되는 꿈을 이루었다고 한다.

나는 내 친구의 아들이 중학교 2학년 때 그에게 "너의 장차 꿈이 무엇이냐?" 라고 물은 적이 있었다. 그 아이는 "예, 저는 장차 우리 나라의 대법

원장이 될 거예요."라고 대답하였는데 나는 그동안 이 말을 잊고 있었다. 그러다가 최근 친구로부터 그 아이가 사법고시를 합격하였다는 이야기를 듣고 나는 "그 아이가 어릴 적부터 가지고 있던 꿈이 이루어져 가고 있구나." 하고 감탄하였다. 앞으로도 그 아이가 자기의 꿈을 강렬한 마음을 가지고 지속적으로 견지할 수 있다면 본인의 꿈을 반드시 이룰 수 있으리라 믿는다.

　이와 같은 구체적인 목표의 설정은 우리로 하여금 성공의 계단을 오르는데 보다 큰 도움을 준다. 우리도 손정의의 구체적 목표설정 방법을 벤치마킹하여 세워보는 것은 어떨까?
　예를 들어 다음과 같이 인생의 목표를 구체적으로 세워보자.
" 나는 2015년 12월 31일 까지 유통업을 창업하고,
　2020년 12월 31일 까지 매출 500억 원을 올린 후
　2022년 12월 31일 이전에 상장하여
　2025년에 매출 2,000억 원을 달성한 후
　아들에게 사업을 물려주고
　3년 동안 아내와 같이 세계를 일주하는 여행을 하겠다."

　달성시한을 정하지 않은 목표는 전술한 브라이언 트레이시의 말처럼 마치 장전하지 않는 총알과 같다. 총알은 장전되고 발사되어야만 목표를 향해 돌진하지만, 장전되지 않은 총알은 총알로서의 역할을 하지 못하는 무용지물無用之物인 것이다.
　목표 시한을 정하는 것은 성공을 향한 첫걸음이라고 말할 수 있다. 왜냐하면 목표 시한을 명확히 정했을 때 그 순간부터 그 목표의 달성이라는 성공프로그램이 가동되기 시작하기 때문이다.

신년계획과 휘호

누구나 새해가 되면 지난해를 되돌아보고, 새해를 맞아 어떤 일을 어떻게 할까 하고 생각하거나 계획을 세울 것이다.

나의 경우 10여년 전부터 매 년 새해가 되면 첫날 아침에 두 가지를 빠지지 않고 하는 일이 있다.

첫째는 붓글씨로 신년휘호를 쓴다. 이는 오래전부터 잊지 않고 새해 첫날에 행하는 나의 중요행사이다. 붓글씨는 먹을 갈 때 마음을 고요히 가지며 묵향墨香을 맡는 즐거움이 있고 한 획 한 획 붓으로 글자를 정성껏 써 내려갈 때의 운필運筆의 느낌이 좋다. 세상사에 휘둘려 어지러워진 마음을 고요하게 되돌리며, 마음을 올바로 추스르는 데 좋은 취미라고 생각한다.

우선 어떤 글을 쓸 것인가를 생각하고 정한다. 주로 지난해의 어려웠던 점을 되돌아보며 새해를 맞아 이러한 어려움을 극복하고 나아가 발전과 번영 그리고 건강 등을 기원하는 덕담德談이 담긴 글을 쓴다.

예를 들면 몇 년전 국제적인 금융위기가 왔을 때는 이로 인한 의기소침한 분위기를 바꾸어 보자는 뜻으로 "기운은 산과같이 높게, 마음은 바다와 같이 넓게 가지자"라는 뜻으로 '氣山心海기산심해'를, 그다음 해에는 이러한 어려움을 극복하고 "화기어린 바람과 단비와 같은 좋은 새해를 맞이하세요."라는 기원을 담아 '和風甘雨화풍감우'라 각각 썼다. 지난해에는 새로운 기분으로 "모든 가정과 하고자 하는 일에 상서로운 기운이 가득 임하시라"는 의미를 담아 '瑞氣滿堂서기만당'을 정성껏 썼다. 을미년 새해가 밝아 왔다. 새해 아침에 경기가 어려워 많은 사람들이 고심하고 있는 세태를 반영하여 "모든 일이 뜻대로 이루어지길 빕니다"라는 의미를 담아 "百事如意백사여의"를 먹을 갈아 정성껏 썼다. 이러한 신년휘호를 쓰는 동안 나의 마음은 구도자求道者의 마음과 같이 고요하고 평온한 마음이 되어 오로지 써 내려가는 붓글씨에 집중하게 된다.

이와 같이 정성껏 써서 평소 나에게 사랑을 베풀어준 은인恩人들이나 인사를 드려야 할 어른들, 친구들에게 새해 인사로 보낸다. 요즈음은 전자시대라 그런지 주로 핸드폰 메시지나 아니면 이메일로 새해인사를 주고받는다. 그러나 나는 이러한 전자시대의 인사법이 맘에 들지 않는다. 왠지 정성精誠이 결여되고 정이 부족한 인스턴트식 인사로 느껴져서 나만의 방법대로 새해 인사를 한다.

어느 날 평소 잘 알고 지내는 기업의 사장실을 방문한 적이 있었다. 그 사장 집무실의 벽면에 몇 년 전부터 보낸 내 휘호가 나란히 붙어 있는 것을 보고 놀란 적이 있다. 한편 고마운 생각이 들었다. 또 과세당국의 고위공직자를 만나러 갔더니 그 방에도 내가 보낸 휘호를 액자에 넣어 집무실 뒤 벽에 걸어 놓고 있었다. 어떤 이는 회의실 탁자 위에, 어떤 이는 지갑이나 수첩 사이에 내가 보낸 휘호를 몇 년 씩 보관한다. 또 어떤 사람은 지난해에 이어 인사를 빠뜨리면 "올해에는 휘호를 왜 보내주지 않는가?"라고 항의성(?) 있는 요청을 하기도 한다.

그들이 이렇게 내가 보낸 휘호를 아끼는 것은 아마도 정성이 깃들인 붓글씨로 쓴 휘호를 받는 것이 그리 흔하지 않아서일 것이고, 한편으로는 그 내용이 곁에 두고 보면 기분이 좋아서가 아닐까 생각이 든다. 여하튼 나로서는 내가 쓴 휘호가 버려지지 않고 소중히 보관된다는 점에 대하여 보람을 느끼고, 감사한 마음이 든다. 또한 내 휘호가 어려운 시기를 견디는 사람들에 다소라도 마음의 위안을 준다는 점에서 기쁘게 생각한다.

다음에는 일기를 쓴다. 나는 중학교 다닐 때부터 일기를 써오고 있는데 사회생활을 하고나서부터는 업무일지를 사용하게 되어 별도로 일기 쓰는 것을 빼먹는 경우가 종종 있다. 그러나 새해 첫날에는 꼭 빠지지 않고 일기를 쓰려고 노력한다.

일기 첫 장에 새해를 맞는 소감과 더불어 다가오는 한 해 동안 이루고자 하는 꿈과 목표를 기록한다. 새해 목표를 구상하기 전에 먼저 지난해 새해 첫날에 세웠던 목표가 얼마나 이루어졌는지 되돌아보게 된다. 지난 새해 초에 세웠던 목표를 일 년 내내 잊고 지낸 것 같은데 되돌아보면 어느새 그 목표들이 대체로 70% 이상 달성된 것을 보면 놀라고 신기한 마음이 들곤 한다. 아마 새해 세웠던 목표와 희망이 나도 모르게 내 마음속에 저장되어 나로 하여금 그 목표를 이루도록 이끌었던 것 같다.

나는 이러한 경험을 통해 일기를 쓰던 아니면 핸드폰에 메모를 하던 그 방법이야 어떻든 명확한 목표를 세우고 이를 기록하는 것이 좋다고 본다. 이렇게 한 후 업무를 수행하거나 일상생활을 할 경우에는 그렇지 않은 것보다는 우리가 평소 가지고 있는 꿈을 보다 확실히 달성할 수 있다고 믿는다.

믿음과 염원

믿는 만큼 된다

옛말에 "선비는 자기를 알아주는 자를 위해 목숨을 바치고, 여자는 자신을 기쁘게 해주는 자를 위해 화장을 한다士爲知己者死, 女爲悅己者容 사위기기자사, 여위열기자용"라는 말이 있다.(출처 : 戰國策)

이와 같이 사람은 자기를 알아주고 믿어주는 사람이 있을 때 의욕이 생기고 놀라운 성과를 발휘한다.

다음은 뉴질랜드 교포 골프 선수인 리디아 고(한국명 : 고보경)의 이야기이다.

그녀는 아마추어 신분으로 캐나다 여자오픈을 2연패 한 후 16세 때 프로로 전향하여 다음 해 미국여자프로골프LPGA 투어 우승을 차지했다. 그녀의 이러한 놀라운 경기 성적 뒤에는 아버지의 가르침과 후원이 뒷받침이 있었다. 그녀의 아버지는 리디아 고에게 "너는 천재다"라는 말을 귀에 못 박히도록 했다. 이러한 아버지의 자신에 대한 강한 믿음과 칭찬이 기분 좋았던 리디아 고는 골프를 좋아하게 되었고 연습도 즐겁게 하였다. 이러한 아버지의 믿음과 칭찬은 그녀를 우승으로 이끄는 큰 힘이 되었다.

일본에 있는 교포 사업가인 손정의 소프트뱅크 회장도 그가 오늘의 성공을 이룬 뒤에는 아버지의 아들에 대한 강한 믿음이 뒷받침 되었다고 하며 다음과 같이 술회하고 있다.

"아버지는 항상 저에게 말씀하셨어요. '너는 반드시 위대한 인물이 될 것이다. 너는 천재다. 믿는 만큼 된다.'"

이와 같이 남이 자기를 믿든 아니면 자기 스스로 자기를 믿든 자기에 대한 믿음은 그 자체만으로도 놀라운 결과를 가져온다.

계란을 밖에서 깨면 프라이밖에 되지 않지만 안에서 스스로 깨고 나오면 병아리가 된다. 자신의 삶을 살아가는 데 있어 외부 사람이나 환경에 의존하지 말고 자신의 능력을 믿고 최선을 다할 때 그는 진정한 의미에서 성공인이 된다.

신념은 인생을 바꾼다

애플사의 창업자인 스티브 잡스Steve Jobs는 다음과 같이 신념의 중요성을 이야기 하고 있다.

"당신의 배짱과 운명, 인생업보, 무엇이든 신념을 가져라. 여러분의 인생을 바꿀 것이다. 내가 곧 죽을 수도 있다는 걸 기억하는 만큼 확실한 동기부여는 없다. 여러분은 이미 발가벗겨져 있다. 여러분의 가슴이 원하는 대로 따라가지 않을 이유가 없다."

미국의 유명한 실용주의 학자인 윌리엄 제임스William James는 "생각이 바뀌면 행동이, 행동이 바뀌면 습관이, 습관이 바뀌면 성격이, 성격이 바뀌면 인격이, 인격이 바뀌면 운명이 바뀐다."고 했다.

앞의 변화단계 중 '생각➡행동' 단계 즉, 생각이 행동으로 바뀌기까지의 길은 멀고 힘들다. 이러한 길을 가기 위해서는 단순한 생각을 넘어 강한 의지가 뒷받침되는 신념과 열정이라는 연료가 공급되어야 한다. 즉 '생각' 단계에서 행동으로 출발하기 위해서는 간절한 기도와 믿음으로 만들어진 신념과 이러한 신념이 뿜어내는 열정이라는 에너지가 있어야만 가능하며, 나아가 '운명' 단계까지 잘 도착할 수 있을 것이다.

나머지 변화 단계는 앞 단계의 변화가 주는 추진력에 의해 자연스레 변화되는 과정이다.

오래전 광고 문구에 '비비디 바비디 부Bibidi-Babidi-boo'란 말이 유행된

적이 있는데 이는 생각한대로 이루어지게 해 달라는 일종의 요술 기도문 이라고 한다. 이처럼 기도문을 외우는 것, 즉 '생각'이 소원의 성취(운명 의 바뀜)까지 이루어지기까지는 여러 단계를 거쳐야 하며 이러한 단계를 끝까지 통과할 수 있어야 운명이 바뀌는 것이다.

오늘날 부富의 격차에 대하여 걱정하는 소리가 많다. 나는 이러한 '부의 격차' 보다는 이러한 격차를 가져오는 근본적인 원인인 '꿈의 격차'와 꿈을 반드시 이루겠다는 '신념의 격차'를 더 걱정한다. 만약 어떤 사람이 '꿈'을 가짐에 있어서 다른 성공의 길을 가는 동료와 격차가 있다고 느끼면, 본인 이 가지고 있는 신념의 격차를 좁히도록 먼저 노력하여야 할 것이다. 반면, 신념이 약한 사람은 꿈이라도 강하게 꾸어 꿈의 격차를 좁혀야 할 것이다.

선천적으로 또는 자기의 힘으로는 어쩔 수 없는 불리한 격차가 있는 사람 일수록 그 보다 더 강한 꿈을 꾸고, 또한 이를 달성할 수 있다는 신념을 보 다 더 확실하게 가질 필요가 있다.

불리한 격차를 극복하기 위해 보다 더 "잘, 그리고 열심히"노력을 경주하 여 꿈을 달성해 보는 것은 어떨까? 아주 멋진 일이 아닐까 생각한다.

간절한 생각이 성공을 만든다 – Have a Dream!

한 마리의 여우가 토끼를 쫓고 있었다. 하지만 그 여우는 토끼를 따라 잡을 수 없었다. 그 이유는 무엇일까? 여우는 한 끼의 식사꺼리를 찾아 뛰 었다. 따라서 그 토끼가 잡히지 않으면 다른 동물을 잡으면 된다. 그러나 토끼는 살기 위한 절실한 마음으로 뛰었기 때문이다.

이와 같은 간절함이 토끼가 발 빠른 여우를 떼어 놓은 이유이다. 간절함 은 몸과 마음을 하나로 묶어 목표에 집중시킴으로써 놀라운 결과를 가져 온다. 따라서 성공하기 위해서는 '간절함'이 있어야 한다.

꿈은 꾸는데 의미가 있는 것이 아니고 이를 실현하는 데 그 의미가 있 다. 그러면 어떻게 하여야 꿈을 실현시킬 수 있을까?

꿈을 강하게 그리고 열렬히 마음속에 새기며 그 꿈이 이루어지기를 간절히 염원하게 되면 그 꿈은 현실로 이루어진다. 이러한 대표적인 사례로는 콘래드 힐튼Conrad Hilton의 경우가 있다.

콘래드 힐튼은 가난한 행상의 아들로 태어나 호텔 벨 보이로 출발하여 남극 대륙을 제외한 세계 각지에 250여 개에 이르는 힐튼 호텔을 세움으로서 '호텔 왕'으로 불리고 있다.

그는 가난했던 젊은 시절 아테네은행의 수위직에 응모한다. 그러나 시험관이 "당신 글씨를 쓸 줄 아나요?"라고 묻자 그는 "제 이름밖에 쓸 줄 모릅니다."라고 대답하였다. 결국 입행이 좌절된 후 그는 돈을 빌려 미국으로 떠난다. 사업가로써 성공한 훗날 그에게 회고록 쓰기를 권하는 기자의 말에 "나는 글씨를 쓸 줄 모릅니다. 내가 글씨를 알았다면 아직도 은행 수위로 있었을 것입니다."라고 대답하였다고 한다. 이는 자신이 갖지 않은 재능을 비관하지 않고, 대신 누구보다도 뚜렷하고 강렬하게 자신의 꿈을 그림으로써 성공의 길을 갈 수 있었던 좋은 사례라고 생각한다.

호텔 사업가로 성공 가도를 달리던 어느 날 그의 아들들이 그에게 다음과 같은 질문을 던졌다.

"아버지, 아버지는 무일푼으로 시작해서 세계적인 호텔 재벌이 되었습니다. 대체 아버지의 무엇이 그런 일을 가능하게 한 거죠?"

힐튼이 대답했다.

"노력! 끝을 모르는 노력! 그것 하나 뿐이란다."

그러자 장남은 아버지의 말에 다음과 같이 이의를 제기했다.

"아버지, 물론 노력이 중요하긴 하지만 그것만으로는 아버지와 같이 되기는 어렵습니다.. 아버지 회사만 해도 아버지보다 훨씬 더 열심히 일하는 직원들이 많지 않나요?" 이와 같은 장남의 질문에 힐튼은 다시 다음과 같이 대답했다.

"그래, 다시 생각해 보니 노력 이외에도 나의 재능이 있었다고 생각한다. 만약 나에게 호텔을 운영하는 재능이 없었다면 이런 성취를 이룰 수 없었겠지."

그러자 이번에는 차남이 아버지에게 다시 질문을 던졌다.

"아버지, 아버지 호텔에서 일정 직위에 오른 사람 치고 아버지만한 재능을 갖지 못한 사람은 한 사람도 없다고 생각해요."

그러자 힐튼은 다음과 같은 유명한 말을 했다.

"Have a dream! 꿈을 가져야 한단다. 얘들아. 사람들은 보통 노력과 재능이 성공의 절대 비결인 줄 알고 있지. 그러나 그것은 기본에 불과한 것이란다. 38 센트의 봉급을 받던 벨 보이 시절, 나는 세계에서 제일 큰 호텔 사진을 벽에 붙여놓고, 하루에도 수십 차례씩, '나는 할 수 있다.' 라고 외치면서, 그 호텔의 주인이 되어 있는 나를 강렬하게 꿈꾸곤 했단다. 그 때 내 주위에는 나 보다 더 열심히 일하고 나 보다 더 뛰어난 재능을 가진 사람들이 많았지. 하지만 나처럼 강렬하게 꿈을 가졌던 사람은 한 사람도 없었단다. 얘들아, 이 한 가지를 꼭 기억하렴. 지금도 여전히 호텔 직원으로 머물러 있는 그 사람들과 호텔 왕으로 성장한 나 사이에는 꿈이 있느냐, 없느냐, 그 차이밖에 없단다."

사업은 사업자의 머리만큼 된다

앞서 소개한 바와 같이 '제너시스BBQ그룹'의 윤홍근 회장은 "사업은 사업자의 머리만큼 된다"라고 말한다. 이는 사업을 지휘하는 리더의 생각이 그 사업의 크기와 방향, 가치관 등을 정하기 때문에 그만큼 된다는 의미라고 생각된다.

BBQ를 세계적인 프랜차이즈 기업인 맥도날드를 능가하는 기업으로 성장시키겠다는 그의 원대遠大한 포부만큼 그의 사업도 크게 성장할 수 있으리라 기대된다. 그는 이와 같은 성공의 원동력으로 "자신이 간절히 원하는 것에 대한 강렬한 열정과 의지, 그리고 그러한 꿈을 이루기 위한 끊임없는 도전과 혁신"을 들고 있다.

윌리엄 제임스William James 하버드대 심리학 교수도 다음과 같이 성공을 위해서는 무엇보다 생각을 잘하여야 하고 이를 달성할 것을 간절히 염원하는 것이 필요하다고 말한다.

"어떤 결과를 바라는 마음이 절실하면 바라는 결과에 도달할 수 있다.

착한 사람이 되길 바라면 착한 사람이 될 것이요, 부자가 되길 바란다면 부자가 될 것이고, 학자가 되고 싶다면 학자가 될 수 있다. 그러기 위해서는 목적 외에 이것과 양립할 수 없는 일을 버리고 목적만을 진실로 염원해야 한다."

변화관리 전문가인 팻 맥라건Pat McLagan은 그녀의 저서 『바보들은 항상 결심만 한다』에서 다음과 같이 낙관적인 태도와 말을 할 것을 강조하고 있다.

"실제로 모든 올림픽 선수들, 모든 위대한 지도자들, 끔찍한 사고나 죽음의 질병에서 살아남은 많은 생존자들은 거의 전부가 희망적이고 낙관적인 태도를 지닌 사람들입니다. 그들은 자신들의 목표를 생각합니다. 그들은 승리를 생각합니다. 그들은 그들 삶의 목표에 집중합니다. 장애물이 있으면 그것을 뛰어넘는 자신의 모습을 상상합니다. '할 수 없다' 또는 '실패 했어'보다 '할 수 있다'와 '해 냈어'의 비중을 높이십시오. 가령, 비관적인 말이나 행동 한 번에 낙관적인 말이나 행동 서너 번 정도로 말입니다. 사람들은 자신이 생각하는 대로 됩니다."

자신을 믿고, 직원들로부터 신뢰를 받는다

기업은 조직이다.

조직은 2인 이상의 복수 구성원이 공동의 목적을 달성하기 위해 노력하는 시스템이다. 따라서 기업이 성공하기 위해서는 기업을 이끄는 경영자와 더불어 경영자를 믿고 따르는 종업원들이 합심 노력하여야 한다.

기업을 이끄는 경영자는 기업의 성공을 위해서는 다음과 같은 세 가지의 믿음이 선행先行되어야 한다.

첫째, 무엇보다도 먼저 경영자가 스스로에 대한 믿음이 있어야 한다.

둘째, 직원들이 스스로에 대한 믿음을 가지도록 하여야 한다.

셋째, 경영자가 직원들로 부터 신뢰를 받아야 한다.

월마트 창업자인 샘 월턴Sam Walton은 이러한 점을 간파하고 다음과 같이 훌륭한 지도자가 노력하여야 할 점을 강조하고 있다.

"훌륭한 지도자는 직원들의 자존심을 부추기기 위해 열심이어야 한다. 자신에 대한 믿음을 가진 사람들이 성취할 수 있는 것은 엄청나다."

현대그룹의 정주영 회장은 최고경영자의 자질로서 아는 것보다 조직 구성원으로 하여금 최고경영자의 생각을 잘 알 수 있도록 인식시키고 이를 실행에 옮겨지도록 하는 능력이 중요하다는 점을 다음과 같이 강조하고 있다.

"최고경영자란 여러 능력을 가져야 하지만 그중에서도 특히 어떤 과제가 있을 때 그것을 집중적으로 실행해 나갈 수 있는 힘을 가져야 한다. 아는 것도 중요하지만 그것을 같이 일하는 모든 사람들에게 효율적으로 인식을 시키고, 그 인식시킨 내용이 효율적으로 행동에 옮겨지도록 하는 실행력이 있는 사람만이 최고경영자요, 훌륭한 간부라고 생각한다."

이는 오케스트라의 지휘자가 본인이 직접 악기를 연주하는 것이 아니라, 모든 악기가 정해진 악보의 흐름대로 조화있게 연주될 수 있도록 이끌어 가는 것이 주된 임무인 점과 같은 이치이다.

이러한 결과를 가져오기 위해서는 앞서 이야기한 세 가지 믿음이 전제되어야만 가능한 것이다.

성공한 것처럼 행동하면 성공을 가져온다

세계적인 미국의 영화감독인 스틸버그는 17세라는 어린 나이에 자신이 마치 진짜 프로감독인 것처럼 정장차림에 서류가방을 들고 유니버셜 스튜디오를 들락거렸다고 한다. 이티, 죠스, 인디아나 존스, 쥬라기공원 등 우리에게 익숙한 영화를 제작한 스틸버그는 자기가 원하는 미래의 인물을 마음 속에 그리고 이미 자신이 그것을 이루었다 라고 상상하며 행동하는 것이 성공으로 이끌어 준 핵심적인 원동력이었음을 다음과 같이 주장하고 있다.

"성공한 것처럼 행동하고 목표를 달성한 것처럼 행동하면 놀랄만한 일이 일어난다. 우리의 온갖 에너지가 그 쪽으로 쏠리기 때문이다. 승자가 되려면 목표를 성취한 자신의 모습을 상상하는 데 매일 얼마 정도의 시간을 할애하여야 한다."

골프경기를 할 경우에도 내가 친 볼이 멋지게 목표지점을 향하여 날아간다고 마음속에 생각하며 볼을 치게 되면 놀랍게도 내가 생각한대로 볼이 잘 날아가는 경험을 한다. 이 역시 마음속의 이미지가 현실로 나타나는 좋은 사례라고 생각한다.

미국의 CNN 방송 창업주인 테드 터너Robert Edward Turner III는 자신이 성공할 것이라는 강한 믿음을 가짐으로서 언론재벌로 성공하였다. 그의 말을 인용하면 다음과 같다.

"무엇보다도 '나는 반드시 성공한다.' 라고 생각했습니다. 그리고 성공을 이루기 위한 과정에서 내가 할 수 있는 모든 일을 다 했습니다. 그랬더니 결국 성공이 찾아오더군요." 그는 또 "자신의 직관을 신뢰하라."라고 강조한다.

이는 "나는 반드시 성공한다."라고 생각하는 자기 자신에 대한 강한 믿음의 바탕 위에 최선의 노력을 경주하면 반드시 '성공' 이라는 열매가 나에게 온다는 것을 의미한다.

우리 나라의 대표적인 성공기업인 중의 하나인 정주영 현대그룹 창업주도 "나는 무슨 일을 시작하든 '된다.' 는 90%와 '반드시 되게 할 수 있다' 는 자신감 10% 외에는 '안 될 수도 있다' 는 불안은 단 1%도 갖지 않는다." 라고 자신에 대한 강한 신뢰가 성공의 문을 여는 열쇠임을 강조하고 있다.

세계적인 상담학자인 노만 빈센트 필Norman Vincent Peale 목사도 "우리들이 사업을 시작할 때 믿어야 할 것은 단 하나뿐이다. 즉 '나는 내가 바라는 것을 반드시 얻으리라' 라는 확고한 믿음은 당신의 모험을 성공으로 이끌 것이다."라고 말하며 자신에 대한 믿음이 성공의 지름길임을 상기시켜주고 있다.

이와 같이 나의 가능성을 믿고, 내가 장래에 되고 싶은 미래의 나의 모습을 마음에 그린 후 매일같이 미래의 나의 모습이 이루어지는 꿈을 꾸어보라. 강렬하게 또 지속적으로 꾸어보라. 이와 같이 꿈이 달성되기를 간절히 염원한다면 나도 모르게 나의 모든 생각과 행동, 예를 들면 사람을 만나거나 신문이나 책을 읽을 때도 미래의 나의 모습을 향하여 모두 초점이 맞추어져 집중됨으로써 나도 모르게 어느 날 내가 원하는 꿈이 이루어짐을 발견할 것이다.

간절히 원하면 뜻이 이뤄진다

나는 대학 3학년에 올라오자 공인회계사 시험에 응시하기로 계획을 세웠다. 앞에서 이야기한 바와 같이 나는 낮에는 은행에 다니고 저녁에는 대학교에 다니며 회계사 시험을 준비하여야 하는 어려운 시간을 보내야 했다. 하교 후 숙소에 돌아오면 11시가 넘고 늦은 저녁을 먹고 씻은 후 책상에 앉으면 어언 밤 12시가 가까이 되었다. 부기문제 하나 푸는 데도 1~2시간 정도 소비되는 상황이라 회계사 시험을 준비할 시간이 절대적으로 부족하였다. 그래서 시험 직전 3개월만 휴직하려고 인사과에 가서 상담을 하였더니 인사규정상 해외 유학이나 질병이 아니면 휴직이 불가능하다는 것이었다.

해외 유학은 나에게는 해당사항이 없으므로 '질병'을 사유로 진단서를 발급 받아보고자 마음먹고 병원을 방문하였다. 한국은행의 지정병원은 모두 대학병원같이 큰 병원뿐이었다.

처음에는 내과에 가서 일단 진찰을 받고, 다음과 같이 말하며 진단서 발급을 요청하였다. "직장 생활이 너무 힘들고 피곤해서 그런지 식욕도 없고 소화도 잘 되지 않습니다. 3개월 정도만 쉬고 싶습니다. 그러니 쉴 수 있도록 진단서를 발급해주면 고맙겠습니다."

그러나 의사의 반응은 냉정하였다. 더구나 그 당시 허위 진단서를 이용하여 군 병역을 면제받거나 연기하는 사례가 신문에 오르내리고 있었다. 그 의사는 단호하게 "안 됩니다."라고 거절하였다. 하지만 나에게는 이 문제를 상의할 데라곤 의사밖에 없었다. "최선의 노력을 다 해보자."하고 결심했다. 한국은행의 지정병원을 하나씩 모두 순차로 방문 진료를 받고 진단서 발급을 요청하였다. 그러나 모두 나의 몸 컨디션은 다소 좋지는 않지만, 그렇다고 진단서를 발급할 정도로 나쁘지는 않다는 것이었다. 나는 생각해보았다. 이렇게 발급해줄 수 없다는 진단서를 나의 개인적인 목적을 위해 의사에게 발급해달라고 억지를 쓰는 것이 과연 옳은 일인가? 꼭 이렇게 해서 시험을 보아야 하는 것인가? 자문자답 했지만 나의 경우 선택의 여지가 없었다.

나는 9개의 지정병원 중 8개의 병원으로부터 진단서 발급을 거절 받은 상태에서 마지막 한 병원만 남겨 놓고 있었다. 나는 "좋아, 만약 이번에도 거절당하면 진단서 발급은 포기하기로 한다. 그냥 은행 다니며 최선을 다 해 준비해보고 만약 되지 않으면 다른 길로 가자"라고 마음을 정리하였다.

나는 마지막 대학병원인 S병원에 갔다.

나는 생각했다. 그동안 진단서 발급 거부이유가 나의 육체적 건강상태가 진단서를 발급해줄 정도로 나쁘지 않았기 때문이라면 정신적인 면으로 진단서를 청해보면 어떨까? 이런 생각이 든 나는 진단 사유가 비교적 명확히 나오는 내과가 아닌 정신과로 가서 진단을 받아보기로 하였다.

의사로부터 진찰을 받기 전에 설문지를 주어 읽어보니 예를 들어 "잠은 잘 잡니까?" "소화는 잘 되나요?"등등 내 건강상태를 묻는 내용이었다. 나는 무조건 모든 항목에 부정적인 답변을 기재했다. 진찰실에 들어서니 설문지를 읽던 의사가 나를 물끄러미 바라보며 "이 내용이 진실입니까?"하고 물었다. 나는 설문지에 부정적으로 답을 할 때도 거짓말을 하는 기분이 들어 마음이 편치 못했는 데, 이런 질문을 의사로부터 받고 보니 더 이상 거짓을 말할 수 없었다. 그래서 "일부는 사실입니다만, 솔직히 말씀드리면 제가 공인회계사 시험 준비를 위해 3개월 정도 꼭 휴직을 하려고 합니다. 은행 규정상 진단서가 없으면 휴직처리를 해주지 못한다고 합니다. 선생님, 이 말은 정말 하늘에 맹세코 진실이니 제 입장을 헤아려 선처 부탁드립니다."하고 간곡히 말하였다.

내 말을 들은 의사는 다시 한번 내 눈을 직시하며 물끄러미 바라보더니 아무 말 하지 않고 3개월짜리 진단서를 발급해주었다. 나는 지금도 나를 바라보던 그 의사의 눈빛을 잊을 수 없다. 그리고 나의 말을 믿고 진단서를 발급해 준 그 분에게 감사하게 생각한다.

간절히 원하면 뜻이 이루어진다.

이러한 역경을 극복하고 나는 1975년도에 회계사시험 2차에 응시해서 26명의 합격자 명단에 내 이름을 올릴 수 있었다.

선택과 집중

사랑하는 일을 찾는다. 아니면 현재의 일을 사랑하도록 하라

애플의 창업자인 스티브잡스Steve Jobs는 다음과 같이 시간을 낭비하지 말고 사랑하는 일을 찾을 것을 당부하고 있다.

"다른 사람의 삶을 사느라고 시간을 낭비하지 마십시오. 여러분이 진정으로 사랑하는 일을 찾으십시오. 참된 만족을 얻는 유일한 길은 위대하다고 믿고, 사랑하는 일을 하는 겁니다. 그걸 만나는 순간 가슴이 알 겁니다."

산요전기 창업주인 이우에 가오루는 말한다.

"일을 사랑하지 않고는 리더가 될 수 없다. 일반 직원은 하루 8시간만 일하면 충분하다. 관리자는 하루 16시간 이상 일해야 한다. 잠자는 시간 외엔 전부 일에 쏟아부어야 한다는 뜻이다. 사장은 하루 20시간 이상 일해야 한다. 잠잘 때도 일하는 꿈만 꿔야 한다. 쉽게 성공하길 바라는 것은 곧 성공할 마음이 없다는 뜻이다."

뉴질랜드 교포 골프선수인 리디아 고(고보경)는 2014년 미국 LPGA 투어 시즌 최종전 CME그룹 투어 챔피언십 우승을 차지하고 나서 성공비결이 무엇인가 하고 묻는 기자의 질문에 "즐거운 마음을 갖는 것"이라고 답하고 있다. (자료 : 조선일보, 2014. 11.25.)

진정한 성공을 이루려면 하고자 하는 '일을 사랑해야 한다.' 는 것이다.

그러나 처음부터 사랑하는 일을 찾을 수 있으면 이는 행운이다. 그러나 대부분의 경우 자기가 좋아하는 일과 삶을 위해 하는 일은 서로 다르다. 따라서 지금 하는 일이 만약 비록 좋아하지 않는 일일지라도 그 일을 할 수 밖에 없다면 그 일을 사랑할 수 있도록 마음을 바꾸는 것이 지혜롭다.

필자의 경험으로는 처음에는 싫어했던 일도 그 일의 새로운 가치관을 발견하고 그 일을 나의 피할 수 없는 숙명으로 받아들이고 나니 그 일이 점점 좋아졌던 경우가 있었다.(참고 : 나의 길 – 일을 사랑할 '가치'를 찾아라)

"피할 수 없으면 즐겨라"라는 말도 있다. 우리의 삶에서 꼭 하고 싶은 일만 하는 것은 아니므로 의무적으로 하여야 할 일을 어쩔 수 없이 할 경우에는 마음을 바꾸어 즐기는 마음으로 하는 편이 좋지 않을까? 일의 능률도 오를 뿐만 아니라 본인도 즐겁고 이를 바라보는 주위의 사람도 기분이 좋아질 것이다.

눈비가 몰아치는 추운 날씨나 뜨거운 뙤약볕 밑에서 골프를 치는 경우가 있다. 이런 날에는 고생이 이만저만이 아니다. 이럴 때면 골퍼들끼리 "만약 돈 받고 이걸 하라고 하라면 할까?"하고 농담을 한다. 아마 돈을 받고 하라면 하지 않기가 쉽다. 즐기기 때문에 하는 것이다. 모든 일을 즐기면 일의 성과도 높아지지만, 노동으로 하면 본인도 괴롭고 일의 성과도 떨어진다.

원기찬 삼성카드 사장은 '성공방정식'으로 '긍정×열정×재능'을 이야기한다. 또한 그는 "생각을 바꾸면 열정이 생기고, 열정이 생기면 재능이 붙는다"고 말하며 '싫은 일이어도 좋아할 수 있다'고 사고방식을 바꾸는 것의 중요함을 강조하고 있다.

성공인의 길을 간 대부분의 사람들은 자기가 좋아하는 일을 찾았거나, 현재 하고 있는 일이 비록 좋아하지 않은 일일지라도 긍정적으로 받아들여 사랑하는 마음으로 마음을 바꾸고 그 일에 집중, 최선을 다한 사람들이다.

그대 성공을 원하는가? 좋아하는 일을 찾아라. 지금 하고 있는 일이 싫은가? 그러면 그 일을 사랑하도록 마음을 바꾸어라. 그리고 그 일을 사랑하라!

하는 일에 집중한다.

"왜 이렇게 시간이 빨리 갔지?"하고 시간의 빠름에 놀랄 때가 있다. 이와 같이 시간이 빨리 흐른다고 느끼는 것은 일에 집중하여 시간 가는 것을 의식하지 않은 결과이다. 예를 들어 재미있는 소설을 읽거나 좋아하는 스포츠 게임을 볼 때 우리는 이런 상황을 경험한다.

삶을 지루하지 않고 행복하게 사는 것은 삶의 여정에서 만나는 사람과 일에 집중하는 것이라고 생각한다.

그러면 어떻게 해야 집중할 수 있는가?

집중集中,Concentration이라 함은 '한 군데로 모으는 것' 또는 '현재 속에 존재한다.'는 것을 말한다. '현재 속에 존재한다'는 것은 잡념을 없앤다는 뜻이다. 그것은 바로 지금 중요한 것에 관심을 쏟는다는 뜻이다.

일을 사랑하면 자연히 집중하게 된다. 자기가 열렬히 사랑하는 연인이나 스타가 있을 때 우리는 어떠한가? 그들의 일거수일투족一擧手一投足에 온 관심을 집중한다. 입는 옷은? 먹는 음식은? 좋아하는 취미는? 등등 이에 대하여 알고싶어 하고 또 관심을 가진다. 관심사항을 알아보는 데 시간이 정신없이 지나간다.

어떤 일에 집중하려면 즐거운 마음으로 그 일에 임하여야 하며, 집중하면 그 일이 즐거워진다.

아무리 힘든 일을 하더라도 그 일을 즐기면 힘든 줄을 모르거나, 힘든일이 끝난 후에 다가올 즐거움을 상상하고는 현재의 어려움을 잊게 된다. 자기가 하고 있는 지금의 일이 힘들면 그것은 그 일을 사랑하지 않고 있으며 그 일을 즐기지 않고 있음에 대부분의 원인이 있다고 본다.

발명왕 토마스 에디슨은 말했다.

"나는 평생 단 하루도 일한 적이 없다. 늘 재미있게 놀았다. 돈이 발명가의 노력에 대한 보상으로 보이기 쉽다. 하지만 나는 발명하는 내내 엄청난 희열을 느낀다. 사실 나에게 돌아오는 가장 큰 보상은 일 자체가 주는 즐거움이다. 그리고 그것은 세상이 성공이라고 떠들기 전에 이미 이루어진다."

이러한 에디슨을 보고 그의 동료들이 말했다.

"에디슨은 심각한 난관을 앞에 두고 있을 때 한층 더 신나 보였다."

공자는 '논어'에서 다음과 같이 "천재라고 하더라도 노력하는 사람을 이길 수 없고, 노력하는 사람은 일을 즐기는 사람을 이길 수 없다"라고 설파하며 "일을 즐기는 것"의 중요성에 대하여 이야기 하고 있다.

"知之者 不如好之者 好之者 不如樂之者 지지자 불여호지자 호지자 불여락지자"

또한 러시아 작가인 막심 고리끼는 "일이 즐거우면 인생이 낙원이고, 일이 의무이면 인생은 지옥이다"라고 말하며 일을 즐기는 삶이 행복한 삶의 근본임을 이야기 하고 있다.

게임에 빠진 사람들은 하루 이틀 밥을 먹지 않고 잠도 자지 않으며 집중하여 게임을 즐긴다. 이와 같이 게임에 열중하듯 자신의 일을 집중하며 즐길 수 있으면 그 사람은 성공의 길을 가고 있다고 본다. 또한 자신이 경기에 임하는 선수처럼 열중하지 않는다면 일하는 의미를 찾기 어렵다. 열중하는 가운데 즐거움이 생기므로 만약 자신이 열중하지 않거나 열중할 수 없다면 차라리 하지 않는 것이 좋을 것이다.

뉴턴Sir Isaac Newton의 경우도 일단 일에 빠지면 다른 생각을 하지 못하는 것으로 유명했다. 어느날 뉴턴이 실험하면서 계란을 삶아 먹으려고 한 손에는 계란, 다른 한 손에는 시계를 들고 냄비의 뚜껑을 열었다. 얼마 뒤에 삶은 계란을 꺼내기 위해 냄비를 열어보니 냄비 속에는 있어야 할 계란은 없고 시계가 들어있었다. 이는 뉴턴이 하던 일에 얼마나 깊이 집중하고 있는지를 잘 보여주는 일화이다.

이와 같이 많은 사람들이 일을 즐기는 것의 중요성을 강조하고 있다. 성공인과 성공기업인들은 대부분 본인의 일을 즐기며 그 일을 하는 동안에는 오직 그 일에 집중하는 사람들이었다.

육성할 사업에 집중한다

경영학 용어에 '통솔범위의 원리Span of Control Principle'라는 말이 있다. '통솔범위의 원리'는 한 사람의 상관이 감독하는 부하의 수는 그 상관의 통제 능력범위 내에 한정되어야 한다는 원리를 말한다. 즉, 조직의 능률성을 확보하기 위해서는 상관이 부하를 효과적으로 통솔할 수 있도록 부하의 수를 일정한 한도로 제한할 필요가 있다는 말이다. 이는 사람의 능력은 한계가 있어 한 사람의 관리자가 일정한 수 이상의 직원을 통제하는 것이 어렵다는 것을 뜻한다. 이 경우 그 인원수는 감독대상의 직원이 어떤 일에 종사하느냐 또는 전산화정도가 어느 정도냐 등 직무환경에 따라 달라질 수 있을 것이다.

이와 같은 통솔범위의 원리는 사업에도 적용할 수 있다.

기업은 끊임없이 급변하고 있는 환경에 유연하게 변화하고 혁신하지 않으면 언젠가는 도태되어 그 생명을 마칠 수밖에 없을 것이다. 이러한 이유로 많은 기업들이 사업의 다각화를 추진하거나 문어발식 업종을 확장하여 기업체 수가 늘어나는 경우가 있다. 이러한 경우 그룹 최고경영자의 지휘범위 또는 관심범위를 벗어나는 기업이 생기게 될 경우 그 기업은 건실한 성장을 기대하기 어려울 것이다.

한편 잭 웰치Jack Wech는 1981년 GE의 CEO로 취임하면서 당시에는 시도되지 않았던 새로운 경영방식인 '구조조정'을 GE에 적용, 실시하였다. 그는 약 10만 명의 대규모 해고를 불러오는 구조조정을 실시함으로써 거대한 GE의 조직을 단순하고 민첩한 조직으로 탈바꿈시키는데 성공하였다. 이러한 혁신을 단행하면서 잭 웰치는 '중성자탄 잭'이라는 악명을 무릅쓰고 300여 개가 넘는 사업부문을 10여 개의 핵심 사업으로 재편하였다. 그리고 "세계 1, 2위 사업만 남기고 모두 버린다."라는 원칙 아래 육성할 사업과 버릴 사업을 구분하고 버릴 사업은 과감히 정리하였다. 이러한 혁신의 노력으로 GE는 거대한 조직임에도 불구하고 그보다 1/10 정도 밖에 되지 않는 다른 기업보다 더 기민하고 유연하게 움직이는 조직으로 탈바꿈할 수 있었고 이러한 결과로 세계최고의 기업으로 우뚝 설 수 있었다.

여기에서 우리는 육성할 사업에 집중하여 기업을 성장시킨 잭 웰치의 지혜와 판단력을 알 수 있다.

우리의 시간과 능력 그리고 자원은 유한有限하다. 따라서 관심사항과 육성할 사업을 찾아내고 그 분야에 우선 집중하여 노력할 때 성공으로 가는 문이 열릴 것이다.

미래시대에 맞는 업종을 선택한다

여기 감나무에 맛있는 홍시가 달려있다고 가정하자.

까치는 홍시를 보고 곧바로 날라가서 한 입에 쪼아 먹는다. 그러나 땅위에 기어 다니는 벌레는 그 감나무에 홍시가 달려있는 것도 보지 못한다. 비록 그 홍시를 발견하기 위해 열심히 노력한다고 해도 몇 시간이 걸릴지 몇 년이 걸릴지 알 수 없다.

까치의 능력과 같이 여간해서는 일반 사람들이 볼 수 없는 미래를 내다보는 능력을 '통찰력洞察力'으로 부른다.

사업을 성공시키기 위해서는 다가오는 미래에 알맞은 사업아이템을 발견하고 선택하는 것이 무엇보다 중요한 관건이다. 같은 목적지를 가더라도 어떤 이는 고속도로로 질주하는 사람이 있는 반면에 어떤 이는 일반국도로 꼬불꼬불 돌아간다. 사업도 마찬가지이다.

모든 사람이 대형 컴퓨터에 매달려 있을 때 각 가정마다 책상 위에 PC가 있는 것을 미리 내다본 마이크로소프트사 창업주인 빌 게이츠Bill Gates가 그 대표적인 사례이다. 그는 이러한 본인의 선견력先見力으로 좋은 사업아이템을 발견, 선택하여 대 성공을 거두었고, 그 결과 세계 제1위의 부자가 되었다.

이러한 사례는 페이스 북 창업자인 마크 쥬커버그Mark Zuckerberg, 구글 창업자인 세르게이 브린Sergey Brin, 애플 창업주인 스티브 잡스나 소프트뱅크의 손정의 회장, 알리바바 그룹의 마윈 회장 그리고 우리 나라 삼성그룹의 이병철 회장과 현대그룹의 정주영 회장 등 수많은 성공기업인의 성공스토리에서 찾아볼 수 있다.

모자 사업을 하는 필자의 친구가 있었다. 필리핀에 여행 갔다가 필리핀 여성이 쓰고 다니는 모자를 보고 우리 나라 여성에게도 이를 팔면 큰 호응을 얻을 것으로 판단한 그는 그 모자를 수입하였다. 그 모자는 본인이 예상한 것보다 훨씬 큰 인기를 얻어 그 해 장사를 크게 성공하였다. 다음 해 그를 만났더니 모자를 만들기 위한 금형을 주문하고 있었다. 그래서 왜 완제품을 주문하지 않고 직접 만들려고 하느냐 하고 물으니 그는 "내가 수입한 모자가 잘 팔리는 것을 본 다른 모자 장사들이 가만히 있겠나. 올해 분명히 그들도 수입하여 팔려고 할 텐데 나는 그들과 싸워 이기려면 원가 절감도 하여야 하고 좀 더 고급 제품을 만들지 않으면 안 되겠다고 생각하네. 그래서 원료를 수입하여 직접 만들어 보려고."하고 대답하였다.

이 역시 미래를 내다보는 통찰력으로 시대의 변화를 예측하고 이를 극복하기 위해 노력하는 것이라고 생각한다.

다가오는 시대의 흐름과 방향을 감지하고 이에 맞는 사업아이템을 발견하고 선택하는 자는 그렇지 않은 사람보다 반드시 성공한다. 머지않아 큰 풍랑이 이는 바다가 나오리라는 것을 미리 바라보는 사람만이 크고 튼튼한 배를 준비할 수 있는 것이다.

이와 같이 좋은 미래아이템을 처음부터 발견하면 좋겠지만 이러한 경우는 기업을 창업하는 창업주의 탁월한 통찰력이 있거나 행운이 따라야 가능하다. 일반적으로는 극히 드물며 어려운 일이다.

따라서 현재 하고 있는 일이 매년 지나면서 점점 어려운 여건에 처해지는 업종이거나 아무리 열심히 노력해도 직원들 급여 주기가 어렵다면 이는 미래지향적인 업종이나 아이템하고는 거리가 먼 것으로 판단하여야 한다. 일단 현재 업종에 문제가 있다고 생각되면 전문가들 하고 상의하거나 관련 정보들을 검색하여 새로운 미래지향적인 업종이나 아이템을 발견하도록 혼신의 노력을 하여야 할 것이다. 이러한 업종이나 아이템이 발견되면 과감히 종전의 업종을 전환하거나 인수, 합병 등의 전략을 통해 기업의 사업방향을 바꾸는 것이 바람직하다고 본다.

결론적으로 말해 성공기업이 되기 위해서는 미래시대에 맞는 업종이나 아이템을 선택하고 이에 집중하여야 한다.

일을 사랑할 '가치'를 찾아라

어렸을 적 나의 꿈은 자연과학자나 문학가가 되는 것이었다.

그러나 내가 처한 경제적 여건이 나로 하여금 상업고등학교를 거쳐 경영학을 전공하게 함으로써 자연스레 많은 사람들의 기대와 축하를 받으며 회계사의 길을 가게 된 것이다.

나는 회계사 장교로 군에 입대하여 중위로 전역을 한 후 안권회계법인에 입사하였다. 당시 안권회계법인의 창업자는 안 회계사와 권 회계사 이었는데 두 회계사의 성을 따서 "안권회계법인"으로 명명된 회계법인이었다. 동 회계법인은 당시 세계적인 회계법인 이었던 'HASKINS & SELLS CO.'와 멤버Member Firm 관계를 맺고 있었고 당시에는 우리 나라에서 가장 큰 회계법인으로서 회계사들이 일하고 싶어 하는 대표적인 법인이었다.

회계사 생활을 시작한 지 약 3년이 되었을 즈음 어느 날 나는 '회계사'라는 직업에 대하여 한계를 느끼고 회계사로서의 나의 삶에 대한 재검토를 하였다. 회계사 생활은 숫자로 시작하고 숫자로 끝내야만 하는 일의 연속이었다. 숫자를 별로 좋아하지 않았던 나는 일생동안 이러한 일을 하여야 하는 삶에 대하여 고심이 되고, 암담한 생각마저 들었다. 이러한 생각 끝에 나는 나의 진로를 수정하여야 하겠다고 결심하였다.

결국 나는 지금의 웅진그룹의 전신이었던 HEIM INTERNATIONAL이라는 회사의 영업사원으로 취업하기 위해 인터뷰를 한 후 회계법인에 사표를 냈다. 내 사표를 보고 내 담당 파트너는 놀란 표정이었다. 그는 평소 다시 태어나도 회계사를 하겠다고 할 정도로 회계사 정신에 투철한 사람이었는데 나의 사표를 순순히 받아줄리 만무하였다. 그는 나의 사표를 반려하며 나의 생각을 취소할 것을 집요하게 설득하였다. 그는 사표를 내게 된 나의 고충을 듣더니 나에게 말했다. "초창기에는 숫자를 많이 다루어야 되지만 직급이 올라갈수록 판단이 많이 요구되는 직업이 회계사입니다. 문 회계사는 판단력이 뛰어나니 시간이 흐를수록 점점 나아질 겁니다."라는 말로 나를 위로하고 한편으로는 설득하고자 애썼다. 또한 나의 아내도 어려운 시험에 합격하고 좋은 대우가 보장되어 있는 전문가의 길을 포기하고 전혀 경험해보지 않은 미지의 분야에 투신하겠다는 나의 결심에 한사코 반대하였다. 물론 나에게도 중요한 걱정거리였던 세일즈맨의 불확실한 보수도 중요한 반대 이유 중의 하나였다.

이러한 주위의 강력한 반대에 나도 고심을 하지 않을 수 없었다. 그러나 나는 회계사란 직업에 대한 나의 마음이 변하지 않고는 다시 돌아올 수 없다고 생각했다. 즉 회계사란 직업에 대하여 내가 수긍할 새로운 '가치價值, Value'가 발견되지 않는 한 일생동안 계속될 회계사 업業으로 다시 돌아올 수는 없었다. 나는 원점으로 돌아가 다시 생각에 생각을 거듭했다.

회계사란 직업이 무엇인가? 숫자가 싫어 그만두려고 한 최초의 생각은 파트너의 설득으로 다소 해소되었지만, 한번 밖에 살지 못하는 귀한 삶인데 나의 일생을 바칠만한 가치가 과연 '회계사'라는 '업業'에 있는가?

나는 다음과 같이 자문자답하며 생각을 이어갔다.

자본주의의 3대 경제주체는 기업과 정부 그리고 가계이다. 그중에서도 '기업'이 가장 중요하고 사회에 미치는 영향이 크다. 그렇다면 기업이 잘되도록 도와주는 사람이 있어야 할것 아닌가? 기업 내부에서는 경영자와 종업원이 그리고 밖에서는 우리 같은 전문가 집단이 만약 없다면 기업은 어떻게 될까? 기업은 심각한 상황에 빠질 수밖에 없고, 자본주의의 근간을 흔드는 사태가 초래될 것이다. 그렇다면 나라도 포기하지 말고 기업이 잘 되도록 애써야 하는것 아닌가?

장고長考 끝에 나는 다음과 같이 회계사로의 복귀에 대한 합리적 이유를 찾았다. "회계사는 자본주의사회하에서 필수불가결한 존재인 소중한 3대 경제주체(정부, 가계, 기업)를 외부에서 감시하고 지원하는 역할을 함으로써 경제 발전에 이바지하고 나아가 나라가 잘 되도록 하는 핵심적인 역할을 수행하는 사람이다. 이러한 관점에서 볼 때 '회계사'라는 직업은 일생을 투신하여 열정을 바쳐볼만한 직업이라고 말할 수 있다. 따라서 그 일이 아무리 복잡하고 어렵다고 하더라도 누군가는 반드시 하여야 할 것 아닌가? 그렇다면 비록 회계사의 길이 어렵다고 하더라도 각오를 단단히 다시 하고 그 막중한 역할에 내 일생을 바쳐보자"라는 결론을 내리게 되었다.

이러한 나의 회계사 업業에 대한 새로운 가치의 발견과 주위의 설득으로 나는 다시 마음을 돌리고 회계사를 일생의 천직으로 삼고 다시 시작하기로 마음먹게 되었다.

그 날이 바로 나에게는 영원히 잊지 못할 1983년 4월 1일이었다.

회계사를 그만두려고 하였다가 다시 시작하려고 하니 모든 것이 지금까지와는 달리 보였다.

이렇게 마음을 고쳐먹고 새로 회계사를 시작하게 되니 놀랍게도 그렇게 보기 싫기만 했던 숫자가 점점 나에게 친숙하게 다가왔다. 그리고 다시 시작하는 마당에 "어떻게 회계사 업무를 시작하는 것이 바람직할 것인가" 라고 생각했다. 나는 이왕이면 전문가로서 철저하게 기초를 닦는 것부터 시작하자 라고 결심하고, 그 첫 단계로 세무회계에 관한 저서를 집필하기로 마음 먹었다. 집필을 위해 원고를 쓰기 시작한 날은 바로 회계사를 다시 하기로 결심한 첫날인 4월 1일 이었다.

사랑하는 일을 찾아 삶의 방향을 정하는 것이 제일 바람직하겠지만, 만약 사랑할 일을 찾지 못하면 현재 하는 일에서 사랑할 부분을 찾는 것도 좋은 방법이라고 생각한다.

나의 경우 이러한 방향으로 회계사 생활을 해온지 어언 35년째가 된다.

지금 이 시점에서 내가 살아온 지난 날의 나의 삶의 궤적軌跡을 되돌아본다면 다소 부족한 부분도 있겠지만 "나로서는 나름대로 최선을 다한 삶이 아니었나?" 라고 자평하고 싶다. 강사와 저자로서 또한 전문가와 경영자로서 삶을 영위해오는 동안 주어진 여건 하에서 내 나름대로 최선을 다해 열심히 노력했다고 스스로 평가하고 싶다.

개인 전문가의 길을 가던 나는 업무량이 많아지면서 회계법인을 설립할 필요성을 느꼈다. 동시에 나로서 회계사업을 마무리하여야 할 시기가 점점 다가오고 있다는 생각이 들어 이왕이면 내가 바람직하다고 생각하는 형태의 회계법인을 만들어야겠다는 생각이 들었다. 이러한 나의 생각을 바탕으로 약 9년 전에 법인을 설립하여 운영하고 있다.

나는 내가 회계사로서 나의 삶을 시작하고 살아온 과정에 최선을 다한 것처럼 떠날 때도 후배들에게 좋은 이미지를 주는 선배회계사로서 각인되며 떠나고 싶다.

결단과 도전

오는 기회는 잡고, 없는 기회는 만든다

누구에게나 일생에 세 번은 기회가 온다고 한다. 이런 의미에서 보면 기회는 누구에게나 공평하게 온다. 그런데 누구는 성공하고 누구는 성공하지 못할까?

기회가 올 때는 한 번은 어느 날 갑자기 눈앞으로 나타났다가 순식간에 사라지고, 한 번은 귀 옆으로 쏜살같이 왔다가 휙 지나가고 마지막으로는 머리 뒤통수 쪽으로 살며시 왔다가 사라진다고 한다. 이는 성공할 기회란 그만큼 잡기가 힘들다는 것을 풍자적으로 이야기한 것으로 보인다.

그러나 분명 기회가 왔을 때 이를 확실히 잡아 성공의 길을 가는 사람들이 있는 반면, 매 번 기회를 잡지 못하고 실패의 삶에 좌절하는 사람들이 있음을 우리는 본다.

왜 그럴까?

성공이 밤중에 살짝 왔다가 가려고 할 때, 잠을 자고 있다고 한다면 이를 붙잡지 못할 것은 자명自明한 이치이다. 버스나 기차를 탈 때도 타는 자와 타지 못하는 자와의 시간 차이는 1시간이나 30분이 아니고 단 1초의 차이가 아닌가? 1초 때문에 어떤 이는 기뻐하고 어떤 이는 마음 아파한다. 따라서 우리는 기회가 언제 올지 항상 예의銳意 주시注視하고 깨어 준비하고 있어야 한다. 또한 기회가 올 것을 예견하고 한 발 앞서 준비하고 기다려야 한다. 그리고 기회가 왔을 때 실기失期하지 말고 제 때에 이를 확실히 잡을 수 있는 실력을 갖추고 있어야 한다.

성공할 기회는 순전히 운運에 의해 결정되는 로또와는 다르다. 이는 노력과 정성에 의하여 잡을 수 있으며, 만약 오지 않는다면 스스로 기회를 만들 수 있어야 한다.

내가 아는 양복점을 경영하는 박 사장이 있었다. 이태원에 있던 그의 양복점 규모는 그다지 크지 않았다. 그러나 그의 손님은 외국에서 오는 국가 원수들을 비롯한 정·재계政·財界 VIP 들이었다. 어느 날 나는 그에게 VIP를 손님으로 모시는 비결이 무엇인지를 물었다.

그는 다음과 같이 대답했다.

"저는 어려운 환경 속에서 살기 위해 양복 기술을 익혔습니다. 이왕이면 최고의 기술자가 되려고 결심하고 영어공부도 열심히 하며 최선을 다 해 노력했습니다. 그러나 나의 기술이 아무리 좋아도 이를 써먹을 기회가 쉽게 오질 않았습니다. 그 이유는 내가 자라온 환경이 어렵다 보니 우리 나라의 최고 성공한 인사들을 만날 수 없었기 때문입니다. 내 주변의 손님들은 대부분 보통 일반 손님들 뿐이었습니다. 어느 날 나는 결심했습니다. '최고의 기술을 가진 나는 최고로 성공한 손님들을 내 고객으로 모셔야겠다. 그것도 국내뿐만 아니라 세계를 이끌어가는 지도자들을 내 고객으로 반드시 모시겠다.'라고 결심했습니다.

이러한 나의 결심을 행동으로 옮기기 시작했습니다. 우선 영어 습득에 더 열심히 매진했습니다. 외국 귀빈들을 상대하려면 영어는 기본이라고 생각했기 때문이지요. 대체로 양복점 경영하는 사람들은 영어를 잘 못하는데 지금 저는 외국인들과 대화해도 손색없을 만큼 영어를 곧잘 합니다. 다음에는 손님을 어떻게 잡을 것인가 하는 문제를 연구했습니다. 그러다가 외국의 국가원수가 한국에 올 때는 그 분들에게 우리 나라 정부에서 한국의 양복을 선물하거나 그 분들이 직접 양복을 맞추어 입는 경우가 있다는 것을 알게 되었습니다.

그래서 이러한 일을 연결해 줄만한 인물이 누구인가 다방면을 통해 알아보니 대통령하고 특별한 관계에 있는 박 모 장관이 있다는 것을 알게 되었습니다. 나는 그를 만날 수 있는 방법이 무엇인가 궁리하다가 그가 다니는 스포츠센터를 같이 다니면 좋겠다고 생각했지요. 그래서 그가 주로 다니는 스포츠센터가 남산에 있는 H 호텔에 있는 것을 알아냈습니다. 저는 망설이지 않고 거금을 들여 그 호텔의 스포츠센터 회원권을 구매했습니다.

그리고 그 센터 프런트 직원에게 박 모 장관이 운동하러 오게 되면 즉시 내게 전화해달라고 특별히 부탁했습니다. 직원으로부터 박 장관이 왔다는 연락이 오면 나는 만사를 젖치고 그 스포츠센터로 달려갑니다. 그리고 박 장관 옆에서 운동도 하고, 발가벗고 옆에서 사우나도 같이 하며 인사도 나누었습니다. 자주 얼굴을 대하다 보니 그 분하고 친하게 되었고, 나는 그분에게 VIP 손님을 소개해달라는 부탁도 자연스레 이야기할 수 있었습니다. 이런 일이 계기가 되어 한국을 방문하는 VIP 손님들이 제 고객이 된 것이지요. 물론 저의 양복을 만드는 기술이 탁월했고, 제가 살아온 과정이 비교적 문제가 없었기 때문이기도 할 겁니다. 그 분이 단순히 저를 안다고 저를 추천하지는 않았을 테니까요. 저는 때를 기다리며 기회가 왔을 때 이를 놓치지 않기 위해 저의 실력을 꾸준히 가꾸어 왔습니다.

저는 양복쟁이로서 가진 저의 꿈을 이루었습니다."

이와 같이 기회가 오지 않아 잡을 수 없으면 그 기회를 내가 만들면 된다. 성경(마태오 복음서 제7장 제7절)에 다음과 같은 말씀이 있다. 깊이 묵상하여 성공의 기회를 잡는 지혜로 삼는 것도 좋지 않을까 생각한다.

"청請 하여라, 너희에게 주실 것이다. 찾아라, 너희가 얻을 것이다. 문을 두드려라, 너희에게 열릴 것이다. 누구든지 청하는 이는 받고, 찾는 이는 얻고, 문을 두드리는 이에게는 열릴 것이다."

타이밍을 잘 맞추어 결단한다.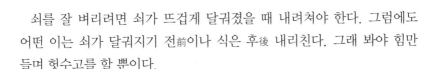

쇠를 잘 벼리려면 쇠가 뜨겁게 달궈졌을 때 내려쳐야 한다. 그럼에도 어떤 이는 쇠가 달궈지기 전前이나 식은 후後 내리친다. 그래 봐야 힘만 들며 헛수고를 할 뿐이다.

이는 '타이밍'의 문제이다.

미국의 경영컨설턴트인 짐 콜린스Jim Collins는 "실패한 결정 10개 중 8

개는 판단을 잘못해서가 아니라 '제 때' 결정을 못 내렸기 때문에 실패한 것이다."라고 이야기 하며 의사결정 시 무엇보다도 '타이밍'이 중요하다는 것을 강조하고 있다.

'타이밍Timing'이란 무엇인가?

타이밍이란 어떤 행위를 함에 있어 하여야 할 시점과 시기를 잘 맞추는 것을 말한다.

우리의 삶은 태어나서 죽을 때까지 수많은 선택의 연속으로 이루어진다. 이 경우 선택에는 방향을 결정하는 것과 동시에 행위를 결정하는 두 가지의 선택이 포함되는데 이 모두 타이밍과 결부된다.

얼마 전 모 경영자 모임에서 '패션그룹 형지'의 최병호 회장의 강연을 들었다. 그는 "기회는 날아가는 새와 같습니다. 따라서 날아가기 전에 붙잡아야겠지요. 저는 기회만 있으면 막 들이댑니다. 그러나 무턱대고 들이대는 것이 아니라 기회가 올 때를 대비하여 항상 깨어 준비하고 있습니다."라고 이야기 하며 타이밍의 중요성을 강조하였다. 그는 이러한 기회를 잘 잡고 강인한 체력과 타의 추종을 불허하는 열정으로 동대문 상가에 있는 한 평의 조그만 가게에서 출발하여 2014년 현재 1조 원의 매출을 올리는 큰 기업으로 성장시키고 있다.

인생의 갈림길에서 어느 방향으로 갈 것인가? 그리고 어떻게 갈 것인가를 결정할 때 타이밍이 너무 빠르거나 늦게 되면 우리의 삶의 모양과 질質이 판이하게 달라질 수 있다.

예를 들어 기업을 시작하려고 하는 경우 어떤 아이템을 선택할 것인가? 그리고 어디에서 어느 정도 규모로 시작할 것인가? 법인으로? 아니면 개인 사업자로? 공장은 임차할 것인가? 아니면 부지를 매입하여 건설할 것인가? 단독으로? 아니면 동업 형태로? 주주와 이사의 구성은 누구로? 등등 수많은 의사결정을 마주하게 된다.

이러한 의사 결정을 앞두고 오늘 결정하는 것하고 일주일 후에 결정하는 것 하고는 그 내용이 전혀 달라지게 된다. 이는 일주일이라는 기간동안 결정의 변수가 되는 상황이 바뀌게 되고, 앞 단계의 의사 결정이 달라지면 후속되는 의사 결정 내용 또한 다르게 결정될 수밖에 없기 때문이다. 결국은 타이밍을 놓치게 되면 사업이 전혀 다른 길을 갈 수도 있게 된다.

어떤 기업의 경우에는 그 기업이 선택한 사업아이템을 시장에서 받아들일 준비가 전혀 되어있지 않은 상황에서 너무 빨리 시작하기도 한다. 이로 말미암아 시장市場으로의 초기 진입비용을 과도하게 부담함으로써 애로를 겪는다. 이에 반해 후발 주자가 오히려 앞서 진입한 기업이 닦아 놓은 길을 무임승차하여 승승장구하는 사례를 보기도 한다.

따라서 어떤 의사 결정이 효과적으로 이루어지려면 타이밍을 잘 맞추어야 한다.

크라이슬러자동차 회장인 리 아이아코카도 "인생이란 타이밍을 얼마나 잘 맞추는가에 따라 승패가 달라진다."라고 타이밍의 중요성을 말하고 있다.

또한 시인 '괴테'는 "하늘은 필요할 때마다 은혜를 베푼다. 신속히 이것을 포착하는 사람은 운명을 개척한다."라고 말하며 하늘이 은혜를 베풀 때 타이밍 놓치지 말고 잡으라고 충고한다.

우리 나라의 삼성그룹 이건희 회장은 "상품 진열대에서 특정 제품이 소비자의 마음을 사로잡는 시간은 평균 0.6초. 이처럼 짧은 시간에 고객을 잡지 못하면 마케팅 싸움에서 결코 승리할 수 없다."라고 말하며 역시 촌각寸刻을 다투는 타이밍의 소중함을 역설하고 있다.

결단을 행동으로 옮긴다

필자가 투자유치 자문과 M&A 관련 일을 하다보면 결단을 행동으로 옮기지 못해 큰 손해를 보는 기업인 또는 개인들을 종종 만난다. 안타까운 일이다.

예를 들어 어떤 좋은 벤처기업이 자금 부족으로 새로운 투자자를 영입하고자 할 때 그 기업과 시너지가 있는 다른 기업이 투자를 하면 상호간에 큰 이익이 발생할 수 있는 경우가 있다. 그럼에도 불구하고 결단을 미루거나 또는 결단을 하고서도 구체적으로 후속절차를 지연시켜 결국은 당초 예상되었던 이익창출의 기회를 놓치는 경우를 보게 된다.

물론 확신이 덜 된 상태이기 때문에 결단을 내리지 못하는 경우도 있다. 또는 결단을 내린 후 불확실성이 발생하여 후속 절차를 진행시키지 못하는 경우도 있다. 하지만 어떤 경우는 합리적인 이유도 없이 막연히 불안하여 자금투자를 미루기도 한다. 여하튼 지나고 보면 그 투자가 적시適時에 이루어졌더라면 그 기업이 도약할 수 있는 좋은 기회였음을 느끼고 후회하지만 이미 기회는 이미 지난 상황인 것이다.

오래전의 일이다. 골프와 IT를 결합하여 운동 겸 게임을 사업아이템으로 개발한 모 벤처기업의 대표가 초기 투자자금을 마련하기 위해 우리 사무실을 방문하였다. 나는 사업계획서를 검토해보니 내용도 허술하고 사업의 성공가능성이 별로 없어 보여 투자유치에 관련된 자문을 진행하지 않았다. 그러나 그 기업은 그 후 대 성공을 거두어 코스닥 시장에 상장을 하고 지금은 초 우량기업으로 명성을 날리고 있다. 나로서는 좋은 기회를 잃은 가슴 아픈 추억이다. 벤처기업의 경우 초기에는 모든 것이 불비하고 부족한 상태에 있기 마련이다. 이러한 이유로 그 기업이 가지고 있는 본질적인 장래의 비전을 잘 발견하지 못한다면 결국 나의 경우처럼 후회할 날이 오게 마련이다.

올바른 생각을 제 때에 행동으로 옮기는 것은 성공기업인의 필수요건이다. 미국의 자기계발 전문가이며 작가인 지그 지글러Zig Ziglar 는 "행동하는 사람 2%가 행동하지 않는 사람 98%를 지배한다."라고 단언하고 있다. 행동은 어렵지만 행동을 하는 사람은 그 행동을 하지 않는 사람을 이끌고 지배한다는 이야기이다.

지금 당장 시작한다

미국의 정치가인 벤자민 프랭크린Benjamin Franklin은 "오늘 할 일을 내

일로 미루지 말라Never put off till tomorrow what may be done today."라고 말하며 오늘 할 일은 오늘 끝내라고 강조하고 있다. 좀 더 이 표현을 강하게 바꾸면 "지금 할 일은 지금 당장 하라"라고 이야기 할 수 있을 것이다. 이 역시 지금 할 일의 타이밍에 관한 이야기로서 그 시점을 '지금'이라고 말하고 있는 것이다.

이와 유사한 말로 "내일은 결코 오지 않는다Tomorrow never comes"라는 말이 있다. 이 역시 지금 이 시간이 지나기 전에 지금 이 시간에 하여야 할 일을 미루지 말고 하라는 의미라고 해석된다.

영국 속담에 '1온스의 실천이 1파운드의 관념적 생각보다 낫다'는 말이 있다. 이 말은 1온스의 작은 실천이 그보다 16배나 무거운 1파운드보다 더 가치가 있다는 것을 의미하는 것으로 생각에 그치지 말고 실천으로 옮길 것을 강조하는 말이다.

이조시대의 개혁 군주이었던 정조正祖의 사상과 철학을 담은 『정조이산어록』에도 보면 이와 유사한 글이 나오는데 '무릇 사람은 위아래를 막론하고 하루에 해야 할 일을 그날 끝마쳐야 한다.凡人無論上下. 一日須了一日事.'라고 말하며 윗 사람이나 아랫 사람 모두 오늘 할 일을 미루지 말것을 경계하고 있다.

도대체 왜 이런 말이 나오게 되었을까?

오늘 할 일을 내일 하면 안 되는 것일까? 그 이유는?

이에 대하여 리더십 IQ의 설립자이자 CEO인 마크 머피가 자신의 저서 『하드 골Hard Goals』에서 다음과 같이 말하고 있다.

"내일부터 시작할거야. 이 말이 목표를 실패하게 만든다. 지금까지 당신은 수도 없이 '내일부터'라고 말해왔지만, 사실 그 말은 '절대 안 할 거야'라는 말과 다를 바 없다. 일을 미루는 습관은 매우 흔하지만 동시에 큰 손해를 불러일으킨다. 무언가를 진정으로 하고 싶으면 목표가 무엇이든 지금 당장 시작하라."

한양대학교 유영만 교수는 그의 저서 『청춘경영』에서 다음과 같이 어떤 일을 성공시키기 위해서는 결심이 선 순간 바로 실행에 옮기라고 충고한다.

"72:1 법칙이라는 것이 있다. 자신이 결심한 사항을 72시간, 즉 3일 이내에 행동으로 옮기지 않으면 단 1 퍼센트도 성공할 가능성이 없다는 말이다. 무엇인가를 성사시키기 위해서는 결심한 다음 바로 실행에 옮겨야 한다. 패배자들은 언제나 '내일'이라는 단어를 즐겨 쓴다. 그러나 뭔가 다른 사람은 지금 여기서, 이제부터 시작한다. 모든 변화는 '지금 여기서now here' 시작된다. 어제나 그제보다 '이제'를 소중하게 생각하는 사람만이 무엇이든 성취할 수 있다. 내일은 지금 이 순간을 충실히 보낸 사람, 작은 실천을 진지하게 반복하는 사람에게만 의미심장한 선물로 다가온다."

역경지수가 높은 사람이 성공한다

대부분의 위대한 기업인들은 갖은 역경을 딛고 성공이라는 정상에 오른 사람들이다. 이와 같이 역경에 강한 사람을 가리켜 '역경지수逆境指數'가 높은 사람이라고 부른다.

영국의 커뮤니케이션 전문가 폴 스톨츠Paul G. Stoltz 박사도 IQ(지능지수)나 EQ(감성지수) 보다 AQ(역경지수: Adversity Quotient)가 높은 사람이 성공하는 시대가 될 것이라고 이야기 하고 있다.

이 때 '역경지수'란 역경에 처해서도 이에 굴하지 않고 도전정신을 발휘하여 슬기롭게 대처하고 문제를 해결하고 목표를 성취하는 능력을 말한다.

스톨츠 박사는 사람들이 역경에 대처하는 스타일을 등산에 비유하여 세 가지 유형 즉 'Quitter'(등산을 포기하는 사람), 'Camper'(등산 도중 중도에서 캠프 치고 노는 사람) 및 'Climber'(끝까지 등산하여 정상을 정복하는 사람)로 분류하고 있다. 그는 힘든 역경이 오면 포기하는 사람을 Quitter로, 역경이 오면 현상 유지하는 정도로 적당히 안주하는 사람을 Camper로, 그리고 역경이나 시련이 오면 최선을 다해 강인한 도전정신으로 이를 극복하는 사람을 Climber라고 각각 부르고 있다.

그의 주장을 받아들인다면 어느 분야에서건 성공인이 되기 위해서는 자신의 역경지수를 점점 높혀가는 노력을 하여야 할 것이다.

이러한 역경지수가 삶에 미치는 영향이 얼마나 중요한가를 시사하는 일화를 소개하면 다음과 같다.

일본의 '마쓰시타' 그룹에서 직원을 채용하고자 모집광고를 냈다.

일본 최고의 공과대학을 우수한 성적으로 졸업한 한 학생이 마쓰시타 회사의 입사시험에 응모했다. 그러나 그의 기대와는 달리 최종 합격자 명단에는 본인의 이름이 빠져 있었다. 이에 수치심과 분노에 괴로워하던 학생은 그만 다량의 수면제를 먹고 자살하고 말았다.

다음 날, 그 학생 집으로 전보가 한 장 날아왔다. 그 내용인즉 입사시험의 수석 합격자인데 전산 처리에 문제가 생겨 누락됐다는 내용이었다. 하지만 때는 이미 늦은 후였다. 회사 인사부의 책임자도 뛰어난 학생을 놓쳐 아쉬움과 안타까움을 금치 못했다.

그러나 이 소식이 그룹의 총수인 '마쓰시타 고노스케'의 귀에 전해졌을 때, 그의 반응은 전혀 뜻밖에도 "이 학생이 젊은 나이에 세상을 떠난 것은 참으로 애석하고 안타까운 일입니다. 하지만 우리 회사가 이 학생을 받아들이지 않게 된 것은 큰 행운이 아닐 수 없습니다." 라고 말했다고 한다.

이는 그 정도의 조그만 좌절을 참지 못하고 자살을 택한 것으로 보아 그 학생의 심리적 자질이 형편없다고 판단한 것이다. 따라서 그런 부실한 자질로 회사의 중요한 자리에서 좌절을 만나게 될 경우 스스로 자살을 선택한 것처럼 다분히 충동적이고 비극적인 방법으로 일을 처리할 가능성이 크고, 그럴 경우 회사에 막대한 손실을 초래하게 될 것이라는 것이 그 이유였다.

이 학생의 경우 머리는 우수하지만 역경지수가 낮아 조그만 역경을 이기지 못하고 본인의 창창한 앞날을 스스로 포기한 것이라고 판단된다.

도전, 또 도전한다

우리 나라의 산악인 엄홍길은 히말라야 8천 미터 14좌座에 이어 로체샤르(8,400m)와 얄룽캉(8,505m), 로체(8,511m)와 캉첸중가(8,586m) 위성봉衛星峰마저 오른 세계 최초의 산악인이다. 그는 이 목표를 달성하기까지

22년 동안 무려 38번의 도전을 감행했고, 그 과정에서 후배 6명과 셰르파 4명을 잃었다고 한다.

그의 이와 같은 강인한 정신과 등정 성공비결은 무엇일까? 다른 사람보다 특별하게 강인한 체질이 있어 가능한 것일까? 그의 말을 들어본다. "정상에 가까워질수록 포기하고 싶은 생각은 간절했다. 주저앉았다가 일어서고 뒤로 누웠다가 다시 일어서서 걸었다. 한 발 한 발 무거운 걸음을 옮길 때마다 세상은 내 거친 숨소리 안에서 새롭게 출렁거렸다." 이 말에서 그의 역경지수가 남보다 탁월하게 높았던 것을 알 수 있다.

일본의 재일교포 사업가인 소프트뱅크 손정의 회장은 "항구에 정박해 있는 배는 안전하다. 그러나 배는 항구에 묶어두려고 만든 것이 아니다."라는 말로 기업의 도전 정신을 강조하고 있다.

그러나 '도전'이라는 말은 성공을 보장받거나 성공할 확률이 아주 높은 목표에는 어울리지 않는다. 차라리 실패할 가능성이 많을 정도로 높은 수준의 목표를 향하여 올라가고자 할 때 도전이라는 말이 어울린다. 예를 들어 동네 뒷산을 오르는데 우리는 도전이라는 용어를 쓰지 않는다. 사람마다 체질이 다르기 때문에 차이는 있겠지만 한 번의 등산으로 정상을 오를 수 있다면 도전이란 용어를 사용하는 것은 적합하지 않다고 본다. 그렇다면 도전이란 실패의 가능성이 높은 일이나 목표를 전제로 한다고 생각된다. 한 번의 도전으로 다행히 목표를 성취할 수도 있겠지만 대부분의 경우 두 번 세 번 이상의 도전이 있은 후에야 목표를 성취한다.

이러한 것을 고려한듯 우리 나라 최고의 기업이라고 인정받고 있는 삼성그룹의 이건희 회장도 직원들에게 "실패는 삼성인에게 주어진 특권으로 생각하고 도전하고 또 도전하기를 당부한다."라고 말하고 있다.

켄터키 프라이드 치킨(KFC)의 창업자인 커넬 할랜 샌더스Harland David Sanders는 1,008번의 실패를 딛고 1,009의 도전 끝에 KFC 1호점의 개설을 성공했다. 또한 에디슨은 110,000번의 도전과 실험 끝에 전구를 발명했다고 한다. 이 모두 도전 그것도 수없는 실패와 도전이 있은 후에야 값진 성공이 따라옴을 증명하는 사례하고 말할 수 있다.

우리는 날마다 크고 작은 역경을 만난다. 그리고 이 역경을 만나 좌절하고 도전을 멈추거나 포기한다. 어떤 사람은 "나에겐 장애障碍가 없습니다."라고 이야기하기도 한다. 알고 보면 그는 진정한 의미의 도전을 하지 않은 사람이다. 움직이지 않고 제자리에 머물거나 넘어갈 수 있는 장애물만 골라 넘어가면 장애물이 없다. 그러나 이것은 도전이 아니다.

장애물이 없으면 장애물이 나올 때까지 계속 도전하자. 장애물이 낮아 도전할 가치가 없으면 보다 높은 장애물이 있는 곳으로 목표를 상향 조정하여 도전해보자.

도전을 하기에 앞서 우리는 도전에 따른 위험과 고난을 생각하고 미리 걱정한다. 이러한 마음가짐에 대하여 알리바바 그룹 마윈 회장은 다음과 같이 조언한다.

"내일은 더 나쁠 거라고 생각하라. 기대치가 클수록 실망도 큰 법이다.

그래서 나는 언제나 내일은 더 나쁠 거라고, 틀림없이 더 나쁜 일이 생길 거라고 생각한다. 그렇게 하면 내일 정말로 어려운 일이 닥쳤을 때 두려움에 사로잡히거나 절망감에 빠지지 않는다. 뭐 호되게 당하기 밖에 더 하겠나? 오냐 좋다. 내가 또 한번 버텨주마. 이런 식으로 부딪치다보면 나쁜 일에 대한 저항력도 강해지고, 진정한 자신감도 생겨난다. 포기하지 않는다면 언제나 기회는 있다. 오늘은 힘들고 내일은 더 힘들 수도 있지만 모레는 좋은 일이 생길 것이다."

상처 없는 독수리나 사자는 이 세상에 태어나자마자 죽어버린 독수리나 사자일 뿐이다. 최고의 자리에 오르려고 하는 사람이 그 길을 가는 과정에서 만날 수밖에 없는 역경을 두려워하거나 피한다면 과연 그 자리에 오를 수 있을까?

할 수 있을 때 하라!

어느 날 저녁 나는 퇴근하고 한국은행 직원합숙소에서 책을 읽고 있었다.

고등학교 후배가 내 방으로 찾아와 "형님, 상의드릴 말씀이 있는데 저녁 좀 사주세요."하고 말했다. 그도 나와 같이 한국은행에 다니며 성균관대학교 야간 과정을 다니고 있었는데 우리는 동병상련의 입장에서 직장에 대한 애환과 더불어 미래에 대한 꿈을 이야기 하곤 했다.

그를 데리고 인근 음식점에 가자 그는 다음과 같이 본인의 고민을 털어놓았다. "형님, 요즈음 저는 갈등이 생깁니다. 직장에도 충실하여야 하고, 공부도 열심히 하려니 몸도 마음도 지칩니다. 그래서 은행을 그만두고 학교 공부에만 전념하고 싶은데 형님의견은 어떠세요?"

내가 과거에 했던 고민을 그도 하고 있었다.

나는 그에게 말했다.

"자네 집 여건은 자네가 은행을 그만두어도 괜찮나?" 그는 말했다. "예, 넉넉하지는 않지만 제가 직장을 그만두어도 생계를 걱정할 정도는 아닙니다."

나는 그에게 다음과 같이 나의 의견을 이야기했다.

"내가 자네라면 나는 당장 직장을 그만두겠다. 공부는 하여야 할 때가 있다. 자네나 나나 지금은 공부할 시기이지 돈을 벌기 위해 시간을 보내는 것은 바람직하지 않다고 본다. 따라서 집안 환경이 허용한다면 망설이지 말고 그만 두도록 해라. 할 수 있을 때 하라!"

그는 나의 권고를 받아들여 은행을 그만두고 학교에 가서 공부에 전념하였다. 나아가 그는 행정고시를 준비하여 대학교 재학중에 합격하였다.

통일원으로 발령받은 그는 성실한 관료로 그리고 '통일전문가'로서 직무에 최선을 다 했다.이러한 노력의 결과로 그는 승승장구하여 현재 고위직으로 잘 근무하고 있다.

나는 공부에 전념하고 싶었지만 집안 여건상 하지 못해 마음 한 구석에는 항상 아쉬움이 남아 있었는데, 그의 성공하는 모습을 보면 마치 나의 일 같이 기쁜 생각이 든다. 그와 나는 그 후에도 여러 인연이 겹쳐 마치 형제처럼 상호간에 좋은 인생의 동반자로 지내고 있다.

열정과 '잘'정신

열정은 승리로 가기 위한 에너지이다

'열정!' 소리만 들어도 가슴이 뛴다.

열정은 '뜨거움'과 '몰입沒入'을 전제로 한다. 따라서 '열정熱情'이란 어떤 일에 뜨거운 애정을 가지고 몰입하는 마음이라 정의할 수 있다.

열정은 꿈을 가진 자로 하여금 그 꿈을 향하여 가기위한 필수 불가결의 에너지이다. 우리는 모두 크든 작든, 화려하던 화려하지 않던 각자의 꿈을 꾸며 산다. 그런데 어떤 사람은 성공인의 삶을 살고 어떤 사람은 실패하는 삶을 산다. 왜 그럴까? 여러 가지 이유가 있겠지만 가장 큰 이유 중의 하나는 '열정'의 차이에서 비롯된다.

우리가 익히 잘 알고 있는 이솝우화에 토끼와 거북이의 경주에 관한 이야기가 있다.

토끼와 거북이가 달리기 경주를 했는데 빠른 토끼가 느린 거북이를 얕보고 낮잠을 자다가 그만 경주에서 졌다는 이야기이다. 바꾸어 말하면 느린 거북이가 빠른 토끼를 이겼다는 이야기이다.

이 우화를 통하여 토끼는 비록 거북이보다 빨리 달릴 수 있는 능력을 가졌지만 목적지까지 최선을 다해 달리겠다는 열정이 거북이보다 적었기 때문에 진 것을 이야기 하고 있다. 바꾸어 말하면 거북이의 열정이 토끼보다 느리다는 단점을 극복하고 토끼의 자만심을 눌러 이겼다는 이야기이다. 이 우화에서 우리는 열정이 능력을 우선한다는 것을 알 수 있다.

얼마 전 나는 몽골 체첸궁산해발 2,265m로 복산의 최고봉이고 울란바토르를 감싸는 4대 성산을 대표하는 산으로 트레킹을 다녀왔다. 한국에서 등산을 곧잘 하는 나는 자신감을 가지고 출발했으나 몇 걸음 가지 못해 고산지대에서 느끼는 호흡 곤란을 겪었다. 나는 몇 번이나 도중에 포기하려는 마음이 생겼으나 다시 나를 달래고 스스로를 격려하며 끝까지 정상 등정에 성공하였다. 그러나 등산 초기에 나보다 앞서간 몇 사람은 결국 도중에 하산 하였다. 이 역시 정상에 도달하겠다는 나의 강한 열정이 정상등정을 포기하고 싶은 나약해지려는 마음을 누를 수 있었지 않았나 생각한다.

강한 열정이 없으면 목적지에 도달하기 전에 포기하거나 앞서 우화에서 살펴본 것처럼 초기의 승리에 자만심을 가져 다른 생각과 길에 빠져 당초의 목적 자체를 잊어버리는 잘못을 범하기 쉽게 된다.

이와 같이 열정은 가능하지 않은 일을 가능하게 만든다. 만약 어떤 일이 가능하지 않다면 그것은 열정의 뜨거움이 부족하기 때문이다.

나는 어린 시절을 시골 산골마을에서 자랐다. 당시에는 땔감이 부족하여 산으로 들로 다니며 땔감을 구하려 어른은 물론 어린 아이까지 돌아다녔다. 추운 겨울날 땔감이 부족하면 하는 수 없이 산에 올라가 소나무가지를 꺾어 나무로 땐 경우도 있다. 눈에 젖은 생소나무 가지는 불을 붙이기가 참 힘들었다. 그러나 계속 불을 붙이다 보면 어느 순간 불이 붙게 되는데 한번 불이 붙으면 마른 가지보다 오히려 화력火力이 더 좋았다.

우리의 삶도 마찬가지이다. 어떤 일을 함에 있어 어려움이 잘 해결되지 않아 실망과 좌절감이 들더라도 뜨거운 열정이라는 에너지로 계속 불을 붙이면 불가능한 것처럼 보였던 일들도 결국에는 잘 풀리고 이루어진다.

목표가 이루어질 때가지 열정을 지속한다

열정은 불과 같아서 뜨겁게 타오르지만 또한 쉽게 식는 성질을 가지고 있다. 이러한 열정의 단점을 극복하고 목표가 달성될 때가지 처음 가졌던 열정을 지속할 필요가 있다.

에드워드 버틀러Edward B. Butler는 다음과 같이 열정의 지속시간에 의해 성공 여부가 달려 있음을 강조하고 있다.

"누구든 열정에 불타는 때가 있다. 어떤 사람은 30분 동안, 또 어떤 사람은 30일 동안 그러나 인생에 성공하는 사람은 30년 동안 열정을 가진다."

피아노의 거장인 아르투르 루빈스타인Artur Rubinstein에게 그의 정상등극의 비밀을 묻자 그는 "제가 하루를 연습하지 않으면 저 자신이 알고, 이틀을 연습하지 않으면 평론가들이 알고, 사흘을 연습하지 않으면 관객이 압니다."라고 대답하였다고 한다. 누가 알든 모르든 열정을 다하여 노력하고 자기와의 싸움에서 이기는 자가 정상에 오를 수 있는 법이다.

초등학교에도 다니지 못했고, 15살에 소년가장이 되어 기술도 전혀 모른 채 대우중공업에 사환으로 들어가 나중에 초정밀 가공분야 명장까지 추대된 김규한 명장이 말한 본인의 다음과 같은 이야기는 열정이 무엇이며 열정의 결과가 어떤 지를 잘 나타내주고 있다.

"저희 집 가훈은 '목숨 걸고 노력하면 안 되는 일이 없다' 입니다. 저는 국가기술자격 시험에서 아홉 번 낙방, 1급 국가기술자격에 시험에서 여섯 번 낙방, 2종 운전면허시험에서 다섯 번 낙방하고 창피해 1종으로 전환해 다섯 번만에 합격했습니다. 사람들은 저를 새대가리라고 비웃기도 했지만 지금 우리 나라에서 1급 자격증 최다 보유자는 저입니다. 새대가리라고 얘기 듣던 제가 이렇게 된 비결은 목숨 걸고 노력하면 안 되는 것 없다는 생활신조 때문입니다.

저는 현재 5개 국어를 합니다. 하지만 학원에 다녀 본 적이 없습니다. 제가 외국어를 배운 방법은 과욕 없이 천천히 하루에 한 문장씩 외웠습니다. 집의 천장, 벽, 식탁, 화장실 문, 사무실 책상 가는 곳마다 붙이고 봤습니다. 이렇게 하루에 한 문장씩 1년, 2년 꾸준히 하다 보니 나중에는 회사에 외국인이 올 때 설명도 할 수 있게 되었습니다. 진급, 돈 버는 것은 자기 노력에 달려 있습니다. 세상을 불평하기 보다는 감사하는 마음으로 사십시오. 그러면 부러운 것이 없습니다. 배아파 하지 말고 노력하십시오. 의사, 박사, 변호사 다 노력했습니다. 남 모르게 끊임없이 노력했습니다.

하루종일 쳐다보고 생각하고 또 생각하면 해답이 나옵니다. 저는 제안 2만 4천 6백 12건, 국제발명특허 62개를 받았습니다. 저는 조금이라도 도움이 되는 건 무엇이라도 개선합니다. 하루종일 쳐다보고 생각하고 또 생각하면 해답이 나옵니다."

그리고 어떤 일을 할 때 목숨을 걸 정도로 열정을 다 바칠 경우 꿈은 반드시 이루어진다는 것을 김규환 명장은 본인의 경험을 빌려 다음과 같은 말로 강조하고 있다.

"저는 심청가를 1,000번 이상 듣고 완창하게 되었습니다. 심청가에 보면 다음과 같은 구절이 있습니다.

'한번 밖에 없는 인생, 돈에 노예가 되지 마라. 지금 하고 있는 일이 바로 너의 인생이다. 지금 하고 있는 일에 최선을 다 하는 자는 영화를 얻는다.'

힘들고 어려운 길은 반드시 행복으로 가는 길입니다. 목숨 걸고 노력하면 안 되는 것이 없습니다. 목숨 거십시오. 내가 하는 분야에서 아무도 다가올 수 없을 정도로 정상에 오르면 돈이 문제가 아닙니다. 내가 정상에 올라가면, 길가에 핀 꽃도 다 돈입니다."

온갖 역경을 극복하고 열정을 다해 임무를 수행한 김 명장 같은 사람이야 말로 무사안일하고 기회만 노리는 사람들이 판치고 있는 오늘날에 있어 진정한 영웅이 아닐까 하고 생각한다.

또한 미국의 '철강 왕'으로 칭송받고 있는 앤드류 카네기Andrew Carnegie는 다음과 같이 어떤 일을 함에 있어서 자신이 가지고 있는 에너지와 능력을 모두 쏟아 부어 최선을 다하는 것이 중요하다고 강조하고 있다.

"평균적인 사람은 자신의 일에 자신이 가진 에너지와 능력의 25%를 투여하지만, 세상은 능력의 50%를 쏟아 붓는 사람들에게 경의를 표하고, 100%를 투여하는 극히 드문 사람들에게 머리를 조아린다."

나는 우주에서 가장 강력한 자석이다

앞서 소개한 '끌어당김의 법칙Law of Attraction'에서 알아본 바와 같이 오늘의 나는 그동안 내가 해온 생각들이 현실에 반영된 것이다. 따라서 지금 내가 무슨 생각을 하고 있는가가 미래의 나의 모습을 결정한다.

'존 아사라프라'는 사람들의 생각에도 주파수가 있다고 말한다. 따라서 어떤 사람이 일에 집중하여 깊이 생각하면 할수록 그는 이러한 생각의 주파수의 파장을 우주를 향해 계속 방사하는 것이며, 이는 다시 이러한 생각과 비슷한 것들을 데리고 본인에게 반드시 되돌아온다고 말하고 있다. 이러한 점에서 볼 때 나는 우주에서 가장 강력한 자석이라고 말할 수 있다.

또한 영국의 저명한 역사학자인 아놀드 토인비Arnold Joseph Toynbee도 『대화』라는 책에서 우리가 열심히 기도하면 그 기도는 우주 저편에 있는 절대자에게 전달되며, 이는 다시 우리가 염원한 모양을 갖추어 확대되어 우리에게 되돌아온다고 이야기하고 있다.

이런 의미에서 본다면 일이 잘 되었을 때는 "내 덕이요"로, 잘못 되었을 때는 "네 탓이요"라고 흔히 세상 사람들이 하는 이야기는 항상 "내 탓이요!"로 바뀌어져야 할 것이다.

이는 마치 동양에서 이야기하는 '천망天網'이나 '인과응보因果應報'의 법칙과도 유사하다고 볼 수 있다.

이와 같은 내용을 종합해볼 때 현재의 나의 모습은 지금까지 내가 한 생각과 말, 그리고 행위에 의하여 집적된 결과이므로 앞으로 나의 미래의 모습은 지금부터 앞으로 내가 어떠한 생각과 말, 그리고 행위를 하느냐에 달려 있다고 말할 수 있을 것이다.

삶을 살아감에 있어 열정을 가지면 그 열정에 합당한 결과가 우리에게 도래될 것이요 나태한 자세를 가지면 또한 그에 걸맞은 결과가 우리에게 다가올 것이다. 즉 열정을 가지고 하루하루 최선을 다할 때 그 결과로 어느덧 우리는 우리의 목표지점에 도달할 것으로 생각된다.

이러한 의미에서 나는 나의 현재 모습과 삶을 관조할 때마다 아래와 같은 구절을 항상 음미하고 있다. 이는 나의 아들에게 준 우리 집 가훈이며 내가 경영하는 회사의 사훈이기도 하다.

'나는 누구인가?

나는 지금 무슨 생각을 하고 있으며, 말과 행위는 어떠한가?
오늘 만나는 사람과 일에 감사하며 정성을 다하자'

지금 이 순간 최선을 다 한다 – '잘'과 '열심히'

우리의 삶은 항상 불확실성에 놓여 있다. 따라서 언제 어떤 상황이 우리의 앞에 도래될지 아무도 모른다.

이런 우리의 삶에서 중요한 것은 지금 이 순간 내가 하고 있는 일과 내가 만나는 사람에게 정성을 다 하는 것이라고 생각한다. 왜냐하면 이 순간이 지나면 정성을 다 해 하고 싶어도 할 일이 없거나 사람이 없을 수도 있기 때문이다.

미국의 '애플' 사 창업자인 스티브 잡스Steve Jobs는 "오늘이 인생의 마지막 날이라면?"이라는 기본 생각을 가지고 본인의 삶의 방향과 내용을 조율하였다고 한다. 이러한 그의 삶의 방식은 다음과 같은 그가 스탠포드대 졸업식에서 졸업생들에게 한 축사에 잘 나타나 있다.

"17살 때 읽은 '하루하루를 인생의 마지막 날처럼 산다면, 언젠가는 바른 길에 서 있을 것이다.'라는 경구에 감명받아 50살이 되도록 매일 아침 거울을 보면서 스스로 묻는다. '오늘이 내 인생의 마지막 날이라면, 지금 하려고 하는 일을 할 것인가?' '아니오!'라는 답이 계속 나온다면, 다른 것을 해야 한다는 걸 깨달았다."

오늘 이 순간은 전에도 없었고 앞으로도 없는 소중한 시간이다. 그리고 이 순간은 대통령이나 노숙자나 또는 재벌에게나 똑같이 찾아온다. 이 순간 어떻게 보내느냐에 따라 우리는 대통령의 삶을 살 수도 있고 때로는 노숙자의 삶을 살기도 한다. 신이 우리에게 준 고귀한 선물인 이 순간을 어떻게 사용할 것인가는 전적으로 우리의 몫이다. 삶을 살면서 우리는 모두 이 순간의 중요성을 항상 깊이 인식할 필요가 있다.

그리고 KFC 창업주인 커넬 할랜드 샌더스는 '열심히 일하는 것'의 중요성을 다음과 같이 말하고 있다.

"일하라. 열심히 일하는 것 그것이 중요하다. 사람도 움직이지 않으면 녹이 슨다. 세상과 역사에는 일하다 쓰러진 인간보다 녹슬어 쓰러진 인간이 훨씬 많다. 만일 자신이 녹슬어간다고 느끼면 자기 자신을 꾸짖고 더욱 열심히 뛰어라. 숨이 붙어있는 한 절대로 '은퇴'라는 말을 쓰지 말라. 나는 그렇게 하고 있다."

다음과 같은 이야기가 있다.

옛날에 두 나무꾼 A 와 B 가 있었다. 그들은 산에 올라가 누가 더 장작을 많이 만드는지 내기를 하였다. A 는 승부욕이 많아 쉬지 않고 도끼질을 했고 다른 친구는 50분간은 열심히 도끼질을 했으나 10분간은 쉬면서 숨을 돌리었다. 날이 저물어 서로 일한 양을 비교하여 보았다. 열심히 쉬지 않고 도끼질을 한 A 는 당연히 자기가 이긴줄 알고 얼마 차이로 이겼을까 하고 B 의 장작더미를 살펴보니 이게 웬일인가? 자기가 한 장작더미보다 B 가 일한 것이 훨씬 많지 않은가? A 는 억울하여 "이게 웬일인가? 자네는 쉬면서 일했는 데 나 보다 훨씬 장작을 많이 패다니…." 하고 물었다.

B 는 "나는 10분간 쉴 때마다 도끼날을 새로 갈았다네." 하고 말하였다.

이와 같이 A 처럼 쉬지않고 '열심히' 하는 것 보다는 B 와 같이 일을 하면서 전후좌우를 살피며 하여야 할 일을 조율하며 '잘' 하는 자세가 목표 달성을 위해서는 더 필요하다고 생각된다.

'최선을 다 한다'는 것은 '열심히 한다Work Hard는 것'과 동시에 '잘 한다 Work Smart'는 의미가 같이 함축된 말이다. 어떤 의사결정의 선택을 할 때는 그 선택이 '잘Smart' 될 수 있도록 하되 일단 선택이 되면 그 선택한 일이 잘 이루어질 수 있도록 목표에 조준을 잘 맞추어 최선Smart + Hard의 노력을 다해야 할 것이다. 즉 우리의 시간과 에너지를 낭비하지 않도록 '가야할 곳'과 '사용할 부분'에 우리의 시간과 에너지를 적시 적절適時適切하게 투입하도록 하여야 할 것이다.

목표를 정확히 조준하여 한 발의 화살로 과녁을 '잘' 맞출 수 있음에도 불구하고, 목표를 의식하지 않고 허공에 수만 발의 화살을 쏜다면 이는

'열심히'에는 해당될지 몰라도 '잘'에는 해당되지 않으며 쓸데없는 낭비에 해당하는 것이다.

지금 하는 일에 정성을 다 한다

옛날 이탈리아의 한 성에 정원사가 살고 있었다.

그는 새벽부터 나무로 만든 화분을 정성을 다 하여 조각하고 있었다. 그 성의 영주가 새벽 산책길에 나왔다가 그의 그런 모습을 지켜보게 되었다. 영주가 젊은 정원사에게 다음과 같이 물었다.

"이런 일을 그렇게 정성을 들여 한다고 일당을 더 받는 것도 아닐텐데 새벽부터 그렇게 정성을 쏟고 있는가?"

그러자 젊은이가 공손히 답하였다.

"영주님, 저는 이 정원을 사랑합니다. 정원을 아름답게 가꾸는 일은 저의 기쁨입니다. 그래서 보수에 관계없이 스스로 기쁘게 일하는 것입니다."

이 얼마나 아름다운 마음에서 울어 나오는 말인가?

그 영주는 젊은이의 이 말에 감명을 받아 그가 미술 공부를 제대로 할 수 있도록 길을 열어 주었는데 그 젊은이가 바로 세계적인 건축가와 조각가로 이름을 날린 미켈란젤로Michelangelo di Lodovico Buonarroti Simoni 였다.

'지성至誠이면 감천感天'이란 말이 있듯이 자신이 지금 하고 있는 일에 최선을 다하고, 정성을 다 한다면 그로 인해 운명이 열리게 되기 마련이다.

그러면 당신은 지금 이 순간 무엇을 어떻게 하고 있는가?

떨어지는 한 방울의 물이 바위에 구멍을 낸다. 비록 그 한 방울의 물은 보잘 것 없을지 모르지만 그 보잘 것 없는 한 방울의 노력이 쌓여 결국 바위에 구멍을 낸다. 결국 승리의 여신은 이러한 정성어린 노력을 사랑한다. 노력 없이 이루어지는 것은 요행이고 요행으로 사는 인생은 수치羞恥 그 자체라고 생각한다. 명예는 정직한 노력에 의해 피어나는 꽃이다.

우리 속담에 '지성至誠이면 감천感天'(정성이 지극하면 하늘도 감동하게 된다)이란 말이 있다. 자신이 지금 하고 있는 일에 최선을 다하고, 정성을 다 한다면 아주 어려운 일도 순조롭게 풀리어 좋은 결과를 맺게 되고 그로 인해 운명도 활짝 열리게 될 것이다.

100 − 1 = 0 ⛵

영등포 어느 식당에 식사를 하러 갔을 때이다.

문득 식당의 벽면에 '100에서 1을 빼면 99가 아니라 0이다.'라는 구호가 적힌 족자가 걸려 있는 것을 발견하였다. 나는 그것을 보고 무슨 의미일까 라고 의문을 가지고 식당 주인에게 물어보았다. 주인은 "예, 그것은 아무리 손님에게 서비스를 잘 해 100의 점수를 받았다고 하더라도 1 의 잘못을 하면 그동안 손님께 얻은 100 이라는 점수는 0 이 된다는 의미이지요."라고 대답을 하였다. 나는 순간 식당 주인의 말에 감탄하였다. 이 얼마나 서비스의 정곡正鵠을 찌르는 말인가?

우리는 '공든 탑이 무너진다'라는 속담을 알고 있다. 이 역시 매일 매일 공을 들여 열심히 노력해 온 일이 어느 순간의 방심放心으로 그동안의 노력이 한순간에 물거품이 된 것을 이야기한다.

교원그룹 장평순 회장은 다음과 같이 본인의 신입사원 시절을 회고하고 끝까지 최선을 다하는 것이 성공의 비결임을 강조하고 있다.

"신입사원 시절 99번을 찾아가도 거절하던 곳이 100번째 가니까 사 준 경험이 있다. 99번 찾아가서 포기했다면 그 99번은 모두 버리는 것이다. 증기기관차가 움직이는 것도 마찬가지다. 섭씨 99도에서 100도를 넘어서야 움직인다. 목표를 세우고 끈기를 갖고 끝까지 하는 것이 성공의 비결이다."

만약 100번째의 한번 전인 99번째에서 포기 하였다면 '가능'이 '불가능'으로 '성공'이 '실패'로 길을 달리하였을 것이다. '1'의 차이는 단순한 '1'이 아니라 '100'과 같이 중요한 존재인 것이다.

또한 영국 출신의 심리학자인 애덤 잭슨Adam Jackson은 자신이 지은

『책의 힘』에서 마지막 순간까지 최선을 다 하는 중요하다고 다음과 같이 이야기 하고 있다.

"100리를 저어가는 사공은 99리를 반이라 한답니다. 마지막 1리를 더 가지 않는다면 그 길은 영원히 가지 않은 길이 되기 때문입니다. 물은 99도에서는 끓지 않습니다. 물이 끓기 위해서는 마지막 1도의 불꽃이 더 필요합니다."

마지막 순간까지 최선을 다 한다

프랑스의 나폴레옹 황제는 "우리가 어느 날엔가 마주칠 불행은 과거에 우리가 소홀히 보낸 어느 시간의 보복이다."라고 말하고 있다. 이는 "원인 없는 결과가 없다."는 말과 같다. 한 시간 한 시간이 쌓여 하루가 되고 하루 하루가 쌓여 우리 일생이 되듯이 오늘 지나가는 이 순간을 소중히 여기고 최선을 다하면 우리의 일생 역시 최선의 작품이 되겠지만, 그렇지 않으면 결과도 반대로 나오게 될 것이다.

그러나 살다보면 "어제는 최선을 다했는데 오늘은 좀 쉬자."라는 마음이 들 때가 있다. 이때 느슨해지는 우리의 마음을 잡지 못하면 그 느슨해진 마음으로 인한 보복이 미래 언제인가 나타난다는 것을 나폴레옹은 우리에게 경고하는 것이다.

마라톤 선수가 초반에 아무리 잘 달려도 마지막 결승점을 앞에 두고 주저앉으면 무슨 소용인가?

김진아 기자가 쓴 『돌멩이 수프』라는 이야기를 소개하면 다음과 같다.

전쟁 중이던 프랑스 어느 마을에 혼자 사는 할머니가 있었다. 전쟁으로 피폐해진 마을에 먹을 것도 없고 즐길 것도 없었다. 여러 날을 굶던 할머니가 구석구석을 뒤져서 겨우 냄비 하나를 찾아냈다. 할머니는 냄비를 들고 사람들이 많이 다니는 큰 길로 나갔다. 그 큰 길에서 냄비에 깨끗한 물을 담아 돌멩이 하나를 넣고 끓이기 시작하고 있는데 소금장수가 지나가다가 그 모습을 보고, "할머니 뭐 하세요?" 하고 묻자, 할머니가 대답했다. "집안 대대로 내려오는 특별한 수프를 끓인다네." 소금장수는 '돌멩이로 어떻게 맛있는 수프를 만들까?' 궁금했다. 그러다가 문득 수프에 소금을 넣었는지 물었다. "할머니, 수프에 소금은 넣었어요? 아직 안 넣었다면 제가 가진 소금을 드릴게요." 조금 있으니까 배추장수가 다가왔다. 그 역시 수프에 배추를 넣어도 되는지 물었다. 잠시 후에 옆을 지나가던 고기장수도 고기를 선뜻 내주었다. 드디어 수프가 완성되자 모두 오랜만에 따뜻한 한 끼를 먹을 수 있었다. 할머니가 말했다. "나에게 있는 거라고는 오래된 냄비밖에 없었다네. 하지만 현실을 탓하는 대신 그것으로 할 수 있는 일을 생각해 냈지. 일단 최선을 다 하면 나머지는 하늘이 돕는다네. 나 역시 자네들을 만나지 않았나?"

우리 속담에 "하늘은 스스로 돕는 자를 돕는다."라는 말이 있다. 이는 우리가 먼저 솔선수범率先垂範하며 최선을 다할 때 주변에서 우리를 도와 우리로 하여금 목표하는 바를 성취하게 한다는 말이다.

자신의 욕망과 싸워 이기는 것이 성공의 비결이다

미국의 시인인 칼 샌드버그Carl Sandburg는 "내 안에는 하늘로 날아오르고 싶은 독수리가 한 마리 있고, 진창에서 뒹굴고 싶은 하마도 한 마리 있다. 성공의 비결은 뒹굴고 싶은 욕망보다 날아오르고 싶은 마음을 따르는 것이다. 그것은 결코 끝나지 않은 투쟁이다."라고 말하며 끝까지 자기 자신의 욕망과 싸워 이기는 것이 성공의 비결이라고 토로한다.

부모의 도움 없이 스스로 성공의 길을 개척한 자수성가한 사람들에게 성공의 비결을 묻는다면 아마도 "남들처럼 놀고 즐기고 싶다는 유혹과 싸우며 성공의 계단을 한 계단 한 계단 힘겹게 올라 정상에 이를 수 있었다"라고 고백하지 않을까?

어떤 할아버지가 운전면허 따기까지 최선을 다한 이야기를 소개하고자 한다.

그는 운전면허 필기시험을 949번 떨어지고 950번째 시험에서 합격한 후, 다시 실기시험을 9번 떨어지고 10번째 합격하여 그렇게 간절히 원하던 면허를 따게 되었다. 면허시험을 위해 지출한 인지대만 약 2,200만 원이나 들었다고 한다.

그의 집념어린 운전면허시험 노력에 대하여 이상하게 생각한 이웃이 "왜 그렇게 꼭 운전면허를 따려고 했느냐?"하며 물었다. 그러자 그 할아버지는 "나에게 차를 세 번 이상 버스를 갈아타야만 만날 수 있는 손자가 있는데, 내가 직접 면허를 따서 내가 모는 차로 그 손자를 만나러 가고 또 손자를 내 차에 태워주고 싶었습니다." 라고 대답하였다.

그는 자기가 운전하는 차를 타고 손자를 만나 태워주고 싶은 꿈이 있었고 그는 그 꿈을 이루기 위해 어떻게 보면 무모하다고 인정될 만큼 집요하게 운전 면허시험을 치러 마침내 본인의 꿈을 이룰 수 있었던 것이다. 즉, 그는 자기의 꿈을 이루기 위해 쉬고 싶은 유혹을 뿌리치고 끝까지 최선을 다 한 것이다.

최선을 다 하면 길이 열린다

필자가 정부기관의 요청을 받고 정부의 정책자금을 지원받은 어느 중소기업에 대해 경영상황의 실상을 조사하러 갔을 때 이야기이다.

김포에서 프라스틱 사출업을 하는 회사이었는 데 그 기업의 재무구조를 살펴보니 아주 불량하였다. 게다가 해가 갈수록 그 상황이 더 심해져 가는 것이었다. 이런 회사에 정부의 정책자금을 쏟아붓는 것은 혈세를 낭비하는 결과를 가져오게 되어 국가를 위해서도 바람직하지 않다고 생각했다. 나는 고심 끝에 마음이 아프지만 '지원 중단'이라는 부정적인 결론을 내렸다.

불행 중 다행으로 나는 그 회사를 조사하면서 인재 하나를 발견하였다. 그는 경리담당 대리이었는 데 무더운 여름날인 데도 불구하고 땀을 뻘뻘 흘리면서 회사를 살려보려고 열정을 다 해 우리를 안내했다. 내가 보기에는 대수롭지 않은 회사인 데도 불구하고 그는 자랑스럽게 최선을 다해 설명하고자 애를 썼다. 나는 그의 모습을 보고 '자갈밭에 잘못 떨어진 낟알' 같은 생각이 들어 안쓰러운 생각마저 들었다. 나는 이런 인재가 이렇게 희망이 없는 회사에 근무하는 것은 그 자신뿐만 아니라 국가를 위해서도 바람직하지 않다고 생각했다. 때가 되면 그의 열정을 받아줄 수 있는 기업으로 그를 추천하리라 마음먹고 그의 인적사항을 메모하였다.

그 후 반년이 흘렀다. 마침 필자가 감사로 있던 강남에 있는 대형음식점에서 경리과장을 추천해달라는 부탁을 받고 그의 성실하던 모습이 생각이 나 그를 추천하였다. 나의 제안을 받은 그는 이를 수락하고 새로운 회사로 출근하였다. 그는 나의 기대에 못지않게 새로운 직장에서도 최선을 다 했다.

하루는 그가 나에게 "감사님, 상의드릴 일이 있습니다."하고 면담을 신청해서 그를 만났다. 그는 "이곳에 와보니 겉으로는 우리 나라의 대표적인 음식점인데 안으로는 고칠게 한두 가지가 아닌 것 같습니다. 우선 우리 식당의 위상에 걸맞게 영업이 활성화되어야 하는데 간부들은 매너리즘Mannerism에 빠져 팔짱을 끼고 있고, 아래 직원들은 적당히 시간을 때우려고 하는 분위기가 팽배합니다. 그래서 제가 우선 간부들부터 어깨띠를 매고 영업캠페인을 인근 사무실부터 벌리는 것을 내용으로 품의를 올렸는데, 위 간부들이 이를 받아주지 않네요." 하고 애로를 하소연 하는 것이었다. 그 과장 위에 있는 부장, 상무, 전무는 모두 사장의 동생을 비롯한 친인척이었다. 그들은 이렇게 하지 않아도 그동안 잘 지냈는데 웬 소란이냐고 그 과장을 나무랐다는 것이다.

결국 그의 열정적인 업무자세는 간부들의 경계의 대상이 되었으나, 수 차례 설득 끝에 결국 상급 간부들도 그의 적극적인 열정에 못 이겨 마지못해 장외 영업 캠페인을 허락하였다. 그는 틈나는 시간을 찾아 거리에서 사무실에서 어깨끈을 매고 본사의 영업캠페인과 더불어 새로 개점한 자회사인『오리전문점』의 메뉴와 서비스에 대하여 적극적인 홍보를 추진하였다. 이러한 그의 열정적인 노력으로 인하여 그동안 매출실적을 단숨에 초과 달성하는 성과를 거두게 되었고 이는 관계자들을 놀라게 하였다.

이러한 적극적인 새로운 시도를 통하여 그는 영업현장에서 고객들이 음식점에 가지는 서비스에 대한 여러 가지 Needs를 발견할 수 있었다. 또한 음식점의 경우에도 수동적인 자세가 아닌 적극적인 영업 개척의 노력이 매출 증대에 크게 기여할 수 있다는 점을 보여줌으로써 당시 침체일로를 걷고 있던 요식업소를 활성화시키는 새로운 전환점을 맞게 하였다.

이러한 과정을 통해 요식업소의 발전 가능성을 확인한 그는 현재에 안주하지 않고 새로운 미래를 향한 꿈을 꾸게 되었고 이를 위하여 철저한 준비를 시작하였다.

우선 그는 외식업분야를 가르치는 대학교 경영자 야간과정에 등록하여 자기개발을 위해 노력했다. 그리고 중국요리사 자격증도 땄다. 주방에 가서 주방장하고도 친해지고 주방 관리요령과 음식재료 구입과 보관요령도 배웠다. 또한 영업부서의 간부들과 만나 영업상의 애로나 노하우Knowhow도 들었다.

만반의 준비를 마친 후 자기가 몸 담고 있던 회사에 누를 끼치지 않겠다고 일산으로 가서 50여 평의 조그만 중국음식점인 '남궁南宮'을 열었다. 개업식 날 축하해주러 가서 나는 그가 장차 요식업으로 성공하겠구나 하는 믿음이 들었다.

그는 직원들과 똑 같은 제복을 입고 직책을 'Manager'로 표시한 명찰을 달고 손님을 접대하고 있었다. 그리고 부인도 역시 같은 제복에 'Cashier'로 명찰을 달고 카운터 일을 하고 있었다.

그는 그 후 다른 중국음식점에서 하지 않는 몇 가지 혁신적인 방법으로 사업을 정열적으로 추진하였다. 예를 들면 '철가방'이라는 중국요리에 대한 부정적 이미지를 지우기 위해 '나무가방'을 만들었다. 배달음식이 쏟아지지 않고 음식이 식지 않도록 오토바이가 아닌 경승용차(티코)로 배달하였다. 아파트단지임을 고

러하여 음식을 배달하는 경우 배달 종업원에게 제복을 입히고 나비넥타이를 매게 하였다. 그리고 음식을 배달하는 데 그치지 않고 테이블에 음식물을 정성껏 배치하고, 호텔에서 웨이터들이 하는 것처럼 깍듯이 인사를 하고 오도록 지시하였다. 또한 한 달에 두 번, 전에 근무하고 있던 음식점의 유명한 주방장을 초대하여 주민들에게 중국음식 강의도 개최하였다. 또한 소식지를 만들어 한 달에 한번 좋은 글과 더불어 중국음식에 관한 이야기거리를 주민들에게 보내고, 오는 손님마다 회원번호를 부여하여 마일리지를 적립, 단골손님으로 우대하였다.

또한 그는 자기 업소만의 차별성을 가지기 위해 주방장을 데리고 중국 오지를 두루 다니며 한국인들이 좋아할 중국술을 찾아내고 새로운 음식을 개발하는 데 열정을 쏟았다. 이러한 이유로 이제는 연예인은 물론이고 유명인사들도 제법 많이 찾아온다고 이야기한다.

나는 개업 초기에 이왕이면 그에게 도움을 주고자 거래처 임직원들과 식사를 할 때면 그곳을 이용했다. 그러나 그는 한사코 음식 값을 받지 않았다. 그래서 그 후부터는 이용하고 싶은 마음은 있지만 이용을 자제하고 있다.

나는 그의 업소를 방문했을 때 나에게 해준 다음의 말을 기억할 때마다 기분좋은 웃음이 나온다.

"감사님, 감사님이 저의 집에 오신다니 좋아서 그런지 가슴이 두근거리네요, 연예인이나 유명한 인사가 우리 집을 방문할 때도 그런 마음이 들지 않았는데 말입니다."

소형 중국음식점으로서는 하기 어려운 여러 가지 경영방식으로 그는 점점 성장하였다. IMF가 막 시작할 때 시작하였으나 이를 잘 극복하고 지금은 자기 빌딩을 짓고 그 곳에서 대형 요식업소를 경영하는 사장으로서 지점까지 내는 등 성공가도를 달리고 있다.

그의 성공비결을 살펴보면 다음과 같은 그의 마음 가짐과 사업방식에 있다고 본다.

첫째, 남들이 어떻게 보든 자기에게 주어진 상황을 긍정적으로 받아들이고 최선을 다했다.

둘째, 최선을 다 해 씨를 뿌리고자 노력했지만 자갈밭이라고 판단되면 새로운 땅을 일구는 개척정신을 가졌다.

셋째, 남들과는 다른 창의적인 방식으로 본인의 사업을 시작하고 성장시켰다.

넷째, 자기를 이끌어 준 사람들에게 감사하며 이익을 추구하기 보다는 기본 도리를 지켰다.

다섯째, 겸손한 마음으로 종업원들과 하나가 되고 기본에 충실하고자 노력했다.

이러한 그의 모습에서 '최선을 다 하면 반드시 길이 열린다.'의 진리를 보며, 그의 열정과 노력에 경의를 표한다. 아울러 그가 초심初心을 잃지 않고 창의적으로 계속 정진하여 우리 나라를 대표하는 요식업계의 리더로 성장해주길 바란다.

CHAPTER 3 성공기업인의 길 **323**

적극적 사고방식

긍정적 사고와 적극적 사고방식

컵에 물이 반 잔 정도 있을 때 이를 보는 견해는 사람마다 다르다고 한다.

어떤 사람은 "물이 반 잔 밖에 남지 않았어." 하고 한탄하는 사람이 있는 반면, "아직 물이 반 잔이나 남았어."라고 감사하는 사람이 있다. 또 어떤 이는 진수성찬의 좋은 음식을 앞에 두고도 불평하고, 또 어떤 이는 찬밥 한 덩어리에 고추장만 있어도 감사하는 사람이 있다. 또 어떤 이는 자신에게 해를 끼치고 힘들게 하는 사람에게 감사하며 오히려 그를 위해 기도하는 사람이 있는 반면, 어떤 이는 원수가 되어 그를 미워하고 복수하려는 사람이 있다.

왜 이런 똑같은 상황에서 서로 상반되는 현상들이 생기는 것일까?

이는 '생각의 차이'에 기인한다고 본다. 즉 전자前者는 물이 반 잔이나 '남아 있다'는 긍정적肯定的인 사고에 입각하여 말을 하는 반면, 후자後者는 물이 반 잔이나 '없어졌다'는 부정적좀定的인 시각에서 말을 하는 것으로 본다.

이와 같이 긍정적 사고를 바탕으로 생각하고 일에 임하는 태도를 일반적으로 '적극적 사고방식積極的 思考方式, Positive Thinking'이라고 부른다.

흔히 긍정적 사고방식과 적극적 사고방식을 같은 의미로 사용한다. 그러나 나는 이 두 개념을 다음과 같은 비유로 차이점을 설명하고자 한다.

일본의 소프트뱅크 창업주인 손정의 회장에게 손정의 회장의 대머리 모습에 대해 트위터를 통해 네티즌이 "머리카락이 점점 후퇴해서 대머리가 되는 것 같다."라고 지적하자 그는 "머리카락이 후퇴하는 것이 아니다. 내가 전진하는 것이다."라고 응답했다. 이는 '적극적 사고방식'에 해당하며, 만약 손 회장이 "나는 대머리를 좋아한다. 나이 들면서 이마가 자연스럽게 훤하게 벗어지는 모습도 보기 좋은 것 아닌가?"하고 대답하였다면 이는 '긍정적 사고방식'에 해당한다고 생각한다.

적극적 사고를 하면 도움이 찾아온다

우리 법인에서 신입회계사를 채용할 때의 이야기이다.

평일에는 내 일정이 맞지 않아 토요일에 면접이 가능한 사람만 인터뷰를 했다. 키도 작고 볼품 없는 어떤 지원자가 내 방에 들어왔다. 그의 이력서를 보니 대학도 일류대학교가 아닌 데다 소위 '스펙' 관리도 잘 이루어지지 않는 등 내세울 장점이 별로 없어 보였다.

나는 "오늘 휴일이라 비서가 오지 않아 차를 못 주게 되어 미안합니다."라고 말하고 인터뷰를 시작하려고 하였다. 그런데 그가 자기 가방에서 음료수 캔 2개를 꺼내 하나는 내 앞에 다른 하나는 자기 앞에 놓는 것이 아닌가? 그래서 나는 "웬 음료수지요?"라고 물으니 "제가 오면서 생각해보니 오늘 휴일이라 직원도 나오지 않았을 텐데 대표님께 드리려고 사온 것입니다."하고 웃는 것이었다.

나는 그를 다시 바라보았다. 그리고 감동을 느꼈다. 비록 작은 음료수하나이지만 나는 그 음료수를 통하여 그의 적극적 사고방식과 창의성 그리고 따뜻한 마음을 읽을 수 있었다. 그 보다 우수한 경력자가 있었지만, 나는 그를 우리 회계법인의 신규 직원으로 채용하였다. 그 후 그를 관심있게 지켜보았는 데 매사를 적극적인 자세로 임하여 나의 기대에 못지않게 업무를 잘 수행하였다.

내가 사무실을 처음 개업하고 직원을 채용할 때의 또 다른 일화이다.

나는 여직원이 필요하여 신문에 여직원 모집으로 채용광고를 냈다. 그런데 어떤 남자로부터 직원으로 일하고 싶으니 방문해도 좋으냐는 전화가 왔다. 나는 "우리 사무실엔 여직원이 필요합니다. 미안합니다."하고 완곡히 거절했음에도 불구하고 그는 채용해주지 않으셔도 되니 일단 인터뷰라도 허락해달라고 하는 것이었다. 나는 그의 적극성이 마음에 들어 비록 우리 사무실에는 맞지 않더라도 친구 사무실이나 거래처 직원으로 추천해주면 좋겠다는 생각으로 그의 방문을 허락했다. 그를 인터뷰하는 동안 나는 그의 성실한 답변과 적극적 사고방식을 높이 사게 되었다. 결국 여직원 대신 그를 채용하였다. 그 역시 나의 기대에 못지않게 창의성을 가지고 열정을 다 해 근무하였다.

여하튼 적극적 사고방식은 긍정적 사고를 전제로 한다고 본다. 즉 긍정적 사고가 있어야 적극적 사고방식도 발휘될 수 있다고 본다.

또 다른 한 사례를 소개하고자 한다.

어느 회사에 감사출장을 나갔다. 그 당시 나는 핸드폰을 사무실에 놓고 왔다. 그런데 출장 나간 회사의 공장으로 가서 업무를 수행하고 있는데 전화가 왔다. 전화를 받아 보니 어느 세무사 사무실 여직원이었다. 그녀는 "선생님, 선생님께서 쓰신 책을 읽고 있습니다. 그런데 잘 이해되지 않는 부분이 있어 문의 드리려고 전화했습니다."라고 하는 것이었다. 그녀는 서울에 있는 내 사무실 ➡ 감사하고 있는 회사의 사무실 ➡ 그 회사의 공장으로 3번이나 전화를 걸어서 나에게 통화하게 된 것이었다.

나는 그녀의 적극적 태도에 깊은 인상을 받고 전화번호와 이름을 메모하였다. 그 후 거래처로부터 우수한 여직원을 추천해달라는 부탁을 받고 그 여직원을 추천해준 적이 있다. 그 여직원은 내 기대대로 그 회사에 가서 열정을 다 해 직무를 잘 수행하고 있으며 회사에 꼭 필요한 간부로 승진하고 있다.

미국 애플사 창업주인 스티브 잡스는 다음과 같이 적극적인 사고방식과 행동으로 도움을 받은 경험을 이야기 하고 있다.

"나는 12살 때, 빌 휴렛(HP의 CEO)에게 전화를 걸었다. 그는 팔로알토에 살았는 데, 전화번호부에 그의 이름이 있었기 때문이다. 그는 웃으면서 주파수 계수기를 만들기 위한 부품을 줬을 뿐만 아니라 그 해 여름 내가 휴렛패커드에서 일할 수 있도록 해줬다. 사람들 대부분은 전화를 하지 않는다. 사람들 대부분은 도움을 구하지 않는다. 그리고 그것이 바로 일을 성취하는 사람과 그런 일을 단지 꿈꾸기만 하는 사람의 차이다. 반드시 행동을 취해야 한다. 그리고 반드시 감수해야할 것은 실패의 가능성이다. 깨지고 상처받는 것을 겁내선 안 된다. 전화를 걸 때건 사업을 시작할 때건 상관없이 실패를 두려워한다면 멀리 나아가지 못한다."

이와 같이 적극적 사고방식으로 노력하는 사람에게는 주위에서 도와주는 사람이 있게 마련이다.

적극적 사고방식은 성공을 부른다

적극적 사고방식으로 성공한 몇몇 사례를 소개하고자 한다.

초등학교도 제대로 다니지 못한 한계를 극복하고 대우중공업에 입사하여 초정밀 가공분야 명장名匠으로까지 추대 받은 김규환 명장에 관한 이야기이다. 그는 그의 타고난 적극적 사고방식을 통해 대우에 입사하여 자리잡아 가기까지 본인이 살아온 과정을 다음과 같이 설명하고 있다.

"제가 대우에 입사할 때 입사자격이 고졸 이상 군필자였습니다. 이력서를 제출하려는 데 경비원이 막아 실랑이 하다 당시 사장이 우연히 이 광경을 보고 면접을 볼 수 있게 해줬습니다. 그러나 면접에서 떨어지고 사환으로 입사하게 되었습니다. 사환으로 입사하여 매일 아침 5시에 출근하였습니다.

하루는 당시 사장님이 왜 일찍 오냐고 물으셨습니다. 그래서 선배들을 위해 미리 나와 기계 워밍업을 한다고 대답했더니 다음날 정식기능공으로 승진시켜 주시더군요. 2 년이 지난 후에도 계속 5시에 출근하였고 또 사장님이 질문하시기에 똑같이 대답했더니 다음 날 반장으로 승진시켜 주시더군요."

한 때 애플사에서 해고되었다가 다시 애플사의 최고경영자로 복귀한 애플사 전 CEO인 스티브 잡스도 역경을 오히려 성공을 위한 디딤돌로 사용한 그의 '적극적 사고방식'을 다음과 같은 그의 회고에서 보여주고 있다.

"애플에서 해고당한 것은 내 인생에서 가장 큰 행운으로 다가왔다. 성공해야 한다는 중압감 대신 다시 새롭게 시작한다는 가벼운 마음이 됐다. 그로 인해 나는 내 인생에서 가장 창조적인 시기를 맞이할 수 있었다."

또한 1,008번의 실패를 딛고 1,009번째의 도전 끝에 오늘날의 세계적인 '켄터키프라이드치킨(KFC)'을 설립, 세계적인 기업으로 만든 커넬 할랜드 샌더스Harland David Sanders는 자신의 어려웠던 삶을 회고하면서 다음과 같은 말을 하고 있다.

"현실이 슬프게 다가올 때면 그 현실을 보지 말고 멋진 미래를 보세요. 그리고 그리로 달려가는 겁니다. 인생 최대의 난관 뒤에는 인생 최대의 성공이 숨어 있습니다."

미국의 발명가 에디슨은 "만일 우리가 깨지고 데이고 모든 것을 잃는다 해도 그 과정에서 얻은 경험들은 잃은 것들의 10배 만큼 가치가 있다. 그러니 잃을게 뭐가 있겠는가? 리스크 따윈 없다."라고 말하며 실패나 역경을 긍정적으로 담담히 받아들일 것을 이야기하고 있다.

세차게 부는 바람을 마주보고 나아가면 그 바람은 역풍逆風이 되어 우리를 괴롭히지만, 마음을 바꾸어 뒤돌아서면 그 바람은 순풍順風이 되어 우리를 뒤에서 밀어준다.

우리의 삶의 여정旅程에서 강한 역풍을 맞을 경우 생각을 바꾸어 이를 순풍으로 바꾸도록 노력하거나 아니면 역풍이 순풍으로 바뀔 때까지 잠시 기다리는 여유를 가져보는 것은 어떨까?

'되고' 법칙

군대에서 훈련을 받을 때 '안 되면 되게 하라'라는 구호와 명령을 많이 들었던 기억이 있다. 혹자는 이를 '되고 법칙'이라고 부른다.

예를 들면, 돈이 없으면 돈을 벌면 되고, 모르면 배우면 되고, 길이 안 보이면 길을 찾으면 되고, 힘이 부족하면 힘을 기르면 되고… 등등을 말한다. 우스운 이야기 같지만 이 속에는 적극적인 생각이 숨어있다. 즉 하기도 전에 할 수 없다고 꽁무니를 빼지말고 될 수 있도록 해보라 라는 적극적 사고방식을 이야기한 것이다.

현대그룹 창업주인 정주영 회장은 어려운 과제를 받은 부하직원이 이의를 제기할 경우, "이 봐, 해보기나 했어?"라고 반문 하였다고 한다. 또한 계란이 스스로 알을 깨고 나오면 생명의 부활이 된 병아리가 되지만 계란을 남이 깨주면 한 끼의 식사밖에 되지 않는 프라이가 되고 만다는 이야기도 있다. 이 모두 적극적 사고방식의 중요성을 시사하고 있는 말이다.

영어로 'Opportunity is No Where'는 '기회가 없다'로 절망적인 뜻이 되지만, 이를 'Opportunity is Now Here'로 읽으면 '기회는 지금 바로 여기에 있다'로 해석된다. 또한 '내 힘들다'를 거꾸로 이야기 하면 '다들 힘내'로 읽혀지고 '위기는 기회다'라는 말도 있다. 이 모두 역경이 오는 순간 이를 어떤 자세로 맞이할 것인가를 우리에게 시사하고 있다. 이는 역경의 상황을 다른 각도로 관찰하면 그 내면內面 또는 이면裏面에 숨어있는 성공의 모습을 발견하는 기쁨을 맛보게 된다는 뜻이리라.

이와 같이 어떤 어려운 상황에 부닥칠 때 좌절하지 않고 역경을 긍정적으로 받아들이거나 이를 피하지 않고 적극적으로 돌파해가는 정신을 적극적 사고방식이라고 말한다.

'하늘은 스스로 돕는 자를 돕는다.'는 속담과, '수줍은 아이는 배울 수 없다'라는 유대인 속담에서 알 수 있는 것처럼 적극적 사고방식은 진퇴양난의 어려운 상황을 슬기롭게 벗어나게 해주는 주요한 지혜이다.

적극적 사고방식으로 역경을 극복한다

적극적 사고방식으로 역경을 극복한 사람 중 대표적인 인물로는 중국을 비롯 중앙아시아 및 동유럽 일대를 정복하여 인류역사상 가장 넓은 영토를 개척했던 몽골제국의 창시자인 징기스칸Genghis Khan, 成吉思汗을 들 수 있다.

그는 대 제국의 황제로 등극하기까지는 험난한 역경을 거쳤는 데 이러한 역경을 그는 강인한 적극적 사고방식으로 극복하였다. 이러한 그의 적극적 사고방식과 강인한 정신은 앞서 소개한 바 있는 소위 '징기스칸의 명언'에 잘 나타나 있다. 그는 이 명언에서 자기가 처한 가난한 집안이나 작은 나라 또는 배우지 못한 것 등 외부의 부정적 요인을 탓하지 말고 이를 적극적 사고방식과 강인한 정신력으로 극복하기를 권고하고 있다. 즉 자기 안에 있는 부정적인 것들과의 싸움에서 이길 때 비로소 '징기스칸'이 될 수 있었음을 고백하고 있다.

역경을 잘 극복하려면 사람과 상황에 따라 여러 가지 방법이 있겠지만 무엇보다도 역경을 바라보는 자세를 바꾸어야 한다.

톨스토이가 말했다.
"우리는 이 세상에 살고 있는 것이 아니라, 이 세상을 지나가고 있다는 사실을 잊지 마시오."

우리가 이 세상을 주체적으로 이끌어가며 살아간다고 생각하면 우리의 어깨가 너무 무거워진다. 특히 역경을 만났을 때는 이를 감당하기 힘들어진다. 톨스토이의 말대로 우리에게 다가오는 슬픔과 괴로움 등 역경을 바라봄에 있어 우리의 눈앞을 스쳐 지나가는 하나의 풍경으로 담담히 바라볼 수 있다면 어떨까? 그럴 수만 있다면 우리는 역경으로부터 빚어지는 괴로움에 휘말리지 않고 이로부터 쉽게 벗어날 수 있지 않을까?

또한 역경을 만났을 때 이를 잘 극복하여 오히려 역경을 성공으로 가는 디딤돌로 활용하는 사람이 있는가 하면, 어떤 이는 역경에 치여 역경을 본인의 묘비로 맞이하는 사람이 있다.

역경을 무엇으로 어떻게 대할 것이냐는 이를 맞이하고 선택하는 사람의 몫이다.

CAN DO 정신을 가진다

어떤 어려운 상황에 처했을 때 이를 대처하는 방식은 그 사람의 사고방식이 적극적이냐 또는 소극적이냐에 따라 정반대로 달라진다.

적극적 사고방식의 소유자는 '나는 할 수 있다.'라는 마음가짐에서 출발, 해결 방안을 찾고자 노력한다. 그러나 소극적이거나 부정적인 사람은 '나는 할 수 없어.'라는 기본 사고방식에서 출발한다. 그리고는 할 수 없는 이유와 핑계를 찾고자 노력한다.

대부분의 성공인들은 전자 '나는 할 수 있다' 즉 CAN DO 정신을 소유한 사람들이다.

재미 교포사업가인 김태연 TYK그룹 회장은 "너는 할 수 있다."라는 믿음을 직원들에게 심어주기 위해 다음과 같이 간결 명료하고 강한 구호를 외치며 노력하고 있다.

"He Can Do / She Can Do / Why Not Me?
(그도 할 수 있고 그녀도 할 수 있는데 나라고 왜 못해?)"

그녀는 키가 150㎝ 밖에 되지 않는 단신의 단점을 극복하고 미국에 건너가 태권도 선생을 하며 사업을 성공시켰다. 위 문장은 직원들의 자신감을 고취하기 위해 그녀가 직원들과 함께 외치는 구호이기도 하다.

그녀는 미국에 건너가 갖은 어려움을 딛고 사업에 성공하였는 데 이러한 성공은 무엇보다도 자신에 대한 믿음과 사랑이 중요한 요인이었음을 다음과 같이 술회하고 있다.

"어린 시절 가정폭력과 남녀차별, 미국에서의 인종차별, 사업실패 등에 좌절하면서 자신의 존재에 대해서 실망했다면 오늘의 김태연은 결코 존재하지 않았을 겁니다. 이 세상에 자신이 할 수 없는 일은 아무 것도 없습니다. 자기 자신이 최고라고 믿고 꿈을 향해 노력해 나간다면 어려운 일은 없습니다."

영국태생 미국 작가인 에드가 A. 게스트Edear A. Guest는 '할 수 없다' 라는 말은 악마들이 듣기 좋아한다. 따라서 '할 수 있다' 라는 말로 그 악마에게 대답하라고 말하며 다음과 같이 CAN DO 정신을 강조하고 있다.

"'할 수 없다'라는 말은 글로 쓰건 말로 하건 세상에서 가장 나쁜 말이다. 그 말은 욕설이나 거짓말 보다 더 많은 해를 끼친다. 그 말로 강인한 영혼이 수없이 파괴되고 그 말로 수많은 목표가 죽어간다. 그 말이 당신의 머릿속을 점령하지 않도록 하라. 그러면 당신은 언젠가 당신이 원하는 것을 얻을 것이다."

어느 날 기자가 미국 마이크로소프트사의 창업주인 빌 게이츠에게 부자가 된 비결이 무엇인가 하고 질문하자 빌 게이츠는 "내가 부자가 된 비결은 다음과 같습니다. 나는 매일 스스로에게 두 가지 최면을 겁니다. 하나는 '왠지 오늘은 나에게 큰 행운이 생길 것 같다'이고, 또 다른 하나는 '나는 무엇이든 할 수 있다'라는 것입니다."라고 답했다고 한다. 전자는 빌 게이츠의 '긍정적 사고방식'을, 후자는 'CAN DO 정신'을 각각 나타내고 있다고 본다.

밝고 긍정적인 언어를 사용한다.

필자가 아는 사장 중에 어려운 역경을 극복하고 자동차부품 제조업으로 성공한 문홍모 사장이 있다. 그는 내가 좋아하는 집안 형이기도 하다. 그에게 전화를 걸면 언제나 밝고 힘찬 목소리로 이야기 한다. 그의 목소리를 듣는 것만으로도 엔도르핀Endorphin 이 솟아나며, 피곤했던 마음과 정신이 맑아지는것 같은 느낌을 받곤 한다.

그래서 나도 그를 본받아 남에게 전화를 걸거나 또는 받을 때 가급적 밝고 친절한 목소리로 이야기 하려고 애쓰고 있다.

삼성그룹의 이건희 회장도 "적극적이고 긍정적인 언어를 사용하라. 부정적인 언어는 있는 복도 끌고 나가는 언어이다."라고 긍정적인 언어의 사용을 강조하고 있다.

프랑스의 심리 치료학자인 에밀쿠페Emile Coue 박사는 "나는 매일 모든 면에서 점점 더 좋은 기분을 느낀다.Everyday in Everyway, I'm Feeling Better and Better."라는 말을 반복적으로 사용하게 되면 놀랄만큼 좋은 변화가 우리에게 온다고 강조하며 우리가 사용하는 긍정적인 언어의 중요성을 말하고 있다. 나도 아침에 뒷산에 오르면 떠오르는 태양을 바라보며 "나는 할 수 있다! 오늘 모든 일이 잘 될거야! 파이팅!"하고 외친다. 그러면 왠지 오늘 모든 일이 순조롭게 잘 풀릴것 같은 좋은 기운에 감싸이는 것을 느낀다.

언어분석학에 의하면 "어느 한 사람의 말은 곧 그 사람 자체이다"라고 하며, "그 사람의 말을 분석하면 그 사람의 사고방식, 됨됨이 등을 파악할 수 있다"고 한다.

심리학자들이 말과 성공의 관련성에 대하여 성공한 사람들의 말을 분석 연구한 자료를 소개하면 다음과 같다.

"I Won't"(나는 하지 않을 것이다) 라고 말하는 사람은 성공할 확률이 0 %이다.

"I Can't"(나는 할 수 없다) 고 말하는 사람의 성공할 확률은 10 %이다.

"I Don't Know How"(나는 어떻게 해야 할지 모르겠다) 라고 말하는 사람은 20 %이다.

그런데 "I Think I Might"(내가 혹시 할 수 있을지도 모르겠다) 라고 말하는 사람은 50 %이다.

"I Rhink I Can"(나는 할 수 있다고 생각한다) 라고 말하는 사람은 70 %이다.

그러나 "I Can"(나는 할 수 있다)라고 말하는 사람은 90 %이다.

그리고 "I Can Do By God"(나는 하나님의 도우심으로 할 수 있다)고 말하는 사람은 성공할 확률이 거의 100 %이다.

이와 같이 어떤 말을 사용하는가에 따라 성공의 확률은 달라진다.

앞서 알아본 바와 같이 말에는 에너지가 있다고 한다. 따라서 긍정의 말을 사용하면 긍정에너지가 우리에게 다가온다.

나는 오랜만에 친구를 만날 때면 그의 모습에서 긍정적인 면과 칭찬할 거리를 찾고자 노력한다. 예를 들면 "얼굴빛이 많이 좋아졌네."라든가 "활기찬 모습을 보니 사업이 잘 되는가 보네." 등 좋아진 점을 이야기 한다. 그러나 건강이 안 좋아 보이는 친구를 만나면 "사업은 잘 되지?"하거나 "아이들은 언제 결혼할 건가?"하고 좋지 않은 부분이 아닌 다른 이야기를 꺼낸다.

그런데 어떤 친구는 인사말로 "야 너 얼굴이 왜 이래? 완전 반쪽이 되었잖아!"하고 걱정하는 말을 한다. 그러나 이런 인사를 듣는 당사자의 마음은 친구의 걱정이 고맙기 보다는 아픈 상처를 건드리는 친구에게 섭섭한 마음이 들기 쉽다.

나는 외국인에게 아파트를 임대하고 있는데 계약절차가 끝나면 항상 "God Bless You(신이 당신을 축복해주시길!)"하고 헤어지는 인사를 한다. 그러면 그들은 얼굴에 함박웃음을 내게 선사하는 데 그 여운이 오래도록 내 뇌리에 남아있어 몇 배의 즐거움을 내게 준다.

언젠가는 식당에서 메뉴를 묻는 나의 말에 여종업원이 상냥하게 답변해주어 "예쁜 분이 주문을 받아 음식이 아주 맛있을 것 같네요."라고 칭찬해주었다. 계산대에 갔더니 그 종업원이 주인 딸이었는지 계산을 하면서 "된장 한 그릇은 제가 서비스 한 것입니다."라고 웃으며 내게 인사를 했다. 칭찬하는 말 한 마디가 호의로 나에게 되돌아온 것이었다.

셰퍼드 코미나스Sheppard B. Kominars 박사는 그의 저서 『치유의 글쓰기』에서 긍정적인 말이 가져오는 에너지에 대하여 다음과 같이 이야기하고 있다.

"긍정은 치유 과정에 활기찬 에너지를 제공하는 데, 타인으로부터 긍정이 아닌 부정을 당했을 때는 마음의 상처가 깊어진다. 하지만 이렇게 말하고 싶다. 타인으로부터 긍정의 말이 나오길 기다릴 필요없이 스스로를 긍정하면 되지 않는가? 자기 자신에 대한 긍정과 칭찬은 영혼 깊이 울림이 전해진다."

하늘은 스스로 돕는 자를 돕는다

앞서 말한 바와 같이 고등학교 졸업 후 나는 한국은행에 입행하였다.

입행 후 처음 배치받은 곳은 대전지점이었는 데 은행에 들어가 보니 모든 직원이 나 보다 나이가 많아 형이나 누나 같았다. 당시 매년 충청남도 금융단 체육대회와 충청남북도와 전라북도 3개 도의 한국은행 지점대항 체육대회가 열렸다. 체육대회에는 응원단이 참석하여 응원을 하여야 했는데 문제는 응원단장을 맡을 사람이 없다는 것이었다. 힘든 응원단장역을 서로 미루다보니 제일 막내인 나에게까지 밀려와서 내가 하지 않을 수 없는 상황이 되었다.

그러나 당시 나는 너무 수줍음을 많이 타서 여직원 앞에 서면 제대로 말을 하지 못할 정도였는 데 여직원 100여 명으로 구성된 응원단을 이끌라니⋯ 이건 도저히 말이 안 되는 소리였다. 처음에 나는 이와 같은 나의 수줍은 성격을 생각하고 "도저히 못하겠습니다."라고 완강히 거절하였다. 그러나 선배들은 자기들에게 이 임무가 부여되었을 때 이미 갖은 핑계를 대고 거절한 상태이었기 때문에 나의 하소연을 귀담아 들으려고 하지 않았다. 그리고는 이것도 직무의 연장이니 나에게 지시하는 것을 따르라는 것이었다.

나는 생각했다. 내가 좋아하든 싫어하든 '응원단장' 이라는 임무가 나에게까지 밀려왔다. 내가 이를 거절할 수 없는 상황이라면, 어차피 수동적으로 마지못해 하는 것보다는 내 스스로 한번 적극적으로 해보기로 하자. 이런 기회를 통해 나의 고질적인 수줍은 성격을 고칠 수 있지 않을까?

나는 나 스스로에게 강하게 다짐하고, 눈을 딱 감고 적극적으로 응원단장직을 맡기로 결심한 후 이를 수락하였다.

내가 지휘하여야할 응원단원은 나보다 나이가 많은 여직원 100여 명이었다.

응원연습을 하기 위해 여성 응원단들이 가득 모여 있는 강당의 단상에 올라보니 100여 명의 여성들이 흰 마스크를 쓰고 모두 나를 바라보고 있었다. 눈앞이 깜깜하였다. 소위 주위확산周圍擴散 효과가 생겨 100여 명이 아닌 수천의 군중으로 보이기도 하고, '주위협착周圍狹窄'효과로 인하여 어느 한 직원이 나를 바라보는 모습이 클로즈업되기도 하는 것이었다. 이러한 현상으로 나는 내 의지와는 달리 당황스러웠다.

그러나 나는 가까스로 마음에 용기를 내어 심기일전 응원 지휘를 시도해보기로 했다. 그러나 응원방법을 몰라 우선 생각나는 대로 '337박수'를 같이 해보자고 단원들에게 지휘 아닌 부탁을 하여보았다. 하지만 모두들 박장대소拍掌大笑 하며 따라주지 않았다. 이에 나는 더욱 당황해 어쩔 줄 몰랐다. 이런 나의 모습을 보기가 딱했던지 여직원 중 최 연장자인 분이 나에게 단상을 내려와 이야기하자고 했다. 그 여직원은 나에게 이렇게 해가지고는 도저히 응원단을 이끌 수 없으니 응원전문가를 소개해주겠다고 제의를 했다. 나는 물에 빠진 사람이 지푸라기라도 잡는 심정이었기 때문에 이 제의를 감사한 마음으로 받아들였다.

그녀가 나에게 소개해 준 분은 당시에는 연예계로 진출하지 않고 대전에서 육체미 체육관장을 하고 있던 뽀빠이 이상용 씨이었다. 그는 고려대학교 응원단장 경력을 가지고 있었는데, 그를 만나고 나니 마치 구세주를 만난 기분이었다. 그는 고·연전 응원단장 실력을 유감없이 발휘하여 나를 철저히 지도해주었다. 그가 당시 나에게 전수해 준 응원기술은 펜싱박수, 레스링 박수와 같은 박수 유도 기술과 '산토기 토기야'와 같은 응원 율동 등이었다.

그가 나에게 한 말중 내가 지금도 기억하는 말은 "응원단장이 되려면 얼굴에 철판을 깔아라. 당신 손끝에 따라 움직이는 응원단원은 당신 보다 못났다고 생각하고 단상에 오를 때 자신감을 가져라"라는 것이었다.

자신감과 철저한 기술 훈련 덕분에 응원단을 잘 지휘할 수 있었고, 결국 충남금융단 체육대회에서 나는 최초에는 도저히 상상할 수 없었던 최우수 응원단장상까지 받는 거의 기적같은 쾌거를 올릴 수 있었다.

이러한 경험은 나에게 참으로 소중한 깨달음을 주었다.

또한 이를 계기로 그 이후부터는 대중 앞에 설 때 항상 자신감을 가질 수 있게 되었다. 이는 오늘날 여러 강단에서 내가 자신감있게 강의를 할 수 있도록 한 튼튼한 기초가 되었다고 생각한다.

하늘은 스스로 돕는 자를 돕는다고 하지 않았는가?

어떤 어려운 상황에 처하든지 비관하거나 포기하지 말고 나 스스로의 잠재력과 능력을 믿고 "Yes, I can!"하는 자세를 가지라는 것이었다. 아무리 어려운 일이라도 긍정적으로 마음을 먹고 적극적인 자세로 최선을 다해 대처하면 뜻하지 않은 곳에서 도움의 손길이 오며 좋은 길이 열린다고 믿는다.

긍정적인 마음가짐

역경과 실패를 긍정적으로 받아들인다

우리는 삶의 여정에서 좋은 일과 기쁜 일도 겪지만 때로는 우리가 원하지 않는 나쁜 일과 슬픈 일을 만나기도 한다. 후자後者는 한 마디로 역경逆境이라고 말할 수 있다. 이러한 역경은 예고없이 마치 하늘에서 내리는 비처럼 우리에게 다가오며 이를 피할 수 없게 만든다.

사전 예고없이 어느 날 갑자기 닥치는 역경을 어떻게 대할 것인가? 어떤 이는 코앞에 닥친 역경에 당황하며 힘들어 한다. 그러나 어떤 이는 이를 담담히 맞이한다.

왜 이런 차이가 생길까?

이는 역경을 긍정적으로 받아들이느냐 아니면 부정적으로 받아들이느냐의 차이라고 본다. 만약 역경을 긍정적으로 받아들이면 오늘 닥친 역경을 거부拒否의 대상인 시련으로만 생각하지 않고, 미래 성공을 위해 극복하여야 할 과정으로 받아들이게 된다.

이와 같은 이치를 『맹자孟子』고자 장구告子章句에서는 다음과 같이 역경을 미래의 사명을 위한 담금질로 생각하고 긍정적으로 받아들일 것을 권고하고 있다.

"天將降大任於是人也 천장강대임어시인야 必先苦其心志 필선고기심지

勞其筋骨 노기근골 餓其體膚 아기체부

空乏其身 공핍기신 行拂亂其所爲 행불란기소위

所以動心忍性 소이동심인성 曾益其所不能 증익기소불능

하늘이 장차 이 사람에게 큰일을 맡기려 할 적에

반드시 먼저 그 마음과 뜻을 괴롭히고 고생스럽게 하며

그 뼈와 심줄을 수고롭게 하고 그 육체를 굶주리게 하며,
그 몸에 아무 것도 없게 하여서 그 향하는 일마다 어긋나고 되지 않도
록 하는데,
그것은 그 마음을 움직여 자기의 성질을 참고 견디게 만들어
그 가능하지 못한 바를 뜻대로 행할 수 있게 그 역량을 키워주기 위함
이다.”

또한 『채근담菜根譚』에는 성공했을 때와 실패했을 때 마음가짐을 어떻
게 가져야 되는가에 대하여 다음과 같이 이야기 하고 있다.

“苦心中, 常得悅心之趣 고심중. 상득열심지취
得意時, 便生失意之悲 득의시, 변생실의지비
힘들 때 오히려 마음을 기쁘게 하는 뜻을 얻고,
일을 이룬 때에 문득 실의의 슬픔이 생겨난다.”

우리는 힘들 때는 실의에 빠져 머지않아 고진감래苦盡甘來의 기쁨이 다
가오는 줄 알지 못하고, 성공했을 때는 자칫 잘못하면 교만에 빠져 우쭐
하는 기분에 성공하는 순간 실패의 뿌리가 내리는 줄 알지 못한다.
이와 관련하여 현대그룹의 창업자인 정주영 회장은 그가 사업상 위기를
맞았을 때 다음과 같이 희망을 갖고 어려움에 대처하는 지혜를 발휘하였다.
“사업은 망해도 다시 일어설 수 있지만, 인간은 한번 신용을 잃으면 그
것으로 끝장이다. 어떤 어려운 일이 있어도 이를 극복하고 넘어가서 한
과정의 시련으로 만들어야지 그대로 손들고 주저앉아 영원한 실패로 기
록되게 할 수 없었다. ‘이 시련으로 실패의 뿌리를 잡았으니 다음은 전화
위복이다’ 라고 생각했다.”
여기에서 “성공할 때 실패의 뿌리가 내린다.”라는 성공인들의 경구警句
를 말을 뒤집어 “실패의 뿌리를 잡았으니 다음은 전화위복이다”라고 하
는 정 회장의 지혜로운 발상의 전환을 발견하게 된다.
그는 처음부터 ‘실패’의 존재를 인정하지 않고 있다. 그는 실패를 실패
다음에 오는 ‘성공의 길을 가기 위한 하나의 과정’으로 인식한다. 예를
들면 어떤 사람이 히말라야 산의 정상 도전에 실패하였을 경우 그것으로

포기하면 '실패'한 사람으로 끝난다. 그러나 그 실패를 경험삼고 실패의 원인을 찾아 이를 극복할 방안을 마련하여 다시 도전하여 정상 정복에 성공한다면 그는 히말라야 산을 정복에 성공한 사람으로 기억될 것이다. 그 사람에게 실패는 멀리 사라진 것이다.

존 스컬리John Sculley 애플 컴퓨터 회장은 "내 자신의 실수로 얻은 것이 성공에서 얻은 것보다 많다는 것을 안다. 만약 자신이 실수를 하지 않았다면 충분한 기회를 갖지 못했다는 것이다."라고 실수나 실패가 그 나름대로의 가치가 있음을 이야기하고 있다.

또한 미국 '비컴닷컴Become.com'사의 최고경영자인 양민정 대표는 "혁신에는 성공보다 실패가 더 많이 수반된다. 실패해도 포기하지 말고 세계시장에 적극적으로 뛰어들 수 있는 창조적 기업가 정신이 한국 CEO와 젊은 창업인들에게 필요하다."라고 혁신과 창업과정에 있을지도 모를 실패를 두려워하지 말 것을 당부하고 있다.

1914년 12월, 에디슨의 실험실은 화재로 사실상 전소되었다. 67세의 나이에, 그 간의 에디슨의 거의 모든 작업들은 화염 속에 다 타버리고 말았다. 다음날 아침, 에디슨은 폐허를 바라보며 다음과 같이 말했다고 한다.

"재앙도 가치가 있고만. 내 모든 실패들이 날아가 버렸으니… 새로 시작하게 해주신 신이여 감사합니다."

그는 화재 후 3주 만에 에디슨은 그의 첫 번째 축음기를 선보였다고 한다.

또한 우리 나라의 세계적인 로봇공학자이며 미국의 UCLA대 데니스 홍 교수는 "절벽으로 아슬아슬하게 가야 새로운 혁신이 있다. 실패하면 안 된다는 분위기에서는 혁신이 생겨날 수 없다."라고 말하며 혁신하기 위해서는 실패할 수도 있다는 것을 각오해야 한다고 주장하고 있다. 또한 그는 "항상 이길 수는 없지만 언제나 배울 수는 있다. 실패를 받아들이는 자세가 중요하다. 실패에서 포기하면 끝이지만 실패를 분석하고 배우면 성공으로 올라가는 계단이 된다."라고 말하며 실패를 긍정적으로 바라보는 자세의 중요성을 강조하고 있다.

우리가 어떤 어려운 상황에 처했을 때 이를 바라보는 시각에 따라, 그리고 마음 먹기에 따라 세상은 다른 모습으로 우리에게 다가온다. 다음의 예에서 보는 바와 같이 사소한 '점點' 하나나 한 획劃에 의해서도 전혀 다른 상황이 우리에게 다가올 수 있음을 알고 어려운 상황에 처할수록 절망하기에 앞서 한번 잠시 멈추어 서서 우리가 가지고 있는 생각을 바꾸어보면 어떨까?

우리가 자주 인용하는 언어와 구절들을 사례로 들어 설명해보기로 한다.

앞서 이야기한 바와 같이 '내 힘들다'를 거꾸로 이야기 하면 '다들 힘 내'로 읽혀진다. 노래 가사에도 있듯이 '님'이라는 단어에 점 하나를 찍으면 나와는 무관한 '남'이 되며, 이와는 반대로 '남'에서 점을 빼어버리고 나면 '님'이 된다. 그리고 '고질병'에 점 하나를 찍으면 '고칠 병'이 되며. 불가능하다는 의미의 'Im Possible'이라는 단어에 점 하나를 찍으면 가능하다는 의미인 'I'm Possible'이 되어 상황이 정반대로 변한다.

또한 우리의 미래에 대하여 걱정스런 마음이 들 때 그 마음 '심心'자에 오른쪽 상단에서 왼쪽 하단 방향으로 과감히 한 획을 그어보자. 그러면 '반드시'라는 '필必'자로 바뀜을 알 수 있다. 또한 '빚'이라는 괴롭고 어두운 단어에 점 하나를 추가하면 '빛'이라는 밝고 희망찬 글자로 변하며, 꿈은 어디에도 없다는 의미를 가진 'Dream is No Where'라는 문장 중의 띄어쓰기를 한번 바꾸어보면 꿈은 바로 여기에 있다는 의미인 'Dream is Now Here'로 바뀌어 어느 순간 부정적인 상황이 긍정적인 상황으로 변함을 알 수 있다.

노먼 빈센트 필Norman Vincent Peale 목사는 "아니다"라는 부정적인 의미인 "No"를 거꾸로 쓰면 "전진"을 의미하는 "On"이 된다고 이야기 하며, "모든 문제에는 반드시 그 문제를 푸는 열쇠가 있다. 끊임없이 생각하고 찾아내어라" 라고 강조하고 있다.

따라서 감당하기 어려운 역경을 맞아 우리의 마음이 고통스러울 때는 움츠러들지 말고 우리의 마음에 점 하나를 찍거나 빼어보기도 하고 때로는 앞과 뒤를 바꾸어보거나 과감히 한 획을 그어보도록 해보자. 새로운 세계가 열릴 것이다.

역경을 성공을 위한 에너지로 사용한다

일본의 마쓰시다 고노스께는 아홉 살 때 초등학교를 중퇴하고 자전거 점포직원으로 출발하여 세계적인 기업인 '마쓰시다' 그룹을 일구어 냄으로써 '경영의 신'으로 추앙받고 있다.

그는 그의 성공의 원인으로 다음과 같은 세 가지 '덕분德分'을 들고 있다.

"나는 하느님이 주신 세 가지 은혜덕분에 크게 성공할 수 있었다 .

첫째, 집이 몹시 가난해 어릴 적부터 구두닦이, 신문팔이 같은 고생을 통해 세상을 살아가는 데 필요한 많은 경험을 쌓을 수 있었고,

둘째, 태어났을 때부터 몸이 몹시 약해 항상 운동에 힘써왔기 때문에 건강을 유지할 수 있었으며,

셋째, 나는 초등학교도 못 다녔기 때문에 모든 사람을 다 나의 스승으로 여기고 누구에게나 물어가며 배우는 일에 게을리하지 않았다."

보통 사람들 같았으면 '실패의 원인'으로 들기 쉬운 세 가지 역경 즉 '가난한 것', '몸이 약한 것'과 '배우지 못한 것'을 그는 오히려 '성공의 원인'으로 들고 있다. 또한 이들을 '은혜'로 받아들이고 있다. 이러한 그의 탁월한 적극적 사고방식이 그로 하여금 갖은 역경을 딛고 세계 사람들로부터 존경받는 사업가로 성공하게 하였던 것이다.

역경을 불굴의 정신으로 극복하고 이를 성공을 향한 에너지로 활용하여 본인의 꿈을 이룬 서진규 박사의 일화를 소개하면 다음과 같다.

서 박사는 경상남도 어촌에서 가난한 엿장수의 딸로 때어나 세 번이나 죽을 고비를 넘기며 공부하겠다는 일념으로 서울에 올라와 잡지판매 아르바이트로 학비를 벌어가며 고등학교를 다녔다. 그녀는 고등학교 졸업 후 가발공장 여공과 골프장 캐디를 하다가 미국 개신교 선교사의 식모로 100달러만 가지고 미국에 건너갔다. 그곳에서 식모일도 하고 한식당 웨이트리스로 일하며 틈틈이 영어공부를 했다. 그녀는 다시 미 육군 사병으로 입대하여 고된 훈련과정을 거친 후 미군 장교로 임관한 후 소령으로 예편하였다. 군 복무시절 틈틈이 공부에 매진하여 대학을 졸업한 후 하버드대학교에서 박사학위를 42살에 취득하였다. 지금은 희망을 전달하는 희망전도사

역할을 자처하며 수많은 강연과 저술활동을 열정적으로 하고 있다.

그녀의 성공비결은 그녀에게 다가온 여러 가지 역경을 긍정적으로 받아들이고 이를 적극적으로 극복하여 성공을 위한 에너지로 사용한 그녀의 지혜와 열정에 있음을 알 수 있다.

"인간은 언제 어디서 태어날지 선택할 수 없다. 하지만 단 한번 주어지는 인생을 어떻게 사느냐 하는 것은 자신의 선택에 좌우된다. 어떤 환경에 처해있든 그 환경을 바꿀 수 있는 것은 오직 자신뿐이다. 따라서 세상이 비웃고, 조롱하더라도 자신만큼은 스스로를 사랑하고 지켜줄 때 분명 꿈은 이루어진다."

아프리카의 한 야구장에서 신발 닦는 일을 하던 한 소년이 야구감독의 신발을 닦아주면서 물었다.

"감독님, 야구공이 멋지게 포물선을 그리며 날아가는 이유는 뭔가요?"

감독이 답했다. "야구공을 봐라. 거기에는 실로 꿰맨 자국이 있다. 그 상처 때문에 야구공이 멀리 높이 날아간단다."

그 소년은 실로 꿰맨 상처 자국이 공을 멀리 보내는 원동력이라는 말에서 자신의 불우한 환경을 야구공의 실밥 상처로 여기고 오히려 더 큰 꿈을 꿨다. 그가 바로 아프리카 가나의 불우한 가정에서 태어나 고달픈 시절을 보낸 코피 아난Kofi Annan 전 유엔 사무총장이다. (출처 : 김용섭 저, 『청춘내공』)

현대그룹의 창업주 정주영 회장은 앞서 소개한 바와 같이 "시련은 있어도 실패는 없다. 장애란 뛰어 넘으라고 있는 것이지 걸려 엎어지라고 있는 것이 아니다."라는 유명한 말을 했는데 이러한 그의 적극적 사고방식은 그가 현대그룹을 창업한 후 우리 나라의 대표적인 기업으로 성장시키기까지 수없이 만난 장애障碍들을 지혜롭게 극복하는 데 필요한 에너지로 작용하였다.

한편 북아메리카의 인디언인 라코타 전사들은 벼락 맞은 양물푸레나무로 활을 만들었다고 한다. 그 이유는 번개를 맞은 나무는 번개의 어마어마한 힘에 의해 순간적으로 건조되어 강한 재질로 변하게 되고, 이러한 나무로 만든 활은 어떤 나무보다도 가장 튼튼하고 강했기 때문이라고 한다. 우리 나라의 경우 벼락 맞은 대추나무를 도장의 재료로 애용하는 데, 이는 이 나무가 강하기도 하지만 고초를 겪은 대추나무가 우리에게 행운을 가져준다고 믿기 때문이다.

평범한 나무가 힘든 고초를 겪은 끝에 강한 나무로 다시 태어나듯, 우리도 역경이 힘들면 힘들수록 이를 잘 겪고 나면 그 역경이 에너지가 되어 누구보다도 강하고 지혜로운 인물로 다시 태어나리라 생각된다.

꿈은 고통 속에서 이뤄진다

필자는 얼마 전 '로봇다리 수영 왕'으로 우리에게 잘 알려진 김세진 군과 장애인인 그를 입양하여 자랑스러운 수영선수로 키워낸 그의 어머니 양정숙 씨의 강연을 듣고 많은 감명을 받았다.

김 군은 '선천성무형성장애'로 두 발과 세 개의 손가락이 없이 태어나 시설 앞에 버려져 보육시설에 맡겨졌다. 이를 본 양정숙 씨가 그를 입양하여 4살 때부터 로봇다리를 달고 살았다. 그는 30번 넘게 유치원 입학을 퇴짜 맞았고 초등학교도 5번 넘게 전학하였으며 장애아와 같이 교육받지 않겠다는 다른 학생들의 등교 거부와 왕따 등 육체적·정신적 고통을 받으며 성장하였다. 그러나 그는 이러한 역경을 잘 극복하고 성공하는 삶을 살아옴으로써 청소년들의 멘토로 자리 매김하고 있다.

이는 무엇보다 김 선수로 하여금 장애를 딛고 성공하는 삶을 살도록 이끌어준 양정숙 씨의 아들에 대한 뜨거운 사랑과, 된다는 믿음 그리고 열정이 있었기에 가능하였다고 생각된다. 특히 양정숙 씨는 아들에게 장애를 긍정적으로 받아들이고 본인의 장점을 잘 활용하도록 다음과 같이 가르치고 있다.

"네 귀에 약을 바르면 그 어떤 말을 들어도 너에게는 약이 될 것이고, 네 마음과 귀에 독을 바르면 그 어떤 이야기도 독이 될 것이다. 너에겐 장애가 있지만 장점도 있다. 그 장점만 바라보고 가면 된다."

한편 김세진 군 역시 어머니의 가르침을 그대로 받아들여 본인의 장점

을 믿고 수영선수로 성공하기 위해 끊임없이 각고刻苦의 노력과 도전을
해오고 있다. 그는 다음과 같이 본인의 장애를 긍정적으로 받아들이며,
장애인들에게 각자가 가지고 있는 장점을 바라볼 것을 당부하는 메시지
를 전하고 있다.

"저는 조금 다를 뿐이예요. 우리 몸을 이루는 수백만 가지 중 두 다리와
손 하나 딱 세 가지만 불편할 뿐인 걸요. 이것 말고는 일반인들과 다를 게
없는 보통아이예요. 저에게 없는 이 세 가지만 보지마시고, 저에게 있는
무수한 장점을 봐주세요. 저에겐 누구보다 뜨거운 열정이 있고 꿈이 있고
희망이 있어요. 저로 인해 이 세상 모든 장애를 지닌 사람들이 힘을 냈으
면 좋겠어요. 당신도 할 수 있습니다."

미국의 작가 겸 저널리스트인 제프 콜빈Geoff Colvin은 다음과 같이 어떤
분야에서 최고의 자리에 오르는 것은 비록 재미는 없지만 이를 참고 신중하
게 계획된 연습을 1만 시간 이상 채워야 이루어질 수 있다고 주장하고 있다.

"꿈은 늘 고통을 수반하면서 이루어진다. 신중하게 계획된 연습은 재미
없을 수밖에 없다. 우리를 위대함의 길로 인도하는 활동이 쉽고 재미있다
면 누가 그 길을 마다하겠는가. 그 길은 가장 뛰어난 사람과 그렇지 않은
사람을 구분하지 않는다. 따라서 신중하게 계획된 연습이 힘들고 지루하
다는 사실은 확실히 우리에게 희소식이다. 대부분의 사람들이 그런 연습
을 하지 않는다는 의미이기 때문이다. 모든 분야에 상관없이 '신중하게
계획된 연습Deliberate Practice'으로 1만 시간을 채워야 최고 수준에 도달
할 수 있다. 그런데 문제는 최고의 수준에 도달하는 것이 상당히 힘들고
재미가 없다는 점이다."

시각·청각 중복장애인이며 미국의 사회사업가이자 작가인 헬렌 켈러
Helen Keller는 편안한 환경에선 강한 인간이 만들어지지 않는다며 시련
과 고통의 소중함에 대해 다음과 같이 말을 하고 있다.

"쉽고 편안한 환경에서는 강한 인간이 만들어지지 않는다. 시련과 고통
의 경험을 통해서만 강한 영혼이 탄생하고, 통찰력이 생기고, 일에 대한
영감이 떠오르며 마침내 성공할 수 있다."

또한 스위스의 사상가인 카를 힐티Carl Hilty 역시 위대한 사상은 고통 속에서 이루어짐을 다음과 같이 강조하고 있다. "위대한 사상은 반드시 커다란 고통이라는 밭을 갈아서 이루어진다. 갈지 않고 그냥 둔 밭은 잡초만이 무성할 뿐이다. 사람도 고통을 겪지 않고서는 언제까지나 평범함과 천박함에서 벗어나지 못한다. 모든 고통은 차라리 인생의 벗이다."

태풍이 불면 육지에 사는 사람이나 동물들은 고통을 받지만, 해수면에 사는 물고기들은 잔치를 벌인다고 한다. 왜냐하면 태풍은 그 자체는 견디기 힘들지만 해저의 차갑고 풍부한 영양분을 해수면으로 끌어올리는 역할을 하기 때문에 물고기들은 이 순간을 놓치지 않고 즐기려고 하기 때문이다. 이와 같이 자연생태계에서 태풍과 같은 교란도 적당한 빈도로 필요하다고 주장하는 사람들도 있는데 이것을 생태계의 '중간교란가설 Intermediate Disturbance Hypothesis'이라 부른다.

우리의 삶에도 가끔은 태풍과 같은 역경이 오게 마련인데, 이 순간을 '잘못된 길'로부터 '올바른 길'로 조율調律하는 귀한 기회로 삼으면 좋지 않을까?

날이 밝기 직전이 가장 어둡다

"날이 밝기 직전이 가장 어둡다"라고 말한다. 또한 "동녘이 밝기 직전이 가장 춥고, 물은 끓기 직전이 가장 요란하다"고도 말한다.

나는 이 말을 정동진의 찬 바닷바람을 맞으며 일출을 기다릴 때 실감하였다. 수많은 사람들이 먼 길을 달려와 밤잠을 설치며, 떠오르는 태양을 기다리는 모습은 나에게 하나의 감동으로 다가왔다.

이는 역경에 처해 좌절하고 낙담하는 사람들에게 희망의 메시지를 주는 말이다. "비록 지금은 어둡지만 어둠이 곧 가시고 밝은 빛이 비추일 것이다. 그러니 조금만 참고 기다리면 모든 역경이 사라질 것이다. 지금 어둠이 짙은만큼 오는 밝음은 더욱 빛날 것이다."라는 의미라고 본다.

작가인 알프레드 아르망 몽타페르Alfred Armond Montapert는 "다수의 사람들은 장애물을 보지만 소수의 사람들은 목표를 본다. 역사는 후자의 성공을 기록한다. 전자에겐 잊혀짐이란 결과만이 있을 뿐이다."라고 이야기한다. 이는 목표를 향해 전진하면서 장애물만 보고 그 장애물에 걸려 좌절하는 사람은 망각의 대상이 된다. 하지만 장애물 저편에서 기다리고 있는 목표를 바라보며 장애물을 뛰어넘는 사람에 대하여는 그 성공에 대해 칭송의 대상이 된다는 뜻이라고 본다.

기업을 경영하다 보면 어떤 기업도 처음부터 성공하기까지 계속 순탄한 환경만 있는 것은 아니다. 마주치는 수많은 역경과 어려움을 극복하고 뛰어넘어야 성공기업으로 발돋움할 수 있는 것이다.

지금의 역경逆境은 곧 머지않아 순경順境이 다가오고 있음을 예고하는 것이다.

오늘의 역경이 지나면 순경順境이 다가온다

나는 군을 전역한 후 회계사의 길을 걸으며 대학교 강의를 나갔다. 당시 초보 강사인 나에게 강의를 제시한 학교는 수도권도 아닌 대전에 있는 초급대학이었다. 강의료가 워낙 적어 강의료에서 차비와 식사비를 빼면 오히려 마이너스 상태이었다. 그러나 나는 강의 자체가 좋아 이를 마다하지 않고 강의 요청을 감사한 마음으로 수락했다.

강의를 시작한 지 몇 년이 지나자 강의에 자신이 붙은 나는 좀 더 큰 무대에서 강의를 해보고 싶었다. 그 당시 강사로서 강의를 하고 싶은 3 대 연수원으로 금융연수원, 보험연수원과 중소기업연수원을 들었다. 나는 수소문 끝에 지인의 소개로 중소기업연수원 담당자를 만나 강의를 하고 싶다는 의사표시를 했다. 그는 "여기를 어떻게 알고 오셨는지 모르나 이곳은 각 분야의 최고 명강사 분들만 오시는 곳입니다. 죄송하지만 문 회계사님은 아직 경력이 약해서 지금은 강의를 드릴 수가 없습니다."하고 난색을 표명하는 것이었다.

그러나 나는 실망하지 않고 명함을 주며 '향후 기회가 되면 연락주시기 바랍니다.' 하고 인사를 하고 나왔다. 그로부터 약 3개월 후 연수원 담당자로부터 연락이 왔다. 4시간짜리 원가관리 강의를 해보겠냐는 것이었다. 나는 불감청不敢請이언정 고소원固所願이라'감히 청하지는 못할 일이나 본래부터 바라던 바라'의 뜻 즉각 수락하였다.

나는 담당자에게 어떻게 당초의 방침을 바꾸어 나에게 강의를 요청하게 되었는가를 물었다. 그는 "원래 강의를 맡았던 모 대학교 교수가 갑자기 해외출장을 가게 되었습니다. 그렇다고 결강할 수는 없고 부득이하게 문 회계사님께 이번만 대신 강의를 부탁드리게 된 것입니다."라고 대답하였다. 대타代打로 남의 강의를 하게 된 나의 입장이 딱하다고 생각이 들었지만, 한편으로는 하고 싶었던 무대에서의 첫 강의를 준 것에 대해 감사한 마음으로 최선을 다 해 강의를 준비하고 또 강의를 하였다.

그로부터 1개월 후 다시 연수원에서 강의 요청이 왔다. 나는 반갑기도 하였지만 "명강사 분들만 강의를 맡긴다고 하셨는데 웬일이세요? 이번에도 임시 대타로 하는 강의인가요?" 하고 물었다. 그는 "아닙니다. 이번에는 정식으로 문 회계사님께 강의를 부탁드리는 것입니다. 왜냐하면 지난번 강의 하시고 나서 수강생들로부터 강의평가서를 받았는 데 문 회계사님께서 1등을 받으셨습니다. 저희 연수원 내규에 의하면 강의 평가결과 1등으로 나오신 강사 분은 계속 강의를 요청 드리도록 규정되어 있습니다."

그 이후로 나는 약 10여 년간 중소기업연수원 강의를 하였고, 금융연수원 강의도 하게 되었다.

오늘 지금 이 순간에는 비록 비관적인 상황일지라도 시간이 지나면 그 상황은 바뀌게 된다. 따라서 오늘의 역경에 비관하지 말고 다가오는 순경順境의 시기를 기다릴 필요가 있다. 단, 그 때가 올 때 이를 놓치지 말고 잡을 준비를 하는 자에게만 그 기회가 현실로 다가온다는 점을 알아야 한다.

'고생 총량의 법칙'과 '고통총량의 법칙' 또는 '노력 총량의 법칙'

이 있다고 한다. 이는 사람에 따라 겪게 되는 '고생'이나 '고통' 그리고 '노력'이 정도, 시기와 모양이 다를 수 있지만 일생을 통해 보면 그 량은 같다는 의미라고 한다.

예를 들어 어떤 사람은 초년에 고생하지만 노년에 편안한 삶을 살고, 어떤 사람은 초년에 편안한 생활을 하지만 중년 또는 노년에 고생을 한다는 것이다. 이런 이유로 '젊어서 고생은 사서도 한다'는 속담이 생긴 모양이다. 따라서 초년에 고생을 하는 것은 노후에 편안함을 위한 선 투자로 생각하고, 노년에 고생을 하는 경우에는 젊어서 편하게 지낸 당연한 결과라고 긍정적으로 받아들이는 것이 좋지 않을까? 이와 유사한 의미로 '지랄 총량의 법칙'이라는 특이한(?) 법칙을 이야기 하는 사람도 있다. 이는 젊어서 부모 속을 썩인 아들이 나이 들어 철이 들어 부모에게 효도하거나, 어릴 때는 모범생이었던 아이가 나이 들어 집안 망신을 시키는 행위를 하는 것과 같이 누구나 일생동안 지랄하는 기간이 있다는 의미이다. 그러나 그 기간이 지나면 '예전의 내가 아냐!'라고 하며 개과천선改過遷善의 모습을 보일 수도 있다는 것이다.

따라서 자식들 중 어떤 아이가 못된 짓을 하거나 속을 썩이더라도 성급하게 그를 '문제아'로 낙인찍거나 무시하기 보다는 여유를 가지고 긍정적으로 지켜볼 필요가 있다고 하겠다.

교만한 성공인과 겸손한 실패자

회계사를 35년간 하는 과정에서 수많은 기업인들을 만났다.

그 중에 인상 깊은 두 사람의 기업인을 소개하고자 한다.

하나는 S 건설의 P 회장이다. 그는 짧은 시간에 회사를 급성장시켜 계열회사를 10개 가까이 만들었다. 나는 그를 모 대학교 최고경영자 모임에서 만났다. 그는 모임의 전체회장을 맡고 있었다. 그는 자신이 젊은 나이에 성공했다는 자만심이 지나쳐 말과 행동에서 교만한 태도를 보였고, 이를 보는 사람들로 하여금 눈살을 찌푸리게 하였다. 나는 그가 회장으로 있는 모임에는 아무런 직분도 맡고 싶지 않아 자연히 그와는 교류가 별로 없었다.

그 후 어느 날 매스컴을 통해 그가 지명 수배된 사실을 알았다. 사업에 실패한 그는 도피생활을 하고 있었던 것이다. 결국 그가 이룩한 사업체들은 모두 도산되거나 폐업되는 불행한 사태를 맞았다. 기본이 갖추어지지 않은 상태 하에서 많은 기업을 무리하게 세우다보니 이는 사상누각砂上樓閣이나 신기루의 형국形局이 되어 많은 사람들에게 피해를 주고 어느 날 자취도 없이 사라져버린 것이다.

또 다른 하나는 K 건설의 L 사장이었다.

그는 부친으로부터 가업을 물려받았다. 내가 보기에는 앞으로 성장하기 어려운 아이템이었는 데 그는 그것을 천직으로 알고 열심히 사업에 매진하였다. 그러나 극심한 건설경기의 침체로 말미암아 거래처로부터 거액의 부도를 맞은 그의 회사도 결국 부도가 발생하였다. 그러나 그는 도망다니지 않고 자기 회사로 인해 피해를 본 거래처를 찾아다니며 경위를 설명하고 이해를 구했다. 살고 있던 아파트도 뺏기는 바람에 온 식구가 직장 다니는 아들이 사는 월세 주택으로 옮겨 갔다. 착실한 가정주부로만 살아왔던 그 사장의 부인은 생계를 위해 모 식품회사의 세일즈맨으로 취직하여 상품을 팔았다. 나는 거래처였던 L 건설에서 받아야 할 미수금도 꽤 있었지만 그와 그의 부인의 성실한 자세를 보고 그 부인이 파는 상품을 사서 다소라도 생계에 도움을 주고자 노력하였다.

그는 회사가 청산되고 본인은 신용불량자가 된 상황에서도 결코 좌절하지 않고 하느님을 믿으며 옛 거래처를 방문, 재기를 위해 동분서주東奔西走하고 있다. 그를 만날 때마다 그는 "이렇게 제가 사업이 망하고 고통 받는 것을 저는 하느님께 감사드립니다. 이 시련을 겪고 나면 전前보다 좋은 앞날이 저에게 열릴 것으로 믿습니다."하고 열정에 차 눈빛을 빛내며 자신있게 이야기한다. 이렇게 적극적인 사고방식을 가지고 노력하는 그를 돕고자 하는 사람들이 최근들어 한 둘 생기기 시작하고 있다.

나는 그의 앞날을 잘 모른다. 하지만 그에게는 희망이 있다. 최소한 그보다 훨씬 크게 사업을 벌이다 도망다니고 있는 S 건설의 P 회장보다는 앞날이 잘 풀릴 것으로 기대된다.

그의 성공을 향한 불굴의 의지가 잘 이루어지길 기원한다.

아무도 산에 걸려 넘어지지는 않는다. 산을 오르는 도중에 디디게 되는 작은 바윗돌이나 나무 등걸에 걸려 넘어진다. 우리의 삶도 마찬가지이다. 이러한 작은 실패들을 디디고 일어서서 포기하지 않고 걷다보면 어느덧 정상을 딛고 서있는 자신의 모습을 발견할 것이다.

겸손과 기다림

오늘의 성공에 교만하지 않는다

우리 나라 속담에 '벼는 읽을수록 고개를 숙인다.'라는 말이 있다.

이는 교양이 있고 수양을 쌓은 사람일수록 겸손하고 남 앞에서 자기를 내세우려 하지 않는다는 것을 비유적으로 이르는 말이다. 이와 유사한 속담으로 '병에 찬 물은 저어도 소리가 나지 않는다.'가 있으며 영어속담에도 'The Boughs That Bear Most Hang Lowest.'(열매 많은 가지는 밑으로 쳐져있다.)라는 말도 있다.

이는 사람은 수양을 쌓아 완성될수록 고개를 숙이게 된다는 뜻이다. 즉 완성될수록 의도적으로 '겸손해야 한다.'가 아닌, 완성이 되었을 때 자연스러운 결과로서의 겸손함을 의미한다.

다음은 프로야구선수로 뛰는 서건창 선수에 관한 이야기이다.

서 선수는 2014년 최대안타상, 최고득점상, 최고타율상의 3관왕에 이어 정규프로야구 시즌 최우수 선수MVP에 선정된 스물다섯 살의 청년이다. 그는 그의 수상 소감으로 "'백척간두 진일보(百尺竿頭 進一步, 백 자나 되는 높은 장대 위에 다다라 한 걸음 더 나아간다)'라는 말처럼 한 단계 발전하는 선수가 되겠다"고 말했다. (자료 : 서울경제, 2014.11.18)

그는 야구선수로서는 최고의 상을 받는 영광스런 자리에서 여느 다른 선수들처럼 트로피를 높이 쳐들며 포효할 만도 한데 교만을 버리고 겸손하고 침착한 자세로 보다 더 큰 미래를 향해 도전하겠다는 포부를 밝히고 있다.

서 선수가 앞으로도 계속 이러한 자세를 견지하는 한 서 선수의 미래는 더욱 밝게 다가오리라 기대된다.

　겸손의 반대는 오만傲慢과 교만驕慢이다. '오만'은 잘난 체하며 남을 업신여긴다는 의미이다. '교만'은 자신의 지위 높음을 자랑하여 뽐내고 건방지게 행동하는 뜻을 담고 있다. 이에 관한 속담으로는 '쭉정이벼가 고개 쳐들고 거들먹거린다.', '못된 송아지 엉덩이에 뿔이 난다.', '빈 수레가 요란하다.' 또는 '얕은 내가 소리가 더 요란하다.' 등이 있다.

　요즈음 모 항공사의 재벌 3세 경영자가 자기가 경영하고 있는 항공사의 승무원에 대해 서비스 잘못을 훈계하다 못해 비행기를 회항시킨 사건으로 온 나라가 떠들썩하다. 이른 바 '땅콩 리턴'으로 불리며 우리 나라 뿐만 아니라 국제적으로도 큰 지탄을 받고 있는 이 사건의 발단은 결국 높은 자리(?)에 있는 사람들이 아랫사람(?)에게 흔히 갖기 쉬운 오만함과 교만함에서 비롯되었다고 생각한다.

　TV 뉴스에 비치는 그녀의 모습을 보며 '사필귀정事必歸正'과 '인과응보因果應報'라는 생각이 들지만 한편으로는 역경없이 자란 재벌가 자손의 아름답지 못한 민낯을 보는 것 같아 안타까운 생각도 든다. 오만과 교만의 때를 없앨 수 있는 최상의 방법은 '역경'이라고 생각한다. 그녀가 그녀에게 몰아치고 있는 현재의 역경을 겸손한 마음으로 긍정적으로 받아들이고 이를 극복하기 위한 지혜를 터득한다면 오히려 전화위복의 기회가 되지않을까 생각하며 그렇게 되기를 기대해본다.

　우리는 최선을 다한 후 맛보는 성공에는 오히려 겸손해지지만, 별 노력없이 이루어진 예상치 못한 갑작스런 성공에는 자칫 교만해지기 쉽다. 또한 최선의 노력을 경주했지만 실패한 경우에는 그 실패를 겸손히 자기 탓으로 받아들이고 이를 거울삼아 다음 기회를 기다리는 여유를 가지게 된다. 하지만, 처음부터 나태하거나 불성실한 결과로 실패한 경우에는 이를 남의 탓으로 돌리고 비굴해지는 경향이 있다.

　오늘 내가 성공 했다고 가정하자. 나의 성공을 남과 비교하는 순간 그 '남'이 나보다 더 성공한 경우에는 패배감이 들며, 만약 나보다 덜 성공하거나 실패한 사람인 경우에는 나도 모르게 교만감이 싹튼다. 따라서 이와 같은 잘못을 저지르지 않으려면 '나'의 비교 대상으로 '남'을 삼지 않는 것이 바람직하다. 다만, '어제의 나'와 '오늘의 나'를 비교하는 것은 본인의 건전한 발전을 위해 바람직하다고 생각한다.

일본 작가 '무라카미 하루키村上春樹'도 그의 저서 『달리기를 말할 때 내가 하고 싶은 이야기』에서 다음과 같이 오늘 이 순간 자기의 비교대상은 '과거의 자기'라고 이야기한다.

"저는 자신을 의식하고 늘 과거의 자신을 극복하기 위해 애씁니다. 달리기에서 이겨야 할 상대가 있다면 그것은 바로 과거의 저 자신입니다. 다른 사람을 상대로 이기든 지든 신경 쓰지 않습니다. 그 보다는 저 자신이 설정한 기준을 만족시킬 수 있는가 없는가에 관심을 기울입니다."

이와 같이 오늘의 성공한 모습을 과거의 자기와 비교하면, 다시 초심初心으로 돌아가서 겸손해지는 마음이 되어 다음 성공을 위해 준비하게 되는 것이다.

오늘의 작은 성공에 만족하고 교만거나 오만해지는 순간, 실패의 늪에 첫 발을 내딛는 것과 같다.

중국 속담에 '복福은 근심하고 조심할 때 오고, 화禍는 기고만장하고 자만할 때 온다.'는 말도 있듯이 오만하거나 교만한 순간 화가 잉태된다. 이러한 이유로 성공인들은 "성공할 때 실패의 뿌리가 내린다." 또는 "오만은 성공의 운을 끊어버린다."라고 성공으로 인한 교만과 오만을 경고하고 있는 것이다.

마음이 오만해지면 소위 '보이는 게 없다.'는 상황이 전개된다. 그러니 주변의 충고가 제대로 들릴 리 없고 자기의 편견과 고집에서 벗어나지 못한다. 그런 상황이 계속되면 결국 자기만의 세계에 갇혀 성공인의 길에서 벗어나게 된다.

오만과 교만은 마치 잡초와 같아서 매일 경계하고 마음을 다스리며 이를 뽑아내지 않으면 안 된다.

실패의 원인은 자기에게 있다.

어떤 일을 하고자 노력했지만 그 목표를 이루지 못한 경우 이를 어떻게 받아들일 것인가?

어떤 이는 그 실패에 대해 "단지 운이 없었다."라고 말하며 그 실패를 잊고자 노력하려고 한다. 또 어떤 이는 그 실패의 원인이 무엇인가 생각하며 "○○탓이야"라며 그 실패가 자기의 탓이 아닌 외부에 그 원인과 책임이 있다고 돌린다. 그러나 어떤 이는 "이것은 전적으로 다 내 탓이야."라며 그 책임을 자기에게로 돌린다.

이상의 세 가지 유형의 사람 중에 어떤 이가 과연 다음 기회가 왔을 때 그 기회를 성공으로 이끌 수 있을까?

첫째 유형인 '실패의 원인을 분석조자 하지 않는 사람'은 목표 자체가 없거나 있더라도 목표를 자주 바꾸는 사람이다. 쉽게 표현하면 바람처럼 물처럼 흐르는대로 하루하루를 목표 없이 그냥 살아가는 사람이라고 말할 수 있다. 따라서 보다 정확히 말하면 이런 사람에겐 목표가 없는 것과 마찬가지이므로 실패도 성공도 없는 삶을 사는 것이라고 이야기 할 수 있다.

둘째 유형인 '실패의 원인을 내가 아닌 남에게서 찾는 사람'은 다음 번에도 또 다시 자기로부터 생긴 실패의 원인을 알지 못하거나 무시하기 때문에 또 다시 실패할 확률이 높다.

셋째 유형인 '실패의 원인을 나에게서 찾는 사람'은 어떠할까?

어떤 실패가 발생했을 때 "이는 내 책임이야!", "내가 틀렸어!"라고 겸손히 그리고 용기있게 자기의 잘못을 되돌아 볼 줄 아는 사람은 자기의 잘못된 부분을 아는 사람이다. 실패의 원인을 정확히 인식하는 그 순간 그는 성공의 씨앗을 심고 있다고 볼 수 있지 않을까?

그러나 실패의 원인이 자기에게 있다고 인식한다고 하더라도 더 중요한 것은 이를 반복하지 않으려고 노력해야 성공의 길로 접어들 수 있다는 점이다.

이 경우 자기 스스로 노력하여 잘못된 부분을 찾고 이를 시정하는 방법을 찾으려고 노력할 수도 있겠지만 보다 좋은 방법은 기도나 명상을 통해 올바른 길을 찾아가는 것이다. 지혜는 기도나 명상을 통하여 생긴다. 기도나 명상을 하는 과정에서 각종 욕망과 미움 갈등의 구름이 걷어지게 되면 먹구름 사이에서 불현듯 찬란한 태양이 비추이듯 "지혜"가 나타난다. 즉, 지혜는 고요한 마음 바탕에서 피어오른다.

에이브라함 링컨Abraham Lincoln 미국대통령도 국정을 이끌어가면서 어려움이 있을 때마다 대통령 집무실에 기도실을 만들어 놓고 하나님께 지혜를 구했다고 한다.

지혜로운 사람은 성공한 경우 그 성공의 원인을 자기가 잘 해서라기 보다는 "운運이 좋았다"라고 운으로 돌리는 겸손한 생각하고, 실패한 경우에는 "이는 모두 내 탓이야"라고 생각하며 실패의 원인이 모두 자기에게 있음을 솔직히 자인하는 자세를 가진다.

미래 성공의 최대 적은 오늘의 성공이다.

실패를 어떻게 받아들이는가에 따라 성공 또는 또 다른 실패가 나타나게 된다. 이 '어떻게 받아들이는가?'의 마음가짐을 결정짓는 것이 바로 지혜이다.

미래 성공의 최대 적은 오늘의 성공이다. 성공하는 순간 그 성공으로 인한 교만이 싹터 미래의 성공으로 향하고자 하는 발걸음을 방해한다.

이와 관련하여 영국의 작가인 찰스 핸디Charles Handy는 다음과 같이 말하며 성공을 이룬 경우, 오늘의 성공에 취해 안주하지 말고 앞을 향하여 계속 전진할 것을 주문하고 있다.

"성공의 역설 중 하나는 당신을 그곳까지 오게 해준 방법들이 당신을 그곳에 계속 머물러 있지 못하게 한다는 것이다. 미래 성공 최대의 적은 오늘의 성공이다. 어떤 성공을 거두더라도 현실에 안주하지 말라. 잠시 성공을 즐기고 위대한 성장을 위해 다음 발걸음을 내디뎌라."

또한 C. 힐티는 우리가 잘 나갈 때 조심하여야 한다고 경고하고 있다.

"인생에서 가장 조심하여야 할 때는 순풍이 불고 있을 때입니다. 성공은 만족을 낳고 만족은 실패를 낳기 때문입니다. 성공은 차라리 늦을수록 좋습니다. 왜냐하면 일반적으로 빠른 성공은 사람의 나쁜 성질을 잡아 일으키고 실패는 좋은 성질을 키워나가기 때문입니다."

일반적으로 많은 사람들이 성공한 순간 그 성공에 도취되어 자만심에 빠지거나 지나치게 낙관하게 된다. 그래서 그 상태가 영원히 지속될 것으로 생각한 나머지 안주安住한다. 이는 곧 다음에 기다리고 있는 성공과 실패 중 실패를 끌어드리는 역할을 한다.

또한 미국의 노벨 경제학상 수상자 대니얼 맥패든Daniel L. McFadden은 "조심하지 않으면 노벨상이 수상자의 경력을 끝장내는 상이 될 수 있다. 자칫 방심하면, 온갖 기념행사의 리본을 자르고 다니는데 나의 모든 시간을 허비할지도 모른다."고 말하고 있으며, 노벨 문학상 수상자 T. S 엘리엇도 "노벨상은 자신의 장례식 티켓이다. 노벨상을 받은 후 뭔가 해낸 사람은 하나도 없다."라고 경고하며, 성공의 순간이 지난 다음에 다가오는 시간을 방심하지 말고 잘 보낼 것을 주문하고 있다.

때를 기다린다 ✈

우리는 실패한 경우 이를 참지 못하고 조급하게 재기하려고 몸부림친다. 그러나 운명의 그물에 걸렸을 때는 성급히 몸부림치면 칠수록 그 그물은 더욱 얽히고 설키어 옴짝달싹 할 수 없도록 우리를 옥죄어 온다. 이와 관련하여 크라이슬러Chrysler 자동차의 리 아이아코카Lee Iacocca 회장은 다음과 같이 우리에게 쓸데없는 걱정에서 벗어나 희망을 가지고 여유를 지니라고 권고하고 있다.

"지난달에는 무슨 걱정을 했지? 작년에는? 그것 봐라. 기억조차 못하고 있잖니. 그러니까 오늘 네가 걱정하는 것도 별로 걱정할 일이 아닌 거야. 잊어버려라. 내일을 향해 사는 거야."

또한 미국의 철강 왕으로 불리는 앤드루 카네기Andrew Carnegie의 사무실 한쪽 벽면에는 볼품없는 그림 한 점이 걸려있었다고 한다. 그 그림은 유명한 화가가 그린 것도 아니고 또 그림 솜씨가 뛰어난 것도 아니었다. 그저 노 하나를 커다란 나룻배에 아무렇게나 걸쳐놓은 그림이었다. 카네기는 춥고 배고팠던 젊은 시절에 그 그림을 만났다. 그 그림 밑에는 '반드시 밀물은 오리라. 그날 나는 바다로 나아가리라.' 라는 화가의 글귀가 적혀 있다. 카네기는 이 그림을 보물처럼 끔찍이 아꼈다고 하는데, 그 이유는 힘들 때마다 이 글귀를 보고 희망을 가지고 밀물이 밀려오는 미래를 생각하며 때를 기다릴 수 있었기 때문이라고 한다.

프랑스의 철학자 베르그송Bergson, Henri은 "설탕물 한 잔을 마시고 싶을 때 내가 서둘러도 소용이 없다. 설탕이 녹기까지 기다려야 한다. 이 조그만 사실은 큰 교훈을 지니고 있다. 왜냐하면 내가 기다려야 하는 시간은 마음대로 더 늘릴 수도 없는 상대적이 아닌 절대적인 것인 까닭이다."라고 우리의 삶에 있어 때를 기다려야 하는 이유에 대하여 이야기하고 있다.

'때를 기다려야 될 때는 그 때를 잘 아는 것' 은 성공인의 필수 덕목德目 중의 하나이다. 우리는 기차시간이나 비행기 시간같이 기다려야 할 시간이 단기적이며 명확한 때는 이를 당연시 생각하고 잘 기다린다. 그러나 삶의 여정에서 길게 기다려야 하거나 그 기다림의 시간이 명확하지 않은 때는 이를 참지 못하고 조바심을 내거나 섣부른 행동을 함으로써 실패의 길로 들어선다.

일본의 에도막부의 초대 쇼군將軍이었던 도꾸가와 이에야스德川家康도 그의 시대가 오기까지 도요토미 히데요시豊臣秀吉의 통치아래에서 많은 세월을 기다려야 했다. 그는 하루에 한 자씩 금강경을 붓으로 쓰며 오랜 기다림의 세월을 견딘 후 자기의 시대를 맞을 수 있었다. 만약 그가 때를 기다리지 못하고 경거망동輕擧妄動 했다면 어떠했을까?

우리 나라 삼성그룹을 창업한 이병철 회장도 평소 "운運, 둔鈍, 근根 정신을 가져라."라고 말했다고 한다. 이는 사업에 성공하기 위해서는 첫째 운이 따라야 하고, 둘째 당장 운이 없으면 기다려야 하고, 셋째 운이 닿더라도 끈기(근성)가 있어야 내 것으로 만들 수 있다는 것을 의미한다고 한다.

논어에 보면 공자孔子가 한 마을의 읍장이 된 제자 자하子夏로부터 고을을 다스리는 방도에 대한 질문을 받고 "욕속부달欲速不達"이라 답했다 한다. 이는 "빨리 하려고 하지 말고 작은 이익에 눈을 주지 말아라. 서두르면 이루지 못할 것이요, 작은 이익을 보면 큰 일을 이룰 수 없느니라." 즉, 일을 서두르다 보면 일을 달성하지 못하고 오히려 그르친다는 말이다. 우리 속담에도 '아무리 바빠도 바늘 허리매어 못 쓴다.'는 말이 있지 않은가? 아무리 바쁘다고 해서 실을 바늘귀에 꿰지 않고 바늘 중간에 매어 옷을 꿰맬 수는 없듯이 모든 일에는 거쳐야 할 단계와 과정이 있다.

아름다운 별을 보려면 밤이 깊어져 온 누리가 깜깜할 때까지 기다려야 한다.

대나무가 바람에 부러지지 않고 강한 것은 세월을 견디며 차근차근 지은 매듭이 있어서이듯, 성공의 계단을 오르기 위해서는 한 단계 한 단계의 매듭을 잘 지어야 할 것이다. 즉, 성공인의 길을 잘 가기 위해서는 처음부터 끝까지 전심전력全心全力을 기울여 바쁘게 달리는 것만 능사가 아니고, 때로는 멈춰 다음 단계를 위해 준비하고 한 단계씩 매듭을 지으며, 기다릴 줄 아는 여유를 가지는 지혜가 필요하다고 본다.

값싼 동정은 금물이다 ⛵

한편 성공하려는 자가 역경에 처해 있을 때 그가 자신의 힘으로 극복하는 것을 기다리지 않고 값싼 동정을 베푸는 것은 금물이다.

곤충학자 찰스 고우만은 어느 날 애벌레를 관찰하던 중 뜻하지 않은 실수를 저질러 중요한 사실을 발견하였다. 그는 애벌레가 고치구멍을 뚫고 나오려고 애쓰는 것을 보고 안쓰러운 마음에 밖에서 구멍을 뚫어주어 그 애벌레가 나오는 것을 도와주었다. 그러나 그 애벌레는 날개를 질질 끌고 바닥을 왔다 갔다 하며 기어 다니다가 결국 죽어버렸다. 그 이유인 즉 구멍을 힘들게 뚫고 나오는 과정에서 날개의 힘을 기르는 것인데 그만 찰스 고우만이 이러한 기회를 뺏어버려 애벌레는 날개의 힘을 잃고 결국 날지 못하고 죽은 것이었다.

걸음마를 배우는 아기도 평균 2천 번을 넘어져야 비로소 걷는 법을 배운다고 한다. 넘어지는 아기가 안쓰러워 자꾸 일으켜주면 어쩌면 일어서는 법을 배우지 못해 평생 기어다니는 상황이 벌어질지도 모른다. 넘어지지 않고 달리는 사람에게는 사람들은 박수를 보내지 않는 법이다. 넘어지고 또 넘어졌다 일어나 다시 달리는 사람에게 사람들은 박수를 보낸다.

내가 아는 기업인 중에 아들교육을 특이하게 한 사람이 있었다. 그에게는 그의 사업을 이어받을 장남이 있었는 데, 그는 장남을 특전사로 입대시켜 강훈련을 시킨 다음 군 제대 후에는 자기가 운영하는 휴게소의 쓰레기를 치우는 청소원으로 일하도록 했다. 직원들도 모르게 제일 아랫자리에 서서 겸손의 덕을 배우고, 힘든 일을 통해 지혜를 깨닫도록 한 것이다. 그 후 그 아들은 미국 유학을 마치고 지금은 경영수업을 받고 있다. 미래의 큰 그릇을 만들기 위해서 일부러 소중한 아들에게 고생스런 일을 경험시킨 그로부터 지혜로운 아버지의 아들에 대한 특별한 사랑 방식을 느낄 수 있었다.

한편 직장에서 부하 직원이 업무 수행이 미숙하여 힘들어 할 경우에도 이를 보기가 안타까워 도와주는 것은 바람직하지 않다. 그가 자력으로 연구하여 역경을 극복하고, 마침내 성공하여 박수를 받을 수 있도록 여유를 가지고 지켜보는 것도 좋지 않을까?

성공 뒤에 다가오는 실패의 그림자

나는 여러 해 전 우리나라에 벤처 붐이 일어나고 있을 때 경기엔젤클럽과 서울엔젤클럽의 심사위원을 했다.

요즈음은 엔젤들이 많이 위축되었지만 그 당시만 하더라도 엔젤 붐이 전국적으로 불어 좋은 투자처가 나오면 서로 소개해달라고 나에게 부탁할 정도로 투자열기가 높았다.

나는 앞서 소개한 것처럼 바이오 업종의 대표격인 M 회사의 엔젤투자를 성공시켰다. M 회사에 투자한 8개월 만에 엔젤들은 투자 대비 최고 90배 가까운 투자수익을 올렸다.(참고: 나의길 - '신뢰'는 사업성공의 핵심이다) 이는 나도 놀란 큰 성과였다. 그러나 성공에 실패의 뿌리가 내린다고 했다. 일부 엔젤들은 이와 같은 좋은 투자기회가 다시 오겠지 하고 기다리며 기대가 부풀었다. 그래서 그 후 만나는 벤처기업들의 투자요청에 가벼운 마음으로 성큼 응하였다. 몇 번만 성공하면 재벌은 아니더라도 남부럽지 않을 재산을 쌓을 수 있을 것 같은 희망에 가득 차 있던 그들은 벤처기업이 가지고 있는 태생胎生적인 위험성을 간과하였다.

벤처기업의 대부분은 특허를 받았거나 특허를 출원중인 신기술을 바탕으로 사업을 한다. 이런 이유로 그들의 장래 전망은 모두 낙관적이다. 그러다 보니 사업계획 또한 장밋빛으로 설계한다. 이런 낙관적 계획에 의한 투자조건이라 대부분 비싼 가격으로 투자요청이 제안된다. 그러나 엔젤 투자 붐이 일던 초창기 엔젤들은 이를 감수하고 과감하게 투자하는 경향이 있었다.

그러나 대부분의 벤처기업의 경우 기술개발이 최종적으로 완성되기까지는 오랜 시간이 걸린다. 또한 그 과정에서 수많은 변수가 있을 수 있다. 이런 점을 간과하는 경우 큰 낭패를 당할 수 있다. 예를 들어 1차 기술 개발단계가 성공리에 완료되었다고 하더라도 2차, 3차 개발이 계속 추가될 수 있다. 그 때마다 개발자금이 추가로 소요된다. 만약 이때 추가자금 조달이 어렵게 되면 그 회사는 증자 시 주주로부터 외면당하게 된다. 이는 곧 회사의 계속가능성에 치명적인 타격이 오게 됨을 의미한다.

따라서 획기적인 신기술이 개발되었다고 하더라도 너무 큰 기대를 조기早期에 하고, 곧바로 거액의 투자를 하는 것은 위험하다. 최소한 파이로트 시설이 만들어지고 시제품 생산단계까지 기다려 투자에 참여하는 것이 바람직하다. 또는 기관투자가들이 투자할 시점에 같이 투자에 참여하는 것도 좋은 방안이다. 왜냐하면 기관투자가들은 자체적으로 기업을 분석하고 평가하는 전문시스템이 있으므로 그들이 어떤 회사에 투자한다는 것은 그 회사에 대한 검증이 어느 정도 된 상태라는 것을 의미하기 때문이다.

내가 아는 엔젤들 중 신중한 검토와 분석 없이 '성급한 판단'에 의해 투자했던 사람들의 경우에는 대부분 실패로 귀결되었다. 이는 일시에 많은 이익을 얻음으로서 기분이 고양高揚된 나머지 냉철한 판단력을 잃은데 기인한다.

투자를 하든 사업을 하든 때를 기다릴 줄 알아야 한다. 돈은 냉정하다. 사람이 냉정하지 못해 돈을 벌 수 있는 기회를 놓치는 것이다. 투자의 기회가 성숙될 때까지 침착하게, 그리고 냉철하게 판단하고 그 때를 기다려야 실패하지 않을 것이다.

용기와 인내

용기로 실패를 극복한다

용기勇氣는 '씩씩하고 굳센 기운氣運'을 의미한다.

'패션그룹 형지'의 최병호 회장은 "살다 보면 역경은 누구에게나 다가오게 마련입니다. 그러나 이러한 역경도 기氣가 센 사람은 능히 극복해나갑니다. 저는 머리는 좋지 않지만 기는 좀 센 편입니다. 저는 저에게 닥친 어려움을 피하지 않고 제가 가지고 있는 기로 뚫고 나갔습니다."라고 이야기한다.

생각은 에너지이다.

생각을 어떻게 하고 역경과 실패를 대하느냐에 따라 이를 극복하는 정도가 다르게 나타난다. 어떤 사람이 충격적인 상황이나 이야기를 들을 때 놀라서 그만 그 자리에 주저앉아버리거나 힘없이 걷다가도 사랑하는 사람을 만나면 금세 힘이 솟아나 뛰어가는 모습들을 본다. 이 모두 생각과 마음이 일으키는 기의 작용이라고 생각된다.

따라서 어떠한 어려움이나 난관도 강한 기운이나 용기로 이를 대처하면 극복할 가능성이 매우 높다고 볼 수 있다. 흔히 사업에 실패하면 건강까지도 잃는다고 하는데 이는 기가 약한 사람에 해당한다. 이에 반해 기운이 강한 사람은 사업실패에 굴하지 않고 최소한 건강은 지킴으로써 재기할 기회를 잡을 준비를 한다.

성공인들이 '실패'에 대해 가지고 있는 기본인식은 남다르다.

그들은 '실패'의 순간이 왔을 때 '실패' 그 자체로 인식하는 것이 아닌,

새로운 성공의 전기를 마련하는 바탕으로써 실패를 긍정적으로 인식하고 있다는 점이다. 즉 성공과 실패의 사이에 '도전'이라는 중간다리를 두어 실패를 했을 경우 실패한 상태에 머무르지 않고 성공으로 건너기 위한 '도전'이라는 다리를 건너가기 위해 노력하였던 점이다.

흔히 실패를 할 경우 그동안의 시간을 낭비했다고 생각하기 쉽다. 그렇다. 어떻게 보면 낭비일 수 있다. 그러나 실패의 시간을 다음에 올 성공을 위해 투자하여야만 하는 마중물이나 종자돈과 같은 것이라고 생각하면 어떨까? 이렇게 긍정적인 생각은 실패의 시간을 잘 발효시켜 다음 성공을 위한 밑거름으로 만들 것이다. 만약 실패를 한 경우 이를 긍정적인 생각으로 발효시키지 못한다면, 실패의 시간들은 성공을 위한 밑거름으로 변화되지 못해 사용하지 못하고 버려야만 할 폐기물에 불과할 것이다.

이런 관점에서 보면 실패로 인한 소비시간은 결코 낭비일 수 없으며 꼭 필요한 유용한 시간이 될 것이다.

하버드대의 존 코터John Kotter 교수는 "20년 전에는 임원 승진 후보자를 평가할 때 '이 사람은 32살 때 큰 실패를 했군, 그래서 별로 좋지 않은데….'라고 이야기 했다. 오늘날은 이렇게 평가한다. '이 사람에 대해 걱정스러운 것은 실패를 해보지 않았다는 거야.'"라고 말하며 실패의 긍정적인 면을 강조한다.

이러한 점을 고려해보면 우리의 삶을 살아가는 여정에서 무엇보다 우선 '가야할 길'을 발견하는 것이 중요하다. 다음 일단 길을 발견하게 되면 두려워해선 안된다. 또한 그 길을 가는 도중 만나게 되는 역경과 이로 인하여 저지르게 될 실수를 감당할 용기도 필요하다. 이 과정에서 만나는 실패로 인한 실망과 패배감 또는 좌절감은 신께서 곧 다가올 성공의 길을 예비하고 있다는 것을 미리 보여주는 하나의 징표요 도구라고 생각하고 극복하여야 한다.

옛날이야기를 하나 소개하기로 한다.
옛날에 한 소년이 고향을 떠나 넓은 세상에서 큰 꿈을 펼치기로 결심하였다. 마을을 떠나기 전 마을에서 가장 존경받는 어른을 찾아 인사를 드리니 그는 '不要怕불요파'를 써주며 말했다. "애야 인생을 잘 살 수 있는 비결은 딱 여섯 글자란다. 오늘은 세 자만 줄 테니 이를 잘 지켜라. 그리고 인생 후반부에 들면 다시 찾아오거라. 그러면 나머지 세 자를 더 주겠다." 하고 말했다. '不要怕'란 말은 "두려워 하지 말라"라는 말이다.

그 소년은 인생 전반前半을 두려워하지 않고 열심히 살았다. 그러나 이 과정에서 실패도 하고 마음의 상처도 많이 받았다. 하루는 옛날 마을 어른의 말씀이 생각 나 그 마을을 방문하였다. 그 어른은 이미 죽고 아들이 대신 그 어른이 쓴 나머지 세 글자를 보여주었다. 그 글자는 '불요회不要悔'이었다. 이는 "후회하지 말라"는 뜻이다. 이 글을 보고 그는 "젊은 시절에는 용기를 가지고 두려워하지 말고 최선을 다하되, 나이 들어서는 그 결과에 대하여 후회하지 말라"는 어른이 가르쳐준 삶의 지혜를 깨닫게 되었다고 한다.

실수하니까 사람이고, 사람이니까 또한 실수하게 된다. 가고자 하는 길이 본인이 선택한 길이고, 그 길이 바른 길이라면 두려워하지 말고 반드시 도전하여 가야할 것이다. 또한 이때 만나는 실패에 좌절하거나 후회해서는 아니된다.

류시화 시인은 "새는 날아가면서 뒤돌아보는 법이 없다. 고개를 꺾고 뒤돌아보는 새는 이미 죽은 새다."라고 말한다. 실패를 했을 때는 이를 후회하지 말고, 슬기롭게 극복할 인내와 용기가 필요하다. 삶의 여정에서 만나는 실패를 실패 자체로만 받아들이지 말고, 신이 우리에게 주는 실패의 숨은 뜻을 발견하고 이를 바탕으로 성공의 길로 새 출발하는 지혜가 필요하다.

비전 제시로 역경을 극복한다

나는 60년대 우리 나라의 산업화 과정의 어려웠던 시절을 기억하고 있다. 당시는 먹을 것, 입을 것, 살 곳이 부족했다. 그러다 보니 너나 할 것 없이 가난의 그늘에서 벗어나지 못하고 하루하루의 삶이 힘들었던 시절을 보냈다.

요즈음에는 쌀이 남아돌아 국민들로 하여금 쌀 소비를 늘리도록 장려하는 운동까지 일어나고 있지만 당시에는 '보릿고개'라는 것이 있어 국민들이 배고픔을 벗어나지 못했다. 이는 가을에 추수를 마치면 그 곡식으로 겨울을 나게 되는데 그 수확량이 부족해서 매년 3~4월이 되면 먹을 식량이 떨어지게 된다. 그러다 보니 매년 이 시기가 다가오면 지난해 가을에 뿌린 보리가 익기까지 먹고 살기가 막막하게 되는데 이 기간을 보릿고개로 부르게 되었다. 오늘날에도 배고픔으로 인한 애환의 상징으로 보릿고개를 이야기하고 있다.

이러한 까닭에 시골에서는 집안 식구중에 한 사람이라도 먹을 입□의 수를 줄일 수 있도록 눈물겨운 노력을 하였다. 남자의 경우에는 남의 집에 머슴으로 들어가기도 하고, 여자의 경우에는 서울 부잣집으로 식모살이를 떠나거나 공장에 취업하기도 하였다. 특히 남동생을 둔 누나들은 동생이라도 공부시키려고 공장에서 밤잠 설치며 힘들게 번 돈을 동생의 학자금으로 기꺼이 내놓기도 하였다.

이렇게 모두들 힘든 시절이었지만 당시 나의 기억으로는 나를 비롯하여 대다수의 국민들이 미래에 좋은 시절이 올 것을 믿고 오늘의 고난과 고통을 겪어낼 수 있었다. 나는 아침 일찍 동네 이장 댁의 확성기에서 울려 퍼지는 새마을노래의 흥겨운 가락을 나도 모르게 따라 부르며 미래의 꿈을 그렸던 기억이 있다.

이와 같이 미래의 좋은 꿈을 가지게 되면, 이러한 꿈은 우리로 하여금 오늘의 고난과 고통을 기꺼이 견디게 한다. 따라서 기업이든 국가든 이를 이끄는 리더는 그 구성원들에게 미래의 좋은 비전을 제시함으로서 그들로 하여금 기꺼이 오늘의 어려움을 극복하고 앞으로 나아가는 데 동참할 수 있도록 이끌 수 있는 것이다.

다음은 1802년 나폴레옹이 유럽 전체를 정복하겠다는 야망을 품고 알프스산을 넘을 때 이야기이다.

눈보라 속에 살을 에는 강추위와 세찬 바람이 부는 가파른 알프스산을 대포와 마차를 끌고 넘어가자니 자연 많은 병사들이 추위와 배고픔에 시달리며 죽어갔다. 비록 살아남은 병사들도 추위에 떨며 배고픔에 사기가 떨어지고 절망에 빠지고 있었다. 이러한 상황에서 나폴레옹은 다음과 같이 병사들로 하여금 미래에 다가올 즐거움을 상상하도록 하는 비전을 줌으로서 고난의 알프스산을 넘는 데 성공하고 이탈리아를 정복할 수 있었다고 한다.

"친애하는 프랑스 병사들이여! 지금 우리는 몹시 피곤하고, 헐벗었으며 제대로 먹지도 못하지만 결코 이 자리에서 죽음을 기다리고 있을 수만을 없다. 저 눈앞에 보이는 알프스 정상을 넘으면 풍요가 넘치는 땅, 거대한 도시를 얻게 될 것이며, 부귀와 명예와 영광을 얻게 될 것이다. 저 알프스산만 넘으면 따뜻한 침대와 맛있는 음식, 그리고 아름다운 이탈리아 미녀들이 우리를 기다리고 있다. 제군들이여, 일어서라. 용기있는 자만이 미인을 차지할 수 있다."

이 얼마나 시의적절時宜適切하고 병사들의 마음을 움직이게 하는 위대한 리더의 연설인가!

비전은 이와 같이 오늘의 고난과 고통을 즐거이 받아들이고 견딜 수 있는 힘을 준다. 따라서 성공하는 경영자가 되기 위해서는 업무에 힘들어하고 지친 부하 직원들에게 그들이 원하는 비전을 제때에 제시할 수 있어야 한다.

포기하지 않는다

영국 수상이며 세계대전의 영웅이었고 노벨문학상까지 수상한 윈스턴 처칠Winston Churchill에 관한 이야기를 소개하기로 한다.

그는 누가 보아도 성공한 사람으로 평가받고 있다. 그러나 그가 처음부터 성공인으로 살아온 것은 아니다. 오히려 실패자의 모습으로 살아왔다는 편이 맞을 것이다.

그는 팔삭둥이 조산아로 태어나 말더듬이 학습 장애인으로 학교에서 꼴

찌를 했다. 초등학교 학적기록부에는 '희망이 없는 아이'로 기록된 사람으로 기록되었다. 중학교 때에는 영어에서 낙제점수를 받아 3년이나 유급하였고, 영국의 명문대학교인 캠브리지나 옥스퍼드 대학에는 입학할 수 없어 사관학교를 지망하였으나 두 번이나 실패한 끝에 가까스로 들어갔다. 또한 선거에서도 낙선했던 전형적인 실패자의 길을 걸었다.

그러나 다른 사람이 가지지 않는 소중한 성공인의 자질이 있었는데 다음과 같은 그의 일화에서 그 내용을 엿볼 수 있다.

처칠이 명문 옥스퍼드대학에서 졸업식 축사를 하게 되었다. 청중들은 그의 입에서 어떤 멋있는 축사가 나올지 기대하며 숨을 죽이고 있었다. 그러나 그의 입에서 나온 말은 'Never Give Up.포기하지 말라!' 그리고 잠시 후 "Never, Never, Never, Never, Never, Never Give Up!"뿐이었다. 일곱 번의 Never Give Up이 그가 축사로 한 전부이었다. 이에 대해 청중은 실패를 두려워하지 않고 포기를 모르는 그의 강인한 인생에 대하여 우뢰와 같은 박수로 화답했다고 한다.

또한 에이브러햄 링컨Abraham Lincoln은 1860년 그가 미국의 16대 대통령에 당선될 때까지 그야말로 역경과 실패의 연속이었으나, 그는 끝까지 포기하지 않고 이를 훌륭히 극복하여 승리하는 삶을 산 대표적인 인물이라고 말할 수 있다.

가난한 집안에서 태어난 링컨은 가족이 집을 잃고 길거리로 쫓겨나 혼자 힘으로 가족을 먹여 살려야만 했고, 무려 여덟 번이나 선거에서 패배했으며, 두 번이나 사업에 실패했고, 신경쇠약증으로 고통을 받기까지 하였다. 그는 이와 같이 몇 번이나 실패하고 중도에 포기할 위기에 처했지만, 길을 가로막는 역경을 잘 극복하고 미국 역사상 가장 위대한 대통령이 될 수 있었다.

그는 상원의원 선거에서 패배한 후 다음과 같이 말하였다.

"내가 걷는 길은 험하고 미끄러웠다. 그래서 나는 자꾸만 미끄러져 길바닥 위에 넘어지곤 했다. 그러나 나는 곧 기운을 차리고는 내 자신에게 이렇게 말했다. '길이 약간 미끄럽기는 해도 낭떠러지는 아니야.'"

이는 한 시대를 움직였던 위대한 지도자만이 가질 수 있는 역경에 임하여 끝까지 포기하지 않는 강인한 정신과 긍정적인 마음을 잘 표현하고 있다고 본다.

인내로 역경을 극복한다 ⛵

위대한 목표일수록 그 목표를 달성하기 위해서는 많은 고난이 따르게 되며, 이를 극복하기 위한 강한 인내가 요구된다. 그러나 강한 인내로 끈질기게 집중하여 노력하면 불가능할 것 같은 일도 뜻밖에 잘 이루어지는 것을 우리는 종종 경험한다.

한 방울의 연약한 물방울이 지속적으로 끊임없이 떨어지면 단단한 바위에 구멍을 뚫을 수 있게 된다. 남송시대 『주자어록朱子語錄』에서도 '주자朱子'는 '정신일도 하사불성精神一到 何事不成'이요, '양기발처 금석역투陽氣潑處 金石亦透'라고 하여 '정신(생각)을 한 곳에 집중하면 못 이룰 일이 없고, 양기가 도처에 발하면 돌덩이와 쇠붙이도 뚫을 수 있다'고 가르치고 있다.

또한 '인내忍耐는 쓰고 그 열매는 달다'라는 격언도 있다. 쓰디쓴 인내의 종착지에는 '성공'과 '보람'같은 달콤한 열매가 기다린다는 의미이다.

미국의 엑슨모빌Exxon Mobil Corporation사 창업주인 존 D. 록펠러John D. Rockefeller는 "인내하는 것보다 더 큰 성공요소는 없다고 생각한다. 인내력은 심지어 자연의 힘도 극복할 수 있다."라고 성공을 위해서는 인내가 필요함을 이야기하고 있다.

그리고 미국의 존 폴 미첼 시스템사의 최고경영자(CEO)인 존 폴 디조리아John Paul DeJoria도 다음과 같이 인내와 끈기로 성공한 자신의 이야기를 하고 있다.

"낯이 두꺼워야 한다. 폴미첼 창업 직전 샴푸 외판원 생활을 했다. 나는 판매와 마케팅을 매일 가정집 대문을 수백 번 두들기면서 배웠다. 판매는 99번의 문전박대 끝에 이뤄진다는 것을 배우게 되었다."

다음은 '켄터키 프라이드치킨'이라는 세계적인 프랜차이즈 회사를 만들고 미국인들로부터 '패스트푸드의 아버지'라고 불리는 전설적인 커널 할랜드 샌더스Colonel Harland Sanders라는 노인의 이야기이다.

그는 인디애나 주 헨리빌의 장로교집안에서 3 남매의 장남으로 태어났다. 그의 아버지는 다섯 살 때 죽었기 때문에 그의 어머니가 아버지를 대신하여 돈을 벌어야 했다. 샌더스는 일하려 밖으로 다니는 어머니를 대신하여 어린 시절부터 집안의 요리를 도맡아서 하였다. 가난한 집안 사정 때문에 10 살의 나이가 되어서는 농장에서 일을 하여야만 했다. 그는 7 학년 때 학교에서 중퇴하였다. 그 때 직후 그의 어머니는 재혼한 의붓아버지의 가정폭력으로 인하여 집을 떠났다. 그는 먹고 살기 위해 농부, 보험판매원, 페인트공, 타이어 판매원을 비롯하여 유람선, 주유소 등 다양한 일자리를 전전하였다.

그리고 커널 샌더스가 40 세가 되던 때 켄터키주에 있는 주유소에 근무하면서 손님들을 대상으로 닭요리를 판매하기 시작하였다. 주변의 평판이 좋아지고 대형 레스토랑이 있는 모텔의 요리사로 발탁되기도 하였다. 그렇게 닭요리를 꾸준히 연구하고 개발한 커널 샌더스는 당시에 일반적으로 사용하던 팬 형식의 튀김기계가 아니라 닭을 신속하게 조리할 수 있는 압력 튀김기계를 도입했다.

그리고 황혼의 나이에 접어서야 제법 인정받을만한 레스토랑을 갖게 되었다. 그러나 그 마저도 식당에 원인 모를 불이 나서 식당이 전소하고, 또 식당 앞으로 고속도로가 생기는 바람에 여행객들의 발길이 끊기게 돼 1 년도 되지않아 문을 닫는 불운을 겪어야만 했다. 그의 나이 65 세였다. 그의 수중에 남은 돈은 사회보장금으로 지급된 105 불이 전부였다고 한다. 완전한 파산이었다.

65 세의 노인이 단돈 105 불을 가지고 무엇을 새로 시작할 수 있었을까?

이러한 경우 많은 사람들은 실의에 빠져 술을 마시거나 세상 탓을 하며 자포자기自暴自棄하는 삶을 살았을 것이다.

그러나 그는 낡아빠진 자신의 트럭에 남은 돈을 몽땅 털어서 압력솥을 사서 싣고 새로운 꿈을 가지고 길을 나섰다. 그동안 레스토랑을 운영하며 그가 꾸준히 개발해 온 그 나름대로의 독특한 '요리법', 바로 그것을 바탕으로 사업을 시작해 보기로 한 것이다. 열악한 사업형편 때문에 트럭에서 새우잠을 자고, 주유소 화장실에서 세면과 면도를 하며 미국 전역을 돌며 자기가 개발한 '조리법'을 팔아보고자 혼신의 노력을 다 했다.

'허참 다 늙어서 무슨. 사업을….' 그를 아는 사람들은 냉소적으로 그를 바라보았다. 그러나 그는 주변의 이러한 시선들을 의식하지 않고 그의 결심을 밀고 나갔다.

그는 그가 개발한 요리법을 팔고자 식당들을 방문하였다. 그러나 초라한 차림으로 방문하는 이 노인에게 로열티를 지급하고 조리법을 사줄 식당주인은 쉽게 나타나지 않았다. 식당 주인들은 그의 방문을 외면하거나 그의 제안을 귀담아 듣지 않았다. 거절, 또 거절 수많은 거절이 그를 힘들게 하였다.

무려 1,008 번의 거절을 당하였다. 이와 같은 거절의 고통스런 시간을 보내다가 그의 나이 68 세가 되던 해에 드디어 처음으로 그의 요리법을 사겠다는 사람을 만나게 되었다. KFC 1호점이 탄생하는 순간이었다. 얼마나 감격스런 순간이었을까?

커넬 할랜드 샌더스는 말한다.

"나는 포기하지 않았습니다. 무언가 할 때마다 그 경험에서 배우고 다음 번에는 더 잘할 수 있는 방법을 찾아냈습니다. 훌륭한 생각, 멋진 생각을 하는 사람은 무수히 많습니다. 그러나 행동으로 옮기는 사람은 드뭅니다. 저는 남들이 포기할 만한 일을 포기하지 않았습니다. 포기하는 대신, 무언가 해내려고 애썼습니다. 실패와 좌절의 경험도 인생을 살아가면서 겪는 공부입니다."

커넬 할랜드가 실패에 좌절하지 않고 계속 도전한 정신은 대학에서 증자曾子가 다음과 같이 주장한 기천정신己千精神에 따라 실천한 것과 같다.

人一能之 己百之 人十能之 己千之　인일능지 기백지 인십능지 기천지

果能此道矣 雖愚必明 雖柔必强　과능차도의 수우필명 수유필강

"남이 한번 해서 잘하게 되면 자기는 백 번을 하고, 남이 열 번 해서 잘하게 되면 자기는 천 번을 한다. 어떤 일에서라도 이 방법을 잘 해낸다면 아무리 우매한 자라도 반드시 총명해질 것이고, 아무리 유약한 자라도 반드시 굳세어져서 일을 해낼 수 있을 것이다."

이 밖에도 역경을 극복하여 성공의 길을 간 성공인들의 사례를 소개하면 다음과 같다.

‣ 도스토에프스키 : 20년 이상 글을 쓰면서도 평론가들로부터 '너저분한 잡동사니 같은 글만 쓴다'는 비판을 받았으나 『죄와 벌』, 『까라마조프 가의 형제들』과 같은 불후의 명작을 쓴 세계적인 문호가 되었다.

‣ 하워드 슐츠Howard Schultz : '스타벅스 사업계획서'에 대한 217명의 투자자들로부터 투자 거절을 받았으나 '스타벅스는 커피가 아닌 공간과 문화, 그리고 경험을 파는 기업이며, 회사의 최우선은 직원들'이라는 그의 '인간중심' 경영 철학으로 전 세계 매장 수 2만 개가 넘는 커피제국을 만들어 시가총액 약 55조 원의 세계 최대 커피회사로 회사를 키운 스타벅스의 회장이 되었다.

‣ 마이클 조던Michael Jordan : NBA시절 9,000번의 슛을 실패하고 300회의 경기에 패배한 경험이 있으나 "나는 인생에서 실패를 거듭해왔다. 이것이 내가 성공한 정확한 이유다."라고 실패를 긍정적으로 받아들이고 이를 극복하여 '농구의 황제'로 불리는 NBA 역사상 가장 위대한 세계적인 농구선수가 되었다.

‣ 월트디즈니Walt Disney : 가난한 집안 형편으로 학교도 제대로 다니지 못하고 신문배달 등의 힘든 일을 하며 빈민가에서 남들이 먹다 버린 빵을 주워 먹는 등 역경을 겪었다. 그는 "사람들은 어두울 때 별을 본다. 모두가 불가능하다고 말을 한다면 오히려 도전해볼 만한 가치가 있다."라는 도전정신으로 역경을 극복하고 세계적인 애니메이션 회사인 월트디즈니를 설립하고 디즈니랜드를 건설하였다.

‣ 크리스티앙 디오르Christian Dior : 수십 곳의 의상실로부터 "당신은 절대로 패션디자이너가 될 수 없다"는 말을 들었으나 이를 극복하고 세계적인 패션과 명품회사인 크리스티앙 디오르Christian Dior를 설립하였다.

‣ 어니스트 헤밍웨이Ernest Hemingway : 한 잡지 편집장으로부터 "이런 글 실력으로는 절대로 작가가 될 수 없다"라는 핀잔을 받았으나 이를 극복하고 『노인과 바다』라는 작품을 써서 노벨 문학상을 받는 세계적인 작가가 되었다.

‣ 조지 소로스George Soros : 손님이 남기고 간 음식으로 주린 배를 채우

던 술집 웨이터이었으나 이를 극복하고 세계적인 헤지펀드 '소로스 펀드'를 운영하고 있는 '소로스 헤지펀드 매니지먼트'의 회장이 되었다.

‣ 박성수: 근육무력증에 걸려 5년 가까이 누워서 지냈으나 이를 극복하고 '남 중심적 사고'와 이를 실천하는 원동력으로서 '다르게 생각하기' 전략으로 이대 앞 구멍가게로부터 출발한 '이랜드'를 창업하여 대기업으로 키웠다.

‣ 남상해 : 서울역 대합실에서 노숙을 하고 창신동 땅굴에서 생활하며 신문팔이, 구두닦이, 물장수로 하루하루를 버티며, 중국집 점원이 된 후 10년 넘게 배달원과 주방보조로 일하여 끝도 보이지 않는 가난을 극복하고 대한민국 최고의 중화요리 전문점 '하림각'을 설립하였다.

‣ 신용호 : 한국의 저명인사 99명으로부터 "당신이 하려는 사업(교보생명)은 무조건 실패한다"라는 말을 들었으나 "길이 없으면 길을 만들며 간다"와 "맨 손가락으로 아름들이 참나무에 구멍을 뚫어라"라는 정신으로 이를 극복하여 교보그룹을 창업하였다.

역경에 좌절하지 않고 이를 성공으로 이끌어간 이들의 지혜와 끈기는 오늘 이 순간 사업실패로 고통받고 있는 많은 기업인들로 하여금 그들이 겪고 있는 고통을 극복하고 성공의 길로 갈 수 있도록 용기와 깨달음을 주고 있다.

위대한 업적은 역경을 딛고 이뤄진다

역사를 살펴보면 장애를 극복하고 위대한 업적을 남긴 위인들이 많이 있다. 그들이 만약 역경을 만나지 않았다면 위대한 업적을 남길 수 있었을까? 사례를 들어보자.

'오딧세이'를 쓴 호머와 '실락원'을 쓴 밀턴은 실명한 장님이었지만 위대한 작품들을 썼다.

다산 정약용은 18년간의 장기 유배기간 동안에 『목민심서 牧民心書』와 『경세유표 經世遺表』와 같은 불후의 명저를 저술하였다.

중국의 사마천은 거세 去勢라는 치욕을 당한 후 이를 감내하며 유명한

『사기史記』를 저술하였다.

이 밖에도 희랍의 유명한 웅변가인 데모스테네스는 심한 말더듬이라 발음을 제대로 못하였지만, 입에 자갈을 물고 피나는 발음 연습을 한 끝에 훌륭한 웅변가가 될 수 있었다.

미국 루스벨트 대통령은 서른아홉 살에 소아마비로 두 다리를 못 쓰게 되었음에도 불구하고 좌절하지 않고 네 번이나 대통령에 당선되었다.

또한 베토벤은 음악가로서는 치명적인 청각 장애자였지만 자신의 역경을 딛고 역사에 길이 남을 위대한 작품을 남겼다.

역경 없이 이뤄낸 성공에 대하여는 '위대한 성공' 이라는 표현을 쓰지 않는다. 견디기 힘든 역경을 불굴의 의지와 지혜 그리고 열정으로 극복하고 목표를 달성했을 때 우리는 그들의 '위대한 성공' 에 경의를 보낸다.

모죽毛竹의 기다림 정신을 본받는다

대나무 중에 최고로 여기는 것으로 모죽毛竹이 있다.

모죽은 씨를 뿌린 후 아무리 물을 주고 가꾸어도 5년이 되기까지는 싹이 트질 않는다고 한다. 그러나 5년이 지나면 어느 날 손가락만한 죽순이 돋아나 4월이 되면 하루에 80㎝씩이나 놀랄 만큼 빠른 속도로 자라서 30m나 자란다고 한다. 이러한 모죽의 특이한 현상에 대하여 학자들이 연구하려고 대나무 밑을 파 보았더니 놀랍게도 모죽의 뿌리가 사방으로 10리나 멀리 뻗어나가고 땅속 깊이 뿌리를 박고 있음을 발견하였다고 한다. 모죽은 묵묵히 뿌리를 내리고 뻗는데 5년이란 세월을 참고 기다린 후 밖으로 모습을 드러내 최고의 대나무로 성장하는 것이다.

대나무가 일반 다른 나무에 비해 현저히 가늘고 길게 자라지만 세찬 바람에도 부러지지 않는 것은 대나무 속이 비어있고 또한 촘촘한 마디가 있기 때문이라고 한다. 우리 인간도 마찬가지이다. 마치 대나무의 속이 빈 것처럼 마음을 비워 실패를 가져오는 가장 큰 원인이라고 볼 수 있는 욕심을 비우고, 좌절이나 실패 또는 질병과 같은 각종 역경을 극복할 때마다 생기는 인생의 마디를 잘 맺을 수 있어야 성공인으로서 우뚝 설 수 있다고 본다.

어느 분야에 있어 최고가 되기 위해서는 그 과정에서 부딪치는 수많은 역경이 주는 인고忍苦의 세월을 견딜 수 있어야 한다.

솔개의 자기 극복의 정신을 본받는다

우리는 하늘에서 힘차게 나는 솔개를 본다.

우리는 '솔개'에 대하여 막연히 빠르고 자기 몸보다 몇 배나 큰 독수리에게 용감하게 덤비는 맹금猛禽 정도로만 알고 있다. 그러나 잘 살펴보면 솔개는 우리 나약한 인간들에게 극심한 고통을 참아낸 후 환골탈태換骨奪胎 하는 강한 정신을 가르쳐주고 있음을 알 수 있다.

솔개는 대체로 70~80년 이상 생존하는 장수 새에 속하는 것으로 알려지고 있다. 그러나 처음부터 이와 같이 모두 장수하는 것은 아니다.

솔개는 40년을 살면 부리는 두꺼워지고 발톱 또한 노화되어 사냥감을 잡을 수 없게 된다. 부리가 길게 자라 구부러져 사냥감을 줘도 먹지 못하고 깃털이 길게 자라 무거워지고 또한 비바람에 날고 힘이 없어져 하늘 높이 날 수가 없다.

그때 솔개는 중대한 선택의 기로에 서게 된다. 이대로 죽을 것인가 아니면 새로 태어날 것인가를 선택하여야 한다.

솔개는 정상 부근에 날아올라 그곳에 둥지를 틀고 고통스런 인내의 과정을 겪는다. 먼저 두꺼워진 부리를 바위에 쪼아서 부리가 깨지고 빠지게 만든다. 두 달이 지나면 그곳에서 새로운 부리가 돋아난다. 그리고 새로 돋아난 날카로운 부리로 묵은 발톱을 하나하나 뽑아 버린다. 그러면 역시 두 달이 지나면 뽑아진 발톱자리에서 새로운 발톱이 돋아나게 된다. 다음에는 새로 돋은 발톱으로 깃털을 또 하나씩 뽑아내는 데 그러면 그 자리에 새로운 깃털이 자라나게 된다고 한다.

이렇게 새로운 부리와 발톱 그리고 깃털로 새로 태어나려면 6개월이란 기간 동안 고통스런 인내의 시간을 보내야 한다. 이러한 선택과 고통을 극복한 솔개는 그 후 완전히 다시 태어나 하늘 높이 비상하여 30여 년을 더 살 수 있다고 한다.

이처럼 잘 나가던 기업도 변화에 유연하게 대처하지 못하고 현재의 상황에 안주하거나 역경에 처해 좌절하게 되면 정체되어 점차 쇠락해지고 급기야는 문을 닫게 되는 불행을 피하기 어렵다. 하지만, 고통을 극복한 후 탈태환골 하는 솔개의 지혜를 본받아 뼈를 깎는 구조조정을 하고 새롭게 혁신하면 제 2의 도약과 발전을 이룰 수 있을 것이다.

궁하면 통하리라 - 궁즉통窮則通

문제에 직면하였을 때 이를 피하지 않고 극복하고 노력했던 나의 작은 경험을 이야기해 보고자 한다.

나는 회계사 장교로 군 복무를 마치고 회계법인에 입사하여 회계사의 길을 가기로 결심하였다.

나는 회계법인에 입사하자마자 감사팀의 외국회계사 책임자 밑에 배치되었고 주로 외국은행과 외국회사 한국지사의 회계감사 업무를 맡게 되었다. 배치 당시 영어를 사용하여 일을 해본 경험이 전혀 없던 나로서는 당장 내 상사로 있는 외국인과의 대화에 곤란을 겪을 수밖에 없었다. 더욱이 내가 담당한 고객들도 대부분 외국회사 또는 외국은행이어서 그들과 업무를 수행하려면 영어를 반드시 능숙하게 사용할 수 있어야만 했다.

나는 출근 첫날부터 당장 영어로 말하고 서류도 영어로 작성하여야 하는 입장이되고 보니 그야말로 발등에 불이 떨어진 격이었다. 그러나 나는 학원 다닐 시간도 없어서 할 수 없이 스스로 문제를 해결하지 않을 수밖에 다른 방법이 없었다.

어떻게 하면 영어를 잘 공부할 수 있을까?

당시에는 요즈음처럼 MP3나 스마트폰이 없었기 때문에 음악이나 영어를 들을 때는 주로 '워크맨'이라고 해서 허리춤에 차는 조그만 영어테이프 재생기계를 사용했었다. 나에게도 중고워크맨이 있었는데 이를 이용하여 영어공부를 시도하였다.

그러나 실내에서는 그런대로 들리는데 밖에서는 리시버기능이 좋질 않아 잘 들리지 않았다. 어떻게 하면 잘 들리게 할 수 있을까? 하고 궁리를 한 후 집에서 전축에 꽂아 사용하던 큰 헤드폰을 사용해보기로 했다. 헤드폰을 워크맨에 연결하여 머리에 쓰고 출근, 퇴근 시 회사에서 집에까지 오는 도중 거리를 걷거나 버스를 탈 때 각각 한 시간씩 하루에 두 시간 가량 빠짐없이 영어테이프를 들었다.

지금 생각해보면 넥타이를 맨 멀쩡한 사람이 가방 들고 큰 헤드폰을 쓰고 거리를 거니는 모습이 꽤 우스꽝스러울 것 같고 창피할 수도 있었다. 그러나 당시 나는 그런 것에 신경쓸 겨를이 없었다. '내가 남에게 해를 끼치지 않는데 남들이 좀 웃으면 어떠냐?' 라는 마음으로 남들의 이상한 눈초리는 무시하기로 결심하였다.

약 1년 가량 계속 테이프를 통해 영어를 듣고 따라서 말하는 연습을 하다 보니 어느 정도 내 귀에 영어가 잘 들리게 되고 말도 자연스레 할 수 있었다. 나는 이러한 과정을 거쳐 마침내 전화로 외국인과 대화하는 수준까지 영어회화를 구사할 수 있게 되었고 외국인과의 업무를 큰 실수 없이 수행할 수 있게 되었다.

이는 '궁하면 통한다' 는 궁즉통窮則通의 원리가 나에게 적용된 결과이다.

나는 '최단기간 내에 독학으로 영어회화를 습득하여야만 한다.' 라는 중대한 과제에 직면하여 이를 피하지 않고 정면으로 돌파하여 문제를 해결하였던 것이다. 즉, '이 난관을 통과하지 않으면 안 된다' 는 도전정신에 입각한 강한 집중력과 인내와 노력으로 나에게 닥친 어려움을 잘 극복할 수 있었다고 생각한다.

리더십

아르키메데스의 거울

아르키메데스Archimedes는 그리스의 수학자, 물리학자이며 천문학자인데, 그에 관한 다음과 같은 일화가 전해져온다.

아르키메데스는 기원전 214년 로마 군대가 그리스를 쳐들어오자 군사들에게 거울을 나눠 주었다. '지금 로마군의 함대가 저렇게 바다 위를 새까맣게 덮고 밀려오는 판국에 무기는 고사하고 거울이라니?' 거울을 받은 군사들은 어이없어 했다. 그러나 아르키메데스는 군사들에게 각자 받은 거울로 반사된 햇빛을 한 곳에 모아 로마군의 배를 향해 집중하여 비추도록 했다. 그러자 군사들의 손에 쥐어진 조그만 거울에 모인 작은 햇빛에너지들이 모두 한 곳에 집중되어 비추자 놀랄만한 엄청난 힘을 발휘해 적군의 함대를 불살랐다고 한다.

어떤 자료에 보면 오목거울로 집광경集光鏡이란 장치를 개발하여 적선을 불태웠다 라고도 전한다. 이 말이 사실인지 또는 과학적으로 가능한 일인지 여부에 대해 논란이 있다. 그러나 여기에서는 빛의 집중으로 인한 시너지효과를 발견하고 이를 이용한 그의 지혜를 높이 평가하고자 한다.

이와 같은 원리는 기업에도 적용될 수 있다. 즉, 기업에서도 구성원 개개인의 능력은 비록 작더라도 유능한 리더가 이를 한 곳으로 집중할 수만 있다면 서로 상승효과가 발휘되어 예상치 못한 엄청난 큰 효과를 가져 올 수 있다.

이와 같이 조직의 구성원들로 하여금 자발적으로 조직의 목표에 적극 참여하도록 하는 능력 또는 기술을 '리더십' 이라고 이야기한다.

허시P. Hersey와 블랜차드K. H. Blanchard는 리더십에 대하여 아래와 같은 산식으로 표현하고 있다.

$$L = f(l,\ f,\ s)$$

L : 리더십(Leadership), l : 리더(leader), f : 추종자(follower),
s : 상황(situation)

이러한 리더십이 잘 발휘되려면 무엇보다 '리더'의 자질과 자세가 중요하다고 본다.

빌 게이츠를 속물俗物 같은 장사꾼으로 무시했던 스티브 잡스가 가장 숭배했던 인물로 인텔의 전설적인 CEO인 앤디 그로브Grove가 있다. 그는 아무리 큰 위기가 닥쳐도 자신감 없는 모습을 직원들에게 보이지 않음으로써 직원들이 신뢰와 확신을 가지고 자신을 따르도록 하여 역경을 극복하였다고 한다. 그는 1987년에 인텔의 CEO가 되어 1998년 은퇴할 때까지 회사 가치를 40억 달러에서 2,000억 달러로 50배 이상 높이고 인텔을 전 세계에서 일곱째로 큰 기업으로 성장시켰다.

어느 날 그는 기자에게 다음과 같은 질문을 받았다.

"당신은 수없이 많은 위기를 겪었으면서도 어떻게 항상 당당하고 자신있는 모습을 보여줄 수 있었습니까?" 그러자 그는 이렇게 대답하였다. "그런 말 하지 마세요. 위기가 닥칠 때마다 직원들 월급이나 제대로 줄 수 있을까 하고 걱정이 돼 바지에 오줌을 찔끔찔끔 쌀 뻔한 적이 한두 번이 아니었습니다. 하지만 CEO인 내가 자신없는 모습을 보여주면 직원들이 두 세배는 더 흔들릴 것이란 사실을 잘 알기 때문에 자신감 있는 척 행동했더니 두려움이 사라지고 자신감이 생겼습니다."(출처 : 조선일보 정동일 교수의 『사람이 경영이다』, 2014.10.25.)

이와 같이 리더십이 제대로 발휘하려면 우선 '리더'가 자신감있게 조직을 이끌어가는 모습을 보여야한다.

다음에는 '리더'와 '추종자' 즉 종업원과의 관계이다.

기업에서 리더십이 제대로 발휘되려면 위 산식에서 보는 바와 같이 주어진 경영상황(s)속에서 종업원(f)으로 하여금 기업의 목표를 달성하기 위해 자발적이고 적극적인 협력을 하도록 종업원의 참여를 끌어낼 수 있어야한다. 이때 유의할 점은 종업원의 의견을 듣되 그 의견을 하나로 모으는 역할은 리더의 몫이란 점이다.

조선후기 조재삼趙在三이 지은『송남잡식松南雜識』에 '작사도방삼년불성作舍道傍三年不成'이란 말이 있다. 이는 집을 길가에 짓게 되면 지나는 사람마다 참견을 하게 되어 삼 년이 지나도 이루지 못한다는 내용으로 어떤 일에 이견異見이 구구해 결론을 내리지 못함을 뜻한다. 리더는 기업을 경영함에 있어 이런 상황이 오지 않도록 주관을 가지고 타이밍에 맞추어 구성원의 의견을 결집하여 하나로 모을 수 있어야 한다.

'투자의 귀재' 또는 '오마하의 현인'이라고 부르는 버크셔 해서웨이사의 최고경영자인 워런 버핏Warren Buffett은 "존경받는 기업인의 조건을 하나만 선택하라면 리더십이다."라고 말할 정도로 리더십의 중요성을 강조하고 있다.

한편 이어령 교수는 "제일 좋은 허리띠는 뭐냐? 맸는지 안 맸는지 모르는 허리띠가 제일 좋지. 그건 적당하게 매는 거지. 더 조이지도 않고 풀어지지도 않고. 리더십이라는 게 바로 이 허리띠 같은 거야. 있는 듯 없는 듯 해야지."하고 바람직한 리더십의 모습에 대하여 말하고 있다.

상황을 잘 인식한다

리더십은 리더(L)나 추종자(F)가 처한 상황(S)에 따라 그 모양과 내용이 달라진다. 예를 들어 전쟁터에서 군대를 지휘할 때의 지휘관의 리더십과 기업에서 종업원을 지휘하는 경영자의 리더십은 서로 다르다. 또한 군대의 리더십도 총탄이 빗발치고 있는 전쟁터에서의 리더십과 평화로운 상황에서의 리더십 또한 다르다. 따라서 리더십은 그 상황에 따라, 구성원의 종류와 자질에 따라 그리고 지휘자의 자질과 입장에 따라 그 내용이 달라지므로 한마디로 이상적인 리더십을 정의하기란 어렵다고 본다.

리더십이 잘 발휘되려면 우선 리더와 추종자가 그들이 처한 상황을 정확하게 잘 인식하여야 한다.

티베트 망명정부 정치 지도자 달라이 라마Dalai Lama는 수많은 리더들이 진정한 리더십을 갖추지 못하고 있는 것에 대하여 우선 리더 자신이 어떤 과제와 직면하고 있는지 이를 잘 파악할 것을 다음과 같이 권고하고 있다.

"리더는 자신이 어떤 과제와 직면하고 있는지 파악해야 한다. 리더는 문제의 원인을 찾아내고 그 문제를 해결하는 데 어떤 원칙을 적용할 것인지 판단할 수 있어야 한다."

또한 잭 웰치 GE 전 회장은 리더십의 요체는 '정확한 현실파악'과 이에 기반을 둔 '신속한 행동'에 있음을 다음과 같이 강조하고 있다.

"리더십의 핵심은 단순하다. 사람, 환경, 제품에 대해 있는 그대로의 현실을 파악한 후, 그것을 기반으로 신속하고 결연하게 행동하는 것이다. 하지만 경영자가 저지르는 대부분의 실수는 현실을 제대로 보고, 있는 그대로의 현실을 직시하고, 그런 후에 그것을 기반으로 행동하지 않기 때문에 일어나는 것이다. 바로 그것이 리더십의 요체다. 현실을 직시하고 곧바로 결정을 내리고 행동하는 것이다."

리더가 조직의 추종자를 이끌고 수행하여야 할 과제를 정확히 파악하지 못한다면 조직으로 하여금 가야할 방향을 잃거나 잘못된 방향으로 조직을 이끌 수밖에 없으므로 그의 리더십은 근본부터 잘못 되어가고 있다고 본다.

리더뿐만 아니라 추종자 입장에서도 그들이 하여야 할 역할과 임무를 정확히 파악하고 있어야 한다. 크게는 리더와 추종자 공히 그들이 속한 조직의 목표를 잘 이해하여야 하고, 그 바탕 위에서 리더와 추종자는 각자의 임무와 역할을 정확히 이해하여야만 한다.

서로 눈을 맞추고 교감하여야 한다

흔히 우리가 아이들과 대화하려면 아이들의 눈높이에 우리를 낮추어 대화하여야 한다고 말한다.

종업원은 기업의 입장에서 보면 아이에 해당하고 경영자는 아이를 상대하고 그들을 조직의 목표를 향해 이끌 책임이 있는 어른에 해당한다고 볼 수 있다.

그러나 눈높이를 맞추어 대화하려고 해도 웬일인지 대화가 통하지 않고 서로 다투기만 하는 경우가 있다. 왜 이런 현상이 생기는 것일까?

우리는 음악을 듣고 싶어 FM 방송 채널을 돌릴 때 주파수를 정확히 맞추어 다이얼을 돌리지 못하면 좋은 음악은 커녕 듣기 싫은 소음騷音만 들리는 경험을 하곤 한다. 사람과의 관계도 이와 같다고 생각한다. 사람과 사람 사이에 교감交感이 잘 이루어지려면 양자의 감정의 주파수가 잘 맞아야 한다. 감정의 주파수가 맞지 않으면 아무리 좋은 이야기를 해도 상대방은 이를 거부하거나 잔소리로 들릴 뿐이다.

웬일인지 상사나 부하직원 중에 쳐다보기도 싫은 사람, 근처에 가기도 싫은 사람이 있다고 할 때 이들은 서로 감정의 주파수가 맞지 않는 것을 의미한다. 이런 상황을 그대로 둔 채 이들을 규합하여 조직의 공통된 목적을 향해 같이 일사불란一絲不亂하게 전진하도록 하는 진정한 리더십이 발휘될 수 있을까?

나는 이런 경우 두 가지의 단계를 거칠 것을 권고하고 싶다.

첫째는 리더의 입장에서 부하직원과 눈높이를 진정으로 맞추는 노력이 필요하다고 본다. 부하직원들도 자라온 환경이나 성격, 지식의 정도 등 면에서 천차만별千差萬別일 것이다. 이러한 각양 각색의 부하직원들과 대화할 때 이들을 천편일률千篇一律적으로 같은 직원으로 보고 이들과 더불어 획일적인 방식으로 대화하려고 한다면 아마도 진정한 대화가 가능하지 않으리라고 생각된다.

예를 들면 부하직원의 지식정도에 따라 사용하는 언어의 선택을 잘 하려고 노력하여야 하며 그들의 성격이나 자질 그리고 경험 등을 잘 파악하여 그들에게 통할 수 있는 언어와 매너로 이야기하도록 노력하여야 할 것이다.

이를 위해 무엇보다도 필요한 것이 바로 부하직원들을 진정으로 이해하여야 한다는 점이다. '이해理解'는 영어로 'Understand'라 쓰는데 이를 나누어 보면 '아래'라는 'Under'와 '서다'라는 'Stand'로 결합되어 있음을 알 수 있다. 즉 상대방보다 낮은 자세에서 그를 바라보려고 할 때 진정으로 이해할 수 있음을 뜻한다고 볼 수 있다.

둘째, 상대방과 교감交感 하려고 노력하여야 한다.

상사가 부하에게 아무리 좋은 이야기를 하더라도 상대방이 듣지 않고자 마음의 문을 걸어 잠그면 아무 소용이 없다. 상대방의 귀를 뚫고 뇌와 마음에 도달하여 상대방이 이야기하는 상사의 마음을 알 수 있어야 비로소 대화의 의미가 있다고 본다.

대화對話는 이야기를 하고자 하는 자와 이야기를 듣는 상대방 즉, 양방兩方의 존재를 전제로 하고 있으며, 교감交感은 이들 양방의 감정이 상호간에 주고받는 것을 의미한다. 즉 일방적인 이야기는 대화도 아니고 교감도 아닌 것이다. 고요한 마음으로 눈을 바라보면서 부하의 이야기를 들으면 부하의 말 뒤에 가려진 어떤 것이 보이며, 부하에 대한 올바른 판단 근거를 얻을 수 있는 것이다.

따라서 리더든 종업원이든 상호 간에 이야기가 전달되어가는 마음의 문을 열어놓을 수 있어야 한다. 마음의 문을 열고 서로 이야기의 뜻이 오고 가도록 해야 비로소 리더십이 싹이 트고 자라며 열매를 맺을 수 있게 된다.

심지어는 잘 못한 부하직원을 꾸지람 할 경우에도 이 원리를 적용하는 것이 좋다. 즉, 눈높이를 맞추어 부하의 눈을 바라보며 부하가 이해할 수 있는 언어로 하는 것이 꾸지람의 효과를 높일 수 있다. 상대방 눈을 바라본다는 것은 마음의 창인 눈을 통해 상대방 마음 속 깊이 나의 마음의 실상을 전달하기 위함이다. 상대방을 바라보고 있는 나의 눈을 상대방이 바라본다는 것은 상대방이 이 쪽을 수용하고 있음을 의미한다.

따라서 리더가 부하 직원에게 그의 눈을 외면하면서 일방적으로 꾸지람을 한 뒤 "이젠 됐으니 가 봐." 하고 말 한다거나, 반대로 부하직원이 상사의 눈을 마주치길 거부하는 것은 상호 간에 상대방을 인정하고 있지 않음을 의미한다.

경영자로서 부하직원과의 관계를 잘 하려면 오케스트라의 지휘자와 같은 역할을 해야 한다. 기업 전체의 입장에서 조직구성원을 살펴보고 각 구성원으로 하여금 각자의 위치에서 제 역할을 잘 할 수 있도록 때로는 조율하고 때로는 통제하여야 한다. 아울러 구성원으로 하여금 자발적인 열정을 발휘할 수 있도록 따뜻한 훈기를 불어 넣어주어야 한다.

섬김의 리더십

한국을 방문한 프란치스코Francis, Jorge Mario Bergoglio 교황에 대한 인기가 한국 국민들은 물론이고 전 세계적으로 아주 뜨겁다. 마치 슈퍼스타와 같은 인기를 누리고 있다.

그가 대중들이 좋아하는 배우나 가수도 아닌데 대중들로부터 이들에 못지않은 보다 더 차원 높은 사랑을 받고 있는 것이다.

그 이유는 무엇일까?

첫째, 가톨릭입장에서 보면 교황이라는 지존至尊의 신분임에도 불구하고 그는 지극히 낮은 곳으로 몸과 마음을 두려고 하는 점이다.

그는 최고의 고급승용차를 마다하고 작은 소형차를 이용하고, 비행기 좌석도 전용기나 일등석이 아닌 비즈니스석을 이용하고 있다. 그리고 방명록을 쓸 때도 아주 작은 글씨로 씀으로써 본인을 내세우지 않는 그의 겸손한 마음가짐을 보여주고 있다.

성경(루카 복음서 제14장 제11절)에 보면 '누구든지 자신을 높이는 이는 낮아지고 자신을 낮추는 이는 높아질 것이다.' 라고 기록되어 있다. 또한 성경(마태오 복음서 제18장 제4절)에 보면 '누구든지 이 어린이처럼 자신을 낮추는이가 하늘나라에서 가장 큰 사람이다.' 라고 기록되어 있다. 이 모두 자기낮춤의 중요성을 말씀하고 있는 것이다.

둘째, 가난하고 불쌍한 사람들을 위해 사랑을 베푼다는 점이다.

그가 극심한 신경섬유종증으로 온 몸에 징그러운 혹으로 둘러싸여 있는 환자를 감싸안고 키스하고 있는 모습과 에이즈환자들의 발을 씻겨주고 이들의 발에 키스하는 장면을 보고 온 세계 사람들이 감동한다. 그리고 이러한 사랑의 정신에 마음 깊은 곳으로부터 우러나오는 존경과 흠모를 보낸다.

이와 관련하여 성경(마태오 복음서 제20장 제26절~27절)에 보면 "너희 가운데에서 높은 사람이 되려는 이는 너희를 섬기는 사람이 되어야 한다. 또한 너희 가운데 첫째가 되려는 이는 너희의 종이 되어야 한다."라고 말씀하고 있다.

셋째, 성경에 바탕을 둔 원칙을 준수하고, 예수를 닮고자 하는 생활 자세이다.

그는 사랑과 용서 그리고 축복하는 생활을 솔선하여 행하고 있다. 세월호 사건으로 자식을 잃고 비통해하는 가족들을 마음을 다 해 위로하고, 잘 못하는 이들을 위해 77번이라도 용서하라고 기도한다. 본인이 먼저 검소한 생활로 가난한 자의 목자로서 모범을 보이며, 화려한 교회나 고급 승용차를 타고 다니는 성직자들의 모습에 마음 아파한다.

이와 관련하여 성경(마태오 복음서 제18장 제22절)에는 형제가 죄를 지을 경우 몇 번이나 용서해주어야 하느냐를 묻는 제자의 질문에 예수는 "내가 너희에게 말한다. 일곱 번이 아니라 일흔 일곱 번까지라도 용서해야 한다."라고 말씀하고 있다. 교황은 이 성경말씀을 따르라고 이야기 하는 것이다.

넷째, 교황은 그를 따르는 사람들과 격의 없는 대화를 하고 고통을 호소하는 사람들의 말을 경청한다.

그는 양떼를 이끄는 목자에게는 양젖 냄새가 나야 하는 원리를 몸소 실천으로 보여주고 있다. 경호목적으로 제공되는 방탄차를 외면하고 그에게 다가오는 사람들을 가까이 마주보고 이야기하고자 애쓰는 그의 모습에서 양젖 냄새가 물씬 풍기는 진정한 목자의 모습을 느낀다. 이러한 삶의 자세를 통해 그는 목자로서의 예수가 행한 거룩한 발자취를 닮고자 진정을 다해 실천하는 모습을 우리에게 보여주고 있는 것이다.

이와 관련하여 성경(루카복음서 제15장 제4절)에는 "너희 가운데 어떤 사람이 양 백 마리를 가지고 있었는 데 그 가운데에서 한 마리를 잃으면, 아흔아홉 마리를 광야에 놓아둔 채 잃은 양을 찾을 때까지 뒤쫓아가지 않느냐?"하고 양을 치는 목자의 자세를 이야기 하고 있다.

이러한 교황의 모습에 많은 사람이 감동하고 마음 속 깊이 흠모와 존경을 보낸다. 교황은 우리에게 '섬김의 리더십'이 무엇인가를 잘 보여준다고 말할 수 있다.

'섬김 리더십Servant Leadership'이란 '봉사적 리더십'이라고도 하며 이는 조직구성원들의 의견이나 요구에 서슴없이 경청하고 그들에 대해 인격존중과 헌신적 봉사를 통해 그들로 하여금 스스로 자기 능력을 발휘하도록 이끌어주는 리더십을 말한다.

섬김 리더십 교육으로 가장 유명한 그린리프 연구센터의 연구소장인 스피어스Spears는 '서번트 리더'의 특성적 요소로 다음과 같이 10가지를 들고 있다.

1 경청하는 자세
2 공감대 형성에의 노력
3 부하들의 고통치유에 관심
4 분명한 인식을 통해 대안 제시
5 맹종 아닌 설득에 의한 동반
6 폭 넓은 사고를 통해 비전 제시
7 예리한 통찰력으로 미래예측을 하도록 도움
8 청지기적인 태도로 봉사
9 부하들의 능력 개발에 노력
10 조직 구성원들 간 공동체 형성에 조력

또한 신학자 본 훼퍼Dietrich Bonhoeffer 목사는 '섬김'의 본질에 대하여 다음과 같이 말하고 있다.

"공동체 내에서 가장 첫 번째 섬김은 말을 잘 경청하는 것이다. 말을 잘 경청해야 바른 행동이 나타난다. 말하는 사람과 듣는 사람이 서로 공감하도록 내 생각을 비우라.

둘째, 섬김은 상대방의 인격을 인정해야 진정한 마음의 소리가 들린다.

셋째, 섬김은 말하기를 절제하는 것이다. 말을 배우는 기간은 2년이 걸리고, 침묵을 배우는 기간은 60년이 걸린다. 내가 먼저 이해받고 싶은 욕구를 버려야 절제한다.

넷째, 섬김은 겸손하게 이해하는 것이다. 겸손해야 들을 수 있고, 교만하면 들을 수가 없다.

다섯째, 섬김은 온 몸으로 응답하는 것이다. 귀로만 듣는 것이 아니라 온 몸으로 듣는 것이다. 아라비아 속담에 '듣고 있으면 내가 이득을 얻고, 말하고 있으면 남이 이득을 얻는다.' 라는 말이 있다."

무엇인가 막혀있고 답답한 조직의 경우라면 우선 리더가 본인의 경직된 마음을 부드럽게 바꾸고 낮은 자세로, 겸손한 자세로 마음의 문을 열고 조직구성원들과 진정한 교감부터 시작하는 섬김의 리더십을 발휘해보도록 함이 어떨까?

솔선하는 리더가 된다

'리더Leader'는 리드Lead하는 사람을 뜻하며 'Lead'는 '인도하다, 안내하다, 이끌고 가다'를 의미한다. 즉 앞장 서 이끌고 가는 사람을 가리키므로 리더는 뒤에 따라가는 사람추종자, Follower의 존재를 전제로 한다. 이 경우 리더십을 제대로 발휘하려면 추종자로 하여금 마음으로 승복할 수 있도록 리더가 솔선수범하는 것은 필수적 요건이라고 말할 수 있다.

크라이슬러Chrysler자동차의 리 아이아코카Lee Iacocca 회장도 "리더십이란 모범을 보이는 것이다."라고 리더십을 정의하고 있다. 또한 월마트Walmart의 창업자인 샘 월튼Sam Walton은 "사람들은 그들의 상사 수준에 맞춰서 일한다. 경영진이 부하들에게 관심이 없다고 생각하면 부하들도 관심을 두지 않는다."라고 말하며 기업의 리더인 경영자가 부하직원들에 대하여 관심을 가지고 대할 것과 아울러 부하직원들이 본받을 수 있도록 먼저 리더로서의 솔선수범을 강조하고 있다.

강남에 있는 모 대형음식점의 세무 고문 겸 감사직을 수행할 때의 이야기이다.

하루는 음식점의 사장으로부터 "감사님, 새로운 메뉴를 개발했는 데 시식도 하실 겸 저녁이나 하시지요."하고 연락이 왔다. 나는 보통 식사 후 입 주위를 닦기 위해 최소한 3~4장의 냅킨을 사용한다. 그러나 그는 저녁을 먹고 난 후 냅킨 한 장으로 네 번을 접어가며 입을 닦고 있었다. 그의 특이한 모습에 나는 "사장님, 종이 냅킨을 참 아끼시는 것 같네요." 하고 질문하자 그는 "저는 냅킨을 이렇게 사용하는 것이 습관이 되었지요. 종이 한 장 나지 않는 우리 나라 아닙니까? 아낄 수 있는 한 아껴 써야지요. 냅킨 한 장을 네 번 접어 사용하면 충분하거든요." 하고 껄껄하고 웃었다.

"종업원을 300명씩이나 거느린 대형음식점의 사장이 종이냅킨 한 장을 아끼다니…." 하고 생각했지만, 한편으론 나는 그가 그러한 요식업소를 운영하게 된 이면에는 그의 그러한 솔선수범 정신이 있었기 때문이 아닌가 하는 생각이 들었다.

조선시대의 고승 서산대사는 다음과 같은 시를 통하여 앞서 가는 리더로서 몸과 마음가짐을 조심할 것을 권고하고 있다.

"踏雪野中去답설야중거 不須胡亂行불수호난행
今日我行跡금일아행적 遂作後人程수작후인정
눈 내린 들판을 걸을지라도 모름지기 어지럽게 걷지 마라
오늘 나의 발자국이 뒤에 오는 사람의 이정표가 되리니. "

또한 맹자는 다음과 같이 지도자의 솔선수범이 최고의 가르침이라고 말한다.

"솔선수범만한 가르침은 없다. 신하의 잘못을 일일이 들어 책망해 봤자 소용이 없고 정사의 잘못을 일일이 들어 비난해봤자 소용이 없다. 임금이 인仁하면 그 누구도 인仁하지 않을 수 없고 임금이 의義하면 그 누구도 의義하지 않을 수 없다. 또 임금이 바르면 신하들도 다 발라서 백성을 바르게

다스리지 않을 수 없다. 오직 임금이다. 임금이 마음을 한번 바르게 잡으면 나라는 자연히 바르게 안정된다."

한편 슈바이처도 어떤 사람으로부터 '성공적인 자녀 교육방법' 세 가지를 말해달라고 부탁을 받고 "첫째 본보기요, 둘째 역시 본보기요, 셋째도 본보기"라고 말하였다고 한다.

이와 같은 위인들의 말씀을 통해 우리는 리더의 솔선수범하는 자세가 무엇보다도 중요한 리더십의 요체임을 알 수 있다. 따라서 존경받는 리더가 되기 위해서는 부하 직원에게 "하라"라고 지시하기 전에 먼저 실천해 보이고 할 수 있도록 이끌며 따라오지 않을 경우에는 타이르는 자세가 필요하다. 그리고 부하직원이 잘 못 했을 때는 격려와 위로를 하고, 잘 했을 경우에는 진정을 다 해 칭찬하는 자세 또한 필요하다.

공功을 같이 나눈다 🚣

미국의 철강왕인 앤드류 카네기Andrew Carnegie는 "오로지 홀로 해내려고 하거나, 또 그렇게 함으로써 모든 명성을 혼자 받기를 원한다면 결코 위대한 리더가 될 수 없다."라고 말하고 있다. 이는 위대한 리더가 되기 위해서는 공功을 부하와 같이 나누는 정신이 중요함을 의미하고 있다.

그의 묘비명에는 자기보다 훌륭하고 덕 높고 잘난 사람, 그러한 사람들을 곁에 모아둘 줄 아는 사람, 여기 잠들다. 라고 쓰여 있다고 한다.

카네기는 성공 비결을 자신의 능력 덕이라고 보지 않았고, 자신이 잘 해서가 아니라 자신보다 나은 사람을 뽑아 쓴 덕이라고 말했다. 사람에 대한 관심과 이해가 그를 성공한 사업가로 만들었으며, 기부와 자선의 실천을 통해 인간 사랑의 증거로 삼았다.

임종을 앞둔 앤드류 카네기에게 누군가가 물었다.

"당신은 역사상 가장 유명한 기업가입니다. 당신이 그토록 성공할 수 있었던 비결은 무엇입니까?"

앤드류 카네기가 대답했다.

"상대방의 바구니부터 철철 넘치도록 가득 채우시오. 그러고 나면 돈을 버는 것은 식은 죽 먹기라오."

독일 총리인 앙게라 메르켈Angela Merkel은 "혼자 가면 빨리 갈 수 있지만 함께 가면 멀리 갈 수 있다."라고 말하며 어떤 일을 하던 혼자하지 말고 더불어 같이할 것을 강조하고 있다.

또한 송宋나라 때의 '벽암록碧巖錄'에 등장한 선종禪宗의 공안公案 가운데 '줄탁동기啐啄同機'란 말이 있다. 이는 병아리가 알에서 나오기 위해서는 새끼와 어미닭이 안팎에서 서로 쪼아야 한다는 뜻으로 매사에 어미닭에 해당하는 리더와 병아리에 해당하는 부하가 서로 적기適期에 힘을 합쳐야 목적하는 일이 잘 달성될 수 있다는 의미로 사용한다.

"가라go!"보다는 "함께 가자Let's go together!"

리더는 앞서 이야기한 것처럼 오케스트라의 지휘자와 비유된다. 조직의 구성원들은 각각 다른 입장에서 다른 역할과 직무를 맞고 있다. 그러나 이들 개개인의 직무는 조직의 목표라는 커다란 과녁을 향해 초점을 맞추고 서로 조화를 이루어 나아가야만 한다. 이를 지휘하는 사람이 바로 지도자 즉 리더이고 기업의 경우 최고경영자인 것이다.

따라서 리더는 이러한 구성원들이 우왕좌왕 하지 않도록 조직의 목표를 분명히 이해하고 이를 구성원들에게 명확히 제시하여야 하는데 여기에 바로 리더십의 핵심이 있다고 본다. 그러기 위해서는 리더는 일방적으로 "가라go!"라고 말하기 전에 부하직원을 먼저 이해하고 그들과 함께 호흡을 하며 조직전체의 목표를 향하여 조화롭게 함께 조율한 상태 하에서 '함께 가자Let's Go Together!' 라고 말할 수 있도록 솔선수범하여야 한다.

더글라스 맥아더Douglas MacArthur 장군도 "보스는 가라고 말하지만, 리더는 가자고 말한다."고 부하와 더불어 하는 '함께 정신'을 강조하고 있다.

> ### 함께 가라
>
> 빨리 가려거든 혼자 가라.
> 멀리 가려거든 함께 가라.
>
> 빨리 가려거든 직선으로 가라.
> 멀리 가려거든 곡선으로 가라.
>
> 외나무가 되려거든 혼자 서라.
> 푸른 숲이 되려거든 함께 서라.
>
> – 인디언 속담 –

부하직원을 존중한다

또한 리더는 부하직원들의 입장을 이해하고 이들을 존중하여야 한다.

맹자는 말했다. "군주가 신하를 자신의 손발처럼 친하게 대하면, 신하는 군주를 자기의 심장으로 간주할 것이다. 하지만 군주가 신하를 개나 말처럼 대하면 신하는 군주를 마부로 간주할 것이다. 그리고 만일 군주가 신하를 똥처럼 본다면 신하는 군주를 적으로 간주할 것이다."

내가 아는 기업인들 중 몇 몇은 자동차 안에서의 대화를 운전기사가 메모하여 회사를 그만 둔 후 이를 세무당국에 고발, 세무조사로 말미암아 곤혹스런 경우를 당했다. 이는 지근거리에서 자기가 모시는 경영자에게 가장 충성을 하여야 할 기사가 배반하는 것으로서 심각한 리더십 부재 상황을 의미한다.

반면에 앞에 소개한 바 있는 '패션그룹 형지'의 최병호 회장은 경영세미나에서 "저는 기업의 경우 '사람이 답이다.'라고 생각합니다. 그래서 우수한 인재를 쓰고자 노력했습니다. 그리고 직원을 배려하고자 노력해오고 있습니다. 예를 들면 저는 어느 모임에서 예상시간 보다 30분 정도라도 늦으면 운전기사에게 전화를 해서 늦는다고 꼭 이야기 합니다. 만약 전화하지 않으면 그는 마냥 기다릴 테니까요."라고 부하를 존중하는 마음이 중요함을 이야기 하였다. 그리고 그는 "직원을 위한 최고의 복지는 교육"이라고 생각하고 직원 교육을 위해 심혈을 기울일 뿐만 아니라, 직원이 아닌 대리점장들을 위해서도 업계 최초로 "대리점 경영자과정"을 개설, 거래처의 교육에도 신경을 쓰고 있다고 한다.

우리는 어떤 부하 직원을 두고자 하는가?
수많은 사람들로부터 성인으로 존경받고 있는 티베트 망명정부 정치 지도자 달라이 라마Dalai Lama에게 기자가 찾아가 그의 리더십 비결이 무엇인가 하고 물었다. 그는 대답하기를 "저는 사람들을 볼 때 두 가지만 봅니다. 첫 번째는 그의 장점이고 그로부터 배울 점을 찾습니다. 그리고 두 번째는 어떻게 하면 그를 도와줄 수 있을까 생각합니다."
리더가 이러한 마음가짐으로 조직 구성원을 대할 때 따르지 않을 구성원이 있을까?
또한 그는 수많은 리더들이 진정한 리더십을 갖추지 못하고 있는 것에 대하여 조직의 목표를 명확하게 제시하지 못하고 원칙이 없기 때문이라고 진단하고 있다. 그는 리더에게 첫째 바른 일을 행하는 것과 둘째 바른 일을 행하는 것에 도달하기 위한 훈련 즉, 마음 챙김, 명상을 수행할 것을 강조하고 있다. 이는 리더로 하여금 자기 자신을 일깨우는 것 뿐만 아니라 리더가 추구하는 성공적인 비즈니스를 위해서도 무엇보다 중요하다고 본다.

만약 부하 동료직원이나 상급자 또는 부하직원들과 갈등 관계가 발생하면 이를 남의 탓으로 돌리거나 무시하지 말고 먼저 자신을 되돌아 볼 필요가 있다. 왜냐하면 이들은 나의 모습을 비추어 보는 큰 거울이기 때문이다. 그들이 나를 마주할 때 외면하거나 미소를 보내지 않으면 이들을 비난하거나 비판하기에 앞서 조용한 마음으로 자신의 현재 모습을 곰곰이 되돌아보고, 어떤 점이 이들로 하여금 나를 피하게 하는 원인인 지를 잘 살펴야만 한다.

부하 직원들을 마주칠 때마다 그들이 '나는 존중받고 싶다' 라고 쓰인 배지를 앞가슴에 차고 있다고 생각하고 그들을 대하면 어떨까?

| 나의 길 |

예고 없는 체벌은 사고를 부른다

요즈음 군부대 내 폭행사고로 온 나라가 시끄럽다.

귀한 아들 딸들이 나라를 지키고자 하는 숭고한 뜻을 가지고 입대하였는 데, 말을 듣지 않는다고 해서 폭행을 해서야 되겠는가? 이는 절대로 있어서는 안될 일이다.

나에게 군 복무는 여러 가지로 배우고 느낄 수 있었던 소중한 경험이었다. 공인 회계사 장교로 26세의 나이에 다소 늦게 입대한 나는 처음 1년은 부산 수송사령부에서 통합회계장교로, 그 후 2년간은 성남에 있는 육군종합행정학교에서 장교들을 가르치는 교관생활을 하였다.

나는 입대 초부터 사병들의 나이가 어린 점을 고려하여 가능한 한 그들을 따뜻하게 대해주려고 노력했다. 그러나 간혹 지시를 잊어먹거나 또는 임무를 게을리하는 사병에 대하여는 훈육할 책임이 있다고 생각하여 이에 알맞은 얼차려를 시키지 않을 수 없었다. 얼차려 과정에서 일어날 수 있는 사고 예방과 교육 효과의 극대화를 위해 나 나름대로 다음과 같은 방법으로 얼차려 원칙을 개발하여 시행하였다.

첫째, 부하직원이 무엇을 잘 못 했는지 신중하게 확인한다.

둘째, 내가 확인한 부하직원의 잘못을 본인도 확실하게 인정하고 있는지 다시 확인한다.

셋째, 잘못에 따른 얼차려를 받아야 한다는 사실을 말하고, 본인이 이를 수용할 마음의 준비를 하도록 한다.

넷째, 얼차려의 종류를 말하고 그중에서 본인이 받을 얼차려의 종류를 선택하게 한다. 얼차려의 예를 들면 완전군장하고 연병장 돌기나 팔굽혀펴기, 쪼그려 뛰기 또는 엎드린 상태하에 엉덩이에 매 맞기 등이 있다.

이런 절차를 밟아 얼차려를 줌으로써 본인의 잘못을 인정하고, 체벌體罰을 받지 않으면 안 된다는 마음의 준비 하에 본인이 선택한 얼차려를 받도록 했기 때문에 아무런 사고없이 부하를 교육할 수 있었다. 군대 복무경험은 특히 요즈음처럼 부모로부터 부족함 없이 자란 아이들에게는 새로운 세계를 아는 좋은 교육의 장場이라고 생각한다.

이러한 나의 군대에서의 경험은 제대 후 가정에서도 아이들이 잘못하여 가르침을 줄 경우에도 적용하였다.

아이들이 말을 듣지 않아 벌을 가할 경우에도 나는 먼저 아이들에게 무슨 잘못을 범했는지 스스로 인정하게끔 질문하여 답을 얻은 뒤, 그 결과로 인한 벌의 종류를 본인으로 하여금 선택하게 하였다. 물론 군대가 아니었기 때문에 아이들에 대한 체벌은 손들고 반성하기나 엎드려뻗쳐 아니면 팔굽혀펴기 등으로 내용이 바뀌었다.

옛날 우리 조상들은 회초리를 보자기에 쌓아 끈으로 묶은 다음 벽장 안에 깊숙이 넣어 두었다고 한다. 그 이유는 자녀들이 잘못을 저지르거나 말을 안들어 화가 날 경우 이러한 회초리를 꺼내고 보자기를 푸는 과정에서 시간이 걸리게 하기 위함이라고 한다. 이런 가운데 화가 가라앉아 이성을 찾게 되는 것이다. 우리 조상님들의 지혜가 돋보이는 좋은 방법이라고 생각한다.

부대에서나 학교에서 또는 가정에서 체벌이 필요할 경우 항상 "예고 없는 체벌은 사고를 부른다."라는 생각을 할 필요가 있다.

CHAPTER 4
성공기업인의 완성

'성공'의 완성은 '나눔'과 '기여'로
이루어진다.

'성공기업인'은 기업을 통해 '나눔'과
'기여'를 실천함으로써 성공을 완성한다.
아울러 일단 성공한 것으로 끝나지 않고
끊임없는 자기 개발 노력이 필요하다.
그리고 앞서 나가고 있는 성공기업인의
생각과 말과 행위를 살펴보아 타산지석
으로 삼는 지혜가 필요하다고 본다.

나눔과 기여

내 인생에 가을이 오면

내 인생에 가을이 오면
나는 나에게
물어볼 이야기들이 있습니다.

내 인생에 가을이 오면
나는 나에게
사람들을 사랑했느냐고 물을 것입니다.
그 때 가벼운 마음으로 말할 수 있도록
나는 지금 많은 사람들을 사랑하겠습
니다.

내 인생에 가을이 오면
나는 나에게
열심히 살았느냐고 물을 것입니다.

그 때 자신있게 말할 수 있도록
나는 지금 맞이하고 있는 하루하루를
최선을 다하며 살겠습니다.

내 인생에 가을이 오면
나는 나에게
어떤 열매를 얼마만큼 맺었느냐고 물을
것입니다.

그 때 자랑스럽게 대답하기 위해,
내 마음 밭에 좋은 생각의 씨를 뿌려
좋은 말과 좋은 행동의 열매를
부지런히 키워야 하겠습니다.

- 시인, 윤동주 -

나눔 · 기여의 실행

나눔과 기여의 차이

나눔은 분배分配, Dvision, Distribution라고도 부르며 이는 사전辭典적인 의미로 볼 때 '하나를 둘 이상으로 가르는 것'을 의미한다.

예를 들면 A와 B 두 사람이 공동으로 밭일을 하여 고구마 10 kg을 생산했다고 가정할 때 이를 어떻게 나눌 것인가의 문제를 '나눔' 또는 '분배'라고 말한다.

기여寄與, Contribution는 '도움이 되도록 이바지함'을 의미한다. 이는 기여자가 상대방으로부터 어떤 대가를 받거나 기여에 따른 반대급부의 조건 없이 일방적으로 상대방에게 도움을 주는 것을 말한다.

예를 들면 고구마 농사에 직접 관여하지 않는 동네 경로당의 노인들에게 농사지은 고구마를 정성껏 삶아드리는 것을 말한다.

여기에서 '나눔'에는 '기여'와는 달리 나눔의 대상이 되는 과실果實, 즉 '고구마'를 A와 B로 나눌 때 어떤 기준으로 나눌 것인가의 문제가 대두된다. 예를 들면 과실을 얻기까지 누가 얼마만큼 시간과 노력 또는 돈을 투자했는가에 따라 나누는 방식이다. 이러한 방식이 과실을 생산하는 과업에 참여한 구성원들 상호간에 타당한 것으로 받아들여진다면 이는 일반적으로 인정되는 '합리적 분배기준'이 된다. 그러나 이러한 기준 위에 강자가 약자를 배려하는 감성적 정신이 가미되어 분배비율이 조정되기도 한다.

이와 같은 사전적 정의를 떠나 '나눔'에는 나눔의 대상이 되는 과실 생산에 기여하지 않은 제 3자에게도 사회복지적 차원에서 나눔의 대상에 포함시키는 경우도 있다. 이는 기여의 개념까지 포함하는 넓은 의미의 '나눔'

이라고 말할 수 있다.

여기에서는 '기여'와 구분하기 위해 '나눔'의 개념을 전자前者, 즉 나눔의 대상이 되는 과실 생산에 공헌한 사람이나 단체에 국한하여 분배하는 좁은 의미의 개념으로 이야기하고자 한다.

돈에는 수많은 애환哀歡이 묻어있다 ◁▷

내가 한국은행에 근무할 때의 이야기이다.

한국은행 본점 지하에는 대형 금고가 여러 개 있었다. 그 금고에는 시중은행에서 회수한 돈들을 마대에 넣어 차곡차곡 쌓아 보관하고 있었다. 나는 이러한 돈들에 대하여 마치 상품에 대하여 연말에 재고조사 하는 것처럼 실제 돈의 재고수량을 확인하는 시재검사時在檢査 업무를 담당하였다.

그 때 시재 검사하는 직원들은 헌 돈을 보관하는 창고에 들어가서 시재 검사하는 것을 제일 꺼려했다. 그 이유는 헌 돈 창고에 들어가면 헌 돈에서 풍기는 역겨운 냄새로 가득 차 있어 숨이 막혔기 때문이었다. 아마도 돈들이 전국 방방곡곡의 수많은 사람들을 거치면서 여러 가지 사연을 통해 묻은 각종 손때에 배인 냄새가 한꺼번에 풍겼기 때문이 아니었나 생각한다.

우리의 선망 속에 사랑을 받으며 태어난 새 돈은 세상을 흘러다니는 동안 갓 인쇄될 때 가졌던 깨끗함과 신선한 인쇄냄새는 사라지고, 수많은 사람들의 애환을 같이 겪으며 온갖 종류의 때와 이로 인한 냄새를 몸에 묻힌 채 지저분하고 처참한 몰골로 폐기처분을 당하기 위해 다시 한국은행에 돌아온다.

나는 이러한 돈을 보면서 우리 눈으로 보이지는 않지만 돈에는 그 돈을 벌고 쓰고 때로는 잃어버리는 과정에서 발생하는 여러 사람들의 사랑과 미움, 기쁨과 슬픔 그리고 행복과 괴로움 등이 물씬 배어있다고 생각했다.

이와 같이 수많은 사람들의 고통과 한숨들이 돈과 함께 묻어 한국은행에 돌아와 시재 검사하는 나에게 역겨운 냄새로 마치 하소연 하고 있는 것이 아닌가 하는 생각이 든 것이다.

따라서 이러한 돈을 번 사람들은 돈을 번 사실에 대해 기뻐하기에 앞서 한 번쯤은 '내가 번 이 돈에 과연 얼마나 많은 사람들의 희노애락喜怒哀樂의 업業이 묻어있을까?' 하고 생각해볼 필요가 있다고 본다. 왜냐하면 돈을 번 사람에게는 기분 좋은 일이겠지만, 반대로 이 돈을 벌 기회를 놓쳤거나 빼앗긴 다른 이들에게는 고통스런 일이 될 수도 있기 때문이다.

LG경제 연구원이 2015년 1월 13일자로 다음과 같이 한국, 중국, 일본, 독일 미국 등 5개국 20대의 가치관을 비교·분석한 결과를 발표하였다.

"한국의 20대는 '열심히 일하면 생활이 나아진다'는 물음에 43.0%만이 긍정적으로 답한 것으로 나타났다. 중국(54.3%), 미국(46.3%) 보다 낮고 독일(39.6%), 일본(24.8%) 보다는 높은 수치이다. 또한 한국 20대의 대다수는 '부유해지는 것은 다른 사람의 희생을 동반할 수 밖에 없다'고 생각하는 경향을 보였다. '부는 모든 사람에게 충분할 만큼 증대된다'와 '다른 사람을 희생해서만 부유해질 수 있다'는 항목(택일) 중 다른 사람의 희생이 필요하다고 응답한 이가 77.9%였다."(출처 : 매일경제, 2015.1.14.)

이는 이 나라의 젊은이 대다수가 부자의 부富는 타인의 희생을 바탕으로 이뤄졌다 라고 생각하고 있음을 나타내고 있다. 이 생각이 옳은지 그른지 또는 사실인지 아닌지는 확인할 길이 없다. 하지만 부를 추구하는 사람들은 부에 대한 이러한 사회적 인식을 마음 깊이 새겨볼 필요가 있다고 생각한다.

정직하게 열심히 노력하여 남에게 아무런 피해를 주지 않고 돈을 벌기도 하겠지만, 경우에 따라서는 돈을 버는 과정에서 알게 모르게 불특정 다수인들에게 피해를 입힐 수도 있을 것이다. 그렇다면 이들의 억울함과 슬픔을 해소하고 위로하는 차원에서라도 어떠한 방식으로든 사회에 기여하는 것이 바람직하지 않을까?

내가 어린 시절 어른들이 들에서 일하고 새참을 먹을 때는 본인들이 먹기 전에 먼저 음식을 조금 떼어 주변에 던지며 "고시레!" 하고 소리친 후 먹던 모습이 기억난다. 이는 음식을 준 조상과 신령들에게 감사드리고 땅에 있는 미물들에게 소중한 음식을 먼저 나누고자 하는 마음의 표현이 아니었나 생각한다. 가을 추수가 끝난 후 벼이삭을 남겨서 가난한 사람들의 양식을 삼게 하거나 다람쥐의 겨울 양식을 위해 길에 떨어진 도토리를 줍지 않고, 까치나 날짐승을 위해서 과일나무에 과일을 몇 개 남겨두는 일 등과 같이 우리 민족의 소중한 나눔 정신과 지혜도 한번 음미해볼 필요가 있다.

'나눔이 없는 부富' 가 과연 옳은 것인가?
이는 부자에게 경고하는 다음과 같은 성경 말씀을 통해 그 답을 찾을 수 있으리라 생각한다.
성경(마태오 복음서 19장 23절)에 예수님께서 다음과 같이 제자들에게 말씀하고 있다.
"내가 진실로 너희에게 말한다. 부자는 하늘나라에 들어가기가 어려울 것이다. 내가 다시 너희에게 말한다. 부자가 하느님 나라에 들어가는 것보다 낙타가 바늘구멍으로 빠져나가는 것이 더 쉽다."

부富는 어떻게 이뤄진 것인가?

'부자의 부富는 어떻게 이뤄진 것인가?
예를 들어 어떤 A라는 30대 재벌 2세와 A가 경영하는 회사에 재료를 납품하는 거래처인 B 그리고 A가 경영하는 기업에서 종업원으로 근무하고 있는 C라는 근로자가 있다고 가정해보자. A의 재산은 1조 원, B는 2억 원 그리고 C는 1억 원이며, 이들 세 명은 재산을 벌기 위해 똑 같은 시간을 일했다 라고 가정하자.
A와 B의 재산 차이는 9,998억 원이며 A와 C의 차이는 9,999억 원이 된다. A, B, C 모두 같은 시간동안 일을 했는 데도 불구하고 이들 상호간에 이와 같이 커다란 재산 차이가 나는 것은 무슨 이유일까?
여기에서 우리는 'A가 이룬 부의 조성造成과정이 과연 정당正當하고 타당妥當한 것인가? 만약 정당하거나 타당하지 않다면 그 까닭은 무엇일까? 혹시 B나 C에게 가야할 돈이 그에게 잘못 간 부분은 없는가?' 라는 의문을 가지게 된다.
이와 같은 의문은 A가 이룬 부富가 올바른 과정과 절차를 통해 이루어진 것인지를 판단해보는 '부의 조성과정의 정당성'을 알아봄으로서 그 답을 알아볼 수 있지 않을까 생각한다.

A가 1조 원의 부富를 조성한 과정이 다음과 같다고 가정하기로 한다.

첫째, A의 경우 B나 C와 같은 시간동안 일을 했지만 본인이 가지고 있는 천부적인 통찰력이나 부친으로부터 물려받은 인맥의 도움으로 B나 C보다 부가가치가 더 높은 좋은 사업을 발견하여 이로부터 2,000억 원을 벌었다.

둘째, A는 부자부모를 둔 덕에 부모로부터 상속받은 8,000억 원의 재산에서 세금 1,000억 원을 납부한 후 7,000억 원을 가지고 있다.

셋째, A는 자기가 번 돈 2,000억 원과 부모로부터 상속받은 돈 7,000억 원을 가지고 부동산 투자와 은행예금을 통해 추가로 1,000억 원을 벌었다.

여기에서 A는 이상의 내용과 같이 조성한 자기의 재산이 모두 정당하게 취득한 재산이라고 주장할 수 있을까?

A의 부모가 남에게 피해를 주지 않고 성실하게 노력하여 재산을 모았을 경우도 있을 것이다. 그러나 이러한 막대한 재산을 모으기까지는 권모술수를 통해 남의 재산을 빼앗은 재산이 일부 포함될 수도 있다. 또한 A가경영하는 회사의 C를 비롯한 종업원들에게 줘야할 정당한 급여보다 낮은 급여를 줌으로써 그 차액으로 취득한 재산과 내야할 세금을 교묘한 탈세 수법을 이용하여 세금을 절약한 금액도 포함되어 있을지 모른다. 또한 유리한 '갑'의 입장을 이용하여 B를 비롯한 거래처들의 정당한 이익 부분을 일부 착취한 돈도 숨어있을지 모른다.

이와 같이 남에게 가야할 이익부분을 A가 가져갔다면 A의 재산 중 그 금액만큼은 정당성을 잃은 부의 축적이 된다.

명백히 법률에 위배하여 부당히 취득한 재산(예: 탈세 등)은 법의 심판에 의하여 원상복귀(예: 세금 추징)하면 될 것이다. 따라서 여기에서는 위법한 부의 축적으로 법률에 의하여 강제 환수될 수 있는 경우는 논의의 대상에서 제외하기로 하고, 위법違法은 아니나 부당不當한 부의 축적에 국한하여 생각해보기로 한다.

'기여'는 왜 하여야 하는가?

앞의 사례에서와 같이 A가 알던 모르던 간에 정당성을 잃은 부의 축적 금액이 800억 원이라고 가정할 때 동 금액은 그 원인을 찾아 피해를 본 사람들에게 되돌려주는 것이 개인적으로나 사회적으로 볼 때 올바른 도리일 것이다.

그러나 현실은 이를 어렵게 한다. 왜냐하면 우선 A가 자기가 이룬 부의 축적과정상에 정당성을 잃은 부분이 없다고 주장할 수 있고, 설혹 A가 부당취득재산이 있음을 인정한다고 하더라도 그 금액이 얼마이며 누구로부터 온 것인지를 정확히 파악하고 이를 입증한다는 것은 거의 불가능에 가깝기 때문이다.

그러나 A가 부당하게 취득한 재산으로 인하여 피해를 보게 된 사람들이 존재하는 것은 분명한 사실이며 이들은 이러한 피해로 인하여 고통을 받을 것이므로 어떤 방법으로든 그 피해를 보상해주는 것이 필요하다고 본다.

하지만 안타깝게도 이러한 불공평한 상황이 분명 존재하건만 이를 공정하게 심판할 기구나 사람이 없다. 또한 A가 양심이 있어 돌려주고 싶어도 정보의 부족으로 누구에게 얼마큼의 돈을 돌려주어야 하는지 알 수가 없다.

그렇다면 "어쩔 수 없지"하고 그냥 묵인하고 넘어가야만 할 것인가?

이러한 상황 하에서 A의 입장에서 볼 때 앞서 이야기한 부당취득재산 부분을 불특정 다수의 다른 이들에게라도 A의 자율적인 의지로 나누어주는 것이 사회 정의正義면에서 바람직하다고 본다.

그러나 B나 C의 입장에서 보면 본인들이 받아야 할 부분이 타인에게 귀속되므로 억울할 수 있다 그렇지만 확실한 대안이 없는 한 사회 전체로 볼 때는 A에게 귀속되어서는 안 될 부분이 기타의 사회구성원들에게 어떤 합리적인 이유(예: 지역사회 발전 등)나 기준(예: 장학금 또는 노약자 지원 등)에 의하여 나누어지는 것이므로 이를 긍정적으로 수용하여야 할 것이다.

이 때 A가 본인이 차지하게 된 전술한 부당취득재산 부분을 처분하는 방법과 시기에 대하여 A가 아닌 제 3자가 결정하거나 강요하는 것은 바람직하지 않다고 본다. 따라서 A는 본인에게 이러한 재산 취득기회를 준 사회에 감사하는 마음으로 이를 환원하도록 하고, 사회는 A로 하여금 스스로의 자율의지에 따라 이러한 환원을 할 수 있도록 분위기를 만드는 데 노력하는 것이 바람직하다고 본다.

이상에서 이야기한 부당취득재산의 사회 환원은 A의 입장에서 볼 때 지켜야 할 최소한의 도리라고 이야기 할 수 있다. 나아가 부당취득재산 부분이 아닌 본인이 정당한 노력으로 취득한 재산에 대하여도 본인으로 하여금 강자强者의 입장에 서게 한 절대자에 대한 감사하는 뜻으로 그중 일부를 사회 약자들에게 나누어 준다면 보다 더 바람직하지 않을까 생각된다.

여기에 바로 성공기업인들이 사회에 대하여 '기여'를 해야 하는 이유와 근거가 있다고 본다.

기업의 이익은 언제, 누구에게, 어떻게 나누어줘야 하는가?

이상에서 살펴본 관점을 '기업'에로 돌려 좀 더 생각해보기로 한다.

기업의 이익 창출은 경영자가 경영자원(사람, 자금, 물자)을 결합하고 운용하는 과정에서 창출된 '+시너지'효과라고 본다. 주주들이 주주총회에서 주주들을 대신하여 경영자를 선임하는 것은 다수의 주주들이 경영권을 행사하는 것은 불가능하기 때문이다. 그래서 하는 수 없이 자기들을 대신하여 소수의 경영자들을 선임, 이들에게 경영을 맡긴다. 그래서 이들을 '수탁受託경영층'이라고 부른다. 이와 같이 경영의 위임 과정이 이루어지는 것이 바로 주주총회이다.

경영자가 기부금을 결정하는 것은 경영자의 경영능력으로 회사가 올린 이익의 범위 내에서 한다면 적법하게 위임받은 주주권을 대리행사한 것이므로 타당한 근거가 있다고 본다.

그러면 어떤 이는 이렇게 이야기한다. "성과창출과정에 공헌한 이해관계자 집단에게 분배할 금액과 기업의 발전을 위해 재투자 할 정도까지만 기업이 이익을 올리는 것이 타당한 것 아닌가?" 그리고 "이와 같이 불필요한 초과이익을 창출하여 이를 이익 창출에 공헌하지 아니한 기타의 불특정다수인에게 비합리적으로 배분하는 것 역시 타당한 것은 아니지 않는가?"하고 의문을 제기한다. 이는 당초부터 사회로부터 불필요한 이익을 더 기업이 가져오고, 왜 또 이를 사회에 돌려주는가 하는 의미이다.

필자는 이 질문에 대해 "이는 마치 등산하는 사람에게 몸을 건강하게 할 정도까지만 적당하게 올라가지 왜 힘들이며 정상까지 오르려고 애쓰나요? 하고 질문하는 것과 마찬가지이다."라고 답하고 싶다.

경쟁사회에서는 기업이 생존하려면 가능한 한 최대의 이익을 창출하여 정상에 오를 수 있도록 노력하여야 한다. 정상에 올라 탁월한 경영능력으로 기대했던 이익을 초과하여 기업이익을 창출한 경우라고 하더라도, 이는 사회로부터 얻어야할 적정이익을 초과해서 획득한 것으로 볼 수 있다. 이는 상대적으로 이익을 얻지 못한 기업이나 개인이 존재함을 의미한다.

따라서 동 초과이익이 비록 경영능력으로 인하여 발생한 것이라고 하더라도 동 초과이익 중 일부는 그 초과이익이 발생한 원천인 사회에 '기부금'의 형태로 돌려주는 것이 타당하다고 본다. 다만, 이러한 초과이익을 언제 어떻게 누구에게 되돌려주는가 하는 문제는 그 기업이 처해있는 입장과 주주와 경영집단의 뜻에 맡겨야 할 것이다.

나눔과 기여는 바로 '오늘 이 순간'에 하여야 한다

얼마 전 우리 나라의 경제를 이끌어가는 가장 큰 그룹의 L 회장이 갑자기 쓰러져 병원에 입원하는 뉴스가 온 매스컴마다 크게 보도 되었다. 나는 우리 나라 경제의 거목이 쓰러져 참으로 안타깝고 하루속히 회복하여 그가 이끄는 기업과 우리 나라의 경제에 부정적 영향이 오지 않기를 기원하고 있다.

그는 기업을 성공적으로 일구어 우리 나라는 물론 세계 경제에 큰 기여를 하였다. 이에 대하여 이의를 제기할 사람은 거의 없으리라고 본다.

그러나 나는 그가 이끈 그룹과 그의 명성에 걸맞게 그가 개인적으로 이나라와 사회에 얼마나 나눔과 기여를 실천했는지 잘 모른다. 매스컴에서 보도를 하지 않았거나 보도를 했는데 내가 그 보도를 보지 않아서 잘 모를 수도 있다. 만약 실제로 성공적인 기업 경영에 못지않게 개인적으로도 남모르게 은밀히 병자와 가난한 자처럼 사회적으로 약한 입장에 있는 이들을 위해 도움의 손길을 펴왔다면 참으로 다행이고 감사한 일이라고 생각한다. 그렇게 믿고 싶다.

이러한 관점에서 중소기업인 (주)상훈유통을 경영하는 이현옥 회장의 나눔과 기여활동을 소개하고자 한다.

그는 매년 400억 원 내외의 매출을 하고 있는 중소기업을 경영하고 있지만 주로 보훈 가족 및 국가유공자들에 대하여 매년 10억 원 이상 기부를 하고 있는데 이는 거의 그가 경영하는 기업이 올린 영업이익의 50%에 달하는 금액이다. 이러한 이유로 보훈관련단체 사이에서 그는 '기부천사'로 불리고 있다.

이와 같이 사업규모에 비해 기부를 많이 하는 이유에 대하여 묻는 기자의 질문에 그는 "나라와 민족을 위해 희생하고 공을 세운 국가유공자 가족에 대해 항상 존경하고 감사하는 마음을 갖고 있다. 기업인으로서 너무나 당연한 일이다."라고 말하며 "우리가 이 땅에서 행복하게 살게 된 것은 나라를 위해 일신을 희생한 국가유공자들이 계셨기 때문에 가능한 일"이라고 덧붙였다. (출처 : 문화일보, 2014.3.7.)

우리는 언제 나눔과 기여를 하여야 할까?

어떤 사람은 말한다. "돈을 벌었을 때", "성공했을 때" 또는 "시간과 능력이 있을 때" 등등 나눔과 기여의 실천 시기를 '지금'보다는 어떤 조건이 성취되는 '미래'로 이연移延시킨다. 그러나 미래는 아무도 모른다. 오늘 이 순간 삶이 갑자기 끝나게 되어 미래가 다가오지 않을 수도 있다.

이와 관련하여 중국에서 일어난 실화를 소개하고자 한다.

중국의 개혁·개방의 풍운아로 알려진 왕쥔야오王均瑤 쥔야오均瑤 그룹 회장이 38세의 젊은 나이에 장암으로 사망했다. 그 부인은 19억 위안(한화로 약 380억 원 정도)예금을 가지고 왕쥔야오의 운전기사와 재혼을 했다고 한다. 이 운전기사는 "전에는 난 내 자신이 왕 사장님을 위해 일한다고 생각했지만 이제서야 왕 사장님이 날 위해 계속 일하고 있었다는 걸 알게 되었다."라고 말했다고 한다.

이렇게 되면 그 운전기사 말마따나 누가 누굴 위해 일하는 것이 될지 알 수 없다. 돈은 가지고 있을 때는 은행통장에 기록된 숫자에 불과하며, 돈의 진정한 주인은 그 돈을 쓰는 사람이라고 생각한다. 진정으로 기여를 하려고 한다면, 시간을 기다리거나 미루지 않아야 한다.

이러한 점을 고려한다면 나눔과 기여의 가장 적합한 시점은 바로 '오늘 이 순간'이라고 본다.

우리는 지하철을 탔을 때나 길거리에서 간혹 어려운 입장에 있는 사람들로부터 도움의 손길을 요청받는다. 이를 외면하지는 않는가? 혹자는 "그들은 불량배들에 의하여 구걸을 강요 당하고 있는 앵벌이이므로 도와줘서는 안 된다."라고 주장하며 도움의 손길을 거부하는 합리적(?)인 이유를 들기도 한다.

그러나 나는 이러한 주장에 동의를 할 수 없다. 비록 그들이 앵벌이일지라도 그들은 우리의 경제적인 도움이 필요한 사람들이다. 따라서 도움의 손길을 요청받았을 때 가능한 범위 내에서 마음에서 진심으로 우러나오는 도움의 손길을 펴는 것이 바람직하다고 본다. 만약 지금 이 순간에 도움의 손길을 펴지 못한다면, 다음에 남을 도울 수 있는 기회와 입장, 마음가짐 또는 능력을 가질 수 있도록 기도하는 것이 올바른 자세일 것이다.

지하철이나 거리에서 또는 일상의 삶의 여정에서 도움의 손길을 요청하는 사람들을 만났을 때 이를 외면하거나 마지못해 기부를 하지 말고, 이왕이면 좀 더 긍정적으로 생각하고 적극적으로 그리고 기쁜 마음으로 나눔과 기여를 하도록 하자.

조물주가 도움을 필요로 하는 사람이 아닌 도움을 줄 수 있는 사람으로 만들어 주심을 감사하는 마음으로 도움의 손길을 펴는 것은 어떨까?

"돈은 바닷물과 같아서 마시면 마실수록 목이 마르게 된다."라는 말과 "돈이란 훌륭한 하인이기도 하지만 나쁜 주인이기도 하다."라는 말이 있다. 또한 샘물은 퍼낼수록 맑은 물이 나온다.

우리는 우리가 지금 가지고 있는 돈과 노력 그리고 재능과 시간을 통한 나눔과 기여를 어떻게 하여야 할까?

나눔의 우선순위와 비율

앞에서 '나눔'은 나눔의 대상이 되는 대상물의 형성에 공헌한 정도에 따라 이를 나누는 것이라고 이야기 했다. 이는 성과 산출에 공헌한 사람들에게 국한하여 분배하는 것이므로, 무엇보다 '나눔의 우선순위'와 '나눔의 비율'이 타당한 지 여부가 중요한 이슈가 된다.

구체적으로 우선순위에 관해 살펴보면 기업의 경우 수익을 배분함에 있어 종업원과 은행 등이 주주보다는 우선한다고 본다. 기업의 이익은 종업원에게는 '급여'의 형태로, 자금을 빌려준 은행에게는 '이자' 형태로, 과세당국에게는 '세금'의 형태로 각각 주주보다 먼저 배분되기 때문이다. 이는 손익계산의 내용을 살펴보면 알 수 있다.

다만 이러한 배분 금액은 주주들로부터 주주총회에서 승인을 받아야 그 타당성이 인정된다. 주주는 이들 앞 단계에 있는 이해관계자 집단들에게 배분하고 남은 이익 즉, '처분가능이익'이 있을 때에 한하여 '배당금'으로 분배가 된다.

그러나 '기여'는 성과 산출에 공헌하지 않은 사람이나 단체에게 반대급부 없이 일방적으로 도움을 주는 것이므로, 이 경우에는 앞의 나눔과 같은 성과 산출에 대한 직접 공헌자가 없다. 따라서 기업입장에서 기여를 하게 되면 이는 '기부금'이라는 별도 과목으로 처리된다.

그러면 왜 기업의 이익산출에 공헌하지 않은 이에게 기업의 성과물이 이익을 분배하여야 하는가? 이러한 기부금을 지출하는 것은 어떻게 보면 주주에게 지급할 배당금액이나 종업원이나 경영자에게 지급할 급여 또는 상여금의 재원을 감소시키는 것이 아닌가? 하는 의문이 든다.

따라서 엄밀히 이야기 한다면 이들 기부금은 기부금 때문에 상대적으로 이익 배분에 있어 불리한 영향을 받게 되는 다른 공헌자(이해관계자집단)들의 동의를 받거나 최소한 공감을 받는 과정을 거치는 것이 타당하다고 생각한다.

주는 것이 받는 것보다 더 행복하다

다산 정약용은 "무릇 재물을 비밀스레 간직하는 것은 베풂 만한 것이 없다."라고 '베풂'의 중요성을 말하고 있다.

또한 혜민 스님도 "내 재물로 어려운 사람을 도우면, 흔적 없이 사라진 재물이 받은 사람의 마음과 내 마음에 깊이 새겨져 변치않는 보석이 된다"라고 역시 '베풂'의 가치를 이야기하고 있다.

다음은 미국의 사업가이자 '석유 왕'으로 불리며 미국 역사상 최고 부자로 꼽히는 인물인 록펠러John Davison Rockefeller의 나눔 인생에 관한 일화이다.

록펠러는 33세의 젊은 나이로 백만장자가 되었고 43세 때 미국의 최대 부자가 되었으며, 53세 때 세계 최대 갑부가 되었지만 행복하지 않았다. 더욱이 55세에 이르러 그는 의사로부터 머리카락과 눈썹이 빠지며, 초췌하게 말라가는 불치병으로 1년 이상 살지 못한다는 사형선고를 받았다. 그리고 최후 검진을 위해 휠체어를 타고 병원에 이르러 로비에서 진찰순서를 기다리던 중 병원 로비에 걸린 액자의 글이 그의 눈에 들어왔다.

그 글은 성경(사도행전 20장 35절)에 쓰여 있는 다음과 같은 말씀이었다.

"It is More Blessed to Give Than to Receive.주는 것이 받는 것보다 더 행복하다."

그 글을 보는 순간 록펠러의 마음에는 전율이 생기고, 두 눈에서는 하염없이 눈물이 흘러내렸다. 록펠러는 지그시 눈을 감고 깊은 생각에 잠겼다. 그런데 바로 그때 저만치서 시끄러운 소리가 들렸다. 눈을 뜨고 바라보니 병원 직원과 어떤 부인이었는 데 내용인즉 딸의 입원비 문제로 다투는 것이었다. 병원 직원은 입원비가 없으면 입원을 할 수가 없다고 말하였고, 부인은 우선 입원해서 치료를 해주면 돈은 벌어서 갚겠다고 말하는 것이었다.

이를 본 록펠러는 비서를 시켜서 아무도 모르게 그 모녀 대신 병원비를 지불해 주었다. 그리고 자신이 은밀하게 도왔던 그 소녀가 회복되는 모습을 지켜보면서 인생의 진정한 행복을 깨닫게 되었던 것이다.

그날 이후로 나눔의 삶을 살았던 록펠러는 자서전을 통하여서 자신의 인생을 이렇게 회고하고 있다.

"저는 그 날까지 살아오면서 그렇게 행복한 삶이 있다는 것을 알지를 못했습니다. 저는 인생의 전반기 55년은 쫓기며 살았습니다. 그렇지만 후반기 43년은 행복가운데 살았습니다."

그렇게 나누며 베푸는 삶을 살았을 때에 록펠러의 병은 신기하게도 사라졌고 그 뒤 그는 98세까지 살며 선한 일에 힘썼다고 한다.

남 모르게 주는 것이 더 기쁘다

앞에서 알아본 록펠러의 삶은 다음과 같은 성경(마태오 복음서 제6장 1절~2절) 말씀을 떠올리게 한다.

"너희는 사람들에게 보이려고 그들 앞에서 의로운 일을 하지 않도록 조심하여라. 그렇지 않으면 하늘에 계신 너희 아버지에게서 상을 받지 못한다. 그러므로 네가 자선을 베풀 때에는, 위선자偽善者들이 사람들에게서 칭찬을 받으려고 회당會堂과 거리에서 하듯이, 스스로 나팔을 불지 마라. 내가 진실로 너희에게 말한다. 그들은 이미 자기들이 받을 상을 이미 받았다. 네가 자선을 베풀 때에는 오른손이 하는 일을 왼손이 모르게 하여라. 그렇게 하여 네 자선을 숨겨두어라. 그러면 숨은 일도 보시는 네 아버지께서 너에게 갚아 주실 것이다."

참으로 자선과 기여의 참 의의와 방법의 정곡正鵠을 찌르는 말씀이라고 생각한다.

매년 연말, 연시年始나 명절 때에는 자선과 봉사에 관한 뉴스가 많이 보도된다. 그리고 방송국들은 서로 경쟁이나 하듯이 자선이나 기부를 촉구하는 행사를 개최하며 이를 기부하는 사람들과 인터뷰하고 또한 이를 만천하에 공개적으로 보도한다.

이러한 매스컴의 보도 또는 광고는 남을 생각하고 실천하는 아름다운 모습을 대대적으로 보도함으로써 이러한 행사를 모르거나 잊고 있던 많은 사람들을 깨워 이들로 하여금 자선이나 기부활동에 참여하도록 유도

하는 순기능順機能도 있다. 그러나 이는 주최자가 행사를 성공시키고자 하는 의도로 이루어지는 경우에 한하여 이루어져야 할 것이다. 만약 행사에 참여하는 사람들이 이러한 보도나 광고를 기대하거나 남이 알아주길 바라는 마음으로 자선이나 기부를 한다면 자선이나 기부가 가지는 본래의 고귀한 이타적利他的인 사랑의 가치와 이로 인한 기쁨이 반감半減되리라 생각한다.

이러한 의미에서 성경은 전술한 바와 같이 "네가 자선을 베풀 때에는 오른손이 하는 일을 왼손이 모르게 하여라."라고 가르치고 있는 것이다.

나눔과 기여는 행복을 가져온다

앞에서 나눔과 기여를 주로 재물을 통하여 나누고 기여하는 것에 초점을 맞추어 이야기했다. 그러나 성공한 사람 중에 재물이 없는 사람이나 또는 성공한 사람이라 하더라도 재물이 아닌 다른 방법으로 마음에서 우러나오는 참된 기여를 실천하는 모습을 우리는 종종 발견하고 감동한다.

우리 나라의 국민가수로 사랑받는 '조용필'씨에 관한 일화를 소개하기로 한다.

조용필 씨가 가수활동으로 여념이 없던 어느 날 그의 매니저에게로 시골에 있는 한 요양병원의 원장으로부터 전화가 왔다. 원장은 자신의 병원에 지체장애 여자아이가 있는데 조용필 씨의 '비련'을 듣더니 눈물을 흘렸다고 말했다. 이는 그녀가 입원한지 8년 만에 처음으로 감정을 보인 것이었다. 그녀의 보호자는 이에 놀라 돈은 있는대로 다 줄테니 조용필 씨로 하여금 직접 와서 그녀에게 '비련'을 불러달라는 부탁을 했다는 것이다.

이 말을 매니저로부터 들은 조용필 씨는 모든 일정을 취소하고 위약금을 물어주도록 한 뒤 곧바로 그 병원으로 달려갔다. 조용필 씨는 그 소녀의 손을 잡고 '비련'을 불러주었다. 그러자 그녀는 펑펑 울었고 그녀의 부모도 같이 울었다.

노래를 마친 후 조용필 씨는 그 여자애를 안아주며 사인 CD를 준 후 자리를 떠나려고 차에 올랐다. 그러자 그녀의 부모는 "정말 감사합니다. 돈은 어디로 보내면 되나요? 그리고 얼마입니까?"하고 그에게 물었다.

이에 대해 조용필 씨는 "따님 눈물이 제 평생 벌었던, 또 앞으로 벌게 될 돈보다 더 비쌉니다."라고 대답하였다고 한다.

진정한 기여는 그 방법이 '재물'이던 또는 '재능'이던 관계없이 마음 속에서 우러나오는 '정情'과 '사랑'을 주는 것이라고 생각한다.

사랑은 나눔과 기여에 맛과 향기를 더 하지만 사랑이 없는 나눔과 기여는 메마르고 공허하다. 이는 성경('코린토 신자들에게 보낸 첫째 서간' 제13장)에 나오는 다음과 같은 말씀을 생각하게 한다.

"내가 인간의 여러 언어와 천사의 언어로 말한다 하여도 나에게 사랑이 없으면 나는 요란한 징이나 소란한 꽹과리에 지나지 않습니다."

"내가 모든 재산을 나누어주고 내 몸까지 자랑스럽게 넘겨준다 하여도 나에게 사랑이 없으면 나에게는 아무 소용이 없습니다."

남대문 시장의 지게꾼 아저씨

내가 회계사 시보試補 생활을 하고 있을 때의 일이다.

내가 다니던 회계법인은 남대문 옆에 있던 도큐호텔에 있었다. 공인회계사 시보 월급으로 8명의 대 가족을 부양하던 나로서는 항상 주머니가 가난했다. 그래서 친구라도 찾아오면 점심값을 걱정하여야 하는 형편이었다.

비가 주룩주룩 오는 저녁 무렵 퇴근하면서 남대문시장에 들렸다. 배가 출출하지 만 여유가 없으니 친구를 불러 대포는 못하겠고, 혼자 포장마차에 들려 국수라도 한 그릇 먹고 갈 생각이 들어서였다. 마침 아주머니 한 분이 파라솔을 치고 철판 위에 두부 두루치기를 하고 있었다. 김이 모락모락 나는 두루치기를 보니 먹음직 스러워 한 접시를 주문하였다.

그런데 웬일인지 내 뒷머리가 간지러운 생각이 들어 뒤돌아보았다. 웬 아저씨 한 분이 빈 지게를 지고 비를 맞고 서 있었다. 그는 내가 주문한 두루치기를 눈이 뚫어져라 하고 계속 응시하고 있었다. 아마도 비가 내려 일감이 없어 돈을 벌지 못해 요기를 하고 싶은데 할 수 없는 것 같았다.

나는 차마 혼자 먹을 수가 없어 그것을 먼저 그 아저씨에게 드리라고 한 후 다시 시켜 먹었다.

벌써 30년도 넘은 아주 옛날 일인데 맛있게 먹던 지게꾼 아저씨의 모습이 눈에 선하다. 지금도 그 생각만 하면 마음 한 구석이 아련해지며 한편으로는 뿌듯한 생 각이 든다.

나는 비록 그 아저씨에게 두루치기 한 접시를 대접한 것에 불과하지만, 그 아저 씨는 나로 하여금 그에게 음식을 대접할 기회를 줌으로써 나의 일생동안 그 음식 의 수십 배 아니 수백 배 이상의 기쁜 추억을 선물하였다고 생각하고 그 아저씨에 게 감사한 마음이 든다.

만약 내가 그날 그 아저씨를 외면하고 나 혼자만 요기를 하였더라면 어떠했을 까?

어느 날 퇴근하고 집에 오니 거실 탁자 위에 아프리카 소녀 사진과 영어로 쓴 편지가 놓여있는 것을 보게 되었다. 나는 아내에게 그 사진에 대해 물었으나 아내는 굳이 알 필요가 없다는 대답을 하였다. 나는 그 영어편지를 읽었다. 편지의 내용은 '월드비전'이라는 구호단체를 통하여 알게 된 한 아프리카 케냐 소녀에게 매월 일정금액을 지원해주는 것에 대하여 그 소녀로부터 온 감사인사 편지였다. 나는 모른 척했지만 마음 속으로는 도움이 필요한 이에 대하여 남 몰래 마음을 쓰는 아내의 새로운 모습을 발견하고 나도 흐뭇한 마음이 들었다.

세상사람들이 보란듯이 준비한 형식을 갖추어 실시하는 나눔과 배려도 중요할 수 있지만, 어느 날 우연히 나눔과 배려의 대상을 만났을 때 외면하지 않고 진심으로 그리고 조용히 그들에게 다가가는 것이 더욱 의미가 있지 않을까 생각한다.

나눔과 기여는 성공기업인의 완성이다

기업의 이익을 누구에게 어떻게 나눌 것인가?

기업이 이익을 내지 못하면 어떻게 될까?

이익을 내지 못하는 기업은 주주에게 배당할 수 없을 뿐만 아니라 성장 전략을 추진할 여력을 저장할 수 없게 되고, 미래의 불확실성에 대비한 준비를 할 수 없게 될 것이다.

이러한 기업은 성장은 커녕 언젠가는 문을 닫을 운명에 처해있다고 단언해도 과언은 아니다. 따라서 기업은 이익을 창출할 수 있어야 하며, 반드시 이익을 창출할 사명이 있다고 생각한다.

기업의 이익은 그 이익을 창출하는 데 기여한 사람이나 단체에게 그 '공헌도貢獻度'에 따라 분배하는 것이 합리적이라고 생각한다. 이 때 기업의 이익 창출에 대한 공헌도를 객관적인 데이터로 산출할 수 있다면 좋겠지만 공헌도는 다분히 주관적인 요소이기 때문에 공헌을 한 집단 간에 다툼이 생기게 하는 원인이 된다. 따라서 공헌도에 대한 공헌한 사람들 간의 합의가 필요하다고 본다.

기업의 이익이 창출되는 과정을 손익계산서를 통해 살펴보자.

먼저 매출액에서 매출원가를 차감하고 다음 판매비와 관리비를 차감한 후 이에 후 영업외 수익을 더 하고 영업외 비용을 차감한 다음 마지막으로 법인세 비용을 차감하여 당기순이익이 계산된다. 이를 산식으로 표시하면 다음과 같다.

> 매출액 - 매출원가 - 판매비와 관리비 + 영업외 수익
> - 영업외 비용 - 법인세 비용 = 당기순이익

최종 배분대상이 되는 '당기순이익'의 크기는 당기순이익이 계산되기까지 앞 단계의 항목에 의하여 영향을 받는다.
이를 요약하면 다음과 같다.

당기순이익의 증가를 가져오는 사항

- 매출량의 증가
- 매출단가의 인상
- 매출원가의 감소
- 판매비와 관리비의 감소
  (예: 인건비, 직원에 대한 복리후생비, 거래처 접대비 지출의 감소 등)
- 영업외 수익의 증가(예: 이자수입, 임대료수입의 증가 등)
- 영업외 비용의 감소(예: 이자비용, 기부금 지출의 감소 등)
- 법인세비용의 감소(예: 법인세 절감)

당기순이익의 감소를 가져오는 사항

- 매출량의 감소, 매출단가의 인하
- 매출원가의 증가
- 판매비와 관리비의 증가
  (예: 인건비, 직원에 대한 복리후생비, 거래처 접대비 지출의 증가 등)
- 영업외 수익의 감소(예: 이자수입, 임대료수입의 감소 등)
- 영업외 비용의 증가(예: 이자비용, 기부금 지출의 증가 등)
- 법인세비용의 증가(예: 절세 노력의 결여로 인한 법인세 증가 등)

이상에서 볼 때 최종 '당기순이익'이 산출되기까지 앞 단계에서 영향을 주는 항목들은 다양하다. 이들 항목은 기업을 경영하는 경영진의 능력과

판단에 의해 영향을 많이 받는다.

따라서 당기순이익의 증감에 결정적으로 영향을 주는 것은 기업 경영자의 경영능력이라고 해도 과언이 아니다. 앞 단계에서 경영자가 경영능력을 잘 발휘함으로써 이익을 늘리거나 감소요인을 줄이게 되면 결국 최종 당기순이익이 늘어나게 된다. 이는 최종 이익에 참여할 수 있는 당사자(예: 주주)로 보아서는 즐거운 일이 아닐 수 없다. 그러다 보니 주주는 이러한 최종이익을 극대화시킬 수 있는 경영자를 주주총회에서 선임하고자 한다.

이런 주주의 의도를 잘 파악하는 경영자는 주주에게 배당이 되는 최종이익인 당기순이익의 극대화를 위하여 앞 단계에서 수익증대를 꾀하거나 비용지출을 줄이고자 시도한다.

예를 들면 매출단가의 인상이나 인건비의 감소를 들 수 있다. 그러나 이러한 경영자의 시도는 때때로 이들 당사자들로부터 저항을 받는다. 거래처의 단가를 줄이고자 하면 거래처의 납품 거부가, 인건비를 줄이려고 하면 노동조합의 저항과 노사분규가 발생한다. 이러한 저항은 때로는 통제 가능할 수 있겠지만 때로는 경영자로서 통제 불능일 수도 있다.

따라서 경영자로서는 본인이 통제 불능한 요소는 배제하고 통제 가능한 요소에 국한하여 최종이익을 증가시키고자 노력할 것이다.

최종이익이 산출되기 전 앞 단계에서 이익의 감소에 영향을 주는 요소(예: 인건비 지출, 이자비용의 지급. 법인세 납부 등)는 주주총회를 기준으로 볼 때 이익의 사전事前 분배과정이라고 말할 수 있다. 이익의 사전분배과정이 사후분배과정(예: 이익의 배당처분 등)과 다른 점은 사전분배의 경우 최종적으로 이익이 발생하던 손실이 발생하던 관계없이 이루어진다는 점이다. 이러한 이유로 때때로 적자가 나는 기업의 경우에도 인건비를 인상해 달라는 노조의 요청이 받아들여지기도 한다.

만약 당기순손실이 예상됨에도 불구하고 인건비 등 사전 분배금액이 늘어나게 되면 결국 자본잠식資本蠶食이 발생하게 되며 이는 주주가 투자한 자본금액이 줄어드는 것을 의미한다. 이렇게 되면 주주는 증자는 커녕 이미 했던 투자를 취소하고 싶어 할 것이며, 이러한 상황이 지속되면 결국 주주들은 해산·청산 절차를 통해 기업의 문을 스스로 닫고자 할 것이다.

이와 같이 이익의 분배는 주주총회 시점을 기준으로 사전 분배단계와 사후 분배단계로 구분하여 설명할 수 있다.

사전 분배단계에 참여하는 집단은 종업원(급여), 경영자(급여), 은행(이자), 세무당국(세금), 거래처(매출이익), 사회단체(기부금), 요식업소(접대로 인한 매출이익), 정부, 지자체(공과금) 등이 있고, 사후 분배단계에서 참여하는 집단은 주주(배당), 경영자(이익처분에 의한 특별상여금), 종업원(이익처분에 의한 특별상여금) 등이 있다.

이들 기업이 실현한 이익분배에 참여하는 집단을 기업의 이익인 '이利'와 손실인 '해害'에 관계가 있다고 해서 '이해관계자집단利害關係者集團, Interest Parties'라고 부른다. 이들 이해관계자집단은 기업의 이익 실현 여부와 이익분배의 적정성에 지대하고도 민감한 관심을 가지고 있다.

이러한 까닭으로 모든 기업은 기업의 생존 내지는 성장 발전과 직결되는 이익의 분배과정을 투명하고도 합리적으로 운영하여야 한다. 만약 어떤 기업이 이러한 원칙을 무시하고 이해관계자집단에게 배분되는 이익의 분배과정이 투명하지 않거나 비합리적으로 운영할 경우에는 이들 집단으로부터 즉각적인 저항을 받게 될 것이다.

이를 무시하거나 방치하면 결국 기업의 계속가능성Going Concern을 위태롭게 할 것이다. 그러므로 성공기업인이 되기 위해서는 무엇보다도 이 점을 각별히 유의하여야 한다.

건실한 기업경영은 곧 사회에 대한 공헌으로 직결된다.

앞서 "기업은 사회에 대한 공헌덩어리"라고 말한 바 있다.

기업을 잘 경영하면 그 자체로서 사회에 큰 공헌을 하는 것이다. 따라서 기업을 건실하게 경영하는 것을 도외시하고 기업인이 사회단체 대표를 맡아 봉사활동에 매진한다거나 정치활동 등에 대부분의 시간을 보내는 것은 바람직한 현상이라고 보기 어렵다.

나는 청년회의소(JC)나 라이온스에 가입하여 봉사활동에 참여하였는데, 회원들 중 어떤 회원은 본인이 경영하는 기업은 등한시한 채 봉사활동에 전념하는 바람에 본인의 기업이 부실화不實化되는 불행한 사태를 겪는 모습을 간혹 보게 된다.

이와 같이 최고경영자가 기업 경영이 아닌 다른데 관심과 노력을 쏟는 기업의 경우 대체로 부실화의 길을 간다. 참으로 안타까운 일이 아닐 수 없다. 봉사활동이 잘못된 것은 아니지만 "기업인으로서의 진정한 봉사는 기업을 건실하게 경영하는 것"이라고 나는 믿고 있다.

따라서 사회활동이나 봉사활동은 기업활동이 위축되거나 방해되지 않는 범위 내에서 하는 것이 바람직하다고 본다.

이와 같은 관점에서 기업을 경영하는 경영자나 기업 안에서 일하는 종업원이나 기업 외부에서 기업을 위해 일하는 전문가집단 또는 기업으로부터 세금을 징수하는 과세당국 모두 기업이 건실하게 발전될 수 있도록 각자의 입장에서 올바른 역할을 다 하여야 할 것이다.

일본의 '마쓰시다 그룹'의 창업주인 '마쓰시다 고노스케'는 "우리는 산업일꾼으로서 책임을 통감하면서 기업 활동을 통해 사회발전에 참여하고, 사회복지를 위해 최선을 다해야 한다."라고 기업의 사회적 책임을 강조하고 있다.

또한 우리 나라의 대표적인 기업인 '삼성그룹'의 창업주인 이병철 회장은 "사람은 누구나 자신이 무엇을 위해 살아가고 있는지 잘 알고 있을 때 가장 행복한 것이라 생각한다. 다행이 나는 기업을 인생의 전부로 알아왔고, 나의 갈길이 사업보국事業保國에 있다는 신념에 흔들림이 없다."라고 기업의 국가에 대한 사명을 이야기 하고 있다.

그리고 우리 나라의 '현대그룹'의 창업주인 정주영 회장도 "기업의 사명은 첫째 고용을 증대시키고 이익을 내서 국가에 세금을 납부해 국가 살림주머니를 채우는 것이지만, 그보다 더 크게는 값싸고 경쟁적인 가격으로 질 좋은 제품을 국민에게 공급함으로써 기업 노력의 과실을 국민 모두에게 골고루 돌아가게 하는데 있다."라고 기업의 역할과 사회적 사명을 이야기 하고 있다.

또한 그는 "나는 기업이 일단 커지면 그것은 저절로 공익성이 띄게 되고 또 띄어야 하고, 아울러 기업 자체가 공공사업이 되기 때문에 기업의 손해는 곧 국가의 손해라고 생각한다. 따라서 일이 잘 풀려나가지 않을 때도 손해 때문에 초조해 하기 보다는 어떻게 하면 국가를 위해, 회사를 위해 최선인가 만을 떠올리게 된다." 라고 기업의 공익성을 강조하고 있다.

이런 관점에서 볼 때 잘 성장하고 있는 어떤 기업에 대해 시기나 질투 또는 편견으로 적대시하거나 견제하려고 하지말아야 한다. 대신 그 기업이 더 잘 성장할 수 있도록 지원하여 그 기업이 창출하는 과실이 사회에 골고루 환원될 수 있도록 노력함이 바람직하다. 다만, 그 기업이 사회적 책임을 망각하거나 회피할 경우에는 이를 바로잡는 선에서 최소한으로 기업 활동을 감시, 감독할 필요는 있다고 본다.

기업가정신을 통해 사회에 공헌한다.

기업가정신企業家精神, Entrepreneurship이란 무엇인가?
오늘날 기업은 자본주의의 3대 경제주체 중의 가장 중요한 경제주체로 자리 매김하고 있다. 여기에서 '중요' 하다는 의미는 기업의 설립과 운영 그리고 폐업 등 기업이 살아가는 각 단계별로 일어나는 여러 활동과 기업의 일상적인 구매, 생산, 판매, 채용, 해고 등 기업의 일거수일투족一擧手一投足은 국가나 사회에 모두 무시할 수 없는 중요한 영향을 미치고 있다는 점을 의미한다.
기업은 본질적으로 각종 위험과 모험에 직면하며 이를 극복하여야 생존할 수 있다. 또한 장기적으로 성장 발전하기 위해서는 이에 필요한 에너지로서 적정한 이윤을 창출할 수 있어야 한다. 그러나 한편 이러한 이윤은 엄밀히 말해 개별 기업이 마음대로 좌지우지할 수 있는 사적私的 소유 개념과 더불어 공적公的 소유 개념이 포함되어 있다고 보기 때문에 이는 사회에 환원할 대상이라는 양면성을 띠고 있다.

그러면 어떻게 하여야 이러한 양면성을 합리적으로 조율하고 만족시킬 수 있을까?

이는 어느 한 개별기업이 결정할 사항이라고 보기보다는 그 기업이 활동하는 시대 상황과 그 기업이 속해 있는 사회구성원들의 의지에 따라 사회적 합의로 결정될 사항으로 생각된다.

기업가정신은 미국의 경제학자 슘페터Joseph Alois Schumpeter에 의해 최초로 주창되었다. 그가 주창한 기업가정신은 미래를 예측할 수 있는 통찰력과 새로운 것에 과감히 도전하는 혁신적이고 창의적인 정신으로 이해된다.

그는 '기업가'를 '현재에 만족하지 않고 실패의 위험을 무릅쓰는 사람. 소유와 관리의 주체가 아니라 미래에 도전하는 창조적 파괴를 통해 끊임없이 새로운 변화를 모색하는 혁신가'라고 규정했다.

이러한 점에서 기업가는 이미 존재하는 경제적 가치를 자신의 소유로 만드는 가치 획득에 초점을 둔 '재력가' 또는 '장사꾼'과는 구별된다. 재력가는 자신만 부자가 되지만 기업가는 사회 전체에 풍요를 확산시킨다. 쉼 없이 진화하고 발전하는 기업가가 많은 사회일수록 역동적으로 성장한다.

기업가 정신을 통하여 기업은 새로운 생산방법과 새로운 상품개발 즉 기술혁신을 통해 창조적 파괴Creative Destruction에 앞장서서 사회를 혁신하고 발전시키는 데 앞장서고 있다.

삼성그룹을 창업한 이병철 회장이 삼성전자 반도체 사업에 과감히 투자하거나, 현대그룹의 창업주인 정주영 회장이 불모지였던 중동지역에 과감히 진출하여 건설사업을 추진한 것과 같은 기업가정신을 통해 우리 나라의 경제가 크게 발전한 것처럼, 기업가정신은 국가 사회발전에 필수 불가결한 요소이다.

그러나 요즈음에는 아쉽게도 우리 나라의 상업화 초기단계에서 볼 수 있었던 창업주의 기업가정신을 발견하기가 어려운 실정이다. 기업에 닥쳐오는 어려운 경영환경을 도전정신으로 극복하면서 기업을 건실하게 성장시키려는 기업인들을 찾아보기 어렵다.

창업자의 2~3세들이 경영을 이어받으며 선대先代에서 일구었던 기업에 안주하려 할 뿐, 창조적 파괴자로서의 기업가로 거듭나려고 노력하는 모습이 잘 목격되지 않아 안타까운 마음이다.

기업의 성공은 공유共有할 때가 가장 유익하다

미국의 커피 프랜차이즈인 스타벅스의 하워드 슐츠Howard Schultz 회장은 "애리조나 주립대학에 합격하는 모든 직원에게 아무 조건 없이 4년간 학비를 무상 제공하겠다."라고 말하고 있다.

이러한 학비 지원은 정규직뿐만 아니라 주당 20시간 근무하는 파트타임 직원에게도 적용되는 데 이는 직원들의 연평균 1년 연봉(약 1,000만 원)보다 많은 연평균 1,500만 원 가량의 학비 지원이 되는 셈이다.

그는 "성공은 공유共有할 때가 가장 유익합니다. 고객의 마음을 사로잡고자 한다면 우리 직원들을 생기있게 해야 하지요."라고 말하고 있다.

그는 뉴욕의 빈민가에서 자라나 저소득층에 속한 채 트럭운전을 하며 근근이 생계를 유지할 수밖에 없던 가난한 아버지가 학비를 감당하지 못해 고등학교 때까지 운동에만 몰두했다고 한다. 이러한 가난했던 시절을 기억하고 역시 생활이 어려워 학교를 가지 못한 회사 직원들에게 복리후생적 차원에서 학비를 지원해줌으로써 숭고한 기업가정신을 발휘하고 있는 것이다.

또한 중국의 빌 게이츠를 꿈꾸는 마윈 알리바바 창업자는 환경오염 퇴치와 보건의료 개선을 위해 3조 원 규모 공익기금을 만들었다. 또한 그는 차이충신 알리바바 부회장과 같이 공익신탁 설립을 위해 자신들의 스톡옵션을 내놨다. 이는 전체 알리바바 주식의 2%에 해당하는 것으로서 약 30억 달러(약 3조1,200억 원)에 해당하는 규모이다.

그는 이러한 그의 기부행위에 대하여 "누군가 나서 무엇인가를 해야 한다"며 "우리의 일은 사람들을 각성하게 만드는 것"이라고 강조하고 있다.

페이스북 창업자 마크 주커버그Mark Zuckerberg와 프리실라 챈Priscilla Chan 부부도 2013년 한 해 동안 9억9,220만 달러에 달하는 기부를 함으로써 나눔과 기업가정신을 실천하고 있다.

이와 같이 성공기업인들은 기업으로도 성공하였을 뿐만 아니라 기업을 통한 기업가정신 발휘 또한 앞장서서 실천하고 있다.

나눔과 기여로 성공을 완성시킨다

투자의 귀재이며 '오마하의 현인Oracle of Omaha'으로 불리는 워렌 버핏Warren Buffett은 "열정은 성공의 열쇠이고, 나눔은 성공의 완성이다." 라고 이야기 하고 있다.

그는 100 달러로 주식투자를 시작한 후 1993년에 처음으로 세계 최고 부자가 되었고 2013년에는 세계에서 네 번째 부자이다. 그는 자신이 갖고 있는 재산의 85%나 되는 돈(43조 원)을 빌 게이츠가 운영하는 '빌 앤 멜린다 게이츠' 자선 재단에 기부한 것으로 나눔을 몸소 실천하고 있다.

그는 이러한 나눔과 기부행위에 대하여 "내가 이 자리에 서게 된 것은 나를 존재하게끔 한 사회 덕분이다." "자식들에게 너무 많은 유산을 남겨주는 것은 오히려 독이 된다."라고 그 이유를 말하고 있다. 또한 그는 "부자가 세금을 더 내야 한다."고 말하며 '버핏세'를 주창하기도 하였다.

워렌 버핏이 믿음을 가지고 기부를 한 대상인 빌 게이츠Bill Gates도 워렌 버핏의 믿음에 화답하듯이 "자본주의는 부자들만이 아니라 가난한 사람들을 도울 수 있는 방향으로 가야 한다."라고 말하며 '창조적 자본주의'를 주창하고 있다.

이러한 나눔을 몸소 실천한 세계적인 기업가들의 예를 들면 앞서 설명한 '석유 왕' 록펠러John Davison Rockefeller 외에도 '철강 왕' 카네기Andrew Carnegie가 있다.

카네기는 카네기 공과대학을 설립하고 영국과 미국에 2,500 여 개의 도서관을 건립하였다. 그는 "부자인 채로 죽는 것은 정말 부끄러운 일이다." 라는 명언을 남기고 있다.

또한 미국의 달라스 신학교의 기독교 교육학 교수를 지낸 케네스 O. 갱

글Kenneth O. Gangel은 "대부분의 사람들이 성공을 '얻는다'고 생각하지만 진정한 성공은 '준다'는 말이다."라고 말하며, '받거나 얻는 것'이 성공이 아니고 '주는 것'이 성공의 본질임을 주장하고 있다.

나는 천주교 서울 대교구 산하 '가톨릭경제인회'에 가입하여 활동하고 있다. 새로 경제인회의 선임된 '유도그룹'의 유영희 회장은 자수성가한 기업인이다.

그는 회장에 취임하자 회칙을 수정하는 작업을 '감사' 직분을 맡고 있는 나에게 부탁하였다. 그리고 그는 회칙에 경제인회의 목적으로 "하느님으로부터 받은 축복에 감사하고, 그 축복을 나누는 도구의 역할을 한다."라는 구절을 꼭 넣기를 희망하였다. 나는 그 이유를 물었다. 그는 "경제인회에 가입하여 활동하는 분들은 하느님의 축복을 많이 받은 분들입니다. 그래서 받은 축복을 감사하고 이를 나누는 것은 경제인들에겐 당연한 것이라고 생각합니다."고 답변 하였다.

나는 "축복에 대한 감사"와 "축복의 나눔"을 강조하고, 이러한 정신을 평소 몸소 먼저 앞장서서 실천하는 그의 모습을 보며 '성공기업인의 완성'의 한 사례를 본다.

한편 '로마의 휴일'로 스타덤에 오른 후에 세기의 연인이 된 벨기에 태생의 미국 배우 '오드리 헵번Audrey Hepburn'은 젊은 시절 배우로서 화려하고 아름다운 모습을 보여주었지만 노년에 들어서는 유니세프의 친선대사로 활동하면서 인류를 위해 많은 봉사활동을 하였다.

그녀는 제 2차 세계대전을 겪으면서 식량난에 시달렸는데, 이러한 유년 시절의 어려움은 그녀로 하여금 말년에 대장암으로 고통 받으면서도 아프리카 어린이들을 보살피는 사회봉사를 실천하게 했다.

사람들은 그녀의 아름다웠던 젊은 시절보다 노년의 인생이 더 아름답다고 평가한다. 오드리 헵번은 왜 화려한 스타의 길을 접고 어려운 봉사의 길을 선택하였을까? 다음과 같은 그녀가 남긴 유언에서 그 답을 구할 수 있을 것이다.

"진정한 아름다운 삶을 살려면 상처로부터 복구되어야 한다. 낡은 것으로부터 새로워져야 한다. 질병에서 회복되어야 하고, 무지함에서 교화敎化되어야 한다. 고통으로부터 구원 받고, 또 구원 받아야 한다. 나이가 더 들면 손이 두 개라는 걸 발견하게 된다. 한 손은 너 자신을 돕는 손이고, 다른 한 손은 다른 사람을 돕는 손이다."

나 자신을 향한 두 손을 부끄러워하고, 한 손은 남을 도우는 데 사용하도록 일깨우는 그녀의 사랑으로 충만된 마음에 경의를 표한다.

알버트 슈바이처Albert Schweitzer 박사도 '성공이 행복의 열쇠가 아니라 행복이 성공의 열쇠다. 자신의 일을 진심으로 사랑하는 사람이라면 그는 이미 성공한 사람이다. 가장 행복한 사람으로 찬양 받을만한 사람은 가장 많은 사람을 행복하게 해준 사람이다." 라고 자신의 일을 사랑하고 남을 행복하게 해주는 것이 곧 성공의 열쇠임을 강조하고 있다.

이익 발생을 두려워하는 회장님

오래전 무역회사에 회계감사를 나갔을 때의 일이다.

그 회사는 영업 성적이 좋아 많은 이익을 냈는데 감사 결과 상당부분의 이익을 축소하여 적게 발생한 것으로 회계를 분식粉飾한 사실이 발견되었다.

그 이유를 물으니 경리 책임자는 '회장님 지시로 이익을 줄이기 위해 비용을 가공架空 처리하였습니다."라고 실토하였다. 나는 일반적으로 기업들이 이익을 많이 내어 재무구조를 좋게 표시하려고 애쓰는 경향이 있는데 왜 그럴까하고 의문이 들었다.

회장을 만나 그 이유를 물으니 "선생님도 아시다시피 우리 회사는 이익이 매우 많이 납니다. 이익이 많이 계상되면 우선 세금도 많이 내야하지만, 그 보다 더 문제는 노조에서 특별상여금을 달라고 압박이 심하게 들어옵니다. 그래서 하는 수 없이 이익을 줄이라고 제가 지시하였습니다. 잘 선처바랍니다." 하고 말하였다.

나는 회사의 사업이 잘되어 이익이 발생한 경우 이에 공헌한 종업원에 대해 기쁜 마음으로 특별상여금을 지급하는 것이 경영자로서 당연한 도리일 것 같은데, 이를 '큰 문제' 라고 생각하는 회장의 생각이 더 큰 문제라는 생각이 들었다.

나는 회장에게 회계 분식粉飾을 통한 이익의 과소계상이 가져올 세법상 문제점을 이야기 하였다. 만약 노조가 걱정된다면, 공표용 재무제표상의 이익을 기업회계기준상 인정되는 감가상각비나 대손충당금 등의 비용을 최대로 계상하여 감소시키는 방향으로 설득하여 당초 회계분식사항을 정정하도록 하였다.

이와 같이 이익이 많이 발생하여도 경영자는 고민하는 경우가 있다.

그러나 이는 행복한 고민이다. 회사의 이익이 많이 나는 경우에는 이를 숨기기에 급급할 것이 아니라, 그 이익 발생에 기여한 사람이나 조직에게 합리적으로 나누어주는 것이 바람직하다고 본다. 또한 적절한 세금은 감사하는 마음으로 기쁘게 내야 한다.

기독교인들이 십일조를 기쁘게 내듯이 내야할 세금을 기쁘게 내면 얼마나 좋을까?

한편, 정말로 회사 경영상황이 좋지 않은 경우에는 비록 세금을 내는 한이 있더라도 회사의 경영성과를 좋게 표시하려는 시도가 많이 발생한다. 이를 위해 회계분식이 이루어지는 경우 '비용의 과소계상' 또는 '수익의 과대계상'과 이에 상응하는 '대표자 가지급금의 과대계상'의 결과를 가져오게 된다.

이 경우 발생하는 '대표자 가지급금'의 증가는 회사에 치명적인 해를 끼치는 암적 존재이다.

필자를 상담차 찾아온 어떤 건설회사의 회장은 "우리 회사는 가지급금이 전체자산의 70% 가까이 됩니다. 이를 해결할 방법이 없나요?" 하고 질문을 하였다. 그 이유를 들어보니 계약 수주에 따른 '리베이트' 때문이었다.

건설회사의 경우 계약을 체결하도록 도와준 사람에게 계약금액의 일부를 영수증 없이 리베이트로 주는 관행이 있는데 이 때의 리베이트 지급을 회계처리할 방법이 없어 일반적으로 대표이사가 가져가는 것으로 처리하기 때문이다.

나는 가급적 빠른 시일내에 개인 자산을 팔아서라도 그 가지급금을 회사에 반환하라고 권하였다. 그렇지 않을 경우 그 회사는 점점 가지급금이 늘어날 것이고, 이런 경우 가지급금과 그 가지급금의 회수가능성 문제로 회계감사 의견은 부정적으로 나올 가능성이 있게 된다. 그러면 은행은 대출을 중단할 것이고, 이런 경우 세무조사를 자초하게 되어 회사는 결국 문을 닫는 수순으로 진행될 것이기 때문이다.

끊임없는 자기개발

CHAPTER 1	CHAPTER 2	CHAPTER 3	CHAPTER 4
성공을 위한 준비	**성공인과 성공기업인**	**성공기업인의 길**	**성공기업인의 완성**

삶에 대한 이해	성공인과 성공기업인의 의의	성공프로세스의 디자인	나눔과 기여
성공에 대한 개념 정립	성공기업인의 기본요건	성공기업인이 가져야 할 생각	**끊임없는 자기개발**
	성공인의 자기관리	성공기업인의 실천 덕목	
	성공기업에 대한 이해		

꽃은 훈풍으로 피지만
열매는 고통과 인내로 맺힌다

꽃이 아무리 아름답다 해도
꽃만으로 살 수 없습니다

자기 이름의 열매를 맺어야 하고
자신만의 씨앗을 가져야 합니다

이것이야말로 아름다움을 넘어서는
생명의 삶이기 때문입니다

꽃은 훈풍으로 피지만
열매는 고통과 인내로 맺습니다

무더위와 장마와 태풍을 겪어야 합니다

세찬 바람에 흔들려야 하고
서로 부대껴야 하며

가뭄과 홍수도 이겨내야 합니다

사람도 마찬가지입니다

진정한 리더
열매 맺는 지도자란
땀과 눈물의 밥을 먹어 본 사람입니다

배고픔이 어떤 것인지
절망이 무엇인지

슬픔과 아픔은 어디까지인지
인간이 얼마나 초라하고 약한지

배신의 치욕과 실패의 부끄러움을
당해 본 사람입니다

무더운 여름이 지나가고

가을이 오면 그때 열매는
맛 좋고 빛 좋고
충만한 모습을 드러낼 것입니다

마지막 기쁨은 그들이 차지할 것입니다

– 정용철의 "행복한 동행" 중에서 –

경영자와 회계

회계는 기업언어이다

흔히 회계를 '기업언어Business Language'라고 한다.

기업에 대하여 이해하고 또 어떤 의사결정을 하려면 기업에 대한 내용을 파악할 필요가 있는데, 이때 '회계'는 기업의 내용을 설명하고 전달해주는 일종의 언어로서의 역할을 하고 있다는 의미라고 말할 수 있다.

우리는 지금 이 순간에도 기업과 직·간접으로 관련을 맺으며 살고 있다. 기업이 만든 상품을 소비하고, 기업에서 급여를 받으며 기업에 물건을 팔고 또한 사고 있다. 즉, 잠시라도 기업을 떠난 생활을 하기란 거의 불가능하다고 볼 수 있다. 이런 의미에서 볼 때 "기업"은 오늘날 자본주의 사회에서는 국가, 가계와 더불어 3대 경제주체로서 그야말로 필수 불가결한 존재라고 말할 수 있겠다.

그러면 기업은 과연 무엇일까?

이 의문은 필자가 회계사 생활을 시작하면서 줄곧 품어온 의문이다. 왜냐하면 회계사로서 일생을 보내려면 가장 중요한 고객인 기업에 대해 올바로 이해하는 것이 무엇보다도 필요하기 때문이다.

기업이 무엇인가에 대하여는 보는 입장에 따라 여러 가지로 정의할 수 있겠지만 필자의 경우에는 이미 앞서 설명한 것처럼 기업을 "하나의 소중한 생명체"로 보고 있다. 따라서 이러한 생명체가 잘 살아가고 성장하도록 지원하는 전문가로서의 회계사 직무를 깊이 인식하고 이를 정성을 다 해 수행하고자 노력하고 있다.

그러면 소중한 생명체로서의 기업이 어떻게 해야 잘 성장하고 또한 우량한 기업이 될 수 있을까?

기업을 만드는 사람은 한 알의 씨앗을 심는 농부의 마음처럼 정성을 다해 기업을 만들고, 기업 안에서 일하는 종업원은 물론 기업 밖에서 기업과 관련을 맺고 살아가는 거래처, 은행, 정부 당국 등 이해관계자집단들 모두 기업을 소중한 존재로 받아들이도록 노력하여야 할 것이다.

이러한 의미에서 기업이 살아가는 모습을 숫자로 추적하여 기록하고 이를 기업에 관심을 가지고 있는 수많은 사람과 단체들에게 기업의 실상을 제때에 제대로 알려 이들로 하여금 기업에 대해 올바로 이해할 수 있도록 하는 것이 무엇보다도 중요하다고 본다.

이러한 중요한 역할을 하는 것이 바로 "회계"이다.
그러면 '회계'를 어떻게 하면 손쉽게 이해할 수 있을까?

오늘날 기업을 경영하는 사람이나 기업에 몸담고 있는 근로자, 또는 기업관련 제반사업을 하는 사람들은 '회계'를 반드시 알고 싶어한다. 그러나 한편으로는 '회계'를 접근하기 어려운 골치 아픈 상대라고 생각하며 아예 처음부터 회계에 대한 배움을 미루거나 기피하곤 한다.

그러나 '회계'는 단순히 기피하거나 배움을 미루고 잊을 수 있는 가벼운 대상이 아니다. 왜냐하면 회계는 우리가 한 시도 떠날 수 없는 '기업'이라는 경제주체를 올바로 이해할 수 있도록 해주며, 또한 이들 기업과 관련된 제반 의사 결정을 합리적으로 할 수 있도록 해주는 중요한 역할을 하고 있기 때문이다.

따라서 우리는 좋던 싫던 '회계'를 올바로 알아야만 한다.

경영자는 회계를 반드시 이해하여야 한다

기업을 책임지고 있는 사람은 지위 고하를 막론하고 '회계'라는 개념과 기초 내용 정도는 반드시 이해하고 있어야 한다. 왜냐하면 회계는 기업언어Business Language이기 때문이다.

기업을 경영하는 사람이 만약 회계를 이해하지 못하면 당해 기업이 무슨 일을 하고 있으며 그 일의 성과는 어떠하고 이를 경영자 입장에서 매일 내려야만 하는 의사 결정에 어떻게 반영할 것인가를 알 수 없기 때문이다.

회계를 모르고 하는 경영의사 결정은 결코 합리적인 판단과 의사 결정 Informed Judgement and Decision이 될 수 없어 눈 가리고 하는 맹목적인 의사 결정을 가져올 수밖에 없다. 선장이 배의 운항과 관련된 제반 데이터를 이해하지 못하고 배를 운항한다면 그 배는 어떻게 될까? 생각만 해도 끔찍한 일이 아닌가? 그러나 현실은 의외로 회계를 모르거나 무시하는 경영자들이 많다는 것이 문제이다.

필자가 대학교 최고경영자과정에서 강의하는 중에 경영자들에게 이런 질문을 해보곤 한다.

"여기 계신 경영자 분들 중에 자기가 경영하는 회사의 최근 연도 재무제표를 검토해보거나 내용이 어떤지 알고 계신 분은 한번 손들어보세요."

그러나 손을 드는 비율은 50%도, 아니 30%도 되지 않는다.

왜 이런 결과가 나오는 것일까?

우리 나라는 전통적으로 따지고 계산을 하는 일은 소위 윗사람이 할 일이 아니고 경리부서의 아래 직원들이 할 일이라고 생각해오고 있는 것 같다. 그러다보니 경영자로서 직원이 작성해 온 재무제표나 결산서는 내용도 복잡할 뿐만 아니라 잘 이해도 되지 않기 때문에 그냥 넘기고 있는 경우가 허다한 것이다. 참으로 놀랍고 한심한 일이 아닐 수 없다.

처녀 총각도 소개팅을 하거나 맞선을 볼 때는 최소한 얼굴 단장과 옷매무새를 가다듬고 상대방을 만나러 간다. 하물며 수많은 직원과 거래처, 주주 등 이해관계자가 많은 기업을 경영하면서 이들과 좋은 파트너십을 유지하여야 할 경영자가 이들에게 보여주어야 할 자기 회사의 재무제표에 무관심하거나 모른다는 것은 경영자로서 갖추어야 할 최소한의 기본 자질조차 갖추지 못하고 있음을 의미한다. 왜냐하면 재무제표는 자기가 경영하는 기업의 얼굴과 골격 또는 건강상태를 나타내는 중요한 설명서 이기 때문이다.

예를 들어보자.

은행 대출을 받으러 가면서 자기 회사의 재무제표가 은행에서 반길만한 상태인지 검토하지 않고 은행을 간다면 목표하는 대출을 받을 수 있을까?

정부 공사를 수주하고자 하는 건설회사가 좋지않은 재무구조를 개선하지 않은 채 과연 공사를 수주할 수 있을까?

우수한 직원을 채용하고자 하는 기업이 나쁜 재무제표를 방치한 상태로 과연 바라는 직원을 채용할 수 있을까?

거래처와 거래를 하면서 불량한 재무구조를 가진 채 외상으로 물건을 구입할 수 있으며 설혹 구입한다고 하더라도 외상기간Credit Term이나 금 액Credit Limit을 만족하게 협상할 수 있을까?

결론은 '아니다'로 나오게 된다.

회계는 경영자에게 나침반과 같다

우리가 지금 광활한 사막이나 바다 한 가운데 있다고 가정하자.

만약 나침반이나 지도가 없다면 현재 우리의 위치는 어느 곳이며. 어느 방향으로 얼마나 가야 우리의 목적지에 도달 할 수 있는지 알 수가 없다.

기업을 창업하는 사람의 입장은 어떨까?

기업을 창업하여 성공하는 사업가가 되기까지에는 수많은 의사결정을 하여야 한다. 예를 들어 어떤 아이템을 택할 것인가?, 사업장 위치는? 시작할 때 필요한 사업자금 규모는? 등 등

이러한 수많은 의사 결정을 함에 있어 반드시 필요한 지식 중의 하나가

바로 '회계'이다.

몇 년 전에 필자는 경영자에게 회계지식을 심어주기 위해 세미나를 개최하고 그들에게 회계전반에 대한 강의를 하였다.

3일간의 강의 일정을 모두 마치고 강의장을 나오려는 데 어느 백발의 경영자 한 분이 내게 와서 "선생님, 정말 고맙습니다."하고 머리 숙여 인사하는 것이었다.

그의 이야기를 들어보니 자기는 엔지니어 출신이라 회계를 잘 몰라서 매번 전표 결재할 때마다 답답하고 때로는 두렵기조차 하였다고 한다. 그래서 결재서류를 들고 온 경리과장에게 물으면 그 과장은 더 어려운 회계 용어를 써서 설명하는 바람에 더 이상 묻기도 체면이 안 서 그냥 이해하는 척하고 결재를 해주었다고 한다. 이런 상황이 계속되어서는 안 되겠다고 판단이 들어 세미나에 참석하게 되었는데, 회계에 대해 어느 정도 이해를 하고 나니 묵은 체증이 내려가는 듯해서 정말 기분이 좋다는 것이었다.

회계는 사업을 창업할 때부터 시작해서 사업을 마칠 때까지 잠시라도 경영자의 일상생활에서 벗어나지 않는다. 특히 경영자가 매일매일 일어나는 숫자로 표현되는 수많은 경영의사 결정을 합리적으로 내리기 위해서는 반드시 회계를 이해하여야 한다.

예를 들어 어떤 회사가 A라는 상품을 사서 팔았다고 가정하자.

이 경우 A 상품을 판매한 결과 이익이 났는지 아니면 손해가 났는지를 알아야 A 상품을 계속 사서 팔지 여부를 결정할 수 있을 것이다. 이를 가능하게 하려면 A 상품의 구입 원가와 이를 사서 팔기까지 각종 비용이 얼마인지 알아야 한다. 이와 같은 원가와 비용 또는 이익을 계산하는 절차와 방법이 바로 '회계'이다.

따라서 모든 경영자는 반드시 회계를 이해하여야만 한다. 또한 창업을 하고자 하는 사람은 성급하게 창업부터 하려고 하지 말고 전쟁터에 병사가 총을 반드시 가지고 가야 하듯이 회계에 대한 지식을 무장하고 창업을 하여야 안전하다.

우리는 아무 사전 지식도 없이 하는 의사 결정을 '맹목적인 결정'이라고 하며 이러한 사람보고 '대책 없는 사람'이라고 비하卑下하는 말을 한다. 기업을 창업하고 경영하는 경영자가 이러한 만약 '대책 없는 사람'이 되어 맹목적으로 의사 결정을 한다면 그 기업의 결말은 어떻게 될까?

재무제표에 대한 이해

경영자는 거래하고 있는 기업이 망하면 그 여파로 본인의 기업도 망할 수 있음을 항상 유의하여야 한다. 따라서 항상 거래하는 기업의 실상을 잘 살펴볼 필요가 있다.

기업의 실상을 나타내고 있는 주요 근거로서 이용하고 있는 것으로 '재무제표財務諸表'를 들 수 있다. 재무제표는 크게 재무상태표, 손익계산서, 현금흐름표 그리고 자본변동표로 구성되어 있다.

이중 경영자가 의사 결정하는 데 주로 많이 이용하는 것은 재무상태표와 손익계산서이다.

먼저 '재무상태표'에 대하여 알아보자.

기업의 실상은 흐르는 강물에 비유할 수 있는데 그 흐르는 강물은 주로 '사람'과 '물자', 그리고 '돈(자금)'이라는 세 가지 주요 경영자원의 한데 섞여 흘러가는 흐름으로 구성되어 있다.

이러한 세 가지 주요 경영자원의 흐름을 일정 시점, 예컨대 12월 31일 24시라는 특정 시점에 정지된 상태를 관찰하는 것이 '재무상태표'이다. 이 표에는 회사의 재무상태가 자산, 부채 및 자본의 3개 구분으로 나뉘어 표현된다.

그리고 전기 말부터 당기 말까지 일정기간동안 얼마나 많은 경영자원의 량이 흘렀는가, 그리고 어떻게 흘렀는가를 살펴보는 것이 '손익계산서'이다. 이 표에는 크게 '수익'과 '비용'으로 나뉘어 표현되는 데, 구체적으로는 수익에 해당하는 매출액과 영업외 수익, 비용에 해당하는 매출원가,

판매비와 관리비, 영업외 비용 및 법인세비용 등 과목으로 각각 나뉘어 경영성과가 설명, 표시되고 있다.

그러나 기업의 실상을 이러한 재무제표상의 계정과목이 표시하고 있는 숫자의 변화로만 단순히 판단하는 것은 자칫 위험하다. 즉, 계정과목의 숫자 이면에 있는 어떤 상황을 간과할 위험이 있다. 예를 들어 숫자로 표현할 수 없는 어떤 상황, 가령 노조 협상의 결렬로 노사분규가 발생한 상황이나 경영자의 변경, 주요 거래처의 파산 등 숫자로 표현할 수 없으나 기업의 실상에 지대한 영향을 줄 수 있는 여러 사항들이 재무제표에는 표시되지 않는다. 또는 실상을 왜곡하여 재무제표를 표시하려는 경영자의 나쁜 의도, 즉 회계분식이 숨어 있을 수 있다.

이와 같이 본인이 경영하는 기업은 물론 거래하는 기업의 재무제표 이면에 숨어있을 수 있는 상황을 발견하지 못하고, 그대로 간과하여 재무제표만을 맹신하여 경영의사 결정을 한다면 이는 기업을 잘못된 길로 이끌 위험이 아주 농후하다고 볼 수 있다.

예를 들어보자.

어느 거래처 기업이 전기 대비 당기에 자본이 증가하였다고 할 때, 이를 재무구조가 좋아졌으니 보다 안전한 거래처로 판단하여 거래규모를 대폭 늘이고자 한다면 과연 올바른 의사 결정일 것인가?

만약 거래처가 재무제표에는 나타나지 않지만 중요한 소송에 휘말리고 있거나, 노사분규에 시달리고 있다면 어떻게 될까? 이러한 재무제표 이면에 있을 수 있는 문제점을 간과하는 경우 큰 위험에 직면할 위험이 있으므로 유의하여야 한다.

또한 재무구조가 열악한 어떤 기업의 경우 이를 타파할 목적으로 아주 부가가치가 높은 새로운 프로젝트를 수행하고자 계획하고 있다고 가정하자. 그러나 자체자금이 없어 새로운 자금을 조달할 필요가 있는 상황이다.

동 기업이 신규 프로젝트를 수행하기 위한 자본을 조달하는 방법은 크게 두 가지가 있다. 하나는 주주로부터 증자를 통한 자기자본을 조달하는 방법이고, 또 하나는 금융기관과 같은 외부로부터의 금융을 일으키는 방법이다.

만약 외부로부터 조달하는 자금의 금리가 연 5%인데 비해 새로운 프로젝트로부터의 수익률이 연 20%가 기대된다고 할 때, 주주의 입장에서는 자기돈 투자 없이 외부자금을 끌어들여 사업을 성공하였을 경우 그대로 앉아 15%(20%-5%)의 순이익을 달성할 수 있으므로 이를 선호하려고 할 것이다. 일반적인 경우에는 경영자도 주주의 의견을 존중하여 금융기관으로부터 차입을 일으키는 방법을 택하려고 할 것이다.

그러나 회사의 현재 재무구조가 불량한 상태이므로 금융기관이 동 회사의 신규 프로젝트의 성공에 대한 신뢰도가 낮다고 판단한다면, 동 필요자금을 금융기관으로부터 조달할 수 없을 것이다. 이러한 경우에는 부득이 주주를 설득하여 유상증자방안을 선택할 수밖에 없다.

이 때 무엇보다 중요한 것은 주주로 하여금 회사의 계획을 신뢰하도록 하는 것이다. 만약 재무제표에 대한 신뢰가 없을 경우 아무리 이익의 기회가 크다고 해도 주주로서 선뜻 증자에 참여하지 않을 것이다.

이상에서 우리는 주주나 금융기관 모두 회사의 재무제표에 대한 신뢰가 대여 또는 증자의 관건임을 알 수 있다.

만약 이러한 기업이 거래처인 경우 동 거래처에 대해 거래규모를 늘려야 할지 판단하는 경영자 입장이라면 어떻게 판단할 것인가? 이는 거래처의 재무제표에 대한 신뢰와 불확실성에 대한 리스크를 어떻게 평가할 것인지에 달려있다.

또 다른 사례를 들어보자.

여기 각각 20억 원의 토지가 있는 A와 B 두 회사가 있다고 가정하자. A 회사의 경우는 이를 20년 전에 20억 원으로 산 토지를 지금까지 취득원가로 계상하고 있는데 비해, B 회사의 경우에는 20년 전에 2억 원에 산 토지를 재평가하여 20억 원으로 계상하고 있다면 이를 어떻게 판단하여야 할 것인가?

비록 재무제표상의 '토지' 계정에 두 회사가 똑같이 20억 원씩 계상하고 있다고 하더라도 이는 그 내용이 전혀 다른 것이므로 재무 분석시 이러한 점에 유의하여 판단하여야 할 것이다.

또한 손익계산서의 경우를 살펴보자

A와 B 회사가 똑같이 10억 원의 당기순이익이 발생했다고 가정해보자. 비록 금액면에서 똑같은 당기순이익이 발생하였다고 하더라도 이는 그 내용을 좀 더 심도있게 분석할 필요가 있다. 예를 들어 A 회사의 경우 매출액이 100억 원이고 B 회사의 경우 200억 원이라면 A 회사의 경우에는 매출액 대비 10%의 높은 당기순이익을 올리고 있는데 비해, B 회사의 경우에는 5%의 낮은 당기순이익을 올리고 있음을 의미한다.

양 회사의 이익 발생 사유를 살펴보기로 하자.

A 회사의 경우에는 당기순이익이 대부분 '매출총이익'에서 발생하였으나, B 회사의 경우에는 매출총이익이 아닌 '매출총손실'이 발생하였음에도 일시적인 영업외 수익이 발생하여 당기순이익이 발생했다. 이 경우 B 회사에서 발생한 '일시적인 영업외수익'의 내용을 살펴보니 대부분 대표이사가 회사 자금의 부족을 지원하기 위해 회사에 빌려준 대표이사 가지급금을 면제하여 발생한 '채무면제이익'이라고 한다면 이를 어떻게 판단하여야 할까?

이런 경우에는 B 회사의 경영성적은 비록 A 사와 당기순이익이 같다고 하더라도 A 사와는 비교할 수 없이 나쁜 상황에 처해있음을 뜻하고 있는 것이다.

이상의 설명에서 알 수 있듯이 재무제표상의 어떤 계정과목에 나타나있는 금액만을 가지고 회사의 상황을 단순히 판단하는 것은 매우 위험하다.

따라서 이러한 잘못을 범하지 않으려면 회사의 회계정책이나 외부감사 보고서의 주석사항 및 회사가 처해 있는 기업환경 또는 경영여건과 경영자의 숨은 의도 등을 면밀히 검토하고 재무제표 상호간의 숫자 변동이 이루어진 모습을 면밀히 관찰하여 계정과목의 이면에 숨어있는 사항을 잘 발견하도록 노력하여야 할 것이다.

"이익은 곧 현금이다"라고 착각한 사장님

오래 전 어느 국영기업체에서 발생한 일이다.

경리를 책임지고 있는 박철수 상무는 그 해 결산 결과를 사장에게 자랑스럽게 보고 하였다.

"사장님, 금년에 우리 공사는 영업 성적이 작년보다 크게 신장되었습니다. 작년에는 당기 순이익이 35억 원이었습니다만 올해는 두 배가 넘는 82억 원이 발생하였습니다."

이 보고를 들은 사장은 기분이 좋아 "수고 많았어요. 어려운 가운데서도 직원 모두 열심히 노력해준 덕분이지… 이렇게 좋은 성과를 올렸으니 연말 상여금이라도 두둑이 줄 수 있는 방법을 강구해 보도록 합시다"라고 말하였다.

그러나 박 상무는 "사장님, 재무상태표에 보시는 바와 같이 저희 공사에는 자금 여유가 10억 원 밖에 없어 많은 상여금을 지급하기는 어려울 듯합니다."라고 난색을 표명하였다. 이 말을 들은 사장은 무안한 나머지 "이익이 82억 원이나 발생했다면서 왜 10억 원 밖에 자금이 없다는 이야기 입니까?"라고 상무에게 역정을 내면서 마치 누가 자금을 유용한 것 아닌가 하는 의심을 나타내는 것이었다. 사장은 군 장성 출신으로 회계에 관한 기본지식이 없는 상태에서 사장으로 취임한지 얼마 되지 않아 박 상무가 보고하는 결산내용을 이해할 수 없었던 것이다.

이와 같은 상황 하에서 박 상무는 어떻게 하여야 할까?

'이익은 곧 현금이다' 라는 생각을 가지고 있는 사장에게 "이익은 현금일 수도 있지만 그렇지 않을 수도 있다"라는 이야기를 하고 사장을 이해시키려면 '회계'가 무엇인지를 먼저 이해시켜야 할 텐데 참으로 어려운 일이 아닐 수 없다.

회계 · 자금관리

회계부서 업무에 대한 이해와 존중

세계적으로 인정되고 있는 투자의 대가大家인 워렌 버핏은 "어떤 사람은 '플레이보이'를 보지만 나는 재무제표를 읽는다"고 말한다.

일본 교세라 그룹의 이나모리 회장은 "회계와 재무제표를 모르고 어떻게 사업을 한다는 말인가? 회계장부를 볼 줄 모르는 경영자는 경영할 자격이 없다"라고 회계에 대한 이해가 경영자가 되기 위한 필수 핵심요건임을 말하고 있다.

필자가 평소 알고 지내는 어느 기업의 K 사장이 있다. 그는 고급공무원을 역임한 사람으로서 기술사 자격을 가지고 있었는데 자신에 대한 자부심이 대단하여 다른 사람들을 경시하는 습관이 있었다.

그 회사를 방문했을 때 이야기다. 사장과 이야기를 나누고 있는데 경리부장이 업무보고차 사장실에 들어왔다. 그 때 사장이 경리부장과 이야기를 하던 중 화를 버럭 내며 "야 경리가 하는 일이 뭐가 있어? 배추장수 덧셈 뺄셈밖에 더 되나?" 라고 말하는 것이었다. 나는 순간 마치 내가 그 말을 들은 것처럼 당혹감과 낭패감이 교차하는 것을 느끼고 경리부장을 보니 그 역시 얼굴빛이 달라지고 있었다.

나는 K 사장의 경리에 대한 인식이 심각하게 잘못된 것을 느끼고 그 이후로 방문할 때마다 이를 바로 잡아주고자 노력하였다. 그러나 사장의 경리부서에 대한 이해는 크게 개선되지 아니하여 염려가 되었다. 다른 부서도 중요하지만 경리부서는 경영자의 판단에 필요한 각종 관리지표를 생산해내는 중요부서이므로 경영자의 각별한 이해가 요구되는 부서이기 때문이다. 그리고 경리나 관리업무는 일을 하려고 생각하면 얼마든지 일이 있지만 일을 안 하려고 마음먹으면 할 일이 없을 수도 있는 창의적인 부분이 많은 업무이다.

따라서 사장이 경리업무를 전혀 이해하지 못하고 그 직책을 수행하는 경리부장을 무시한다면 물어보나 마나 그 회사의 경리업무의 질과 양은 크게 저하되어 있을 것이기 때문이다.

결국 그 경리부장은 사장의 질타와 무시를 견디지 못하고 그 회사를 그만두게 되었다. 그러나 K 사장은 만류는 커녕 경리부장에 대한 퇴직금 지급조차 차일피일 미루고 있었다.

이러한 K 사장의 처사에 격분한 경리부장은 그 회사가 저지른 탈세정보를 가지고 사장을 협박하여 그 사장은 곤란한 지경에 처하게 되었다. 이러한 사실을 뒤늦게 알게 된 필자는 K 사장을 설득하여 퇴직금 이외에 위로금을 추가로 지급하게 하고 경리부장을 위로함으로써 문제는 일단락되게 되었다.

그러나 그 사건 이후로도 K 사장의 경리업무에 대한 기본 인식은 크게 달라진 게 없었고 이러한 K 사장의 관리개념에 대한 인식 부재는 회사의 관리부실을 누적시켜 부도가 발생하였다. 그 회사는 결국 문을 닫게 되는 비극적 결말을 맞게 되었다.

경리업무는 회사 사장으로 하여금 합리적인 의사 결정을 하도록 하는 각종 경영관리에 관한 지표를 만들고 분석하는 부서이다. 뿐만 아니라, 회사의 경영방향이 잘못되지 않도록 사전에 예방하거나 문제가 발생할 경우 최소의 비용으로 이를 해결해나가는 역할을 수행하는 중추 부서이다. 이러한 점을 만약 K 사장이 진작 알고 경리부서를 존중하고 이를 잘 활용했더라면 부도를 맞는 비극은 발생하지 않았을 것이다.

내부 통제제도의 확립

경영의 3대 주요 자원 중의 하나는 사람이다.

기업에 꼭 필요한 사람을 제때에 채용하고, 채용한 직원을 잘 교육하여 적재적소에 배치하여 능력을 발휘할 수 있도록 인력관리를 잘 하는 것은 기업을 성공으로 이끌기 위한 필수요건이다.

이와 같이 사람관리는 기업의 성장과 발전을 위해 결코 간과해서는 안 될 중요 요소이다.

직원을 잘못 채용하고 관리를 허술하게 하는 바람에 큰 낭패를 본 어느 회사의 사례를 소개하고자 한다.

몇 년전 자문을 해주는 D 기업의 박 사장으로부터 다급한 전화가 걸려 왔다 "회계사님, 큰 일 났습니다. 우리 경리직원이 자금을 몽땅 가지고 사라져 버렸습니다. 이를 어떻게 하면 좋나요? 놀고 있는 집안 누님의 아들놈이 보기가 안쓰러워 일을 시켰더니 결국 사고를 쳤지 뭡니까? 믿는 도끼에 발등 찍힌다고 하더니… 장부도 없애버려 돈을 얼마나 가져갔는지도 모르겠습니다. 회계사님께서 오셔서 감사를 해서 횡령한 금액을 파악해 주셔야겠습니다."

결국 잘 나가던 D 기업은 현금 횡령사고 때문에 발생한 유동성위기를 감당하지 못하고 결국 법정관리를 받게 되는 안타까운 불행을 겪게 되었다.

이러한 경우는 현금관리에 관한 내부 통제조직이 잘 되지 않은 중소기업에서 흔히 볼 수 있는 사례이다.

그 후 중소기업을 경영하고 있는 김 모 사장으로부터 상담 전화를 받았다. 현금관리를 맡는 직원을 채용하려고 하는데 아무래도 현금관리는 위험이 높으니 신분이 확실한 본인의 조카를 채용하려고 한다는 것이었다. 그러나 조카가 회계지식이 부족하니 지속적으로 교육을 해주면 좋겠다는 내용이었다.

필자는 전술한 D 기업의 사례를 이야기 해주고 단순히 조카라고 해서 무조건 믿고 채용하는 것은 오히려 위험할 수 있음을 주지시켰다. 따라서 가급적이면 친인척보다는 공채를 통해 현금관리에 알맞은 능력과 경험 그리고 자질을 갖춘 적임자를 채용하라고 이야기 하였다. 아울러 장차 있을지도 모르는 현금 사고에 대비하여 보험에 가입하는 등 내부 통제기능을 도입하도록 권고하였다.

어떤 회사의 경리직원이 자금을 횡령하거나 부정을 저지른 사건이 발생하였다면 그 잘못 중 50% 가량은 그 회사의 경영자에게 있다고 본다. 왜냐하면 현금의 입·출에 관한 모든 권한이 한 사람에게 집중되어 있다고 한다면 그렇지 않은 경우보다 부정不正을 저지를 확률이 훨씬 높기 때문이다.

따라서 가급적 현금관리에 관한 내부 통제조직을 잘 갖춰 놓을 필요가 있다.

예를 들면 현금의 입금 담당자와 출금 담당자를 분리시키거나 현금 지출의 원인행위자와 현금지출의 승인자 그리고 현금지출을 담당하는 자를 각각 분리시키는 제도를 수립하는 것을 말한다.

또한 아무리 믿는 사람이라 하더라도 담당자가 아닌 제 3자를 통해 불시不時, Bang Basis에 현금 시재와 관리 상태를 검사하여 장부상의 현금, 예금 잔액과 일치하는지 여부를 확인하는 시스템을 도입할 필요가 있다. 때로는 한 직원이 오랫동안 현금관리를 해 왔다고 한다면 이를 다른 직원으로 근무를 교체할 필요도 있다. 담당자가 바뀌어 인수인계하는 시점에 전前 담당자의 회계부정이 발견되는 경우도 있기 때문이다.

이러한 현금관리에 관한 내부 통제제도의 수립과 실시는 현금관리를 잘하는 직원의 경우에는 잘 하고 있는 것을 확인하는 계기가 될 수 있고, 혹시나 현금관리에 문제가 있을 수 있는 직원의 경우에는 사전에 경각심을 심어주어 현금 사고를 예방하게 하는 효과가 있다.

그리고 현금관리를 비롯하여 그날의 모든 회계는 그날 마감하여 정리하는 '일일결산제도'를 도입할 필요가 있다. 이는 언제 어떤 경영의사 결정을 할지 모르므로 경영의사 결정의 핵심 기초자료로 이용하는 회계자료는 항상 기업의 현재 실상을 반영할 필요가 있기 때문이다.

투명한 회계 관리 ⛵

　기업이 건실하게 성장·발전하려면 우선 그 기업과 직접 간접의 이해관계를 가지고 그 기업의 이해관계자 집단들로부터 신뢰를 받아 그들로부터 전폭적인 지지와 협력을 받을 필요가 있다. 그러기 위해서는 무엇보다도 그들의 주요 관심사 중의 하나인 회계에 관해 투명한 관리가 이루어져 분식회계의 가능성을 차단하여야 한다.

　그러나 회계담당 책임자로서 재무제표의 분식粉飾에 해당되는 경우가 아니라면 기업회계기준이 허용하는 범위 안에서 여러 가지 선택 가능한 회계처리 방법 중 기업의 목적에 맞게 회계처리 방법을 연구하고 선택하는 것은 바람직한 일이다.

　예를 들어 재무구조가 좋지 않으면 은행으로부터 대출받기가 곤란하기 때문에 부채비율을 낮추거나 유동비율을 높이는 방법으로 재무제표를 연구하여 재무구조를 개선하여야 할 것이다.

　또한 경영자가 자사의 이익을 많이 내고자 원하는 경우에는 사업 초년도에 영업성과를 좋게 표시하기 위한 방법을 강구한다.

　예를 들면 부실채권의 회수가능성을 높게 평가하여 대손상각금액을 적게 계상하거나, 감가상각방법을 적용함에 있어 초년도에 많이 상각비가 계상되는 '정률법定率法'보다는 보다 적게 계상되는 '정액법定額法'을 선택하거나 내용연수를 길게 잡기도 한다.

　또한 인플레이션이 진행될 경우 재고자산 평가방법을 적용함에 있어 기말재고자산 평가금액이 다른 방법에 비해 보다 많게 평가되는 방법인 '후입선출법後入先出法'방법을 선택한다. 그리고 가급적 불요불급한 비용지출은 다음 사업년도로 미루고, 심지어는 부실채권이 발생해도 대손충당금을 설정하지 않거나 퇴직급여충당금을 과소 계상하는 방법을 시도하기도 한다.

　이와는 반대로 이익을 적게 계상하고자 한다면 이연자산을 조기상각하거나 고정자산에 대한 자본적지출資本的支出을 당해 연도의 비용으로 계상하는 방법으로 처리한다.

그리고 유형자산이 많은 기업들은 재평가를 하여 재무구조를 개선하는 노력을 하기도 한다. 또한 회사를 매도하려는 기업은 회사의 자산가치가 높게 보이도록 재무제표를 꾸미고자 노력하겠지만, 이와 반대로 회사를 사려는 기업은 상대 기업의 재무제표 속에 숨어있는 부실자산이나 부외부채 등을 발견하고자 노력한다.

한편 영업성과가 갑자기 크게 신장되어 이익이 너무 많이 발생하게 되는 경우 회사의 경영자는 노동조합으로부터 특별보너스 지급 압력을 우려하여 일부러 이익을 낮추는 방향으로 회계담당자에게 결산을 하도록 지시할 수도 있다.

이 경우 회계담당자는 우선은 앞서 열거한 사례처럼 합법적인 범위 내에서 경영자의 욕구에 맞게 회계처리방안을 연구하고자 노력하겠지만 이러한 노력이 한계에 이를 경우에는 회계분식의 유혹에 빠지기도 한다.

앞에서 설명한 것처럼 여러 가지 사유에 의하여 회사의 회계처리는 영향을 받게 된다. 동 영향은 재무제표에 숨어 있어 면밀히 검토하지 않으면 경영자의 재무제표에 대한 의도나 분식 내용을 발견하기가 어려운 실정이다.

만약 기업경영자가 효율적인 경영능력 발휘로 경영성과를 올리고자 노력하는 대신 경리담당자에게 회계분식을 지시해 경영성과를 좋게 보이게 하려고 노력한다면 과연 그 회사의 앞날은 어떻게 될 것인가?

기업은 기업을 소유하고 경영하는 기업인 개인의 전유물이 아니다.

기업은 주주, 경영자, 종업원, 과세당국, 은행, 거래처 등이 공동으로 이해관계를 맺고 이들 집단들이 모두 관심을 가지고 있는 공적 존재이다.

실상과 거리가 있는 여러 잘못된 사항들이 재무제표에 숨어있다면 이들을 제대로 발견하고 잘못된 사항을 수정하여야 이들 이해관계가 있는 집단들의 피해를 줄일 수 있게 된다.

따라서 경영자는 본인이 경영하는 기업의 재무제표가 올바로 작성되어 이들 이해관계집단들이 신뢰를 가지고 기업의 상황을 제대로 이해할 수 있도록 회계를 투명하게 관리하여야 한다.

　이를 위해 회사의 경영진과 독립적이고 객관적인 입장에 있는 외부 전문가 집단에게 기업실사 또는 감사를 의뢰하여 실시하도록 하는 것이 바람직하다고 본다.

자금 관리는 기업의 피를 관리하는 것과 같다

　우리에게 피血는 곧 생명과 직결된다. 잠시라도 피가 멈추거나 부족한 경우에는 아마도 아프거나 생명을 유지할 수 없을 것이다.

　'자금資金'은 기업의 경우에 있어 피와 같은 존재이다. 따라서 기업의 생명과 직결된다. 기업이 살아가는 활동 즉, 경영활동을 가능하게 하는 주요 에너지원이라고 말할 수 있다.

　여기에서 '자금'은 현금이나 예금과 같이 언제나 현금화 할 수 있는 것을 말한다. 상품이나 토지 건물 등과 같이 매매나 처분 등 일정한 단계를 거친 후에야만 현금화할 수 있는 것은 비록 가치가 있다고 하더라도 관리의 대상이 되는 '자금' 개념에서는 제외된다.

　자금은 두 가지의 주요 측면을 가지고 있다. '조달'과 '운용'이다. 따라서 자금 관리를 잘 하려면 자금의 조달과 운용 모두 관리를 잘하여야 한다.

　자금이 조달되고 운용되는 일련의 흐름을 살펴보자.

　창업 시에는 창업주의 원시자본금으로 자금이 기업에 유입된다. 이는 기업설립과 출발에 소요되는 제반 자금, 예를 들면 사무실 임차나 자동차와 비품, 기계장치 등의 구입 및 초기 운영자금조로 사용된다. 이와 같은 마중물로서의 역할을 한 초기 자본이 투입되어 제품의 생산이나 상품 구입에 사용된다.

　다음에는 상품이나 제품이 판매되면 판매대금이 회수되어 새로운 자금원으로 기업에 유입된다. 이 경우 구입원가보다 판매가액이 높아 마진이 발생하면 동 차액은 원시 투입자본 중 사용하고 남은 자금에 가산 혼합되어 기업이 새롭게 사용할 자금의 풀Pool에 합류合流된다.

또한 기업이 성장하면서 계속적인 자금의 필요성이 증대하면 주주들로부터 증자增資를 받거나 또는 금융기관 등으로부터 자금을 차입한다.

기업을 경영하는 최고경영자는 이와 같은 자금의 흐름을 잘 파악하고 동 흐름이 막히거나 출렁거리지 않도록 유의하여야 한다. 예를 들어 어떤 기업이 앞으로 자재가액이 높을 것이라는 판단 하에 많은 자재를 구입하여 창고에 저장해 놓았으나 판매활동이 예상보다 부진하여 자재가 생산 ◐ 판매 ◐ 현금으로 회수되기까지 시간이 지체되게 되면, 결국 운영자금의 고갈을 가져오게 되고, 결국 그 기업은 유동성流動性에 어려움을 겪게 된다.

이외 같이 자금의 조달과 사용의 균형이 깨져 기업이 망하는 사례는 비일비재하다.

전자부품을 생산하는 벤처기업인 P 기업이 있었다.

그 기업은 대기업과 P 기업이 야심차게 새로 개발한 전자제품을 납품하기로 구두로 합의하고 이를 위해 엔젤들로부터 투자를 유치하였다. P 기업의 사장은 이를 믿고 그 전자제품을 생산하기 위한 기계를 도입하고 또한 예상되는 납품물량에 맞추어 자재를 충분히 구입해두었다. 이러한 용도로 많은 자금이 일시에 투입되는 바람에 P 기업이 보유하고 있던 가용자금은 거의 고갈이 되었다. P 기업의 김 사장은 하루 빨리 대기업으로부터 제품을 납품하라는 연락이 오기만을 학수고대鶴首苦待 하고 있던 중, 대기업의 구매책임자로부터 청천벽력靑天霹靂과도 같은 말을 들었다. "김 사장 미안하게 되었습니다. 김 사장도 잘 아시다시피 이번 우리 그룹의 총수가 구속되었습니다. 그래서 신규로 개시하는 모든 프로젝트는 당분간 보류되었습니다. 어려우시겠지만 조만간 사업 개시결정이 날 테이니 기다려 주세요."라고 말하는 것이 아닌가?

일각一刻이 여삼추如三秋인 김 사장의 경우에는 자금 부족으로 하루하루를 간신히 버티고 있었는데 이와 같은 대기업의 일방적인 납품 연기조치로 말미암아 P 기업은 결국 부도를 내고 말았다. 그 바람에 그 기업에 투자한 엔젤들도 같이 투자손실을 입었다. 큰 꿈을 품고 열정을 다하던 벤처기업이 본인의 의사와는 전혀 다른 이유로 문을 닫는 참으로 안타까운 일이었다.

　일시적으로 매출이 잘 되어 유동자금이 늘어나거나 또는 은행 차입 등으로 여유자금이 풍부하게 생길 경우 자금의 운용 면에서 신중할 필요가 있다. 자금여유가 생기면 이를 기업의 사업목적에 사용하지 않고 사옥을 신축하거나 과도한 공장용 토지를 구입하는 기업들이 있다. 그러나 이들 중 일부는 성장하기도 하지만, 많은 기업들은 유동성에 시달리게 되며 결국 문을 닫는 불행한 사태를 맞곤 한다.

　따라서 기업이 지금 비록 이익이 많이 난다고 하더라도 장래 자금의 흐름을 낙관하여 이를 토지와 같은 '비유동자산非流動資産'에 고정화固定化시켜 놓으면 유동자금이 부족해 결국 부도를 내고 도산의 길을 밟게 된다. 이를 '흑자도산黑字倒産'이라고 부른다.

　M&A의 경우 인수·합병M&A 경쟁 속에서 지나치게 높은 가격을 써내고 인수한 기업이 그 후유증으로 발생하는 유동성 부족으로 인한 고통을 나타내는 소위 '승자의 저주The Winner's Curse'도 자금흐름 관리의 잘못으로 인해 발생된 결과이다.

　평소에 아무리 자금이 많더라도 '필요한 시기에 필요한 만큼'의 자금을 보유하거나 조달할 수 없으면 그 기업은 생존할 수 없게 되므로, 자금관리 담당자는 물론이고 이를 지휘 감독하는 최고경영자도 항상 기업의 자금관리상황이 어떤지를 예의 주시하여 자금 흐름에 문제가 없도록 만전을 기하여야 한다.

회계감사는 왜 필요한가?

창호업을 하는 P 회사가 있었다.

그 회사는 자산규모가 커져 '주식회사 외부감사에 관한 법률'에 의해 공인회
계사에 의한 회계감사를 받게 되었다. 당시에는 자산 규모가 70억 원 이상(현재
:120억 원)이 되면 그 기업은 이제 개인적 소유 개념에서 벗어나 공적 소유단계로
진입한다고 보았다.

이 단계에 진입한 경우 그 기업에 관련된 많은 이해관계자 집단들을 보호하기
위해 그 기업과 독립적 위치에 있는 전문가인 공인회계사로 하여금 그 회사의 회
계를 감사하도록 규정하고 있는 것이다.

그 기업의 전무로 있던 후배로부터 요청을 받고 감사의 책임을 맡게 된 필자는
감사를 진행하면서 당초에는 예상하지 못했던 문제들로 말미암아 많은 고심을 하
게 되었다. 왜냐하면 그 회사의 경우 재고자산이 전체 자산의 약 30%를 차지하고
있어 재고자산의 수량과 가격평가의 적정성이 감사의 주요 포인트였다. 그러나
그 회사의 경우 재고수불부도 작성되어 있지 않았고 공사현장별로 재고현황도 나
와 있지 않았다.

또한 사장에 대한 가지급금 규모가 전체 자산 가액의 20%를 초과하고 있었다. 이
는 건설관련업의 특성상 납품을 받는 거래기업에 매출금액의 일부를 리베이트로
다시 돌려주어야 했는데 이를 처리할 과목이 없어 모두 사장에 대한 '가지급금'
으로 처리하였던 것이다. 상대방 회사는 이를 비자금으로 사용하는 상황이었다.

이러한 가지급금은 가능한 한 빠른시간 내에 회수되어야 하지만 실제로는 사장
이 가져간 돈이 아니어서 회수되지 않고 매년 누적되어 가지급금 규모가 눈덩이
처럼 불어나고 있는 실정이었다.

업무와 관련없이 사장에게 가지급금 지급이 있는 경우 세법에서도 이를 좋지 않게
보아 불이익을 주고 있다. 즉, 사장에게 업무와 관련없이 지급한 가지급금이 있는
경우 비록 사장으로부터 이자를 받지 않았다고 하더라도 그 회사는 세법이 정한

이자율로 이자를 계산하여 이를 법인의 수익으로 가산하여 세금을 부과한다.

한편으로는 그 회사가 은행으로부터 차입하여 지급한 차입금을 업무와 관련없이 엉뚱하게 사용하였다고 간주하여 은행 이자를 비용으로 인정하지 않고 부인함으로써 그 금액만큼 과세소득이 늘어나 법인세 부담이 늘어나도록 규정하고 있다.

필자는 회사의 경리책임자와 이 문제를 논의 했으나 그는 재고자산과 가지급금에 대한 문제가 심각하다는 것조차 인식하지 못하고 있었다.

재고조사를 제대로 실시하지 못한 데다가 가격평가도 할 수 없었고 가지급금 규모가 너무 커서 감사의견을 어떤 것으로 내릴지 많은 고심을 하였다.

회계사가 감사한 후 내리는 감사의견은 적정, 한정, 부적정과 의견거절의 4가지로 분류된다. '적정의견'은 회사의 회계처리가 전반적으로 일반적으로 인정되는 기업회계기준에 맞추어 적정하게 처리되고 있음을, '한정의견'은 일부항목을 제외하고는 전반적으로는 적정함을, '부적정의견'은 기업회계기준에 위배한 정도가 너무 심각하여 전반적으로 회사의 회계처리가 적정하지 않음을, 그리고 '의견거절'은 회사의 회계관리시스템이 너무 불량하여 필요한 감사업무를 제대로 수행할 수 없음을 각각 의미한다.

필자는 전문가적 양심에 따라 회사가 초도 감사인 데다가 나를 선배로 믿고 감사를 맡긴 후배의 입장 때문에 의견결정에 많은 고심을 하였다.

그러나 필자는 결국 '의견거절'을 선택하였다. 감사받는 기업이 부적정의견이나 의견거절을 받게 되면 우선 은행거래가 중단되거나 심각히 제한을 받게 되고, 경우에 따라서는 세무당국으로부터도 세무조사를 받게 된다. 왜냐하면 세무당국의 입장에서도 언제 이 회사가 망할지 모르므로 조세채권확보 차원에서 조기에 세무조사를 하는 것이다. 이러한 문제 때문에 기업의 유동성과 신뢰성이 급속도로 나빠지게 되고 결국 문을 닫게 되는 상황으로 전개되는 경우가 많다.

그러나 다행히 그 회사는 대처를 잘 해나갔다. 대표이사에 대한 가지급금과 은행거래 중단으로 인한 문제를 대표이사 개인 소유 빌딩을 긴급 처분하여 해결하였고, 원가계산시스템을 개발하여 재고자산관리도 잘 하였다. 그리고 다행히 그 뒤로 영업실적도 좋아져 그 회사는 다시 정상을 되찾았다.

필자는 그 회사의 경영진이 필자에 대한 신뢰를 버리지 않아 그 뒤로도 그 회사의 회계감사를 계속하였다. 하지만 항상 사장을 대할 때마다 마음속으로는 초도 감사 시 내가 내렸던 마치 사형선고와도 같은 '의견거절'에 대하여 미안함을 떨치지 못하였다. 그러나 이러한 어려움을 잘 극복하고 잘 성장한 그 회사를 볼 때마다 항상 감사한 마음이 든다.

회사는 일반적으로 설립단계부터 주로 세무 관리에 초점을 맞추어 회계처리를 한다. 그러나 규모가 커져 회계감사를 받을 단계가 되면 그 때까지 세법을 의식하여 회계 처리한 내용 중 상당부분은 수정하는 절차를 밟아야 된다. 이 회사처럼 생각지도 못했던 중요한 문제가 발생할 수 있다. 따라서 늦어도 회계감사를 받기 1~3년 전부터는 회계시스템을 정비하고 회계처리상 문제점이 없는지 전문가로부터 예비검토를 받아보는 것이 회사의 안전을 위해 바람직하다고 생각한다.

한편 오래전 구세군 사령관의 요청으로 구세군을 감사하러 갔을 때의 이야기이다. 구세군 경리부 차장은 감사하러 간 우리를 보고 화를 내며 "우리가 하느님을 믿는 사람인데 꼭 감사를 받아야만 합니까? 더구나 비신자非信者인 당신들한테는 감사 받을 수 없습니다."라고 강하게 항의하였다. 이러한 항의를 하는 차장을 지켜보던 영국인 부장은 차장을 불러 다음과 같이 설득하였다.

"두 가지 이유 때문에 우리는 감사를 받아야 합니다. 첫째는 우리 구세군의 만국 본영 규정에 의하면 공인회계사 감사를 받도록 되어있기 때문에 이 규정을 따라야 하고, 둘째는 우리가 스스로 벌지 않고 모두 외부로부터 기부를 받은 자금을 집행하고 우리 스스로 잘 썼다라고 주장할 수 없습니다. 따라서 우리는 마땅히 외부 전문가들로부터 우리가 집행한 내용에 대해 감사를 받아 우리에게 기부한 사람들에게 그 결과를 보고할 의무가 있습니다."

우리는 약 2개월가량 회계감사를 하였다. 감사 결과 실제와 장부가 많이 다른 상황임을 발견하고 이를 시정하도록 권고하여 바로 잡았다. 감사 종료 후 영국 본영으로부터 출장 온 내부감사Interal Auditor에게 감사 결과를 브리핑하였다. 그는 감사결과에 대하여 만족하였고, 이러한 이유로 경리부 부장은 승진하여 영국으로 갔고 한국인 차장은 부장으로 승진하였다.

이와 같이 감사는 잘못을 지적하기도 하지만, 잘 한 경우에는 이를 확인하는 기능을 가지고 있다. 따라서 감사를 부정적으로 인식하기보다는 보다 적극적으로 인식하여 회사 발전은 물론 개인의 능력과 성실성을 확인 받는 좋은 계기로 삼아야 할 것이다.

세무 관리

증빙은 곧 세금

고속도로 톨게이트를 지나다 보면 통행료 영수증이 여기 저기 길가에 날아다니는 모습을 보게 된다. 이는 통행료를 낸 운전자가 이를 창밖으로 획 던져버린 결과이다.

필자는 이런 모습을 보면서 영수증에 대한 기본 인식이 결여된 현실을 발견하는 것 같아 안타까운 마음이 든다. 왜냐하면 사업을 하는 개인이나 법인의 경우 이와 같이 무심코 바람에 날려보내는 영수증과 같은 지출증빙은 곧 세금이란 점을 잘 인식하지 못하기 때문이다.

톨게이트 영수증 1,000원의 경우 법인세율이 20%라고 가정한다면 200원의 세금에 해당한다. 만약 영수증이 아니고 돈이라고 한다면 톨게이트 지날 때마다 200원의 동전을 창밖에 버릴 사람이 있을까?

이러한 이야기는 증빙이 업무와 관련있는 경우에만 해당된다. 만약 임직원이 업무와 관련없이 개인적으로 지출한 비용은 아무리 영수증이 있어도 비용으로 인정되지 않는다.

예를 들어 사장 개인집에서 사용하는 생활비 지출과 관련된 영수증이나 업무와는 관련없는 병원비, 안경이나 시계와 같은 개인적 소모품 취득에 드는 비용 등이 있다. 또한 외국에 업무상 출장을 갈 경우 출장 목적과 관계없는 관광여행 경비나 출장시 가족을 동반할 경우 가족동반이 출장 목적과 직접 관계가 없는 경우에는 이러한 비용도 업무와 관련없는 비용으로 판단한다.

증빙 관리의 유의점 ⛵

이 때 유의할 점은 지출증빙은 전표와 같이 관리되어야 한다는 점이다.

여기에서 '전표傳票'란 회계 상의 거래去來를 기록하는 첫 단계로서 계정과목과 금액 그리고 내역이 기재되는 회계서식이다. 전표가 중요한 것은 어떤 지출이나 수입이 발생하였을 경우 동 지출과 수입이 회사의 '업무와 관련있게' 그리고 '정확하게' 발생되었음을 입증하는 주요 서류이기 때문이다.

예를 들어 접대비 지출이 발생하였을 경우 지출증빙만으로는 동 지출이 회사의 업무와 관련되어 지출된 것인지 불명확하다. 지출내용을 전표로 작성하고 증빙을 첨부하여 전표상에 결재권자의 검토와 승인과정을 거쳐야 동 접대비가 회사의 업무와 관련되어 지출되었음을 증명하는 것이 된다. 또한 전표상의 금액과 관련 증빙상의 금액이 일치되는 경우 이는 동 전표가 정확하게 작성되어 있음을 입증하고 있는 것이다.

이런 과정을 거친 후에야 비로소 동 지출이 회사의 비용으로 인정되기 때문이다.

따라서 전표 관리도 세금관리차원에서 매우 중요한 사항이다.

회사의 경영자로서 전표 결재시 전표 검토요령과 관련하여 유의할 사항을 살펴보면 다음과 같다.

첫째, 전표기록을 뒷받침하는 관련 증빙의 내용이 유효有效, Competent 한 것인지를 검토한다. 예를 들면 전표상에 기록된 금액과 증빙상의 금액이 일치하는지, 지출날짜는 적정한지, 지출 사유는 회사의 업무와 관련있는지 등을 검토한다.

둘째, 전표에 기재된 계정과목의 분류가 정확正確, Sufficient한지 검토한다. 예를 들면 공장의 보일러를 가동하기 위해 지출된 유류비가 제조원가가 아닌 판매비와 관리비 과목으로 분류되고 있는지, 자본적지출資本的支出에 해당하는 대규모의 기계장치 수선비가 해당기계의 원가에 가산되지 아니하고 당해년도의 기간비용期間費用으로 처리되고 있지는 않나 등을 검토하여 잘못된 사항이 발견되면 이를 바로 잡아야 한다.

셋째, 증빙일자를 검토하여 회계년도귀속CUT-OFF이 잘 되고 있는지 검토하여야 한다. 예를 들어 연말에 자재를 매입하고 거래처로부터 자재대금지급 청구서를 받았는데 이를 그 해의 회계처리에 반영하지 아니하고 다음 해 초에 회계처리 한다면 이는 중요한 회계오류이므로 바로 잡아야 하기 때문이다.

넷째, 영수증이나 입금표와 같은 주요 증빙은 분실이나 탈취 등을 방지하기 위해 사전에 일련번호를 부여하고 사용을 통제할 필요가 있다.

이 밖에도 증빙을 발행하다가 잘못 발행한 증빙은 후일을 대비하여 보관하도록 하고, 외부에서 입수가 곤란한 지출, 예를 들면 경조사비 등은 그 내용을 정확히 기입한 지출결의서와 같은 내부 결재서류를 작성하여 대용증빙으로 잘 비치 관리하여야한다.

만약 어떤 지출이 회사의 업무와 관련 없는 비용인데 이를 회사의 비용으로 처리할 경우나 실제는 회사의 비용임에도 불구하고 전표처리를 적시적절하게 하지 못해 회사의 비용임을 입증할 수 없는 경우 이는 오히려 회사에 불이익이 초래된다.

세무조사시 세법상 이들은 비용으로 인정되지 않고 부인되어 법인에게는 법인세가, 사장 개인에게는 소득세가 추징되며 이들 세금에 대한 가산세까지 부과됨으로 예상치 못한 많은 세금이 부과될 수 있으므로 이 점 특히 유의하여야 한다.

회계는 절세의 첫걸음 ✈

기업의 경우 이익에 대한 과세는 그 기업이 작성한 손익계산서에서 출발한다. 즉 그 기업이 작성한 손익계산서 제일 하단에 있는 '당기순이익'에서 출발하여 세무상 가감加減 과정(세무조정과정)을 거쳐 '과세소득'이 계산된다.

따라서 기업회계를 처리함에 있어 세무회계와의 관계를 검토하여 절세상 도움이 될 수 있도록 유의할 필요가 있다.

오래전 강남에 있는 H 특급호텔을 회계감사 하던 당시 필자가 경험한 이야기이다.

회계감사를 하는 과정에서 감가상각방법의 적정성 검토를 하게 되었는데 호텔의 세무조정계산서 상에 감가상각방법이 '정률법'으로 신고, 적용되어 있는 것을 발견하고 나는 의아한 생각이 들어 경리부장에게 질문하였다.

"부장님, 이 호텔의 경우 감가상각방법을 정률법으로 신고했는데 무슨 특별한 이유가 있나요?" 경리부장은 나의 말에 "글쎄요, 무슨 문제가 있습니까?"라고 되묻는 것이었다.

"글쎄요? 무슨 문제가 있습니까?" 이 질문을 거꾸로 받고 나는 순간 이를 어떻게 해석하여야 할지 난감하였다. 왜냐하면 이 답변은 경리부장이 '정률법'이 호텔에 세무상으로 미치는 영향을 모르고 있거나, 만약 알고 있다면 경리부장으로서 본연의 책임을 다 하고있지 않았다고 생각할 수밖에 없었기 때문이다.

'정률법定率法'은 '정액법定額法'과 더불어 2대 감가상각방법의 하나로서 매년 정률의 감가상각율을 적용하여 감가상각비를 계산하는 것으로 상각 초년도에 감가상각비 계상이 집중적으로 이루어지는 방법이다. 이 방법을 채택하게 되면 초기에 감가상각비의 계상이 많아지게 됨으로 비용이 많이 계상되는 것을 의미한다.

호텔업은 업무의 성질상 사업 초년도에 수익보다는 비용이 많아 결손이 발생하는 것이 대부분이고, 시간이 흘러 고객들에게 인지도가 높아지면서 점차 이익이 실현되는 업종이다.

따라서 장치산업이라고 말할 수 있는 호텔업의 경우 감가상각비가 비용 중 차지하는 비중이 아주 높으므로 초년도에는 가능한 한 비용 계상을 적게 하는 것이 호텔의 재무구조를 우량하게 하는데 도움이 될 수 있다.

호텔업의 경우 매년 일정 금액으로 감가상각비를 계상함으로서 정률법보다 초기에 비용을 적게 계상할 수 있는 '정액법'을 택하는 것이 재무구조 개선뿐만이 아니라 절세에 도움이 된다. 이러한 점을 고려하지 않고 정률법을 택한 것은 상식을 벗어난 무척 이례적인 처사라고 판단할 수밖에 없었다.

H 호텔은 외국과 합작형태로 투자되었기 때문에 매년 감가상각비를 정확히 계상하여야 할 입장이었다. 이러한 경우라면 결손이 발생하는 초년도에는 가급적 감가상각비가 적게 계상되는 정률법을 택하고, 차후 이익이 발생되는 시점에 감가상각비를 계상하여 세무상 이익(과세표준)을 가능한 한 줄이는 것이 세무상 합리적인 판단이기 때문이다.

이 경우 초 년도에 발생된 결손금은 다음 해 수익이 발생되는 경우에는 결손금 발생시점 이후 일정기간(당시에는 3년, 현재는 5년)까지는 과세표준에서 동 결손금을 공제받아 그만큼 법인세를 절감할 수 있는 기회가 있다. 그러나 그 호텔의 경우에는 3년이 지나도 이익으로 전환되기는 어려운 상황이었다. 이러한 상황에도 불구하고 차후 수익이 발생할 때 비용으로 공제할 감가상각비를 미리 많이 계상함으로서 절세할 수 있는 기회를 놓치는 우愚를 범하고 있어 더욱 이해할 수 없었다.

필자의 판단으로는 경리부장이 회계지식이 모자라거나 결산정책에 관심이 가지지 않았던 것 같다. 그러다 보니 실무자도 역시 무지無知한 상태에서 정률법으로 감가상각방법이 채택된 것으로 보여졌다.

이러한 경리책임자의 무관심과 실무자의 절세전략에 대한 무지의 결과로 H 호텔은 수억 원에 상당하는 세무상 손실을 입었던 것이다. 이러한 세무상 손실은 매출로 환산하면 수백억 원의 매출액과 맞먹는 결과를 가져온다. 예를 들어 매출액 대비 당기순이익률이 5%이고 법인세율이 20%라고 가정할 때 감가상각방법의 잘못 적용으로 2억 원의 세무상 손실을 입었다고 한다면, 이는 다음과 같이 200억 원의 매출을 올려야 얻을 수 있는 이익을 잃은 것과 같은 결과를 가져온다.

200,000,000 / 0.2 = 1,000,000,000 (법인세차감 전 순이익)
1,000,000,000/0.05 = 20,000,000,000 (매출액)

절세를 할 수 있을 때 제대로 절세방안을 모르거나 무관심한 경영자나 직원들이 있는 기업이 과연 건실하게 성장, 발전할 수 있을까?

기업을 합리적으로 경영하려면 이익의 차감 요소 중 제일 마지막 단계라고 말할 수 있는 세 부담액을 합법적으로 줄일 수 있는 '절세전략'에 대해 실무자는 물론 경영자도 깊은 관심을 가져야 할 것이다.

사장 개인의 세무 관리 부주의는 기업세무조사로 이어진다.

국세청은 기업의 법인세와 기업주의 종합소득세 신고상황을 연계하여 최근 수개년 간 신고실적을 토대로 기업소득을 유출한 혐의가 짙은 법인을 적출하고자 노력한다.
이러한 기업이 발견되면 개별 서면안내를 통해 성실 신고를 유도하고, 미흡하면 세무조사 대상에 포함시키고 있다. 이는 세무에 관한 한 기업과 기업주는 상호간에 무관하지 않고 밀접하게 연결되어 있음을 보여주는 사례이다.

몇 년전 어느 건설업을 영위하던 A 사장은 경영하던 회사에 대해 국세청으로부터 특별세무조사를 받게 되었다. 이로 인하여 회사에 대하여도 약 20억여 원의 법인세가 추징되었을 뿐만 아니라 사장 자신에 대하여도 약 30억여 원의 증여세 및 소득세를 추징당하였다.
본인으로서는 자기가 운영하던 건설회사가 사업 성적이 좋아 법인세를 비교적 많이 납부하여 안심하고 있었다. 그런데 뜻하지 않게 세무조사를 받게 되자 왜 세무조사를 받게 되었는지 이해를 하지 못하였다. 나중에 그 원인을 알아본즉 법인이 세무조사를 받게 된 동기는 사장 개인의 빈번한 부동산 거래행위와 그 거래에 따른 거액 자금의 원천이 불분명한데 있었다.

이 경우는 국세청의 감시망에 개인의 빈번한 부동산 거래가 포착되었고, A 사장의 소득세 신고를 검토해본 결과 그 자금의 원천이 의심스러웠기 때문에 그 불똥이 법인에게까지 튄 것이라고 볼 수 있다.

이와 같이 기업이 신고를 아무리 잘 해도 사장 개인의 소득신고 수준에 비해 기업주의 생활이 호화스럽거나 정당한 이유없이 부동산 거래가 빈번하게 발생하는 등 기업자금을 빼돌린 혐의가 있다고 판단되면 해당기업은 물론 사장 개인도 세무조사를 받게 되고 조사 결과 소득 누락사실이 발견되면 탈루된 세금이 추징되게 된다.

국세청에서 세무조사시 탈세 혐의가 있다고 판단하게 되는 사례를 예시하면 다음과 같다.

> 탈세 혐의가 있다고 판단하는 사례

- 영업이익을 고의로 과소 신고한 법인
- 막대한 외환차익을 올렸음에도 불구하고 소득을 고의로 줄인 법인
- 반복적인 세무조정 상의 오류사항을 시정하지 않는 법인
- 현금수입업종(예: 유흥음식점 등)을 영위하는 법인 가운데 신용카드
  사용비율이 낮고 과표 현실화가 두드러지게 낮은 법인
- 과거에 세무조사를 받은 기업으로서 세무조사이후 특별한 이유 없이
  신고 소득이 급격히 떨어진 법인
- 무자료 거래 및 자료상과의 거래가 빈번한 법인

이상의 법인 이외에도 금융기관과의 거래기록 내용이 부실한 법인에 대하여도 그 내용을 확인하는 작업을 통해 세무조사의 범위를 확대하기도 한다.

따라서 모든 기업은 특히 은행 등 금융기관과의 예금이나 차입거래 등에 대하여 회계처리가 누락되지 않도록 유의하여야 한다. 만약 어느 기업이 은행에 기업의 명의로 예금을 하고 이자를 받았음에도 불구하고 이에

관한 기록을 장부에 반영하지 않았다고 한다면 세무당국은 동 이자소득에 대한 원천징수 상황을 전산시스템으로 검색하여 누락사실을 발견한다. 그리고 동 누락액에 대하여는 세무상 이자소득의 귀속자에게, 만약 이자소득의 귀속자가 불분명한 경우에는 대표이사에게 각각 상여 등을 준 것으로 간주하여 소득세를 추징하게 되므로 세무상 불이익이 발생하게 된다.

절세의 매출효과에 대한 이해를 하자

몇 년전 필자가 겪은 일화이다.

모 그룹의 계열회사인 H 호텔의 김 과장은 나의 세법강의를 듣고 나에게 본인이 근무하는 세무신고 자료를 보여주며 세금 신고가 잘못된 부분이 없는지 검토하여 달라고 부탁하였다.

동 호텔의 세무신고 자료를 살펴보니 호텔이 세금을 과오납過誤納한 사실을 알게 되었고 소송을 통하여 약 5억 원의 세금을 환급받도록 해주었다.

그로부터 약 한 달이 지난 어느 날 호텔 총지배인으로부터 만나자는 연락을 받고 방문하니 호텔지배인은 고문 패를 주면서 다음과 같이 말하였다.

"선생님은 우리 호텔의 세금을 5억 원 절세해주셨는데 이를 매출로 환산해보니 약 400억 원의 매출을 올린 것과 같습니다. 우리 그룹의 경우 매출액에 기여한 정도가 200억 원까지는 각 계열회사가 고문 패를 위촉하지만 선생님은 400억 원의 매출효과를 기여하셨기 때문에 그룹 고문 패를 드리게 되었습니다."

그는 5억 원의 법인세 절감이 400억 원의 매출 효과를 올렸는지를 다음과 같이 설명하였다.

"법인세 5억 원에 법인세율 25%(당시의 법인세율)를 적용하여 법인세 차감 전 순이익을 환산하면 약 20억 원이 계산되고, 20억 원의 법인세차 감전 순이익에 저희 호텔의 매출액 순이익율 5%로 다시 환산하면 매출액 400억 원이 계산됩니다."

나는 고문 패를 받으면서 회계전문가가 아님에도 불구하고 세금절약의 효과를 매출액으로 환산하여 기여도를 평가하고, 이에 상응하는 보답을 하고자 노력하는 그 총지배인의 판단과 능력에 놀랐던 기억이 있다.

세금고지서는 반드시 검토해보자

토지초과이득세가 부과되던 시절에 내가 고문으로 있던 강남의 대형 요식업소와 관련된 절세 경험사례를 소개하고자 한다.

동 요식업소는 강남세무서로부터 토지초과이득세 3억 원을 부과받고 동 세금을 납부하려고 했다. 나는 세무고문으로서 동 세금이 정확하게 부과된 것인지 먼저 검토하였다. 세무검토를 한 결과 동 세금고지는 잘못된 것임을 발견하였다.

당시 토지초과이득세는 놀고 있는 땅인 유휴遊休 토지에 대하여 벌칙 성격으로 부과했던 세금인데, 토지가액 대비 건축물 가액이 10% 미만인 경우에는 비록 토지상에 건축물이 있어도 유휴토지로 간주하여 세금 부과 대상토지로 규정하고 있었다. 동 요식업소의 경우 유휴토지 판단기준인 10%에 미달되어 토지초과이득세를 부과하였던 것이다.

그래서 동 세금의 부과과정을 검토해보니 유휴토지 판정기준을 계산하기 위한 산식 중 분모인 토지가액은 정확하였지만 분자인 건축물가액은 '건물' 가액만을 적용, 계산함으로써 9.8%로 산출되고 이를 근거로 유휴토지로 판정하였던 것을 발견하였다. 나는 산식의 분자인 '건축물'은 세법상 '건물'과 '구축물' 가액을 합하여 계산하여야 하므로 구축물가액을 찾아 동 구축물가액을 더 해서 계산해보자고 했다. 계산에서 누락한 구축물을 가산하여 다시 계산해보니 그 비율은 10.4%로 증가되어 동 토지는 유휴토지에 해당하지 않는 것을 확인하였다.

이를 근거로 강남세무서에 잘못된 세금 부과를 취소해 줄 것을 요청하여 동 세금 부과는 취소되었다.

우리는 대체로 세무서나 지방자치단체에서 부과하는 전산용지로 통보되는 세금고지서에 대하여 '정부가 부과한 세금이니까 별 잘못은 없겠지.'

하고 막연히 신뢰하며 아무런 의심없이 세금을 납부하는 경향이 있다. 그러나 이러한 태도는 잘못된 것이다.

중요한 세금인 경우 한 번쯤 그 세금이 왜 부과되었으며 부과된 세금은 정확하게 계산된 것인지를 전문가와 상의하여 검토한 후 이상이 없을 때 납부하도록 하는 것이 바람직하다.

아무리 매출을 많이 올려도 이와 같이 내지 않아도 될 세금으로 이익이 다 빠져나가면 무슨 소용인가?

경영자는 기업을 종합적으로 관찰하여 균형있게 지휘할 필요가 있다.

명의는 빌려주지도 받지도 말자

몇 년전 신촌 세브란스 병원에 조문을 갔다가 12시 가까이 귀가하는 중에 잘 알고 있는 K 건설회사 사장으로부터 전화를 받았다.

평소 밤늦게 전화를 하지 않던 분이었는데 그 날은 다급하게 만나 상의할 일이 있으니 자기가 있는 강남의 모 호텔로 와 주기를 요청하는 것이었다. 그래서 무슨 급한 일이 있는가보다 라고 생각하여 호텔에 가보니 방안에 약 10여 명의 회사 임원들과 같이 회의를 하고 있었고 방안에는 담배연기가 자욱하였다.

사장으로부터 이야기를 들은 즉 K 회사는 3일 후에 부도가 예정되어 있어 그 대책을 협의하고 있다는 것이었다. 영업이나 직원들 처리 등 기타 경영문제는 대충 협의가 끝났으나 세무문제가 걱정이 되어 나를 불렀으니 어떤 문제가 있으며, 만약 문제가 있다면 그 대책을 강구해달라는 것이었다.

회사 상황을 검토해보니 회사는 세금이 체납된 상태이었고 또 부도로 말미암아 많은 세금을 추가로 납부하여야 할 입장이었다. 그러나 회사에는 세금을 납부할 재원이 없었고 사장 자신도 이것저것 차입금으로 담보 제공에 개인재산을 모두 사용한 상태라 세금을 낼 여력이 없었다.

이러한 경우에는 세법상 과점주주가 있을 경우 동 과점주주가 제 2차 납세의무를 지게 되어 있다. 이를 염려하면서 회사의 주주명부를 살펴보니 사장의 친 동생이 주주 겸 이사로 등재되어있고 또한 이사 급여를 지급한 것으로 처리되어 있었다.

이는 국세기본법상 '과점주주寡占株主의 제 2차 납세의무' 조항에 해당되어 동생이 회사가 내야할 세금을 제 2차 납세의무자로서 대신 납부하여야할 입장이 된 것이다.

여기에서 '과점주주'란 무한책임사원(합명회사, 합자회사의 경우)와 주주(주식회사의 경우) 또는 유한책임사원(유한회사의 경우) 1 명과 그와 특수관계인 중국 세기본법 시행령이 정하는 자로서 그들의 소유주식 합계 또는 출자액 합계가 해당 법인의 발행주식 총수 또는 출자총액의 100분의 50을 초과하면서 그에 관한 권리를 실질적으로 행사하는 자들을 말한다.

　K 건설회사의 경우 사장 동생과 사장이 가지고 있는 주식 수는 회사의 주식 총 수의 약 80%에 해당하였다. 동생은 회사 경영을 책임지는 이사로 등재가 되어있고 또한 월급까지 받고 있었다. 그러나 동생은 자기의 사업을 별도로 운영하고 있었는데, 형의 부탁을 거절하지 못해 K 회사의 임원으로 등재하고 임원 보수를 받은 것이었다. 동생은 결국 세법상 과점주주 집단에 포함되게 되었고 과점주주로서 제 2차 납세의무를 지게 된 것이다.

　이와 같은 동생에게 닥쳐올 세무상 불이익에 대해 사장에게 설명하니 사장은 큰 낙담을 하였으나 마땅한 대책은 없었다. 만약 이러한 상황을 미리 예상하였다면 동생을 주주명부에서 빼는 것이 동생을 위해 바람직하였겠지만 이미 때는 늦은 것이다.

　여러 해가 지난 후 소식을 들으니 그 사장은 물론 동생도 가지고 있던 모든 자산에 대해 예상했던대로 국세청이 압류하여 체납처분을 당했다는 것이었다. 한 때 잘 나가던 형제가 명의를 잘못 빌려주고 받는 바람에 회사가 망해 같이 고통 당하는 모습을 보게 되어 참으로 안타까운 생각이 들었다.

　따라서 주식이든 부동산이든 아니면 사업자등록상 명의이든 명의를 빌려주거나 빌려받지 말아야 한다.

　만약 이를 무시하고 명의를 빌려주거나 받게되면 언젠가 뜻하지 않은 세무상 문제가 생길 가능성이 있으므로 이러한 행위는 자제하여야 한다.

재고 관리

재고자산은 현금보다 더 중요하다

전술한 바와 같이 기업의 3대 주요 경영자원은 사람, 자금 그리고 물자이다. 이중 사람은 채용할 때부터 교육, 승진 및 퇴사 등의 전 과정에 걸쳐 최고경영진의 깊은 관심아래 관리된다.

그리고 자금 또한 가장 위험한 자산으로 인식, 조달과 보관 및 운용과정에 걸쳐 철저히 관리되고 있다.

그러나 이들 사람과 자금과는 달리 물자는 구매부터 보관, 생산 및 판매 등 전 과정에 걸쳐 비교적 그 중요성이 작게 인식되고 있다.

필자는 회계감사업무를 수행하면서 여러 업종의 재고실사 입회를 한 경험을 했다. 매년 12월 말이나 새해 초가 되면 회계감사를 받는 기업들은 재고조사 준비에 부산하다.

재고자산의 종류는 업종에 따라 다양하다.

예를 들면 광산회사의 경우에는 야적한 광물더미가, 건설회사의 경우에는 건축중인 건물이나 미분양된 완성 주택이, 정유회사의 경우에는 정유탱크 속에 들어있는 기름이 그리고 원양어업을 하는 회사의 경우에는 바다 위에 떠 있는 어획물이 각각 재고자산이다.

이렇게 다양하다 보니 재고조사중에 일어났던 웃지못할 에피소드가 많다.

오래 전에 남산에 있는 특급호텔인 H호텔을 회계감사 할 때의 이야기이다.

필자는 감사책임자로서 그 호텔의 창고에 가서 재고명세표와 창고에 보관되고 있는 재고자산을 대조하여 수량의 정확성과 보관상태의 적정성을 확인하였다. 확인한 결과 많은 종류의 재고자산들이 실제 재고량과 장부상의 재고수량에 차이가 있음을 발견하였다.

그래서 재고자산을 보관하고 있는 담당자에게 "왜 이렇게 재고자산이 차이가 납니까?"하고 질문하였다. 그 담당자는 머리를 긁적이면서 "글쎄요, 윗사람들이 와서 하나 가져가겠다고 하는데 말릴 수도 없고… 그러다보니 차이가 납니다. 어짜피 틀리는데 선생님도 필요한 것 있으시면 하나 가져가시지요."라고 나에게 선심 쓰듯 태연하게 이야기하는 것이 아닌가? 나는 기가 막혀서 그 사람을 다시 한번 바라보았지만 그 사람은 자기가 잘못하고 있는데 대한 의식조차 없는 것 같았다. 나는 처음에 모든 호텔들이 이렇게 재고관리를 대충하는 것이 관례인가 하고 생각했었다.

그러나 나의 이런 생각은 제주도에 있는 특급호텔인 G호텔에 재고조사하러 가서 불식拂拭 되었다. 우리는 지하에 있는 자재창고를 꼼꼼히 실사했다. 그 호텔은 완벽하게 재고관리를 잘 하고 있었다. 호텔 바에 가서 사용하지 않고 보관중인 양주를 세어보니 장부와 정확히 맞았다. 다음 나는 판매중인 양주병에 남아있는 양주를 잔으로 카운트해보니 약 3잔 하고 3분의 2잔 정도가 남았다. 그래서 "왜 전체 10잔들이 양주에서 지난 밤에 판매한 6잔을 빼면 4잔 분량이 남아있어야 하는데 약간 부족하네요. 왜 그러나요?"하고 웃으며 물으니, 바 담당자는 "선생님, 술은 알콜입니다. 어제부터 지금까지 팔다가 일부 증발했나 보네요."하고 역시 웃으며 설명하였다. 나는 그의 재치있는 답변에 그냥 인정하고 넘어갔다.

똑같은 특급호텔인데 H호텔과 G호텔과는 재고관리면에서 현격한 차이를 보이고 있었다. 이는 H호텔과 G호텔의 재고관리담당자의 재고자산에 대한 중요성에 관한 인식 차이에 기인한다고 본다.

재고자산도 현금과 똑같이 중요한 자산이다. 아니 오히려 더 관심 가지고 관리하여야할 중요자산이라고 이야기 할 수 있다. 왜냐하면 재고자산은 현금보다 부피가 커서 보관장소도 많이 차지하니까 보관비용도 더 많이 들고, 또 재고자산은 사용기간이 있거나 부패 또는 파손되기 쉽기 때문에 보관상태를 잘 살펴야 한다.

또한 재고자산을 만들기까지에는 많은 사람들의 노력과 자금이 투입된다. 만약 은행으로부터 차입한 자금으로 원료를 사고 제품을 제조하였다면 재고가 팔리지 않고 창고에 있는 한 이자를 계속 물어야 한다. 따라서 적정재고를 초과하여 재고자산을 관리할 수 있도록 재고관리에 만전을 기하여야 할 것이다.

부실한 구매정책은 원가 상승의 주범이다

A라는 중학교 친구가 있었다.

그 친구는 K 자동차 구매부에 근무하고 있었는데 부인은 K 자동차에 자동차 부품을 납품하는 사업을 하고 있었다. 그들 부부는 돈을 잘 벌어 여유로운 생활을 하고 있었다.

어느 날 그 친구를 만나 술을 먹는 자리에서 그 친구의 돈 버는 비결을 들었다. 그는 자기가 원자재 구매 부서에 근무하는 것을 이용하여 부인으로 하여금 일본에서 수입하는 원자재를 수입하는 가격보다 무려 20배나 높은 가격으로 K 사에 납품하여 많은 이익을 보는 것이었다.

그의 말을 듣고 나는 '이렇게 비싸게 원자재를 구입하는 것이 어떻게 가능할까? 원가상승이 높을 텐데 K 사는 과연 괜찮은 것일까?' 하고 걱정하는 마음이 들지 않을 수 없었다. 내가 걱정한대로 K 회사는 부실기업이 되었고 그 후 얼마 안 있어 부도를 내고 다른 자동차회사에 인수 당하였다.

또한 N 제약회사의 경우는 재고실사 결과 재고수량은 장부와 큰 차이가 없어 수량관리는 잘하고 있었다. 그러나 재고자산의 보관상태는 부실하였다. 사용기간이 있는 자재가 대부분인 재고자산을 구입할 때마다 구분 보관하지 않고 있었다. 전에 있던 재고자산 위에 새로 구입한 재고자산을 얹어 보관하고 있었는데 출고할 때는 위에서부터 사용하였다. 그러다보니 맨 밑에 있는 재고자산의 경우 사용기한이 훨씬 지나 모두 폐기되어야만 할 처지에 놓여 있었다. 담당자가 좀 더 관심을 가지고 보관방법만 잘 연구하여 관리했다고 한다면 재고자산의 폐기로 인한 막대한 손실을 막을 수 있었을 것이다.

이와 같이 재고자산에 대한 주의깊은 관리는 매출 못지않게 회사의 이익창출에 크게 기여하므로 재고관리담당자는 물론 최고경영자도 이 점 깊이 유의하여야 한다.

재고자산 관리는 절세節稅의 핵심이다 ⊲⊳

재고자산은 매년 연말에 실제 수량을 조사하고 이를 장부와 대조하여 차이가 날 경우 그 차이를 재고 감모손실 등으로 처리하여 회계처리에 반영한다. 또한 보관상태를 확인하여 상태가 불량하여 재고자산으로서 가치가 떨어진 경우 이를 폐기하는 절차를 밟고 이를 손실과목으로 처리하여야 한다.

이와 같이 재고자산의 실사 결과 발생된 손실은 법인세 과세표준을 줄여줌으로써 세금을 절감하는 작용을 한다. 따라서 이익이 많이 발생하여 절세의 필요성을 느끼는 기업의 경우 합법적인 절세를 하기위한 방안의 하나로 재고자산과 관련된 절세 포인트에 관심을 가져보는 것도 좋을 것이다.

재고자산은 기말에 어떻게 평가 하느냐에 따라 원가에 영향을 준다.

'매출원가'는 다음의 산식에서 보는 바와 같이 기초재고자산에 당기제품제조원가를 더 하고 기말재고자산을 차감하여 계산한다.

> 기초재고자산 + 당기제품제조원가 − 기말재고자산 = 매출원가

따라서 기말재고자산의 평가를 적게 하면 매출액에서 차감되는 매출원가를 높이는 결과를 가져오고, 반대로 재고자산을 높게 평가하면 매출원가는 그만큼 줄어들게 된다. 만약 매출원가가 늘면 매출총이익은 줄게 되며, 매출총이익이 줄면 그만큼 당기순이익이 감소하게 된다.

이와 같이 재고자산 평가액에 따라 매출원가가 달라지므로 달라지는 만큼 곧바로 당기순이익의 증감에 영향을 주게 되는 것이다. 세금은 당기순이익이 적으면 그만큼 줄게 됨으로 마땅한 절세방안이 없는 기업의 경우 재고자산의 이러한 원리를 악용하여 탈세의 수단으로 이용하기도 한다.

예를 들어 장부상 기말재고수량을 사실보다 적게 남겨놓거나 재고자산 단가單價를 낮게 평가하여 기말 재고자산의 평가를 실제보다 낮춤으로써 매출원가를 늘리고 그만큼 당기순이익을 일부러 줄여 탈세를 하는 것이다.

오래 전 어느 제약회사 회계감사를 할 때 이야기이다.

그 회사는 수익성이 좋아 많은 이익을 내고 있었다. 그러다 보니 절세가 결산의 핵심 포인트이었다. 나는 재고자산 평가의 적정성을 검토하기 위해 원가관리방법을 검토하였다. 그 회사는 원가계산방법 속에 불필요한 복잡한 과정을 많이 넣어 회사가 계산한 원가의 타당성을 검토하는 데만 하루가 소비되었다. 나는 "왜 불필요한 복잡한 과정을 넣어 원가계산을 하는데 이렇게 많은 시간을 소비합니까?"하고 경리부장에게 질문하고 이를 단순화 할 것을 권고하였다.

필자의 권고를 들은 경리부장은 "회계사님! 저희들도 원가계산 방법을 단순화하면 편하니 얼마나 좋겠습니까?"하고 말하며, "회계사님, 솔직히 말씀드리면 저희 회사는 재고자산이 아니면 절세할 수 있는 방법이 없습니다. 그래서 재고자산 평가와 원가계산 방법을 복잡하게 만들었습니다. 회계사님은 전문가이시니까 하루만에 저희가 만든 원가계산 방법을 파악하셨지만 세무공무원들은 일주일 동안 애써도 저희 방법을 파악하기 힐들 겁니다. 공무원들이 우리 회사의 원가계산 방법을 검토하다 보면 지쳐서 포기하고 맙니다."하고 웃으며 이야기 하는 것이 아닌가?

이야기인 즉, 동 회사는 재고자산 평가를 조절하는 방법으로 '절세'가 아닌 '탈세'방법을 연구해왔는데 이를 세무공무원이 알게 되면 세무상 추징당할 염려가 있기 때문에 일부러 원가계산 방법을 복잡하게 설계하였다는 것이었다.

결국은 복잡한 원가계산 과정을 통해 회계분식을 하고 그 회계분식을 통해 합법적인 '절세節稅'가 아닌 '탈세脫稅'를 하고 있음을 고백하는 것이었다. 그러면서 그는 "우리보다 더 심하게 하는 데가 많이 있습니다. 어떤 회사는 가공비용을 처리해서 세금을 줄이고 이를 은폐하기 위해 공장에 있는 문서 창고를 일부러 불을 내고 화재신고를 합니다. 그러면서 화재신고 시 가공 처리한 회계자료와 증빙을 소실된 문서로 신고해서 세무조사를 피하기도 한답니다."

이렇게 재고자산을 절세가 아닌 탈세수단으로 악용하는 것은 결코 바람직하지 않다. 왜냐하면 재고자산은 분식회계처리 할 경우 그 해로 끝나는 것이 아니고 그 후 회계년도에도 계속 영향을 미치기 때문이다. 만약 탈세가 밝혀질 경우 탈세로 인한 세금 절약보다 훨씬 큰 세무상 불이익이 따르기 때문에 이 점 각별히 유의하여야 한다.

또한 재고자산은 그 들어오거나 나가는 이동상황을 그때그때 미루지 말고 잘 기록하여야 한다.

재고자산을 통한 합법적인 절세방법을 소개하고자 한다.

M 의류회사가 있었다.

그 회사는 사업이 잘되어 항상 절세방안을 찾는데 온 신경을 쏟고 있었다. 태풍이 불었던 어느 해 필자가 가보니 그 회사 의류창고에 물이 들어차 많은 수량의 재고의류가 물에 젖어 판매가 불가능하게 되어 있음을 발견하였다. 마침 그 해에도 많은 이익이 발생한 상태라 판매 불가능한 재고를 폐기하고 이를 손실로 회계 처리하여 절세하도록 권고하였다.

이와 같은 방안은 합법적인 절세 방안이다. 그러나 절세를 인정받기 위해서는 이러한 재고자산 폐기의 전全 과정을 사진을 찍고, 아울러 폐기하는 재고자산을 수령하는 상대방 기업이나 단체로부터 이를 수령한 증빙 등을 확보하여 폐기처분의 실재성實在性과 타당성을 입증하여야만 한다.

회계담당자나 외부 전문가들은 결산을 하거나 재고자산을 실사하면서 이와 같은 절세방안이 없는지 잘 연구하여 회사의 수익성 제고에 기여하도록 노력하여야 할 것이다.

사라져버린 상장회사의 꿈

정수기를 만들어 판매하던 H 회사가 있었다.

어느 날 H 회사의 친구로부터 본인의 형인 윤 사장이 나를 만나고 싶다는 연락이 왔다. 당시 윤 사장은 프로세일즈맨 출신으로 정수기를 새로 개발하여 매출을 급신장시키며 야심차게 기업을 경영하고 있었다. 그 회사는 매년 매출이 배로 성장하고 직원도 그와 비례하여 급속도로 늘어나고 있었다. 친구는 나에게 자기 형의 말에 의하면 그 회사는 급성장하고 있어 앞으로 3년 후쯤 코스닥 상장을 예정하고 있다고 했다.

윤 사장을 만났다. 윤 사장은 나에게 "문 회계사님, 아시다시피 저희 회사는 판매가 매년 급신장하고 있습니다. 그런데 왠지 모르게 항상 자금이 부족하고 또 관리가 잘못되고 있는 것 같아 불안한 마음이 듭니다. 회계사님이 경영진단을 해주지요. 그래서 도대체 문제점이 무엇이고 또 어디에 있는지, 그 정도는 어떠한지 저에게 직접 알려주시면 감사하겠습니다."하고 간곡히 부탁하는 것이었다. 나는 스케줄 상 6개월 후쯤 진단을 하겠다고 약속하고 그 회사를 나왔다.

그로부터 약 3개월쯤 내가 그 회사의 진단을 착수하기 전에 친구로부터 전화를 받았다. 그 친구의 이야기로는 그 회사는 갑자기 세무조사를 받게 되었는데 세무조사 결과 많은 세금을 추징당해 회사 경영이 어려워졌다는 것이었다. 세금 추징 사유를 들어보니 재고관리를 잘못한 것이 주된 원인이었다.

그 회사의 제품은 가정용 정수기로서 선물하기 좋은 제품이다 보니 회사를 방문하는 공무원이나 친지들에게 선물로 자주 사용되었다. 또한 판매사원들이 판매를 위해 샘플로 가지고 간 제품에 대하여 그때그때 재고수불부에 정리를 하지 않았다.

상품이 비록 업무를 위해 사용되었다고 하더라도 그때그때 바로 바로 상품의 출고 사유에 따라 이를 입증할 수 있는 관련 증빙을 첨부하여 회계처리를 하여야 한다. 그러나 이 회사의 경우 이러한 절차를 몇 년째 누락하다보니 장부상의 재고 수량보다 실제 창고에 보관하고 있는 재고수량이 훨씬 부족하게 되었다.

회사는 그 부족분에 대한 정당한 이유와 입증立證을 하지 못해 세무당국으로부터 부족 수량에 대하여 모두 '매출누락'으로 과세처분을 받게 되었다.

이를 감당하지 못한 회사는 그동안 꿔왔던 상장회사의 꿈을 펴지 못한 채 결국 문을 닫게 되는 불행한 사태를 맞게 되었다.

인사 · 노무 관리

인사는 만사다

"인사人事는 만사萬事다"라는 이야기가 있다.

이는 기업 경영은 사람이 하는 것이기 때문에 사람을 잘 써야 성공하는 기업이 된다는 의미이다.

여기 사람 관리를 잘 한 일본의 '헤이세이건설' 사례를 소개한다.

1990년대 후반 부동산 거품이 꺼지면서 일본 건설업은 침체기를 맞았다. 매년 1만 개가 넘는 업체가 사라졌다. 1999년 60만 개였던 일본의 건설사는 2011년 48만 개로 줄어들었다. 일자리도 줄어들었다.

일본 통계청에 따르면 1990년대 말 700만 명에 달하던 건설업 취업자 수는 2011년 497만 명으로 떨어졌다.

이런 상황에서도 1989년 설립 이후 단 한번의 적자 없이 꾸준한 성장을 한 기업이 있다. 바로 헤이세이건설이다. 10명도 안 되는 직원으로 시작한 회사는 현재 500명이 넘는 중견회사로 발전했다. 매출액은 2013년도 기준으로 140억 엔(약 1420억 원)에 달한다. 이런 성공 뒤에는 헤이세이건설 창업자이자 사장인 '아키모토 히사오'가 있었다.

아키모토의 경영철학은 첫째도 사람, 둘째도 사람이다. 사람을 키우기 위해 최고로 대우하고 자율성을 존중한다.

헤이세이건설의 임금은 대기업 수준으로 높은 편이다. 그는 인건비는 비용이 아닌 투자라고 말한다. 직원들에게 충분한 보상을 하는 것이 결국 그들이 열심히 일하도록 한다고 믿기 때문이다. (자료 : 한국경제)

이러한 이유로 인하여 헤이세이건설은 직원들이 사표를 내지않는 회사로 잘 알려지고 있다. 어느 기자가 회사의 사장인 '아키모토 히사오'에게 다음과 같이 질문하였다. "사장님, 사장님은 언제 가장 즐겁습니까?" 그러자 그 사장은 "일할 때 제일 즐겁습니다. 일이 제 취미이자 삶의 보람이지요."라고 답하였다. 이 말을 들은 기자는 다시 "무슨 일을 하시는데요?" "인재를 키웁니다. 인재를 키우는 것이 내 삶의 보람이요, 그것이 내가 할 일입니다. 앞으로 나의 과제입니다."라고 대답하였다고 한다.

일본 정치가인 '고토 신페이'는 "돈을 남기면 하수下手, 업적을 남기면 중수中手, 사람을 남기면 고수高手다."라고 이야기 하였다고 한다.

이 모두 인재의 중요성을 강조한 말이다.

인재가 기업을 살린다

오래 전에 유럽에 여행갈 일이 있었다.

여행가이드가 마이크를 잡더니 "저는 이해가 잘 안됩니다. 여러분 ○○○라는 차를 아시지요? 그 이름은 이곳 이태리 사람들이 제일 싫어하는 오징어랑 발음이 같습니다. 제 생각으로는 그 이름 때문에 그 자동차가 잘 안 팔리는 것 같아요."하며 아쉬워하는 것이었다.

나는 여행을 마치고 귀국하여 바로 K 회사에 전화를 돌렸다. 소비자로서 회사를 위해 건의할 말이 있는데 담당자를 바꿔 달라고 하니 홍보실 직원을 바꿔주었다. 나는 나라와 회사를 위한다는 순수한 사명감으로 이태리에서 겪은 이야기를 하고, 차 이름을 바꾸면 좋지 않겠는가 하고 이야기를 하였다. 그 직원은 "글쎄요. 이미 차 이름이 확정되어 팔고 있는데 바꾸기가 어렵지 않을까요?" 말하고는 인사도 없이 전화를 끊는 것이었다.

그 답변을 듣는 순간 나도 바쁜 사람인데 괜히 쓸데없는 전화를 했구나 하는 후회스런 마음이 들었다.

회사가 잘 발전하려면 회사의 제품이 시장에서 어떤 반응을 보이고 있는지? 소비자의 제품에 대한 평가는 어떤지를 면밀히 조사하고 이를 경영

전략에 반영시킬 필요가 있다고 본다.

이런 역할은 사람이 하는 것이기 때문에 직원이 얼마나 관심을 가지고 책임을 다 해 수행하는가? 가 중요하다. 특히 소비자와 의견을 나누는 직원은 보다 진지한 자세로 귀를 활짝 열고 소비자의 의견을 경청하도록 애써야 한다.

그런데 소비자로부터 온 전화를 무관심하게 받는 K 회사의 경우는 이런 점에서 큰 문제를 안고 있다는 걱정이 들었다. 나의 이런 걱정은 그 뒤 몇 년 후 K 회사가 망해 다른 회사로 넘어가는 것으로 현실화 되었다.

춘추시대 제齊나라의 사상가 · 정치가인 관중管仲이 지은 관자管子에는 인재를 기르는 것의 중요성에 관한 다음과 같은 글이 실려 있다. "일 년의 계획은 곡식을 심는 것만 같은 것이 없고, 십 년의 계획은 나무를 심는 것 만 같은 것이 없고, 평생의 계획은 사람을 심는 것만 같은 것이 없다."

회사가 잘 되려면 경영자는 인재를 기르고 이들의 능력을 회사의 목표를 향해 결집할 수 있어야 한다. 또한 종업원들도 하나같이 자기가 몸담고 있는 회사의 발전을 위해 생각과 노력을 집중하여야 한다. 만약 이러한 기본자세가 갖추어지지 않은 직원이 기업에 남아 있다면 그 회사로서는 큰 불행이 아닐 수 없다.

건강한 기업은 사람의 흐름도 잘 이루어져야 한다.

기업이 건실하게 잘 운영되려면 들어와야 할 직원이 제 때에 들어올 수 있어야 한다. 또한 이들 직원이 입사하면 능력에 맞게 직무가 부여되고 또한 그 직무를 최선을 다 해 수행할 수 있도록 만들어야 한다. 그리고 기업 입장에서 볼 때 있어서는 안 될 직원이나 있으나마나한 직원 즉, 떠나야할 직원은 자연스럽게 떠나보낼 수 있어야 한다.

직원이 회사와 혼연일체의 정신을 가지고 매진하면, 그 개인은 물론이고 회사도 같이 발전할 수밖에 없다. 이에 관한 사례로 다음과 같은 김규환 명장의 말을 소개하고자 한다.

"저는 여러분들한테 반드시 종교를 가지라고 말씀드리고 싶습니다. 저도 종교가 있습니다. 하지만 저는 교회나 절에 다니지 않습니다. 제 종교는 '대우중공업교敎' 입니다. 우리 집에는 대우 깃발이 있고 식구들 모두 아침 밥 먹고 그 깃발에 서서 기도합니다."

조직의 핵심은 '+시너지'이다

나는 직원이 사표를 내면 면담을 하여 사표의 진정한 이유를 물어본다. 그 사표의 이유가 불가피한 경우에는 별도의 설득이나 반대 노력없이 그대로 받아들인다. 예를 들어 지방으로의 이사 또는 신병으로 인한 치유 필요 등 본인의 불가피한 개인적 사유로 인한 경우가 이에 해당한다. 그러나 타사로부터의 고액의 연봉 제시나 직위상승 제안 등과 같은 경우에는 그 곳이 우리 법인과 비교하여 어떤 점이 유리한 지 또는 불리한 지 좀 더 같이 이야기 해본다.

이러한 과정을 거쳐도 퇴사를 고집하는 경우에는 사표를 수리하며, "미안합니다. 그리고 그동안 애써주셔서 감사합니다. 우리 회사의 물이 깊고 넓지 못해 정말 미안합니다. 우리 회사보다 더 좋은 회사로 가니 진심으로 축하합니다."하고 사과 겸 축하를 해준다.

이렇게 하는 이유는 다음과 같다.

가령 A 회사에 있는 직원을 우리 회사의 직원으로 채용할 경우에는 그가 그 A 회사에서 받는 대우와 조건보다는 더 좋은 대우와 조건을 제시할 수 있어야 한다. 이는 우리 회사의 조직이 A 회사 보다는 더 비교우위에 있어야 가능하다. 따라서 이를 역逆으로 생각해보면 우리 회사를 직원이 떠난다는 것은 우리 회사의 조직이 그가 입사하려고 하는 다른 회사보다 근무여건면에서 열위劣位에 있다는 것을 뜻한다.

이러한 점을 고려하여 나는 경영자로서 그가 마음껏 헤엄치며 역량을 발휘할 수 있도록 우리 회사를 좀더 '깊고, 넓게' 만들지 못하여 미안하다고 사과를 하는 것이다. 또한 어차피 떠나야할 사람에게 마음의 부담을 주지 않는 게 도리라고 생각해서 축하를 해준다.

따라서 인재의 유출을 막을 수 있는 가장 좋은 방법은 우리 회사를 다른 회사보다 비교우위에 있도록 하는 것이다.

어떻게 하면 우리 회사의 조직을 다른 회사보다 비교우위比較優位에 올려놓을 수 있을까? 이는 우리 회사의 조직이 다른 회사보다 더 높은 '+시너지Synergy'를 발휘할 수 있을 때 가능하다. 이 때 '시너지'란 전체적 효과에 기여하는 각 기능의 공동작용, 협동을 뜻하는 말로서 종합효과, 상승효과相乘效果를 뜻한다. 즉 1 + 1 = 2 가 아닌 3, 4, 5 이상으로 창출되어야 함을 의미한다.

예를 들면 어떤 회사가 다른 회사에서 연봉 1억 원을 받는 과장 1 명과 또 다른 회사에서 연봉 5천만 원을 받는 대리 1 명을 새로 채용한다고 가정하자. 만약 우리 회사가 이들을 채용한 후 이들의 노력에 의해 그 과장에게 1억5천만 원의 연봉을, 대리에게는 7천만 원의 연봉을 각각 줄 수 있도록 회사가 발전한다면 우리 회사는 이들이 전에 근무하고 있던 다른 회사 보다 비교우위에 있는 조직이라고 이야기 할 수 있다.

따라서 조직을 이끌어가는 리더는 자신의 조직이 항상 '+시너지'가 창출될 수 있도록 최선의 노력을 기울여야 할 것이다.

고대의 어떤 철학자는 이야기 한다.

"한 가지 소리는 아름다운 음악이 되지 못하고, 한 가지 색은 찬란한 빛을 이루지 못하며, 한 가지 맛은 진미珍味를 내지 못한다. 서로 다른 것이 모여 아름다움을 만든다."

이 역시 조직의 +시너지를 다른 말로 표현한 것이다. 하나의 악기를 연주하는 소리를 듣는 것도 좋지만, 두 악기 이상이 협주하는 소리를 듣는 것이 더 좋다. 이는 여러 악기가 서로 각자의 소리를 더 잘 내려고 다투는 가운데 상호 조화를 이루어 새로운 음을 창출하기 때문이다. 만약 상호 조화를 이루지 못한다면 그 소리는 듣기 싫은 소음에 불과할 뿐이다.

성장하는 조직의 핵심은 조직 내에 있는 제반 자원, 사람과 자금 그리고 물자가 서로 어우러져 조직의 목표 달성을 향해 +시너지를 발휘하는 것이다.

역지사지易地思之로 서로 배려하는 마음

오래 전 IMF때의 일이다.

IMF 사태를 맞아 우리 회계사 업계도 힘든 나날을 보냈다. 고객인 기업이 잘 되어야 그들을 위해 일하는 우리 같은 전문가 집단도 같이 발전할 수 있는데 기업들이 힘드니까 컨설팅같은 불요불급不要不急한 일은 극도로 자제하는 분위기여서 우리 법인의 매출액도 많이 감소하였다.

IMF 사태가 발생한 지 6개월이 지난 어느 날 우리 법인의 행정업무를 책임지는 이 실장이 내 방에 들어와서 말하였다. "대표님, 회계업계가 모두 대단히 어려운가 봅니다. 다른 회계사무실에서는 급여를 감액하고 있는데 우리 법인도 급여를 인하하는 조치를 하여야 하지 않을까요?" 하고 의견을 제시하였다.

나는 예상치 않은 가운데 이런 말을 듣고 잠시 당혹스러웠다. 그러나 법인의 사정을 잘 알고 있는 행정책임자로서 걱정하는 마음에서 어려운 건의를 한 것을 알고, 나는 그에게 감사한 마음이 들었다. "어렵긴 하지만 아직 견딜 수 있으니 올해 급여는 종전대로 유지하고 싶습니다."라고 대답하였다.

그로부터 다시 1년 여가 되는 시점에 이 실장은 다시 내 방에 들어와 급여 감액이 아니면 보너스라도 좀 줄이는 것이 어떤가하고 나에게 건의했지만, 나는 "좀 더 견디어 보자"라고 이야기 했다.

우리 법인은 이러한 노력으로 비록 어려움은 있었지만 전 직원이 서로 이해하고 단합한 가운데 해고와 급여 감액 없이 IMF를 넘겼다.

동태적 조직動態的組織, Dynamic Organization의 중요성을 주장한 '바나드Chester I. Barnard'는 조직이 동태적으로 발전하려면 유인(예: 급여)과 공헌(예: 종업원의 업무수행 노력)이 균형을 이루어야 된다는 "유인誘引=공헌貢獻"을 주장하고 있다. 그러나 나는 이러한 것 보다는 조직이 성장 발전하려면 다음과 같이 입장에 따라 달라져야 한다고 생각한다.

즉, 종업원 입장에서는 본인이 회사에 공헌한 정도 보다는 회사로부터 받은 유인이 많다고 생각하고, 회사의 입장에서는 종업원이 공헌한 것보다 유인이 적다고 생각하는 것이 보다 더 바람직한 노사관계가 아닐까 생각한다. 만약 어떤 조직이 이러한 상황이라면 그 조직은 노사가 서로 감사하는 분위기 속에서 계속 성장·발전할 수 있으리라 생각된다.

$$종업원\ 입장 = 공헌 < 유인$$
$$경영자\ 입장 = 공헌 > 유인$$

그러나 대부분의 기업의 경우, 특히 노사관계가 좋지 않은 기업일수록 앞의 공식이 반대로 나오고 있는 것이 현실이다. 이런 경우에 있는 회사라면 '감사' 대신 '불만'과 '적대감' 속에서 노사대립이 일어날 것이고 결국 회사의 앞날은 어두워질 것이다.

기업 경영관리상 기타 유의하여야 할 점

기업과 기업주는 별개이다

필자가 중소기업의 사장들을 만날 때 공통적으로 느끼는 점은 "회사=사장"이라는 점이다.

어떤 회사가 처음 설립되는 경우 이를 설립하는 창업주는 자기의 모든 재산과 노력 등을 투자하여 마치 아기를 낳는 산모의 심정이 되어 회사를 만든다. 그러다 보니 회사가 자식 같고, 자기 소유물이라는 강한 애착심을 가지게 된다.

그러나 회사는 본질적으로 사장 개인의 소유물일 수 없다. 왜냐하면 회사가 설립된 이후에는 종업원을 채용하게 되고, 거래처가 생기고 또한 거래할 은행이 나타나게 된다. 그리고 때가 되면 세금을 내야하는 과세당국이 등장한다.

이러한 모든 개인 또는 단체들은 회사의 경영에 깊은 관심을 가지게 되는데 이들을 '이해관계관계자집단利害關係者集團'이라고 부르며 이들 집단은 회사가 사장 개인의 소유물이 아닌 자기들의 이해利害와 직결되는 공적公的 소유개념으로 회사를 바라본다.

따라서 어떤 사장이 회사와 사장 개인관계를 명확히 구분하지 않고 '주머니 돈이 쌈지 돈'이라는 개념으로 회사 돈을 마음대로 가져다 쓸 경우 이들 이해관계자집단들은 결코 좌시하지 않을 것이다.

종업원들은 노동조합을 통해 이를 문제화할 것이고 세무당국은 회사의 업무와 관계없는 자금 유출에 대하여 세금을 추징할 것이다. 은행은 이러한 회사에 대하여 대출을 제한할 것이고 거래처 또한 신뢰를 하지 않아 우량한 파트너를 잃게 될 것이다.

따라서 일단 기업을 설립한 이후에는 그 기업과 그 기업을 설립한 창업주는 명확히 선을 그어 구분할 필요가 있다.

얼마 전에 거래처 기업의 회장과 회장의 아들인 사장과 같이 골프 라운딩을 하였는데 그 기업의 아들인 사장이 프런트에서 결제하는 것을 보니 개인카드로 계산하는 것이었다. 그래서 법인카드로 업무상 처리할 수도 있지 않은가 하고 물으니 그 사장은 "오늘 운동은 법인 업무보다는 사적 친목모임이기 때문에 법인카드로 지출 할 수 없습니다."라고 답변하는 것이었다.

이렇게 철저한 기본자세를 가지고 사업을 경영하는 사장이 있는 회사의 경우는 다른 임직원들도 공사公私를 분명히 구분하는 자세로 업무수행에 임할 것이다. 이러한 사장이 몸소 모범을 보여주고 있는 기업에는 임원들은 평소 본인들의 업무수행 시에도 평소 보아온 사장의 업무수행 자세를 본받을 가능성이 높다고 생각한다.

예를 들면 자재를 구매하는 결정권이 있는 구매담당 임직원의 경우는 항상 접대 유혹이 따르겠지만 이에 넘어가지 않고 매뉴얼을 지켜 합리적인 의사 결정을 하리라 본다.

또 필자가 거래처인 외국회사의 회계고문을 할 때의 이야기이다.

그 회사의 사장은 미국에서 온 교포이었는 데 그가 해외 출장을 다녀와서 비용 정리한 것을 보고 필자는 놀라지 않을 수 없었다. 그는 출장가기 전에 경리부서에서 출장비로 전도금을 받을 때부터 이를 외화로 환전한 후 현지에서 비용 지출하고 이를 꼼꼼히 지출명세를 본인이 직접 기록하였다. 그리고 출장비 잔액이 남을 경우 이를 원화로 환전하여 잔돈까지 경리부에 모두 반환하였다. 또한 출장비 지출정산서에 모든 관련 증빙을 첨부하였으며, 택시비나 팁같이 증빙을 입수하지 못한 것은 그 이유와 지출금액을 세세히 기재하여 비용의 타당성을 설명하였다.

요즈음에는 많이 달라졌지만 당시만 해도 해외 출장을 갈 경우 회사 사규에 의거 계산되는 출장비를 정액으로 계산하여 미리 지급하는 것이 관행이었다. 그러다 보니 더 이상의 정산과정을 생략하거나 정산과정이 있다고 하더라도 가공경비를 지출내역에 포함하여 보고를 함으로써 출장비를 개인적인 비자금을 조성하는 수단으로 삼는 것이 비일비재非一非再하였다.

이와 같은 국내 일반기업의 관행을 많이 보아온 필자로서는 매뉴얼에 따라 공公과 사私를 철저히 구분하여 스스로 솔선수범하는 사장의 모습을 보고 신선한 충격과 감명을 받지 않을 수 없었던 것이다.

기업과 기업주는 별개의 실체이다.
성공기업인은 이런 원칙을 항상 준수하고 기업의 일과 기업주 개인의 일을 엄격히 구분할 줄 알아야 한다.

주식은 기업의 소유권이며 경영권이다 ⊲≡▷

주식은 주식회사의 지분持分을 나타내는 유가증권有價證券이다. 또는 주식은 소유권과 경영권 그리고 재산권을 의미한다.

주식 = 소유권 = 경영권 = 재산권

주식회사의 법적 소유자는 주식을 소유한 주주株主이며 주주는 경영권을 행사할 수 있는 회사의 주인이다.

이러한 이유로 주식은 중요한 재산적 가치와 권리를 지니고 있으므로 그 관리에 있어 세심한 주의를 요한다.

몇 년전 중소기업을 경영하고 있는 박 사장이 자기 회사의 경영문제로 긴급히 상의할 일이 있다고 필자를 방문하였다.

그는 방문하자마자 한숨을 쉬며 다음과 같은 고민을 털어놓았다.

'우리 기업에 경리담당 상무로 근무하고 있던 김 상무를 이번에 권고사직 시켰습니다. 이유는 그가 심각한 당뇨병을 앓고 있었는데 하루 중 오전에만 근무하고 오후에는 병원에 다녀야 하는 상황이었지요. 그래서 하는 수 없이 잘 타일러 퇴직금도 넉넉히 주어 서운하지 않도록 하고 퇴직을 하도록 권했는데 이 말이 그에게는 섭섭했던 모양입니다.

어제 김 상무로부터 뜻밖의 말을 듣고 놀라고 가슴이 답답해서 이렇게 찾아오게 되었습니다. 김 상무는 약 30년 전에 우리 회사에 사원으로 입사하였는데 그 때 마침 개인기업으로 있던 우리 회사를 김 상무가 법인으로 전환하는 업무를 맡고 있었습니다. 그 당시에는 법인이 되기 위해서는 7명 이상의 주주가 필요해서 김 상무에게도 주주명단에 이름을 넣어 달라고 했었습니다.

그 뒤로 우리 회사는 자산과 자본도 몇 십 배 늘어나고 이익도 전혀 배당을 하지 않아 잉여금으로 많이 쌓여 있습니다. 그러다 보니 주식가치도 설립 당시 1주당 5,000원짜리이었으나 얼마 전에 평가를 해보니 주당 약 4백만 원 가까이 되더군요. 이런 상황에서 김 상무는 자기 앞으로 되어 있는 우리 회사의 주식 5%는 자기 이름으로 되어있으니 자기 것이라고 주장하며 명의 변경을 해주지 않겠다는 것입니다. 지금의 주식가치로 환산하면 약 3억 5천만 원이나 됩니다. 이를 어떻게 처리하여야 하지요?"라고 하소연을 하는 것이었다.

이 말을 들은 필자는 김 상무도 잘 아는 입장이라 그를 만나서 본인의 이름으로 차명주식이 되어있는 주식의 명의를 돌려주려하지 않는 이유를 물었다.

김 상무는 "저는 20대에 이 회사에 들어와 한평생을 바쳐 일을 했는데 몸이 아프다고 일방적으로 저를 내 쫓으려고 하니 너무도 억울합니다. 그래서 제가 평생 일한 대가를 주식으로라도 보상 받으려고 그럽니다."라고 대답하였다.

필자는 회사측의 입장을 김 상무에게 전하고 퇴직위로금조로 추가 보상을 하는 선에서 주식 명의를 돌려주도록 설득하였다.

이와 같이 주식 명의를 사실과 달리 할 경우 여러 가지 문제를 야기시킨다. 따라서 주식을 취득할 때 남에게 자기 명의를 빌려주어서도 안 될 뿐만 아니라, 거꾸로 남의 명의를 빌려 받아서도 안 된다.

특히 2014년 11월 29일부터는 '금융실명거래 및 비밀보장에 관한 개정 법률(차명거래금지법)'이 시행된다. 이에 따라 선의의 목적을 제외한 차명계좌 거래는 엄격하게 금지된다. 만약 탈세나 재산은닉. 돈세탁 등 악의적인 의도로 차명계좌 거래를 할 경우 명의를 빌려준 쪽과 빌린 쪽 모두 5년 이하의 징역 혹은 5,000만 원 이하의 벌금형에 처할 수 있게 된다.

이는 명의신탁자산에 대한 증여세만 추징했던 과거와는 달리 처벌수위도 훨씬 강력해진 것이다. 따라서 명의를 빌려주거나 받는 행위는 곧 패가망신으로 가는 지름길이 되므로 이 점 특히 유의하여야 한다.

또한 주식 양도시 세법상 주식 가액을 평가한 후 동 평가금액에 맞게 거래가액을 결정하지 않게 되면 '고가, 저가 양도로 인한 증여의제'로 처분되어 세금을 추징당할 위험이 있으므로 이 점 유의하여야 한다. 이는 시가時價 보다 고가高價나 또는 저가低價로 주식을 양도 또는 양수할 경우 그 차액은 이익을 본 사람이 증여받은 것으로 간주한다는 것을 의미한다.

따라서 주식거래를 할 경우 반드시 사전에 세법상 주식평가를 하여 '시가'를 확인한 후 거래가액이 그 시가를 크게 벗어나지 않도록 유의할 필요가 있다.

한편 주식거래에는 반드시 자금의 흐름이 수반되므로 동 자금의 조달출처가 세법상 과세 원인이 되지 않도록 면밀히 검토하여야 한다.

그리고 기업을 설립할 때는 주식의 가치가 별로 없을 때이다. 이 때는 가급적 대주주의 지분율이 떨어지지 않도록 주식을 헐값에 양도하거나 그 가치를 인정하지 않는 직원들에게 함부로 나누어 주어서는 아니된다.

어떤 사장들을 보면 설립초기부터 종업원들에게 주식을 마치 영화티켓처럼 가볍게 인심 쓰듯 나누어주는데 이렇게 주식을 함부로 주게 되면 받는 사람도 그 가치를 인정하지 않게 되므로 주는 의미가 없게 된다. 또한 주식을 일단 종업원들에게 주게 되면 주식을 받은 종업원은 종업원 신분 외에 주주라는 신분이 추가되어 경영감시자로 변하게 된다.

그러다 보니 어떤 종업원들은 회사 경영에 불만이 있을 경우 주주로서 상법상 소액주주 보호제도를 악용하기도 한다. 이 경우 사사건건事事件件

경영자에게 문제를 제기하여 회사 경영에 막대한 지장이 초래하는 경우도 발생하게 되므로 이 점 또한 유의하여야 한다.

이 밖에도 주식의 취득, 보유, 처분 및 상속 또는 증여하고자 할 때는 반드시 사전事前에 각 단계별로 전문가와 상의하여 세무상 유의할 점을 잘 파악한 후 의사결정을 하는 것이 바람직하다.

생산과 판매는 기업을 이끌고 가는 두 바퀴이다

기업의 두 가지 핵심적 활동을 들라면 생산과 판매활동이다.

이들 두 활동은 동전의 앞과 뒷면처럼 서로 밀접하게 연결되어 있다. 또한 이들 두 활동은 서로 조화를 이루면 기업 발전에 크게 기여하는 원동력으로 작용하지만 만약 조화를 이루지 못하면 기업을 망하게 하는 주요 원인이 된다.

따라서 생산은 판매가 가능하도록 질적 양적으로 우수한 제품을 만들어 판매를 뒷받침하여야 하며, 판매는 생산시설이 원활이 작동되도록 활발히 이루어져야 한다. 만약 제품을 열심히 많이 만들어 놓았지만 이를 판매로 연결시키지 못하거나, 반대로 열심히 판매활동을 하여 주문을 많이 받아놓았는데 생산이 이를 따라 주지 못한다면 어떻게 될까?

또한 기업이 미래지향적인 신제품이나 신기술을 개발하지 못하면 시간이 흐를수록 그 기업의 생산이나 판매에 치명적인 지장을 줄 수 있다.

따라서 기업을 경영하는 경영자는 이러한 원리를 잘 이해하여야 한다. 또한 자기 회사가 만들어야 할 제품의 제조와 판매활동의 과정에 대해 철저히 알고 있어야 한다. 아울러 제품을 개발하고 생산하는 직원들과 끊임없이 교감할 줄 알아야 한다.

여러 해 전에 아주 획기적인 배터리 관련 전자제품을 개발하여 투자자들로부터 촉망받는 K 벤처기업이 있었다. 그 회사는 투자자들로부터 좋은 조건으로 투자를 받아 활발하게 사업을 시작하였다. 그러나 법대를 나온 K 기업의 사장은 제품의 내용을 잘 이해하지 못하고 있었다. 게다가 개발하는 팀과 물과 기름처럼 서로 어울리지 못하고 있었다.

어느 날 그 회사의 기술을 탐내고 있던 모 대기업이 그 회사의 개발팀 전원을 스카우트해 가는 사태가 발생하였다. 예기치 못한 순간에 갑자기 생산의 두뇌 집단이라 할 수 있는 개발팀을 모두 잃어버린 K 기업은 결국 문을 닫게 되었다. 이 바람에 그 기업에 투자한 사람들은 불시에 큰 피해를 보게 되었다.

생산이나 판매는 이를 담당하는 사람의 마음가짐과 자세에 따라 크게 달라진다.

미국의 워너메이커 백화점 설립자이며 백화점 왕으로 호칭되었던 존 워너메이커John Wanamaker의 판매에 관한 일화를 소개하면 다음과 같다.

뉴욕백화점의 장갑 매장에 한 노신사가 나타났다. 그때 담당 여 점원이 부인 손님에게 장갑 한 켤레를 팔고 나더니 노신사에게 물었다.

"무엇을 원하시는지요?"

"양피 장갑 하나요."

장갑을 사들고 노신사는 묘한 말을 했다.

"섭섭하겠지만, 손님에 대한 아가씨의 태도는 개선의 여지가 있군. 아가씨의 응대에 따라서 좀 더 팔 수 있었을지 모르는데 말이오."

그 말을 들은 여 점원은 말했다.

"자신있는 말씀을 하시네요. 그렇다면 어떻게 하는 것인지 시범을 보여주시겠어요?"

그러자 노신사는 가볍게 모자와 외투를 벗고 매장의 한가운데 서더니 부인 손님이 오자 정중하게 허리를 굽히면서 인사를 했습니다.

"어서 오십시오. 찾아주셔서 감사합니다. 오늘은 어떤 물건을 원하십니까?

"세탁이 잘되는 하얀 장갑이 필요합니다."

노신사는 재빨리 여 종업원에게 부탁해서 하얀 장갑을 늘어놓게 했다.

"이 물건은 몇 번씩이나 실험해서 만든 물건이기 때문에 자주 세탁을 해도 조금도 변색 되거나 줄어들지 않습니다만…."

손님이 장갑 한 켤레를 사자, 신사는 곧바로 말을 이어갔다.

"그런데, 세탁하실 때 쓰실 장갑이 있어야 하지 않겠습니까?" 이 말을 들은 손님은 "그렇군요. 그렇다면 이걸로 하나 더 주세요."하고 대답하고 장갑 하나를 더 샀다. 이를 본 노신사는 다시 "감사합니다. 하얀 장갑은 항상 깨끗하고 품위가 있어 좋습니다만, 끼고 다니면 때가 잘 타서 불편이 많습니다. 그래서인지 요즘은 색깔있는 것을 찾는 손님이 많이 있습니다. 저희는 올 해의 유행색으로 잿빛장갑을 내놓고 있습니다만, 아주 손님들로부터 좋은 평가를 받고 있습니다. 잿빛은 안정감도 있고 고상해서 교회에 가실 때 좋을지도 모르겠습니다." 이 말에 그 손님은 "그래요? 그러면 잿빛장갑도 하나 더 주세요."하고 말하며 장갑 하나를 더 샀다.

노신사가 순식간에 장갑 3개를 팔아버리자 점원은 놀라서 물었다.

"참 잘 하시네요. 선생님은 점원 일을 하신 분 같군요. 취직을 하러 오신 건가요?"

이 말을 듣고 노신사는 미소어린 얼굴로 명함을 그 여 점원에게 주었는데 거기에는 '존 워너메이커 백화점 사장, 존 워너메이커'이라고 쓰여 있었다고 한다. (출처 : 『내일을 살아가는 100가지 짧은 이야기』)

이 경우 사장은 판매를 잘 하는데 종업원은 왜 잘 못할까? 이는 고객에 대한 관심과 고객의 입장에 서서 소비의 필요성을 찾아내고 그 필요성에 부합하는 상품이라는 것을 적극적으로 설명하는 열정의 차이라고 생각한다.

개발이 뒷받침되지 않는 생산과 생산이 뒷받침되지 않는 판매는 사상누각砂上樓閣과도 같다. 회사가 건실하게 발전하려면 이와 같은 개발, 생산 및 판매가 서로 조화를 잘 이루도록 관리되어야 한다.

고객은 항상 옳다

'고객은 항상 옳다.'

이를 회사의 기본 정책으로 정하고 고객을 대하는 미국 동부 코네티컷 주에 기반을 둔 낙농제품 전문 슈퍼마켓 스튜 레오나드Stew Leonard사에 관한 이야기를 소개하고자 한다.

1969년 일곱 명의 종업원과 함께 작은 낙농제품 상점으로 시작한 스튜 레오나드는 2012년 현재 매년 약 3억 달러의 매출과 2,000여 명의 종업원을 거느린 세계 최대의 낙농제품 전문매장으로 성장했다. 이와 같은 스튜 레오나드의 놀라운 성장에는 '신선한 낙농제품'을 파는 전문 슈퍼마켓이라는 독특한 콘셉트와 더불어 다음과 같은 '고객은 무조건 옳다'라는 정책에 기반을 둔 최선의 고객서비스 제공과 고객 친화적 매장 운영이 큰 역할을 하고 있다.

동 사 매장 입구에는 'Policy Stone'이라고 불리는 거대한 화강암 바위가 세워져 있다. 이 바위에는 이 회사의 정책이 새겨져 있는데 그 내용은 다음과 같다.

Our Policy (우리의 정책)

RULE 1 THE CUSTOMER IS ALWAYS RIGHT!
정 책 1 고객은 항상 옳다!
RULE 2 IF THE CUSTOMER IS EVER WRONG, REREAD RULE 1
정 책 2 만약 고객이 옳지 않다면 정책 1을 다시 보라.

어떻게 이러한 정책이 만들어지고 채택되게 되었을까?

이와 관련된 일화를 살펴보면 다음과 같다.

창업자 스튜 레오나드Stew Leonard가 점포를 연지 얼마 되지않았을 때의 일이다. 매장을 순시하는 중에 계란 코너에서 한 할머니 고객과 매장 책임자인 직원이 옥신각신 다투고 있는 장면이 눈에 들어왔다. 그 고객은 "며칠 전 여기서 사서 보관해 두었다가 오늘 아침 먹으려고 보니 상해 있었다. 그것은 원래부터 상한 것이거나, 아니면 쉽게 상할 것을 판매한 매장 책임이니, 새 것으로 교환해 달라"는 것이었다.

이에 대해 매장 책임자는 "우리 회사 물류시스템이나 매장관리 제도를 아무리 살펴보아도 여기서 그런 상품을 판매한다는 것은 도저히 있을 수 없다. 상한 것은 그 원인이 무엇이든 고객의 실수였을 것인 만큼, 부당한 교환은 해 줄 수 없다"는 것이었다.

그러자 할머니는 "내가 이 매장을 좋아해서, 다시는 이런 실수가 없게 하려고 12 km나 달려와서 얘기했는데… 내 눈에 흙이 들어가기 전에는 다시는 여기서는 구매하는 일이 없을 거야!"라는 말을 내 뱉고는, 둘러서서 구경하던 사람들을 헤치고 나갔다.

매장 순시를 마치고 본사로 돌아가는 승용차 속에서 스튜는 그날 매장에서 발생한 일을 다시 떠올렸다. 그리고 고객의 입장에서 생각해 보았다. 그는 고객이 자기가 좋아하는 매장이 더 발전하도록 피드백 하는 마음도 몰라주고, 자신의 '정당한 권리' 주장을 '부당한 요구'로 받아들이면서, 마치 자신을 파렴치한으로 규정하는 듯 하는 회사의 대응에 불쾌감을 느끼지 않을 수 없었을 것이라는 생각이 들었다.

그리고 그는 '고객을 일순간이라도 의심한 것은 장사하는 사람으로서 자격이 없다'고 결론지었다. 또 '어떠한 의견이든 고객의 말은 모두 옳다. 예외는 없다. 고객의 목소리대로 경영하자'고 결심하고 'Policy Stone'을 세우기에 이르렀다고 한다. (출처 : '미국에서 가장 일하기 좋은 기업', 스튜 레오나드)

이상의 일화에서 보듯 고객이 항상 옳다는 자세에서 출발하면 그 회사는 자연히 고객친화적인 경영이 이루어질 것이고 고객이 좋아하는 제품과 서비스를 제공하게 될 것이다. 이상에서 알아본 스튜 레오나드사의 일화는 고객관리를 어떻게 하여야 하는지를 잘 보여주는 좋은 사례라고 생각한다.

주식명의 신탁행위는 패가망신의 지름길이다

법인은 주주 변경을 통해 간편하게 소유권과 경영권이 이전된다.

그러나 주식의 명의 이전 방법을 통해 회사를 양수한 경우 주식 양도자나 양수자 입장에서 관련 세금을 면밀하게 검토할 필요가 있다.

이러한 절차 없이 주식을 양수 받음으로써 양수자에게 억울한 많은 세금이 뜻하지 않게 부과된 사례를 소개하면 다음과 같다.

어느 날 모 대학의 김 교수는 본인이 오랫동안 고문으로 있던 K 회사의 박 사장으로부터 긴급히 만나자는 요청을 받았다.

박 사장은 김 교수에게 K 회사의 경영이 심각히 악화되어 조만간 부도가 날 상황이라고 이야기 하며, K 회사가 부도가 나면 K 회사의 모든 자산이 곧 압류되어 강제처분을 받게 될것 같아 고문인 김 교수에게 상의하고 싶다는 말을 하는 것이었다.

김 교수는 오래 전부터 K 회사의 기술 자문을 해오고 있었다. 이에 대한 예우로 박 사장은 김 교수에게 몇 년전 K 회사가 100% 투자해서 설립한 자회사인 E 회사의 주식 10% 를 명의이전 해주었다. 박 사장은 K 회사가 부도나면 E 회사도 문제가 생기니 김 교수가 가지고 있는 E 회사 지분도 문제가 될 것이라고 설명했다. 그러니 차라리 K 회사가 가지고 있는 E 회사 지분 90% 의 명의를 김 교수가 모두 이전 받고, 김 교수로 하여금 E 회사의 대표이사로 취임하기를 권고하는 것이었다.

김 교수는 학문에만 전념한 학자로서 경영에는 문외한이었다.

오랫동안 친 형제처럼 상호 신뢰하에 서로 도우며 지내온 박 사장의 부탁을 듣고 거절할 수가 없었다. 김 교수는 박 사장이 요청한대로 E 회사의 지분 90%를 명의 이전받고, E 회사의 대표이사로 등기를 하였다. 물론 박 사장의 입장에서는 실지로 그 회사를 김 교수에게 양도하려고 한 것이 아니었다. 문제를 피해 김 교수의 인품을 믿고 잠시 명의를 돌려놓은 후 후일 부도문제가 해결된 후 다시 명의를 돌려받으려고 한 것이었다. 이러한 취지의 설명을 들은 김 교수는 박 사장의 딱한 사정을 도와주는 차원에서 박 사장의 부탁을 들어준 것이었다.

K 회사는 결국 얼마 후 부도가 났고 박 사장은 빚쟁이들로부터 시달림을 받고 도망을 다니었다. 그러던 중 설상가상雪上加霜격으로 박 사장은 K 회사가 정부로부터 받은 정책자금을 횡령한 혐의로 구속되었다. K 회사에 대출을 해준 금융기관은 K 회사의 모든 자산에 대해 압류조치하고 채권 회수절차에 들어갔으나, E 회사에 대한 K 회사 주식은 이미 김 교수의 소유로 넘어갔기 때문에 압류대상에서는 제외되었다. 따라서 불행 중 다행으로 E 회사는 박 사장의 원격 지휘아래 아무런 문제없이 제대로 운영되고 있었다.

그러나 이러한 일이 발생한지 약 2년이 지난 후 관할 시청에서 E 회사의 지방세 세무조사를 하였다. 조사결과 시청은 김 교수에게 약 5억 원의 취득세 및 가산세를 부과하겠다는 통보를 김 교수에게 하였다. 추징사유는 김 교수가 E 회사 주식을 90% 양수함에 따라 김 교수는 E 회사의 과점주주가 되었고, 과점주주가 된 경우 해당 회사의 부동산을 과점주주가 다시 취득한 것으로 보고 동 과점주주에게 취득세를 부과하는 지방세법의 규정에 의해 김 교수에게 E 회사 소유 부동산에 대한 취득세 및 가산세를 부과한 것이었다.

갑자기 청천벽력 같은 세금부과 예정통보를 받은 김 교수는 너무 놀라 이를 평소 알고 지내던 필자에게 상의하였다. 내용을 검토한 필자는 김 교수에게 주식이 명의신탁이 된 사실을 입증하거나 또는 본인 몰래 박 사장이 주식 명의를 도용하여 김 교수 이름으로 돌려놓았다는 사실을 입증하기 전에는 동 세금의 부과를 면하기 어렵겠다는 답변을 하였다.

명의신탁된 주식임을 증명하기 위해 필자는 박 교수에게 구속된 박 사장으로부터 E 회사 주식을 명의이전 받을 때 상호간에 약정한 서류가 있는지 물었다. 그러나 김 교수는 서로 믿는 처지에서 박 사장을 순수하게 도와주려는 마음으로 하였기 때문에 명의신탁에 관한 약정서를 작성하지 않았다고 말 하였다. 주식 양도 신고를 하기위해 작성한 주식양도계약서 이외에는 다른 서류를 작성하거나 받은 사실이 없었기 때문에 동 주식양도계약서만을 제시할 뿐이었다.

필자는 동 주식이 명의신탁된 주식이라는 심증은 가는데 과세당국에 동 사실을 입증할 근거서류가 없어 고심하였다. 하는 수없이 E 회사를 채권자로부터 보호하고자 K 회사 소유 E 회사 주식을 김 교수에게 명의신탁 했다는 것을 내용으로 하는 사실확인서를 박 사장으로부터 받았다.

E 회사의 주주로서 김 교수가 권리를 행사하거나 별도의 보수를 받은 적이 없다는 사실, 교수로서 회사 경영에 관여한 사실이 없는 점, 그리고 부도난 K 회사의 장부를 확인해본 결과 세무조사 당시까지 김 교수에게 양도된 K 회사 소유 E 회

사 주식대금이 입금되지 않고 미수금으로 기장되어있는 점 등을 근거로 동 주식은 형식과는 달리 실질적으로는 명의신탁된 주식이고 따라서 취득세 추징은 부당하다는 주장을 하여 과세 전 적부심사 청구를 하였다.

그러나 해당 시청은 "과점주주가 구체적으로 회사 경영에 관여한 사실이 없다고 하더라도 그것만으로 과점주주가 아니라고 판단할 수 없으며, 주식의 소유사실은 과세관청이 주주명부나 주식등변동상황명세서, 법인등기부등본 등 자료에 의하여 이를 증명하면 된다."라는 이유를 들어 과세전 적부심사청구를 기각하였다.

"성공기업인의 길- 사례편" 집필을 위한
'성공기업인' 및 '경영성공' 사례 모집 안내

취지

- 창업을 준비하거나 기업을 경영하거나 기업을 경영하는 모든 사람들에게 귀감이 될 수 있는 '경영성공'과 '성공기업인'의 실제 사례를 발굴하여 이들의 성공비결Know-how을 소개하여 공유하도록 함으로써 경영문제를 효율적으로 해결하거나 성공기업인으로 발전함에 있어 벤치마킹할 수 있도록 지원하고자 함

- 경영학 이론을 위주로 공부하는 학생들에게 기업현장에서 발생한 '성공사례'를 소개하고 연구하도록 함으로서 경영학을 실천학문으로 발전시키고 나아가 미래의 유능한 기업인을 양성하는데 지원하고자 함

- 기업현장에서 발생하는 여러 형태의 경영상 문제점과 이를 해결한 지혜와 성공기업인의 생각과 말, 그리고 성공 발자취를 벤치마킹함으로서 우량한 기업을 만들도록 지원하고자 함

모집대상

- 기업현장에서 발생하는 수많은 각종 경영상의 문제를 해결한 '경영성공' 사례

- 역경을 지혜롭게 이겨내고 기업을 우량한 기업으로 성장시킨 후 기업을 통해 나눔과 기여를 실천한 '성공기업인' 사례

사례 작성 방법

- '경영성공' 사례는 기업현장에서 만난 여러 가지 경영상의 문제점과 애로를 해결한 사항으로서 자유롭게 작성하되 가급적 다음의 내용이 포함되도록 함.
  - 기업 개요(업종, 매출액, 자본금, 총자산, 종업원 수)
  - 애로 발생상황과 발생원인
  - 발생시기
  - 문제 해결방법
  - 효과

- '성공기업인' 사례 역시 자유로운 형식으로 작성하되 가능한 한 다음과 같이 그 기업인이 성공하기까지의 Story를 요약하여 작성함.
  - 기업 설립 시부터 발전한 과정과 연혁
  - 기업 개요(업종, 매출액, 자본금, 총자산, 종업원 수)
  - 기업인 소개(실명, 사업동기 사업시작 시의 나이, 사업에 관한 가치관)
  - 기업인이 기업을 경영하면서 만난 경영상의 애로와 문제 및 이를 해결한 방법(사례)
  - 기업을 통한 나눔과 기여 방법
  - 기업인이 가지고 있는 모토, 좌우명, 사훈 등
  - 앞으로의 꿈과 계획

- '경영성공' 사례는 이를 경험한 당사자인 기업인이 직접 작성하도록 함. 단, 실명을 원칙으로 하되 가명으로 작성하여도 무방함.

- '성공기업인' 사례는 당사자인 기업인이나, 많은 사람에게 이를 소개하고자 하는 성공기업인의 직원 등 지인知人이 제출하여도 무방함. 단, 가급적 실명으로 작성하도록 함. 또한 해당 성공기업인의 업적에 관한 자료도 같이 제출 바람.

🔲 사례에 대한 처리 방안

• 우수 자료로 선정된 사례는 향후 발간계획으로 있는 저자의 저서 『성공 기업인의 길-사례 편』에 소개할 예정임.

• 강의나 강연과 방송 또는 잡지 등 매스컴에 선택된 성공사례를 소개할 예정임.

• 우수 자료로 선정된 분께는 본 저자의 저서를 증정하고 저자의 강의나 강연에 참석할 기회를 부여할 예정임.

• 제출된 자료는 위의 목적 이외에 다른 용도로는 사용되지 않으며 제출 자가 원하는 경우 비밀을 지킬 것임. 또한 제출된 자료는 일체 반환되지 아니함.

제출처 ;

저자의 이메일 주소 : gilmo111@naver,com
저자 주소 : 강남구 역삼로 415, 4층 (대치동, 성진빌딩)
회계법인 원
문의 전화 : 02-564-0026

'성공기업'을 향한 전문가 그룹 지원 안내

💎 필요성

- 전문가를 통해 현재의 경영 상황을 확인, 점검하여 문제점을 발견하고 개선방안을 강구하는 것은 '성공기업'으로 가기 위한 필수사항임.

- '중이 자기 머리를 깎기 힘들다' ⟳ 외부의 전문가에 의한 객관적 시각에서 기업 경영의 실상을 바라봄이 필요함.

- 앞만 보고 달리는 경영은 위험함. 핵심 경영사항에 대해 전후 좌우 사전 중간 점검을 통한 위험 예방과 지속적인 개선, 개혁을 통한 합리적 경영이 필요함.

💎 핵심 점검사항

- **마음가짐**

  목적 : '백만 대군이라도 오합지졸은 아무 소용없다.'와 '수만 발의 화살보다는 정확한 한 발이 중요하다.' ⟳ '잘' 정신 고취

  대상 : 직원, 관리직원 및 CEO

  방안 : 『성공기업인의 길』을 정독하게 한 후 '성공기업'을 향한 의식 개혁 및 정신무장을 위한 분야별, 대상별 맞춤 교육

● **현금, 예금 보유 관리**

목적 : 가장 위험한 자산인 현금, 예금관리 상황에 대한 철저한 점검
　　　　○ 안전 경영확보

대상 : 현금 및 예금관리담당자 및 관리자

방안

- 정기적으로 또는 불시에 현금 및 예금 실사 실시
- 관련 장부 및 증빙과 주요 현금 입출금 관리상황 점검
- 현금관련 부정발생 여부 확인 및 사전 예방조치

● **자금조달 · 투자유치 관리**

목적 : 적시에 적절한 자금을 조달하는 관리시스템 도입
　　　　○ 효율적 자금 조달

대상 : CEO 및 자금조달담당 임직원

방안

- 자금조달 구조 분석(차입 기관별, 이자율별, 용도별)
- 금융비용 절감 방안을 위한 자금조달 방안(차입, 국내외 투자유치) 강구
- 정책자금 지원 방안 검토 및 정책자금 지원을 위한 기업시스템 개선방안 연구

● **재고 관리**

목적 : '재고자산도 현금과 같은 돈이다.' 라는 의식 고취와 합리적
　　　　재고자산 관리시스템 확립 ○ 원가절감 및 절세

대상 : 재고 관리담당자 및 관리자

방안

- 정기적(월간, 분기, 반기 또는 연말)으로 재고 실사를 통해 재고자산의 관리상태 확인 점검을 통한 문제점 발견 및 개선방안 강구
- 불량 재고자산 발견 및 비용처리를 위한 절세방안 강구

● 회계 관리

목적 : '회계는 합리적 경영을 위한 기본 수단' ◐ 투명한 회계 관리 및 절세

대상 : 회계담담 및 관리자

방안

- 회계 담당직원의 회계 관련 지식수준 점검
- 일일 결산 및 장부와 증빙 관리상황 점검
- 원가 계산방법 검토와 원가관리상 문제점 여부 확인
- 장부기장 및 재무제표 작성 대행
- 회계 관리를 통한 합리적 경영의사결정 이용 방안 강구

● 세무 관리

목적 : '절세는 효율 경영의 꽃'이며, 평소의 철저한 세무관리는 최
　　　선의 세무조사대책임 ◐ 세무조사 대비 및 절세방안 강구

대상 : 세무관리담당자 및 관리자

방안

- 과거년도 각종 세무신고 상황 점검 및 문제점을 발견
　◐ 수정신고 또는 경정청구를 통한 절세 노력
- 세무조사를 대비하여 모의 세무조사를 실시하고 문제점 발견 및 대책 강구
- 절세관리를 위한 제 규정, 중요 계약서 검토 및 개선
- 기타 절세방안 강구

● 주식 관리

목적 : '주식＝소유권＝재산권＝경영권'으로서 기업경영상 최대 주요
　　　관리대상임

대상 : CEO, 주식관리담당 임직원

방안

- 주식 소유현황 분석. 차명주식 대책 강구
- 주식 이동상황 점검 및 관련 자금출처와 흐름상황 점검
- 주식양수도 계약서 검토 및 주식양수도 관련 세무신고상황 점검
- 주식 증여 또는 상속에 관한 세무상 문제점 검토
- 세무상 주식 평가 실시 및 주식 양수도 또는 증여관련 절세방안 강구

• 가업 승계 및 상속 관리

목적 : 가업의 합리적 승계 또는 상속방안 강구 ◐ 가업의 계속적 성장 발전

대상 : CEO 및 관련 임직원

방안

- 가업 승계 또는 상속대상 여부 확인
- 가업 승계 또는 상속을 위한 계획 수립과 지도
- 효율적인 가업 승계를 위한 기업 합병 또는 기업 분할 실시
- 사후 세무관리 지원

• 경영 분석

목적 : 현재 전반적인 경영 상황을 분석 ◐ 합리적 경영 추구

대상 : 각 부서 관리담당 임직원

방안

- 안전성, 수익성, 활동성, 성장성 등 경영상황을 재무적으로 분석하고 문제점 발견
- 발견된 문제점에 대한 개선방안 강구(재무구조 개선, M&A, 기업분할 등)
- 관련 임직원 교육

• M&A, 기업 분할

목적 : 기업다각화, 신사업 추진, 가업처분 및 구조조정 등을 통한 기업발전 추구

대상 : 창업 준비자, CEO, 가업승계 또는 가업처분 계획 희망 CEO

방안

- 기업 양도 또는 양수 대상 물건 파악 및 분석
- 기업가치 평가 Valution
- 합병 또는 기업분할 방법 강구 및 합병계약과 절차 지원
- 합병관련 회계 및 세무 관리
- 합병 후 통합 관리 PMI

📦 지원 절차 및 방안

전화 또는 방문 상담 ➡ 지원 필요분야 발견 ➡ 지원 방안과 일정 및 소요 비용 협의 ➡ 계약 체결 ➡ 분석, 점검 및 확인 ➡ 문제점 발견 ➡ 개선 방안 연구 ➡ 현장 지도 및 교육 ➡ 필요시 정기 점검 및 사후 관리 실시

- 사안별 점검 또는 전체분야에 대한 종합점검 선택 가능
- 필요에 따라 1회 집중 점검 또는 주기적, 수시점검 가능
- 간이점검 또는 정밀진단 선택 가능
- 경우에 따라 아웃소싱 (기장, 4대 보험, 회계조직 입안 등) 역할 수행 가능
- 각 분야별 전문가 (회계사, 세무사, 경영지도사, 노무사 등)가 맞춤형 컨설팅을 실비로 수행함

📦 전문가 네트워크 지원센터 활용

- 경영과 관련된 전문분야에 종사하는 전문가 네트워크를 보유하고 경영자의 다양한 경영문제 해결 NEEDS를 충족시킬 수 있는 최적의 전문가를 연결Matching하는 서비스 제공
- 네트워크에 등록하고자 전문가와 전문가를 활용하고자 하는 경영자 상담 환영

상담 방법 ;

전화 상담 : 02-564-0026, 02-558-1036
이메일 상담 : gilmo111@naver.com
홈 페 이 지 : www.onecpa.net (회계법인 원)
　　　　　　www.bnpg.net (비앤피 그룹)
방문 상담 : 강남구 대치동 907-7 성진빌딩 4층
　　　　　　(회계법인 원, B&P그룹, 경영지원센터)

성공기업인의 길

초판 1쇄 인쇄일_2015년 3월 9일
초판 1쇄 발행일_2015년 3월 13일

지은이_문길모
펴낸이_최길주

펴낸곳_도서출판 BG북갤러리
등록일자_2003년11월 5일(제318-2003-00130호)
주소_서울시 영등포구 국회대로72길 6 아크로폴리스 406호
전화_02)761-7005(代) | 팩스_02)761-7995
홈페이지_http://www.bookgallery.co.kr
E-mail_cgjpower@hanmail.net

ISBN 978-89-6495-078-4 03320

이 도서의 국립중앙도서관 출판시도서목록(CIP)은 e-CIP홈페이지(http://www.nl.go.kr/ecip)
와 국가자료공동목록시스템(http://www.nl.go.kr/kolisnet)에서 이용하실 수 있습니다.
(CIP제어번호 : CIP2015007075)